上海市普通高校优秀教材

上海市精品课程教材

U0855627

WEIGUAN JINGJIXUE

微观经济学

（第五版）

叶德磊　编著

高等教育出版社·北京

本书特色

1. 内容新颖，联系实际。如现代企业理论、博弈论、信息经济学等都在本书中得到了较充分的阐述和反映，而且相关阐述被有机地融合在整个微观经济学体系中，显示了较强的内在逻辑联系。另外，理论阐述中较多地结合了日常生活和社会经济现象。

2. 论述充分、简洁、易懂。如对于长期成本曲线、垄断竞争市场中厂商长期均衡等的论述独到、清晰，便于解决教学过程中常见的一些疑惑，全书内容饱满且篇幅适中。本书由作者一人撰写，保证了图书质量和写作风格的统一，避免了内容重复等弊端。本书与作者编著的《宏观经济学》（高等教育出版社出版）可以在理论内容和表述风格上形成良好呼应。

3. 方便教学、资源丰富。每章后的复习思考题中设计了对话评论、辩驳赛等活泼、有趣的教学内容和活动，便于教学有效深入地开展。本书配有《**微观经济学（第五版）习题与案例**》（高等教育出版社出版）、教学课件（PPT）等教学资源，授课教师可向高等教育出版社申请，申请方式参见本书末页教学资源索取单。

目　　录

(关于带 * 章节的教学安排建议,参见本书后记。)

专栏目录

导 论

一、微观经济学的研究对象

微观经济学(microeconomics)与宏观经济学(macroeconomics)相对应,其区别首先源于研究对象的不同。**微观经济学研究的是经济社会中经济个体的经济行为**,这里的经济个体包括消费者、生产者(企业)和生产要素所有者等。这些经济个体或经济单位又通过市场产生相互联系、相互影响和相互作用。微观经济学阐述经济社会中的经济个体根据什么和怎样作出经济决策,例如:消费者怎样作出购买产品或服务的决策;企业针对消费者需求、收益与成本的比较关系怎样作出生产的决策;劳动力所有者怎样决定劳动流向与劳动流量。

当然,经济个体的任何决策都受到一定的条件(资源)约束。如消费者不能购买他所想要购买的全部产品,因为他在一定时期内的货币收入总是有限的;企业也必须在它所能借到的贷款额的条件下,在它所拥有的技术和人员素质等的条件下来进行生产决策。

所有的经济单位都要与企业发生联系,在各经济单位的联系网络中,企业处于中心地位,因而从某种意义上也可以说,微观经济学主要是研究企业的经济行为和企业与其他经济主体的经济联系。所以,国外也有经济学家将微观经济学的研究对象简单、形象地概括为三个方面:

(一) 生产什么

无论是对于整个社会来说还是对于单个企业来说,一定时期内的生产资源(如劳动力、能源、技术等)总是有限的、稀缺的。资源的有限性决定了不能生产市场所需要的所有产品,而必须有所取舍,即生产什么,不生产什么;如果生产的话,又生产多少。

(二) 怎样生产

这是指采用什么生产方法进行生产。每种资源一般可有多种用途,而任何一种产品的生产一般也可采用多种生产方法。例如,同一种产品,既可采用劳动密集型方法生产,也可采用资本密集型方法生产;既可由单家企业生产,也可由几家企业联合生产;既可在甲地生产,也可在乙地生产;等等。这里有一个如何组织生产使各种资源能够最有效地被使用的问题。

(三) 为谁生产

这是指生产出来的产品和财富如何在社会成员之间进行分配的问题。分配问题直接关系到社会的稳定和生产的再进行。究竟应选择怎样的分配原则和分配方式?什么样的分配才是公平合理的?怎样才能既让大家比较满意,又有利于生产和社会的发展……

对上述这些问题的研究实际上也就是解决资源的合理配置问题。譬如,资源怎样配置才能使消费者在某些约束条件下达到满足最大化？资源怎样配置才能使分配方式最佳？生产什么、怎样生产和为谁生产都是资源配置问题。所以微观经济学也被看作为关于资源合理配置的科学。而资源的配置是通过市场来进行的，更确切地说，是通过市场上的价格来进行的。从这个意义上说，市场或价格问题是微观经济学的中心课题。

经济学的另一重要分支——**宏观经济学则是以经济总量为研究对象**，如通货膨胀、失业、国内生产总值及其增长率、政府的经济政策。当然，微观经济学与宏观经济学之间并没有绝对的界限，它们是相互补充、相互依存的，微观经济是宏观经济的前提和基础，宏观经济变量也必然会影响微观经济变量，尤其是 20 世纪 70 年代以来，经济学家加强了对宏观经济学的微观理论基础的研究。

二、微观经济学的主要特点

与其他学科尤其是宏观经济学相比较，微观经济学在理论面貌和研究方法上有如下一些主要特点。

（一）以个量分析为基本方法

个量分析又称为微观分析，指的是在宏观变量和宏观背景既定的假设前提下，着眼于微观主体和微观变量的分析。如微观经济学在分析企业的生产收益情况时，假设宏观经济政策和经济社会的总需求、总供给等没有发生变化，或者说，对这些宏观方面的因素不予考虑。当然，微观经济学有时也涉及经济总量，但只是在分析的延伸意义上让个量简单地加总，而不会去分析各总量之间的相互关系。

（二）以边际分析为主要工具

微观经济学虽然也采用平均分析作为技术工具，但主要采用边际分析，边际分析来源于数学中的增量分析。当一个或几个自变量发生微小变动时，因变量如何随之变动，这就是边际分析。因此，边际分析在技术上常常体现为数学上的求导数的问题。正是依据边际分析，产生了微观经济学中一系列极为重要的边际概念和边际规则。

（三）以均衡状态为分析依托

均衡(equilibrium)这一概念来源于物理学上的平衡，经济学中指的是某种经济状态能够继续维持不变。在被考察的某一经济事物中，当相反力量相等或作用相反的经济变量相等时，该种状态可以维持不变，这便称之为均衡或均衡状态；还有，当某一经济决策为最优时，经济行为主体便不会去改变它，而是会维持该状态不变，这也属于均衡。

例如，当价格为 50 美元时，市场上对某种牌号皮鞋的需求量为 1 万双，厂商愿意供给的数量也为 1 万双，这时可以说，价格为 50 美元时，皮鞋的供求处于均衡状态。反之，如果价格为 50 美元时，市场需求量为 1 万双，厂商由于生产能力不足等原因，仅能提供 3 000 双，由此导致皮鞋价格必然上涨，厂商必然扩大生产，这时的皮鞋供求与价格都未稳定下来，即处于非均衡状态。

均衡并不意味着静止不变。实际上，经济社会中，旧的均衡不断被打破，经济变量的不断变化和调整引向新的均衡，正是在这一系列的过程中，经济个体和经济社会才得以发展。可以说，向新的均衡过渡中的非均衡状态是一种常态。但尽管如此，均衡能够描述经济变量变动的方向，而且作为引导经济变量力图达到的阶段性“理想”状态和作为经济分析中的依托，对经济分析具有重要意义。

（四）以实证分析为主要手段

实证分析（positive analysis）指的是关于纯事实的叙述和因果关系的描述分析。它根据一定的假设，分析经济状态或经济变量是怎样变化的，为什么会这样变化，人们从事某些经济活动的后果会怎样。它的任务仅仅是描述、解释和预测，而不对经济活动的好坏作出评价。因此，实证分析的命题常常可以作类似的表述："如果其他条件不变，那么A的出现必然导致B的发生。"经济学尤其是西方的主流经济学通常大量地采用数理分析方法，通过数学函数式、数学模型等来进行实证分析。

与实证分析相对应的是规范分析（normative analysis），规范分析指的是对经济状况、经济现象等进行价值判断，它根据一定的价值判断标准，评价经济运行、经济状态的优劣，并探讨怎样才能符合那些"好"的标准。它力求回答的是诸如"应该是怎样的？""B的结果是否好？""为什么应作出这种选择，而不应作出另一选择？"等。

微观经济学中既有实证分析，也有规范分析，但主要是采用实证分析为技术手段。这是因为市场经济中，经济个体的行为是自主型的，首先分析经济主体的行为本身及其后果、影响经济主体行为的因素、市场本身的运行机制等等就成为当然之举。只有了解了是怎样一回事后，才能对它作出评价并进而设计优化措施。可以说，实证分析是规范分析的前提和基础，后者则是前者的延伸。从概念内容上来看，不难发现，边际分析实际上是属于实证分析范畴的。

（五）以个体利益最大化为目标："经济人"假设

经济学赖以建立的一个基本理论假定便是人们的经济行为是合乎理性的。经济学把现实社会中的人看作"经济人"，即人在经济生活中都受利己心或个人利益所驱使，不会去干那种于己无利或于己有害的事情，也不会在可得大利的条件下却只从事那种只得小利的活动，经济个体都会在既定条件下追求自身利益的最大化，这便是经济行为的理性化。具体表述为：**作为消费者，追求的是既定收入条件下购买的消费品所带来的满足最大化；作为生产者，追求的是既定资源条件下利润的最大化；作为生产要素所有者，追求的是要素拥有的既定条件下要素收益的最大化。**

以个体利益最大化为追求目标的假设既在相当程度上反映了客观现实，也是理论分析得以进行的前提条件，否则理论分析就难以展开。例如，如果企业不追求利润的最大化，而是将资源胡乱地利用甚至去故意浪费，那么理论分析便没有起码的原则，理论本身也成为多余的、无用的了。

（六）以理论多元化为发展特色

新古典经济学长期以来一直是微观经济学的主要理论来源。新古典经济学的主要代表人物是19世纪末20世纪初的理论集大成者——英国经济学家马歇尔（A.Marshall），马歇尔总结了前人的研究成果，将微观经济学发展为一个完整的理论体系。除马歇尔外，意大利经济学家帕累托（V.Pareto）、美国经济学家张伯伦（E.H.Chamberlim）、英国经济学家罗宾逊夫人（J.Robinson）等人的理论也在微观经济学中占一席之地。

从20世纪七八十年代开始，原本相对稳定的微观经济学理论体系和理论内容发生了重大变化。现代企业理论、信息经济学、博弈论、寻租论等开始陆续进入微观经济学的主流框架。这些理论交织融合，它们的分析视角、分析方法均有创新，且各具特色，大大地丰富了微观经济学的内容，深化了微观经济学的研究。

三、微观经济学的功能与作用

作为一门理论学科，微观经济学在其发展过程中积累了大量研究成果，它对于微观经济现象的众多说明和对于市场经济运行机制的阐释无疑是有价值的。在解释微观经济现象或透析微观经济问题过程中，人们没有必要实际上也不可能绕过人类已有的思想认识和研究成果。微观经济学中的分析技术、思考逻辑、专业概念、基本原理、理论模型等已成为规范性的“世界通用语言”。

对于我国来说，我们正在进行社会主义市场经济建设，既需要充分发挥和尊重经济个体在经济活动中的自主性和积极性，也需要了解和研究丰富、复杂的市场经济现象和市场经济运行机制，微观经济学在这些方面的作用是显而易见的。譬如，在关于我国企业行为的理论说明和企业改革的理论论述中，人们就大量运用了微观经济学中的市场竞争理论、市场垄断理论和信息不对称理论等。

当然也必须看到，微观经济学只是提供了分析的逻辑和框架，并不能直接代替对问题的解决。相对于丰富、复杂和不断变化的经济现实而言，理论总有这样或那样的不足，这就如同物理学、生物学等学科也存在局限和不足一样。在经济研究中大量地运用数理方法，虽有其合理性、科学性，但同时也存在局限性，因为现实中的经济关系毕竟不完全表现为数量关系，甚至在某些方面并不主要是数量关系。

某些微观经济学的基本原理和基本命题只是在某一层次上或从某一角度对经济现实的一种解释、描述。例如，企业并不总是追求利润的最大化，利润最大化的基本原理就不能被认为是完全符合实际的。尽管如此，此类并不完全符合实际但大体上不违反常规并且有较大的分析操作性的基本原理仍然应受到尊重。

四、本教材内容的逻辑脉络

本教材内容的逻辑脉络可由下图来简要勾勒。

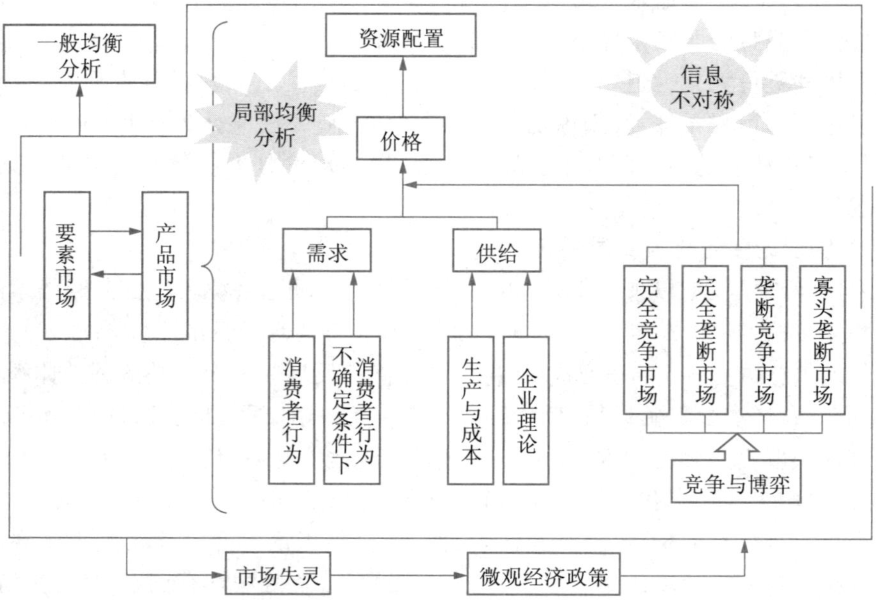

图 1　本教材内容逻辑脉络图

下面对图 1 作简略说明：

微观经济学的任务是要分析资源的配置，而资源的配置是通过价格来引导的，价格又是由需求和供给共同决定的。要深入地分析需求，就需要分析消费者行为和不确定条件下的消费者行为；要分析供给，就需要分析生产与成本，以及企业理论。

在不同的市场条件下，需求与供给对价格的决定方式是有差异的，所以接下来分别分析四种市场类型条件下，需求与供给怎样决定价格和产量。无论在哪种市场条件下，企业都面临着对价格和产量的选择，都面临着各种竞争，博弈论是分析这些问题的一个有效的理论工具。

产品市场与要素市场是密切关联的，在分析了产品市场后，就应该分析要素市场。但前面的分析都假定不存在信息不对称问题，而信息不对称现象是普遍存在的。所以这时应引入信息不对称进行分析。

前面所有的分析都只是局部均衡分析，还应该进行一般均衡分析。前面的分析都是对市场功能和市场机制运行的揭示，但经济社会存在市场失灵现象，需要政府通过微观经济政策进行适当的干预。

学生和读者目前对这一理论逻辑脉络也许还不能完全、清晰地理解。大家可在后面的学习中，边学习，边参考、理解。

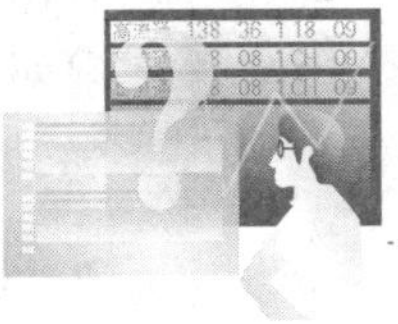

复习思考题

1. 解释下列概念。

微观经济学　　个量分析　　边际分析　　均衡

实证分析　　规范分析　　经济人

2. 如何理解微观经济学是一门关于资源合理配置的科学？

3. 如何评价经济研究中的理性化假定？

4. 下面两种陈述中，哪个为实证分析，哪个为规范分析？

(1) 汽油配给制的实施阻碍了汽油市场的竞争。

(2) 汽油配给制应该取消，因为它阻碍了汽油市场的竞争。

5. 有人认为“经济理论必须密切联系现实的经济问题，这样理论才有生命力”；有人则认为“经济理论必须与现实保持一定距离，保持相对的独立性，这样理论才能得以真正的发展”。

请问：你对此怎样看？

第 1 章
需求、供给与均衡价格

引导案例

如前所述，微观经济学是关于资源配置的科学，而资源配置是通过市场价格来进行的。价格信号引导着资源的流向。这里所说的价格不仅包括一般产品的价格，也包括生产要素的价格（如劳动的价格：工资）。价格机制解决了经济社会的生产什么、怎样生产和为谁生产等问题。如某种产品的价格上涨，便说明该产品在市场上供不应求，企业为了赚取尽可能多的利润，就会主动、自觉地运用一定的资源来生产或增加生产这种产品。而市场上的产品价格是由需求和供给这两方面的相互作用决定的。因此，需求、供给与价格的决定理论便成为微观经济学理论的出发点。本章分析需求、供给及它们如何共同决定价格。

第一节　需　　求

本节主要分析什么是需求，需求的决定因素，需求与需求量的变动等。

一、需求的定义

需求（demand）是指消费者在某一特定时期内，对应于一定的商品价格所愿意并且能够购买的该商品[①]的数量。如某商品价格为 10 元时，需求为 15 单位；价格为 9 元时，需求为 18 单位……作为需求要同时具备两个条件：一是购买愿望；二是购买能力。

消费者如果只有愿望而没有能力购买，这种缺乏客观的货币支付能力的主观愿望就无法转换为产品的销售和流动；消费者如果只有购买能力而没有购买愿望，对产品的销售同样没有实际意义。

需求既可以指个人需求，也可以指市场需求。个人需求是指某一消费者或家庭对某种商品的需求。一定范围内（如一国）所有消费者或家庭对某一商品的需求便是市场需求。

二、需求函数

现实社会中，有许多因素影响和制约着消费者对商品的需求或需求量。**需求函数**

---

① 经济学上所讲的商品或产品，包括有形商品（如电视机、服装）和所谓的无形商品即服务（如理发师提供的服务、房产中介公司提供的服务）。

(demand function)**就是表示某一特定时期内市场上某种商品的各种可能需求和决定这些需求的因素之间的关系。**

影响一种商品的需求或需求量的因素有很多,譬如:

(1) 商品价格(P):一般地,某种商品的价格提高,消费者对该商品的需求量或市场需求量会减少;反之,某种商品的价格下降,消费者对该商品的需求量会增加。

(2) 相关商品价格(P_r):某商品价格本身虽无变动,但相关商品的价格发生变动,也会影响到消费者对这种商品的需求。如苹果的价格变动可能会影响到对生梨的需求。

(3) 预期价格(P_e):如果预期某商品价格会上涨,消费者可能在当前大量抢购;如果预期价格下跌,消费者可能适当减少当前的购买甚至暂时不购买,待今后价格进一步下跌后再购买。

(4) 消费者收入(M):消费者在收入提高后,一般会增加对许多商品的购买或需求;反之,就会减少对商品的需求。

(5) 消费者偏好(F):如果消费者对某种商品的偏好(preference)增强,显然会增加对该商品的需求;反之,则会减少对该商品的需求。

(6) 时间变化(t):商品(服务)的需求还常常与时间有关。例如,白天的公交车需求高于夜间的需求,夏季的饮料需求高于冬季的需求。

如果以 Q_d 代表商品需求,需求函数则可以表示为:

$$Q_d = f(P, P_r, P_e, M, F, t, \cdots)$$

该式也可被看作是广义的需求函数。在经济学中,虽然有时也分析相关商品价格(P_r)和消费者收入(M)等因素对商品需求的影响,但通常假定在其他影响因素不变的条件下,专门研究商品本身的价格变动对该商品的需求量的影响,即主要研究商品的需求价格函数:

$$Q_d = f(P)$$

需求价格函数一般简称为需求函数,或者说,通常提到的需求函数实际上是狭义需求函数。

当然,无论哪种因素对商品需求的影响,都是在一定的商品价格条件下发生的,因而,其他多种因素的影响并不妨碍前面对于需求的定义。价格是影响商品需求量的最主要因素。

三、需求曲线与需求规律

需求曲线就是表示和反映商品需求量与价格之间的函数关系的曲线。假设某商品的需求函数为 $Q_d = 13 - 5P$,则可得到表 1-1,并画出图 1-1 中的需求曲线。

表 1-1 需求表

价格/元	0.6	1.0	1.4	1.6	1.8
需求量/升	10	8	6	5	4

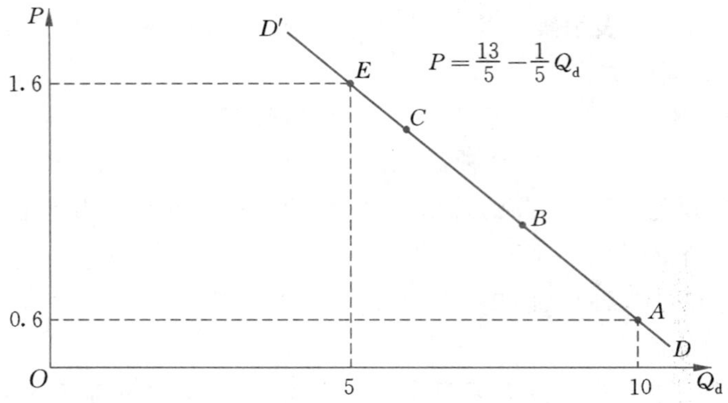

图 1-1　需求曲线

图 1-1 中的横轴代表需求量，纵轴代表价格，DD' 曲线是需求曲线。与数学上的习惯相反，在经济分析中，一般以横轴代表因变量，纵轴代表自变量。由于需求量随价格的下降而增加，所以需求曲线是一条向右下方倾斜的曲线。DD' 线是一条曲线还是一条直线，取决于两个变量之间的关系的性质。如果是线性关系，DD' 线就是直线；如果是非线性关系，DD' 线就是曲线。DD' 线即使是直线，仍然叫作需求曲线，因为直线是曲线的特殊情况。为简便起见，一般假定需求曲线为直线。并且假定商品价格和相应的需求量的变化都具有无限分割性，即需求函数为连续函数。

图 1-1 中所表示的直线形需求曲线的一般形式可写成：

$$P=\alpha-\beta Q_d \tag{1.1}$$

式中，α、β 为常数，且 α、$\beta>0$，$-\beta$ 为需求曲线的斜率，α 为需求曲线在纵轴上的截距。当 $P=\alpha$ 时，$Q_d=0$。当 $P>\alpha$ 时，虽然在数学意义上来说，Q_d 为负值，但在经济意义上，Q_d 仍为 0，因为消费者对某商品的需求量不可能为负值。这说明 α 值为该商品价格提高的极限值，当该商品价格等于或高于这一数值时，对该商品的市场需求量为 0。当然，上式还可改写为需求函数的表达式：$Q_d=\frac{\alpha}{\beta}-\frac{1}{\beta}P$，显然，系数 $-\frac{1}{\beta}$ 表示当 P 发生变动时所引起的 Q_d 的反向变动程度。

负斜率的需求曲线是对需求规律的反映。**需求规律(law of demand)指的是，商品价格上升，需求量减少；商品价格下降，需求量增加。**在图 1-1 中，对于 5 升的某商品，消费者愿意支付的最高价格是 1.6 元，但如果能以低于 1.6 元的价格购买 5 升的该商品，消费者当然更加愿意。需求曲线上其他价格与需求量的组合也是如此。所以也可以说，需求曲线是消费者对于不同数量的某商品所愿支付的最高价格的轨迹。

怎样从理论上解释需求规律呢？即为什么需求量与价格之间存在着反向关系呢？后面将讲到的替代效应与收入效应的共同作用将会对此进一步解释，此处不详述。

四、需求量变化和需求变化

从严格意义上讲，需求量变化与需求变化是有区别的。需求量的变化是指仅仅由于商品本身价格的变化所引起的消费者愿意而且能够购买的该商品数量的变化。如图 1-1 所示的需求曲线上，从 A 点依次到 B、C、E 点的移动，都表示由于价格的变化而引起的需求量的变化。在几何图形上，需求量的变化表现为同一条需求曲线上的点的移动。

需求的变化则是指在某商品价格不变的条件下，由于其他因素的变化所引起的消费者愿意而且能够购买的某商品数量的变化。这里说的其他因素包括：消费者收入和相关商品价格等。例如，消费者收入增加后，即使 A 商品价格没有下降，但对 A 商品的需求可能增加；某种商品（如苹果）的相关商品（如生梨）的价格上涨，导致对这种商品（苹果）的需求增加。这些因素单独或一起发生变化，都会引起需求变化。

在几何图形上，需求的变化表现为需求曲线本身的移动。如图 1-2 所示，当上述因素的变化引起需求增加，从而每一价格水平的购买量也相应地增加时，需求曲线就向右方移动（$D \to D_1$）。相反，当需求减少，也就是每一价格水平的购买量相应减少时，需求曲线就向左方移动（$D \to D_2$）。

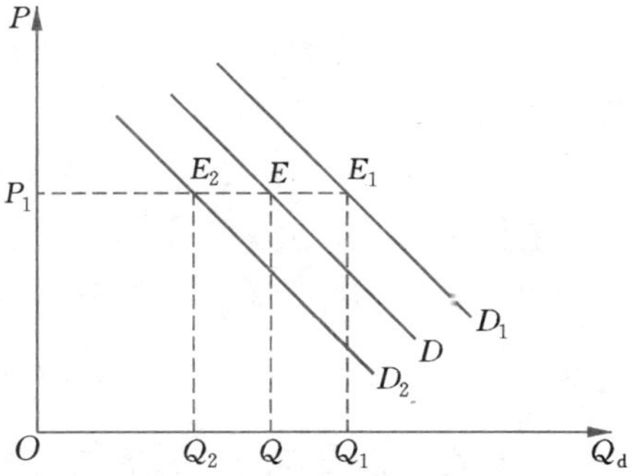

图 1-2 需求曲线的移动

虽说需求量变化与需求变化在理论上是有区别的，但在通常的表述中，需求量与需求在许多场合是被混用的，因为商品的需求总是表现为一定的数量。下一节所讲的供给量与供给也与此类似。

同步训练 1-1

第二节 供 给

本节主要分析什么是供给，供给的决定因素，供给与供给量的变动。

一、供给的定义

供给（supply）是指企业（生产者）在某一特定时期内，对应于一定的商品价格所愿意并且能够出售的该商品的数量。作为供给也要具备两个条件：一是出售愿望；二是出售能力。在企业的供给中既包括了新生产出来的产品，也包括了过去生产的产品存货。

供给既可以指单个企业或生产者对某种商品的供给，也可以指一定范围内所有企业或生产者对某种商品的市场供给。

二、供给函数

影响商品供给的因素也很多。**供给函数（supply function）就是表示某一特定时期内市场上某种商品的各种可能的供给和决定这些供给的因素之间的关系。**

影响一种商品的供给或供给量的因素有很多,譬如:

(1) 商品价格(P):一般地,某种商品的价格提高,企业对该商品的供给量会增加;反之,某种商品的价格下降,企业对该商品的供给量会减少。

(2) 相关商品价格(P_r):相关的其他商品价格发生变动,会影响到企业对某种商品的供给量。如汽车生产厂家可能会根据汽油价格的变动所带来的市场影响调整汽车的供给量。

(3) 预期价格(P_e):如果预期某种商品的价格会上涨,企业就会囤积商品,待价格更高时出售,即减少当前的供给。反之则会增加当前的供给。

(4) 生产成本(C):生产成本增加会导致商品的供给量减少,生产成本下降会导致商品的供给量增加。

(5) 自然条件(N):不少商品或服务的供给量还与自然条件密切相关。例如,雨季的水电供给量就远远大于旱季;气候恶劣时,水上运输的供给量会减少。

如果以 Q_s 代表商品供给,则供给函数可以表示为:

$$Q_s = \Phi(P, P_r, P_e, C, N, \cdots)$$

该式也可被看作是广义的供给函数。在经济学中,通常假定在其他影响因素不变的条件下,专门研究商品本身的价格变动对该商品的供给量的影响,即主要研究商品的供给价格函数:$Q_s = \Phi(P)$。供给价格函数一般简称为供给函数,或者说,通常提到的供给函数实际上是狭义供给函数。

三、供给曲线与供给规律

供给曲线就是表示和反映商品供给量与价格之间的函数关系的曲线。假设某商品供给量与价格的对应关系如表 1-2 所示。根据表 1-2 画出的供给曲线如图 1-3 所示。

表 1-2　供给表

价格/元	3	4	5	6	7	8
供给量/千克	2	6	10	14	18	22

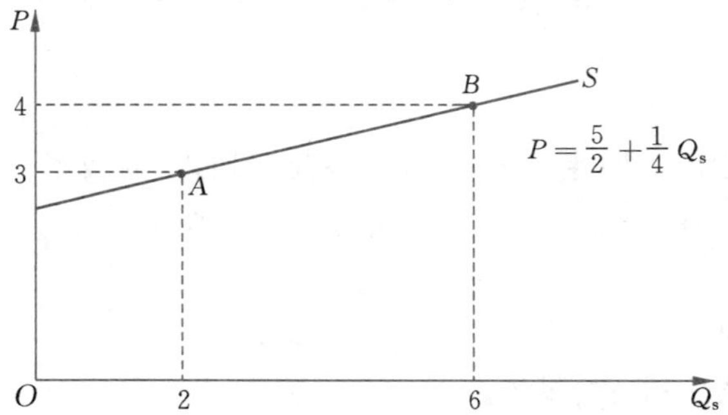

图 1-3　供给曲线

直线形供给曲线的一般形式可写成:

$$P = d + rQ_s \tag{1.2}$$

式中，d、r 为常数，且 d、$r>0$，r 为供给曲线的斜率，d 为供给曲线在纵轴上的截距。当 $P=d$ 时，$Q_s=0$，这时供给曲线与纵轴相交。从几何图形结合经济意义来说，当 $P<d$ 时，也存在 $Q_s=0$，因为生产者提供的产量不可能为负值。这说明产品价格只有高于 d 时，才有 $Q_s>0$，即生产者提供产量的价格条件是 $P>d$。d 值与企业的生产成本等因素有关。换言之，由于产品的生产都是要花费成本的，企业只有在产品价格高于一定水平时，才会愿意向市场供给产品。上式还可改写为供给函数的表达式：

$$Q_s=-\frac{d}{r}+\frac{1}{r}P$$

式中，$\frac{1}{r}$表示当 P 发生变动时所引起的 Q_s 的正向变动程度。

正斜率的供给曲线是对供给规律的反映。**供给规律**（law of supply）**指的是，商品价格上升，供给量增加；商品价格下降，供给量减少。**在图 1-3 中，对于 2 千克的某商品，生产者愿意接受的最低价格是 3 元，但如果能以高于 3 元的价格出售 2 千克的该商品，生产者当然更加愿意。供给曲线上其他价格与供给量的组合也是如此。所以也可以说，供给曲线是企业或生产者对于不同数量的某商品所愿接受的最低价格的轨迹。

四、供给量变化和供给变化

在其他因素不变的条件下，仅由于产品价格变化而导致的企业愿意而且能够出售的该产品数量的变化，属于供给量变化。它表现为同一条供给曲线上的点的移动。

而在产品价格不变的条件下，由于其他因素的变化而导致企业愿意并且能够出售的该产品数量的变化，属于供给变化。它表现为供给曲线本身的移动。如生产技术进步，或生产要素价格（工资、利息等）下降，致使产品的单位成本下降，则即使某产品价格未变，但企业供给的数量会增多，从而图 1-4 中的供给曲线从 S 右移至 S_1。反之，生产要素价格上升、企业生产成本增加等会使供给曲线从 S 左移至 S_2。

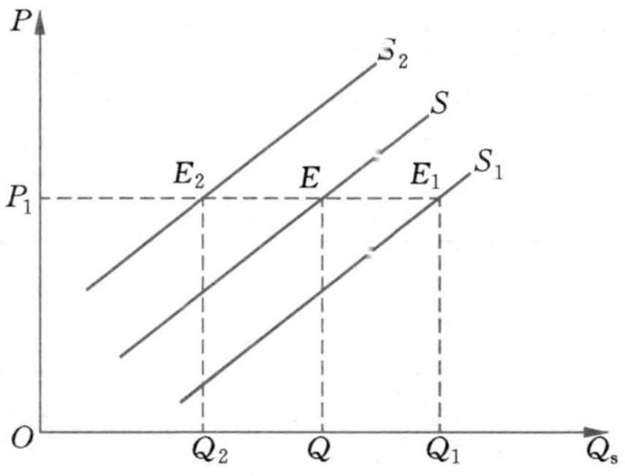

图 1-4　供给曲线的移动

同步训练 1-2

第三节　需求与供给的弹性

有的商品价格下跌一点，需求量却增加很多；有的商品则价格下跌很多，需求量却增加很少。供给也有类似情形。另外，相关商品价格和消费者收入的变动对不同商品需求的影响程度也是有差异的。弹性理论便是要研究这些问题。

一、需求的价格弹性

（一）一般性定义

需求的价格弹性（price elasticity of demand）常简称为需求弹性。**需求弹性是用来表示某商品价格一定幅度（或微量）变动所引起的该商品需求量的变动程度的。它等于**需求量变化的比率对价格变化的比率之比，即：

$$需求弹性=\frac{需求量变化的比率}{价格变化的比率}$$

例如，某商品价格变动 2％导致该商品的需求量变动 6％，即需求弹性为：6％ ÷ 2％ ＝ 3，意味着价格变动会导致 3 倍的需求量变动。或者，如果某商品价格变动 10％，导致该商品的需求量变动 5％，即需求弹性为：5％ ÷ 10％ ＝0.5，意味着价格变动会导致 0.5 倍的需求量变动。上式的更一般形式可写成：

$$E_d=\frac{\frac{\Delta Q}{Q}}{\frac{\Delta P}{P}}=\frac{\Delta Q}{\Delta P}\cdot\frac{P}{Q} \tag{1.3}$$

式中，ΔP、ΔQ 分别为价格与需求量的变动量；P、Q 分别为变动前的价格与需求量。例如，某商品的需求表如表 1-3 所示。

表 1-3　某商品的需求表

价格（P）/元	ΔP/元	需求量（Q）/千克	ΔQ/千克
20		30	
15	－5	60	30

根据式（1.3）得：

$$E_d=\frac{\Delta Q/Q}{\Delta P/P}=\frac{30/30}{-5/20}=-4$$

需求弹性为负数，因为需求量与价格的变动方向是相反的。需求弹性的绝对值体现了商品价格变动对于需求量变动的影响程度的大小，因而理论分析上总是通过需求弹性的绝对值来判断需求弹性的大小。

式（1.3）是需求弹性的基本定义式，下面在此基础上转入对弧弹性和点弹性的分析。

（二）弧弹性

需求的价格弧弹性是用来表示需求曲线上两点之间的需求量变动对价格变动的反应程度。简单地说，是需求曲线上两点之间的一段弧的弹性。

如图 1-5 所示，它是根据表 1-3 画出的需求曲线图。由 A 点到 B 点表示单价从 20 元降到 15 元时，需求量从 30 千克增至 60 千克，上面计算出来的 $E_d=-4$。但是，若考察由 B 点到 A 点，即单价从 15 元升至 20 元时，需求量从 60 千克减至 30 千克，则：

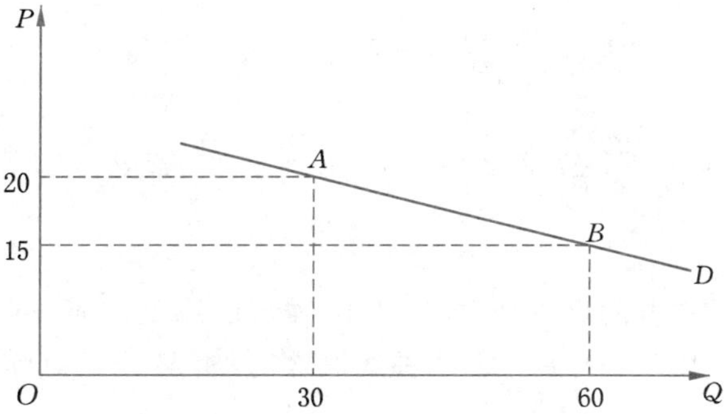

图 1-5　需求的价格弧弹性

$$E_d=\frac{\Delta Q/Q}{\Delta P/P}=\frac{-30/60}{5/15}=-1.5$$

可见，据以上计算的由 A 点到 B 点和由 B 点到 A 点的需求曲线上同一段弧的弧弹性系数值是不同的。其原因在于尽管 ΔP 和 ΔQ 的绝对值都相等，但由于 P 和 Q 所取的基数值不同，导致了计算结果的不同。因此，应根据究竟是涨价还是降价，来正确地选择 P、Q 的基数值。

然而，如果仅仅是一般地计算需求曲线上某一段弧的弹性，而不是具体地强调这种需求量变动是作为涨价还是降价的结果，则为了避免含混不清，一般取两点价格的平均值和两点需求量的平均值来分别代替式(1.3)中的 P 值和 Q 值。也就是，在式(1.3)基础上改造的弧弹性计算公式为：

$$E_d=\frac{\Delta Q}{\Delta P}\cdot\frac{\frac{P_1+P_2}{2}}{\frac{Q_1+Q_2}{2}}=\frac{\Delta Q}{\Delta P}\cdot\frac{P_1+P_2}{Q_1+Q_2}\qquad(1.4)$$

据式(1.4)计算出来的图 1-5 中 A、B 两点间的弧弹性为：

$$E_d=\frac{30}{-5}\times\frac{20+15}{30+60}=-2.33$$

（三）点弹性

1. 点弹性的公式

需求的价格点弹性是用来表示需求曲线上两点之间的价格变动量趋于无穷小时，或者说在需求曲线某一点当价格发生无穷小的变化（即 $\Delta P\to 0$）时所导致的需求量变动的程度。这样，在式(1.3)的基础上，点弹性公式可写为①：

$$E_d=\lim_{\Delta p\to 0}\frac{\Delta Q}{\Delta P}\cdot\frac{P}{Q}=\frac{dQ}{dP}\cdot\frac{P}{Q}\qquad(1.5)$$

根据点弹性的公式，如果需求函数为已知，则可求出任一价格的点弹性系数。设某商品

① 这里运用的是数学上的导数知识。关于导数的含义及其运用，请参阅本教材后面的数学附录。

的需求函数为 $Q_d=16-2P$，因 $\frac{dQ_d}{dP}=-2$，代入式(1.5)得：

$$E_d=-2\times\frac{P}{Q}=\frac{-2P}{16-2P}$$，若 $P=4$，则 $E_d=-1$；若 $P=6$，则 $E_d=-3$。

2. 点弹性的几何意义

先考虑线性需求曲线的点弹性，如图 1-6，需求曲线上任何一点的点弹性系数，等于该点以下需求曲线段与该点以上需求曲线段之比，如 M 点的点弹性系数为：

$$E_d=\frac{\text{该点以下需求曲线段}}{\text{该点以上需求曲线段}}=\frac{MF}{GM}$$

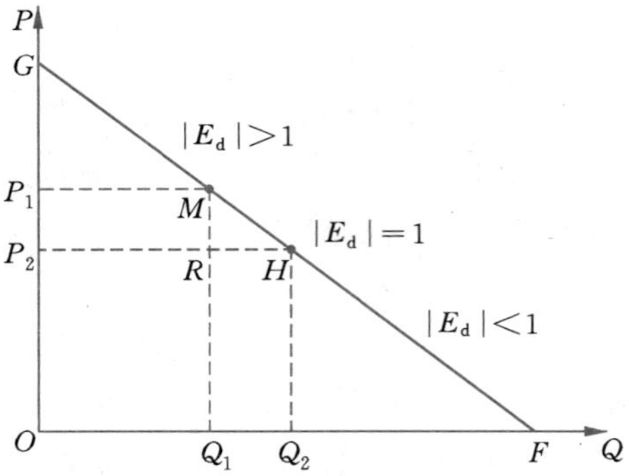

图 1-6　线性需求曲线上的点弹性

根据以上公式，如图 1-6 所示，需求曲线 GF 的中点 H 的点弹性系数为 1，GH 之间的任一点的点弹性系数大于 1，HF 之间的任一点的点弹性系数小于 1，G 点的点弹性系数等于∞(因分母趋于 0)，F 点的点弹性系数等于 0(因分子趋于 0)。

上述公式的证明如下：

如图 1-6 所示，求需求曲线上任意一点 M 点的点弹性系数。设想 M 点和 H 点是需求曲线上微小变动中的两个相邻的点，但为了分析中的直观性需要，将它们表现为图中现有的位置。这样，M 点的点弹性系数为：

$$E_d=\frac{dQ}{dP}\cdot\frac{P}{Q}=\frac{Q_1Q_2}{P_1P_2}\cdot\frac{OP_1}{OQ_1}=\frac{RH}{MR}\cdot\frac{OP_1}{OQ_1}$$

因为

$$\triangle MRH\backsim\triangle MQ_1F$$

所以

$$\frac{RH}{MR}=\frac{Q_1F}{MQ_1}=\frac{Q_1F}{OP_1}$$

于是

$$E_d=\frac{RH}{MR}\cdot\frac{OP_1}{OQ_1}=\frac{Q_1F}{OP_1}\cdot\frac{OP_1}{OQ_1}=\frac{Q_1F}{OQ_1}=\frac{Q_1F}{P_1M}=\frac{MF}{GM}$$

若需求曲线为非线性，则可类似地求得和证明曲线上任意一点的点弹性系数为该点的切线以下线段与该点的切线以上线段之比。如图 1-7 中 N 点的点弹性系数 $E_d=\frac{NK}{LN}$。

(四) 需求弹性的分类

(1) $|E_d|=1$，从式(1.3)可知，这意味着价格每提高(或降低)某一幅度，需求量会相应减少(或增加)相同幅度，称为需求单元弹性或单位弹性。

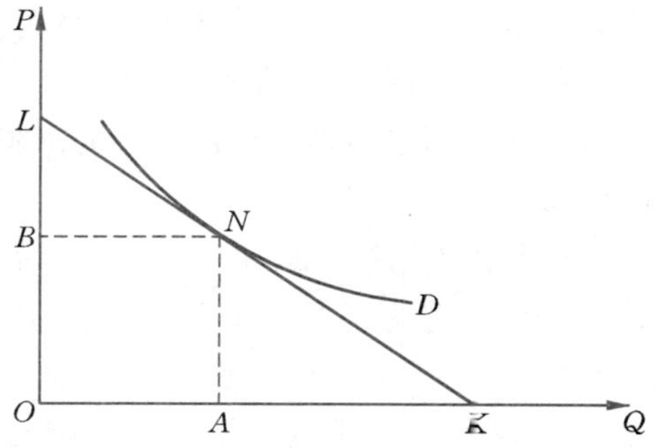

图 1-7　非线性需求曲线上的点弹性

(2) $|E_d|>1$，这说明$\frac{\Delta Q}{Q}$(需求量变动的比率)大于$\frac{\Delta P}{P}$(价格变动的比率)，或者说价格每变动某一幅度，需求量会变动更大的幅度，称为需求富有弹性。这意味着商品需求量对于价格变动的反应较敏感。

(3) $|E_d|<1$，这表示$\frac{\Delta Q}{Q}<\frac{\Delta P}{P}$，或者说价格每变动某一幅度，需求量只会变动比此更小的幅度，称为需求缺乏弹性。

(4) $|E_d|=0$，这意味着无论 ΔP 的数值如何变化，ΔQ 之值都是零。说明不论价格如何变动，需求量都是固定不变。如果以纵坐标代表价格，横坐标代表需求量，需求曲线是垂直于横坐标的一条直线。这种情况表示需求完全缺乏弹性，或称需求弹性为零。

(5) $|E_d|\to\infty$，这意味着 ΔP 趋向于零或为零的情况下，ΔQ 之值可以任意变动。说明在既定不变的价格水平，需求量可以任意变动。在平面几何图上，需求曲线是与横轴平行的一条直线。这种情况表示需求完全富有弹性，或称需求弹性无穷大。

现实社会中，较为常见的是上述第(2)和第(3)种情形。

商品需求弹性的大小决定了该商品的需求曲线的斜率。如图 1-8(a)所示，需求弹性大的商品，其需求曲线的斜率的绝对值较小①，曲线较平坦，表示价格小幅度的变动(P_1降为 P_2 或理解为 P_2 上升至 P_1)会带来需求量的较大幅度变动(Q_1 增至 Q_2 或 Q_2 减至 Q_1)。而且，需求弹性越大，需求曲线就越平坦。图 1-8(b)中陡峭的需求曲线则反映了该商品的需求弹性较小，在这里，价格较大幅度的变动仅会带来需求量的小幅度变动。

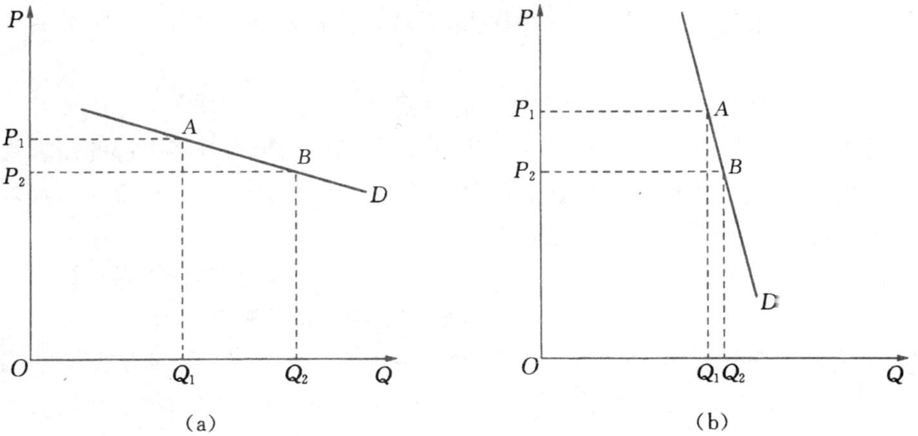

图 1-8　需求弹性大小与需求曲线形态

需注意的是，需求曲线的斜率 $\Delta P/\Delta Q$ 尽管与需求弹性公式中的 $\Delta Q/\Delta P$ 有关(它

① 从前述的式(1.3)中也可看出，在 P、Q 值既定条件下，商品的需求弹性越大，意味着 $\Delta Q/\Delta P$ 之绝对值越大，相应地也就是商品需求曲线的斜率 $\Delta P/\Delta Q$ 之绝对值越小。

们互为倒数),但其本身并非需求弹性。

(五)影响需求价格弹性的因素

是哪些因素使得一些商品的需求弹性大,而使另一些商品的需求缺乏弹性呢?这些因素主要有:

(1)替代品的数量和质量。某一商品如果有许多其他替代品,它的需求弹性就比较大;反之,它的需求弹性就比较小。以羊毛和电脑为例,棉花和人造毛等可以做羊毛的替代品,羊毛的价格上涨,人们会改用人造毛,羊毛的价格下降,人们会少用人造毛而多买羊毛,所以羊毛的价格弹性比较大;电脑因缺乏较好的替代品,所以一定程度的价格变化,可能对它的消费量影响很小。

(2)用途的大小。某种商品的用途愈广,该商品的价格弹性愈大,原因是当它的价格下降时,消费者会尽量设法多方面利用这类产品,因而增加对这类产品的购买。例如牛皮,可以做皮箱、皮鞋、皮手套、皮带等。其价格弹性就高于用途单一的袜子。

(3)必需程度的强弱。消费者对日常生活必需品,都有较确定的消费量,受价格变化的影响较小。例如,每个人每天消费的食盐,大体上是固定的。食盐价格即使上涨(或下降)幅度较大也不会导致对它的需求量明显减少(或增加)。生活必需品的需求弹性一般较小。反之,化妆品等非生活必需品的需求弹性一般较大。

(4)消费支出的比重。消费支出比重大的商品的需求弹性大。如轿车在消费者整个消费支出中占有较大的比重,有些商品如食盐、牛奶占有很小的比重,若价格发生变化,消费者对前者的反应比对后者的反应要强烈得多。

(5)产品的耐用程度。越是耐用的产品,需求弹性越小。例如,冰箱可以使用多年,即使价格下降,消费者一般也不会在短期内重新购置。而对于一个刚买了一支牙膏的消费者来说,牙膏价格下降后,他也许会马上再买一支。

当然,具体到某种商品,其需求弹性的大小是多种因素综合影响的结果。如就消费支出的比重因素而言,轿车的需求弹性较大,但就产品的耐用程度而言,轿车的需求弹性又较小。

(六)需求弹性与消费支出、生产收入的关系

不同商品的需求弹性的大小不一样,从而,同等幅度的价格升降引起的需求量变动的幅度也就不一样。因此,不同弹性的商品的价格变动对于消费支出和生产收入的影响是不同的,这对于商品价格的制定有重要意义。

如表 1-4 所示,假设有 A、B、C 三种商品,原来的价格均为 10,需求量均为 100,它们的需求弹性分别为小于 1、等于 1、大于 1。当它们的价格都下降 5 之后,A 的需求量增加甚少,消费者的消费支出(也即生产者的生产收入)比以前下降了。C 的需求量增加甚多,生产收入比以前增长了。B 的价格下降一半,需求量也正好增加一倍,故生产收入未变。

表 1-4 不同弹性商品的收入变动表

商品	原价格 P	原需求量 Q	原收入 PQ	现价格 P'	现需求量 Q'	现收入 $P'Q'$	收入变动量
A	10	100	1 000	5	140	700	−300
B	10	100	1 000	5	200	1 000	0
C	10	100	1 000	5	360	1 800	+800

从上面的分析可以得到如下结论：

(1) 如果一种商品的需求缺乏价格弹性，那么该商品价格一定程度的下降将引起生产者收益的减少，反之则引起生产者收益的增加，两者的变化是同方向的。企业可对该产品适当提价。

(2) 如果一种商品的需求富有价格弹性，那么该商品价格一定程度的下降将引起生产者收益的增加，反之则引起生产者收益的减少，两者的变化是反方向的。企业应对该种产品适当降价。

(3) 如果一种商品的需求弧弹性为1，那么该商品价格一定程度的变化对生产者的收益没有影响。企业这时可根据其他具体市场情况决定产品价格策略。

专栏 1-1 航空客运与铁路客运的需求弹性

上世纪末本世纪初的几年，我国的航空客运票价与铁路客运票价成为媒体与老百姓关注的热点之一。过去，各大航空公司根据航空客运市场的情况，实际上都对机票实行不同程度的折价出售。后来，民航总局为了整顿航空客运市场的票价秩序，强制性统一规定机票一律按全价出售，不得折价出售。这样，机票实际上相当于涨价了。于是，人们纷纷改乘火车等其他交通工具，飞机乘客大幅度减少。那时，一架波音777航班上只坐着十几位乘客的现象并不少见。航空公司普遍性亏损。在航空公司的呼吁和现实市场压力下，民航总局又对机票折价出售采取默许态度，飞机乘客量马上明显反弹，航空公司的销售收入也相应地明显增加。

与航空客运的较大需求弹性相反，我国铁路客运市场的需求弹性很小，尤其是在春运期间。铁道部为了减轻铁路客运压力，提高了春运期间的列车客运票价，实际上为列车客运经营部门增加了可观的收入。许多消费者对于铁道部的提价行为表示不满，有的消费者甚至对铁道部的提价行为提起了诉讼。

近些年，我国的铁路运输状况发生了很大变化，动车、高铁已经进入了铁路客运体系。动车和高铁增强了对航空客运的替代性，其自身的较高定价也提高了其需求弹性。高速公路和私家车的发展也使得人们对交通工具有了更多的选择。

讨论：

(1) 为什么我国航空客运的需求弹性大而铁路客运的需求弹性小？

(2) 非春运期间的高铁票价和普通火车票价适度降低能否增加客运收入？

二、需求的交叉弹性

除了商品本身的价格外，其他相关商品的价格变动也会影响商品的需求。**需求的交叉价格弹性**(cross-price elasticity of demand)，是指在影响某商品(如X)需求的其他

各种因素都给定并不变的条件下，另一相关商品（如 Y）的价格（P_Y）变动所引起的 X 的需求（Q_X）的变动程度。需求的交叉价格弹性也常被简称为需求的交叉弹性。以 E_{XY} 代表需求交叉弹性系数，则：

$$E_{XY}=\frac{\frac{\Delta Q_X}{Q_X}}{\frac{\Delta P_Y}{P_Y}}=\frac{\Delta Q_X}{\Delta P_Y}\cdot\frac{P_Y}{Q_X}$$

或

$$E_{XY}=\frac{\partial Q_X}{\partial P_Y}\cdot\frac{P_Y}{Q_X}$$

相关商品可以区分为替代商品和互补商品。**替代商品**（substitutes）是指商品之间可以相互替代以满足消费者相同（或基本相同）的消费需求的商品。如钢笔与圆珠笔，苹果与生梨，米饭与面包等等。对于替代商品而言，理论上可以假定，在其他条件既定不变时，如果其中一种商品（如苹果）的价格上涨，消费者对该商品（苹果）的需求会减少，而对另一种商品（如生梨）的需求就会增加；反之，一种商品的价格下降，对另一种商品的需求就会减少。因此，它们的交叉弹性系数必定是正值，表示替代商品之间的价格与需求变动方向相同。

互补商品（complements）则是指商品之间只有相互配合、相互补充才能提供完整的消费功能从而满足消费者的消费需求的商品。如汽车与汽油、羽毛球与球拍、录音机与磁带等等。对于互补商品而言，如果其中一种商品的价格上涨，消费者对该商品的需求量会减少，相应地对另一种商品的需求也会减少；反之，一种商品价格下降，对该商品及另一种商品的需求就会增加。因此，它们的交叉弹性系数必定是负值，当然理论分析上注重的也是其绝对值。

容易理解，**无关商品的需求交叉弹性为 0。**

☞小贴士

1947 年，美国司法部指控杜邦公司生产的玻璃纸是垄断商品。但杜邦公司辩称，塑胶纸、腊纸等都可以代替玻璃纸用作包装材料，玻璃纸具有很高的需求交叉弹性，所以不是垄断商品。你认为商品需求交叉弹性的大小可以用作判断商品是否为垄断商品的依据吗？

三、需求的收入弹性

在商品价格和影响商品需求的其他因素不变的条件下，消费者收入（M）的变动也会引起商品需求（Q）的变动。**需求的收入弹性**（income elasticity of demand）**就是用来衡量消费者收入的变动所引起的商品需求的变动程度。**以 E_M 代表需求收入弹性系数，则：

$$E_M=\frac{\frac{\Delta Q}{Q}}{\frac{\Delta M}{M}}=\frac{\Delta Q}{\Delta M}\cdot\frac{M}{Q}$$

或
$$E_M = \frac{\partial Q}{\partial M} \cdot \frac{M}{Q}$$

一般来说，当消费者收入提高后，会增加对商品的需求。但是，消费者收入提高时，并不是对所有商品的需求都增加，收入下降时，也并非对所有商品的需求都减少。下面的分析将会使我们明白这一点。

根据 E_M 是否大于 0，可以将各种商品分为以下两大类：

（一）正常商品

其 $E_M > 0$，说明商品需求与消费者收入成正向变化，即消费者收入提高（或降低）后，消费者会增加（或减少）对这类商品的需求。其中，又可以根据 E_M 是否大于 1，将正常商品（normal goods）进一步分为两种：

（1）如果 $E_M > 1$，意味着消费者收入提高（或降低）后，导致对商品需求更大幅度的增加（或减少）。这种商品叫奢侈品。例如，作为特殊商品的旅游便属于奢侈品，人们对于旅游需求的增长幅度往往大于收入的增长幅度。

（2）如果 $0 < E_M < 1$，意味着消费者收入提高（或降低）后，会稍微增加（或减少）对商品的需求和消费。这种商品叫必需品。例如，无论消费者的收入如何变化，每天食用的米饭量一般都不会有较明显的变化。

随着社会经济的发展和人类文明程度的提高，必需品和奢侈品的范畴也处于不断的发展、变化中。如皮鞋在过去是奢侈品，现在已可归于必需品。

（二）低档商品①

其 $E_M < 0$，说明商品需求与消费者收入成反向变化，即消费者收入提高后，对这类商品的需求反而会减少。需求随消费者收入提高而减少的商品就是低档商品（inferior goods）。例如，人们在收入较低时以穿胶鞋为主，收入提高后可能减少对胶鞋的购买，同时增加对皮鞋的购买与需求，这样，胶鞋的收入弹性将是负数。至于弹性系数的绝对值可能大于、小于或等于 1。

（三）恩格尔定律

从需求的收入弹性还可以引申出恩格尔定律（Engle's law）。食物作为生活必需品，它的需求的收入弹性是很低的。19 世纪德国统计学家恩格尔根据对统计资料的研究得出结论：**无论个人、家庭，还是整个国家，随着收入的增加，总收入（或总支出）中用于食物支出的比重将趋于下降。这就是著名的恩格尔定律。**

根据恩格尔定律，无论个人、家庭，还是一个国家，总收入（或总支出）中用于食物支出的比重越高，就说明他们越贫穷。反之，则说明他们越富裕。**消费者食物消费支出占消费总支出的比重被称为恩格尔系数。**

根据联合国粮农组织提出的标准，恩格尔系数在 59％以上为贫困，50％至 59％为温饱，40％至 50％为小康，30％至 40％为富裕，低于 30％为最富裕。我国农村居民的恩格尔系数 1978 年为 0.677，2013 年为 0.377；我国城镇居民的恩格尔系数 1978 年为 0.574，2013 年为 0.350②。

---

① 低档商品常被译作劣等商品，但后一说法容易与质量低劣的商品相混淆。

② 读者可登录国家统计局网站（www.stats.gov.cn），阅读最近几个年份的国民经济和社会发展统计公报，了解最近几个年份我国城乡居民的恩格尔系数及其变动情况。

四、供给的价格弹性

（一）弹性系数的计算

供给的价格弹性(price elasticity of supply)**表示和衡量价格变动所引起的商品供给量变动的程度大小。**一般简称为供给弹性。以 E_S 代表供给弹性系数，则：

$$E_S=\frac{供给量变动的比率}{价格变动的比率}=\frac{\frac{\Delta Q}{Q}}{\frac{\Delta P}{P}}=\frac{\Delta Q}{\Delta P}\cdot\frac{P}{Q} \tag{1.6}$$

或

$$E_S=\frac{dQ}{dP}\cdot\frac{P}{Q} \tag{1.7}$$

同需求的价格弹性一样，供给的价格弹性也有点弹性与弧弹性之分。式(1.7)是点弹性公式，弧弹性公式为：

$$E_S=\frac{\Delta Q}{\Delta P}\cdot\frac{\frac{P_1+P_2}{2}}{\frac{Q_1+Q_2}{2}}=\frac{\Delta Q}{\Delta P}\cdot\frac{P_1+P_2}{Q_1+Q_2} \tag{1.8}$$

与需求价格弹性计算公式不同的是，这里的 Q 与 ΔQ 分别代表的是供给量与供给变动量。

（二）供给弹性的分类

(1) $E_S=0$，说明供给无弹性。这时，无论价格如何变动，供给量都不会改变，供给曲线是垂直于横轴的一条直线。那些珍贵的、无法复制的传世之宝之类的物品便具有这种特性。

(2) $E_S\to\infty$，说明供给弹性无限大，供给曲线是平行于横轴的一条直线。这时供给量的变动对于价格变化的反应极端敏感，如果价格稍有上升或下降，供给量便减至为零。而在既定价格水平，供给量可以任意变动。这是极为罕见的情况。

(3) $E_S=1$，即供给弹性系数等于 1。在这种情况下，价格与供给量以等比例变动。

(4) $E_S<1$，即供给弹性系数小于 1。在这种情况下，供给量变动的幅度小于价格变动的幅度，供给缺乏弹性。供给曲线较为陡峭。

(5) $E_S>1$，即供给弹性系数大于 1。在这种情况下，供给量变动的幅度大于价格变动的幅度，供给富有弹性。供给曲线较为平坦。

（三）供给价格弹性的决定因素

供给弹性的大小主要依赖于调整产量的难易程度。产量易于调整的产品，供给弹性就大；产量难以调整的产品，供给弹性就小。产量调整的难易程度或供给弹性的大小主要取决于如下因素：

(1) 自然因素。如农产品受自然因素的影响大，面对价格的变动，产量难以调整；工业产品一般受自然因素的影响小，产量相对容易调整。

(2) 固定资产。生产中所用固定资产比重大的产品，产量难以调整；生产中所用固定资产比重小的产品,产量易于调整。

(3) 原材料。产品的原材料短缺,且用途单一,产量难以调整,因为增产或以此原材料生产别的产品都非常困难。反之,原材料丰富,且有多种用途,产量易于调整,因为增产或以此原材料转产别的产品都相对容易。

(4) 生产周期。生产周期长的产品,即使价格上升,也来不及增产,或者即使价格下降,也很难转产和减产;反之,生产周期短的产品,相对容易调整产量。

(5) 生产成本。生产成本大的产品,产量难以调整;反之,则产量较易调整。这与第(2)点固定资产因素是有关的,因为固定资产比重大往往意味着生产成本大。

五、短期弹性与长期弹性

在不同的时间跨度内,产品的弹性的大小是有差异的。如果作进一步的深入分析,从时间角度上可以区分短期弹性和长期弹性。

对于许多产品来说,长期性的需求价格弹性远比短期性的弹性要大,因为由于种种原因,人们的消费习惯不太可能在短期内发生根本性变化,对某一产品的需求量也难以在短期内作显著调整。这就使得价格变动后,需求量的变动在短期内不会太明显,但就长期而言,需求量则会发生较大的变化。例如,消费者原本对 A 产品有较固定的消费量,A 产品的价格大幅上涨后,消费者对它的消费不太会一下子大幅下降,一般只是会逐渐减少。反过来,A 产品的价格下降后,消费者在原有的消费习惯和消费理念支配下,对它的需求量可能并不会一下子明显增加,而是会在新的消费习惯的培养和对消费对象的更为认同的过程中逐渐增加需求量。也就是表现为长期弹性大于短期弹性。

又如,汽油价格的上涨虽会使开车者减少开车时间,减少对汽车的需求,但由于汽车存量在短期内不变,因而汽油需求量的减少还不会太明显。从长期来看,汽油价格的上涨会使人们减少购买汽车,尤其是促使企业开发出节能汽车,消费者更倾向于购买节能汽车,亦即汽油的长期弹性要高于短期弹性。

对于有些产品来说,情况可能正好相反,长期性的需求价格弹性比短期要小。例如,彩电的价格下降后,人们可能会弃用旧彩电而以新彩电来取代,或增加购买彩电,也就是短期内的彩电的需求弹性较大。但从长期来看,家庭对于彩电的需求量是较为稳定的,价格再下降,一个家庭也不太会购置五六台彩电,这也与彩电的耐用特性有关。我国彩电市场在 1996 年由“长虹”领头的降价迅速地刺激了彩电的需求量,但两三年后,彩电市场复归平静,甚至在 1999 年的再度大幅降价,也不能对市场需求产生刺激作用了。

再以汽车为例,汽车价格的上涨可能会使人们对汽车的购买量很快就减少。但从长期来看,旧车总是要报废的,新的汽车消费群体也总会不断地形成,即价格因素对汽车的需求量的影响相对于短期而言总是较小。这一命题得到国外一些汽车市场销售报告的支持。

需求的收入弹性和需求的交叉弹性也存在上述短期和长期的类似情况。

就供给弹性而言,大多数产品的长期弹性都大于短期弹性,因为在短期内,企业来不及增加或缩减生产能力,即供给量对于价格的变动的反应较为迟钝,尤其表现为价格上涨时,企业无法短期内迅速增加供给。对于有些产品或劳务而言,其短期的供给甚至完全缺乏弹性。但就长期来说，企业总是可以根据价格的变动调整生产能力即增减供给量的。从时间跨度的长短角度看，一般可以将供给弹性分为三种情形：

（1）在很短的时间内，无论价格如何提高（或降低），供给量都无法增加（或减少），表现为供给完全无弹性。例如，在价格很低的情况下，难以保存的鲜货也只有忍痛出售。

（2）在较短的时间内，由于无法改变企业规模，只能有限地调整人力和原材料的投入，不能调整固定设备规模，供给量不会对价格变动作出较大反应，表现为供给缺乏弹性或弹性较小。

（3）在很长的时间内，企业规模、原材料及人力等的投入都可以任意变动，甚至可以新建或关闭企业，供给量可以对价格变动作出充分反应，表现为供给富有弹性或弹性很大。

☞**小贴士**

猪肉的价格经常上涨，有人说这与猪肉的需求弹性和供给弹性有关。在我国，猪肉的需求弹性较小，而它的供给弹性也比较小。你赞同这种看法吗？

同步训练 1-3

第四节　市　场　均　衡

前面分别论述了需求与供给。市场上的产品价格既不是由需求单独决定的，也不是由供给单独决定的，而是由需求与供给共同决定的。

一、均衡价格与均衡产量的决定

当产品在低价格水平时，需求大于供给，产品出现供不应求状况，这会导致价格上升。反之，当产品在高价格水平时，供给大于需求，产品出现供过于求状况，这会导致价格下跌。

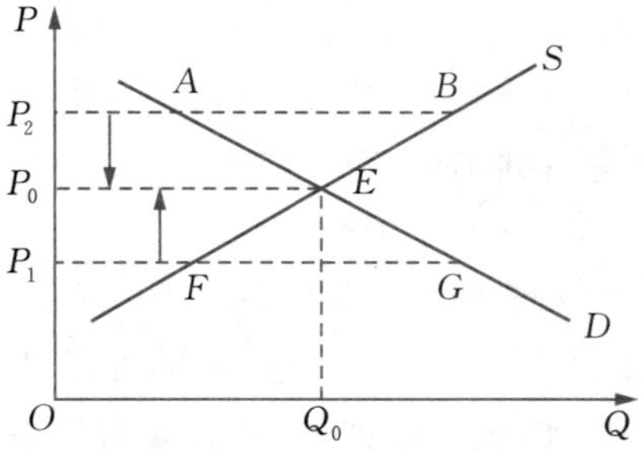

图 1-9　均衡价格的决定

如图 1-9 所示，价格为 P_1 时，需求（表现为 P_1G 的长度）大于供给（表现为 P_1F 的长度），价格会上升。随着价格的上升，需求量会逐渐减少，供给量会逐渐增加。价格为 P_2 时，供给（P_2B）大于需求（P_2A），价格会下跌。随着价格的下跌，需求量会逐渐增加，供给量会逐渐减少。只有当价格为 P_0 时，需求（P_0E）正好等于供给（P_0E），即在这一价格水平，买方愿意购买的产品量与卖方愿意出售的产品量恰好相等，这时的价格与产量至少在短期内没有发生变化的内在动力，从而呈现稳定状态。也就是，需求曲线与供给曲线的交点决定的价格（P_0）与产量（Q_0）分别为**均衡价格**（equilibrium price）与**均衡产量**。

现实中的市场价格不一定是均衡价格，但市场价格在供求双方的作用下，总是不断地趋向于均衡价格。

市场经济条件下，产品的需求与供给共同决定价格，同时价格反过来又自动地影响和调节供给与需求，使市场趋于均衡。这种调节功能就是**价格机制**（price mechanism），或称为**市场机制**。它像一只“看不见的手”，在引导着生产与消费，在指挥着价格运行与产量变动。如果价格高了，供求力量会促使它下降，反之亦然。如果产量少了，供求决定的价格信号会诱使产量增加，反之亦然。

专栏 1-2 高度集权的计划经济体制

改革开放以前，我国实施的是高度集权的计划经济体制，全社会的经济资源是通过行政管理部门的指令性计划来配置的。例如，投资或追加投资生产什么产品，生产多少产品，产品的价格定为多少等等，均由指令性计划规定，企业必须执行。产品的价格往往被离市场较远的计划部门定得很离谱，且往往长期不变。这种定价方式割裂了市场供求与价格之间的经济联系，使得价格不能反映市场供求，也不能调节市场供求。有的产品已经严重供过于求，但其价格并不下降，企业在继续生产。有的产品严重供不应求，但其价格并不上涨，无法引导企业生产和增加生产，从而继续短缺。这样，一方面是有些产品长期、大量积压，资源被严重浪费；另一方面是有些社会需要的产品又长期短缺，以致不得不依赖布票、粮票、油票、肉票、烟票、糖票等众多票证来强制性平衡供求矛盾。已经生产出来的产品还常常呈现出质量低劣、式样陈旧、功能落后的情况。因为生产单位只管完成生产的指令性计划，不太关心产品是否能卖出去。

改革开放实际上逐步还原、理顺了市场供求与产品价格之间应有的经济联系和企业应有的生产自主地位，带来了产品供应丰富、产品积压减少、产品质量提高的市场繁荣局面。

讨论：

如何理解改革开放是还原和理顺了市场供求与产品价格之间的关系？

二、均衡价格与均衡产量的变动

既然均衡价格与均衡产量是由供求状况或供求曲线决定的，那么供求曲线的变动，即供求状况的变化自然会使均衡价格与均衡产量发生变动。

如图 1-10 所示，D_1 线与 S_1 线原交于 E_1，均衡价格与均衡产量分别为 P_1 和 Q_1。现假设消费者对该商品的偏好加强，或收入水平提高，从而 D_1 线移至 D_2 线；同时由于成本下降，S_1 线也移至 S_2 线。D_2 与 S_2 相交于 E_2，这时的均衡价格（P_2）与均衡产量（Q_2）都比以前提高了。但如果 S_1 曲线向右方的移动幅度更大，例如移至 S_3 线，则均衡产量（Q_3）比以前提高了，但均衡价格（P_3）却比以前降低了。

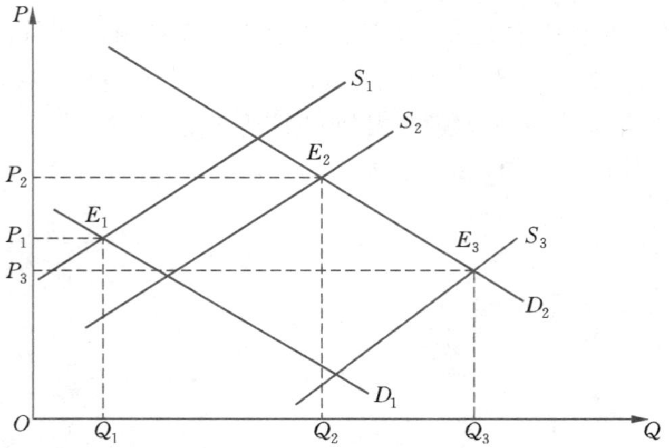

图 1-10　均衡价格的变动

从以上分析可以看出，在需求和供给都增加的条件下，均衡产量肯定会提高，均衡价格则可能提高，也可能降低，这取决于需求与供给各自增加的力度的大小对比。因为需求的增加会促使价格上扬，而供给的增加则有使价格下降的趋势。

类似地，可以得到结论：如果需求增加，而供给减少时，新的均衡价格一定会提高，新的均衡产量则可能提高，也可能降低。

需求和供给的其他变动状态对产量和价格的影响也可以同理求得。

三、政府行为与均衡价格

政府出于某些目的，有时会运用行政力量使产品价格高于或低于市场供求力量自发形成的均衡价格。另外，政府的税收行为也会对产品的均衡价格产生影响。以下来给予分析。

（一）支持价格

政府为了扶持和保护某一产品或某一行业的生产，对该产品或该行业的产品规定高于市场均衡价格的价格，便是支持价格（也称保护价格）。如图 1-11 所示，市场供求力量自发决定的均衡价格为 P_1，均衡产量为 Q_1。政府规定的支持价格为 P_2，也就是产品价格最低为 P_2，不能低于 P_2。在 P_2 的价格水平下，需求量为 Q_a，供给量为 Q_b，显然，一些产品卖不出去，产品过剩量为 Q_aQ_b，要使支持价格维持下去，政府就必须收购市场上的过剩产品，即通过收购过剩产品的方式对生产者进行财政补贴。或者限制生产量，将产量控制在 Q_a 的水平，使 P_2 价格水平的供求平衡。否则，卖方为了脱手过剩产品就会竞相降价出售，从而破坏支持价格。但要压缩产量，政府也必须对生产者给予财政补贴，不然的话，生产者就会转而去从事别的产品的生产。在不少国家，采用支持价格的一个典型行业是农业部门。

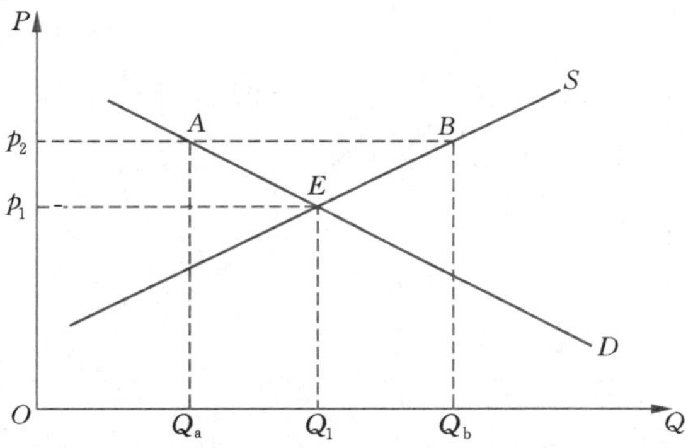

图 1-11 支持价格

(二) 限制价格

政府在某些特殊时期(如严重自然灾害时期),为了维护社会稳定和保护广大消费者的利益,将某些商品的价格规定在市场均衡价格以下,这种规定价格便是限制价格。

如图 1-12 所示,均衡价格为 P_1,限制价格为 P_2,也就是规定该商品的价格最高为 P_2,不能超过 P_2。在 P_2 的价格水平,供给量为 Q_2,需求量为 Q_3,从而该商品出现市场短缺,短缺数量为 Q_2Q_3。

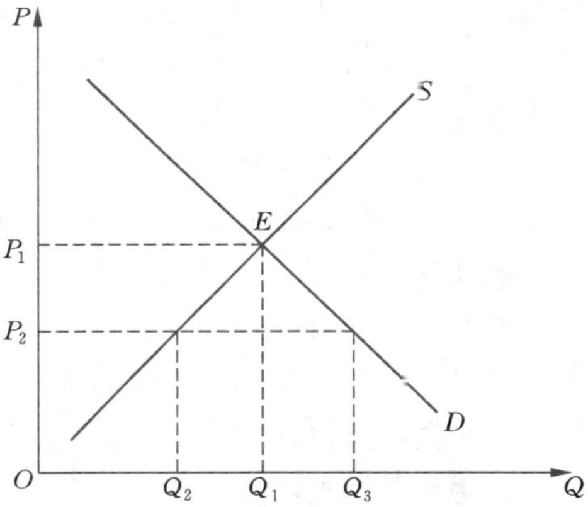

图 1-12 限制价格

由于存在市场短缺,政府为了控制需求量,一般采取配给制,实行凭证定量供应。这种情况下,往往很难避免黑市交易和黑市价格的形成。限制价格只能作为短时期内的一种权宜之计。

当然,无论是支持价格还是限制价格,它们同高度集权的计划经济体制下,政府对产品价格的干预行为是有本质性区别的。

(三) 政府税收变动与均衡价格

一般而言,政府对企业生产都要征税,这种税收成为企业生产成本的一个构成因素,从而影响企业在不同价格水平愿意并且能够出售的产品数量,即影响供给曲线在平面几何图中的位置。换言之,供给曲线其实已经反映了税收因素。但如果政府增加对企业的征税,则企业的生产成本提高,这会导致供给曲线左移。

设政府对企业生产的每单位产品多征税 T 元,则图 1-13 中的 S_1 曲线左移至 S_2 曲线,移动的垂直距离为 T 元,这意味着,原来在每单位产品价格为 P_1(元)时,企业的供给量为 Q_1,现在要在每单位产品价格为 P_3(等于 P_1+T)时,企业才肯提供与过去相同的产量 Q_1。针对 P_2 这一新的均衡价格,新的均衡产量为 Q_2。

我们再来分析一下生产者和消费者对于政府增税的承担情况。政府增加的税收总额为产销量乘以每单位产品的增税额(图 1-13 中的 $T=FB$),即等于图 1-13 中

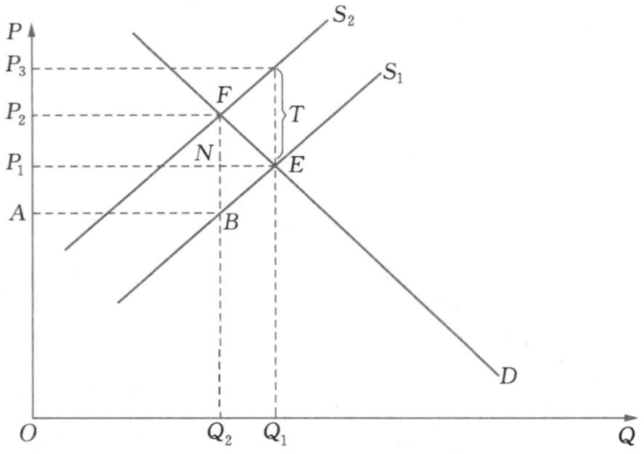

图 1-13　增税对均衡价格的影响

AP_2FB 的面积。消费者承担的部分为 P_1P_2FN 的面积(因为对于消费者而言,原来的单价为 P_1,现在为 P_2,其间的差价乘以消费量便是承担的增税部分),剩下的 P_1NBA 的面积便是生产者(企业)承担的部分。

现实经济社会中,政府增税由消费者和生产者承担的比例取决于需求弹性和供给弹性的大小。一般地,需求弹性越大(表现为需求曲线越平坦),消费者承担的增税比例越小。因为需求弹性大意味着产品价格上涨后,消费者的消费量会显著减少,生产者只能将增税的一小部分转嫁出去。反之,需求弹性越小,消费者承担的增税比例就会越大。譬如,食盐、香烟等商品的需求弹性小,政府如果对它们增加征税,增税的大部分就会由消费者承担。读者可自己画图,比较供给曲线斜率既定时,陡峭状和平坦状的需求曲线条件下,增税在生产者与消费者之间分摊的不同情况。

类似地,供给弹性越大,生产者承担的增税比例越小。因为供给弹性大,意味着生产者可以较为容易地减少产量,从而少承担政府的税收。综合来说,如果某商品的需求弹性大于供给弹性,即需求曲线的斜率的绝对值小于供给曲线的斜率,则政府增税的大部分由生产者承担,反之亦然。

当然,还可类似地分析政府减税对均衡价格的影响及其生产者和消费者的分享情况。此处不详述。

同步训练 1-4

*第五节　蛛 网 模 型

前面的分析属于静态分析,仅分析市场均衡的形成。现在采用动态分析,进一步分析市场均衡的变动和趋势。**蛛网模型**(cobweb model)便是用于市场均衡动态分析的一种理论模型。因它的图形像蛛网,故得名。

在一般的供求均衡模型中，供给量总是被假设为本期价格的函数，而在蛛网模型中，供给量则被假设为上一期的价格的函数。如生猪从饲养到长大出售，要经历一定的时间（例如一年），这样，今年（本期）生猪的供应量是由上年（上一期）的饲养量决定的，而上年的饲养量则由上年的生猪市场的价格决定，至于生猪的需求量则取决于同期的价格。上述关系采用公式表达为：

$$Q_{dt}=f(P_t)$$

$$Q_{st}=g(P_{t-1})$$

根据需求曲线与供给曲线的斜率（这种斜率实际上反映了需求弹性与供给弹性的大小），蛛网模型通常有以下三种形态。

一、封闭式蛛网模型

如图 1-14 所示，需求曲线与供给曲线的斜度（即斜率的绝对值）是相同的，或者说，该种商品的需求弹性与供给弹性的大小是相同的。设 P_1 为第一年的商品价格，生产周期为一年。根据第一年的价格 P_1，生产者在第一年开始生产数量为 Q_2 的产品，这些产品在第二年形成现实的供给量 Q_2。据需求曲线可知，要使第二年的产量 Q_2 全部卖出去，要求第二年的价格为 P_2，即产品的争相出售使价格降至 P_2。根据第二年的价格 P_2，第三年提供的产量为 Q_3（由第二年开始生产）。但这一较低的产量在第三年的需求拉动下可按较高的价格 P_1 出售。可见，第三年的商品价格又回到了第一年的水平。如果其他条件不变，这种价格与产量的波动会一直沿着一个封闭的环路周而复始地循环。

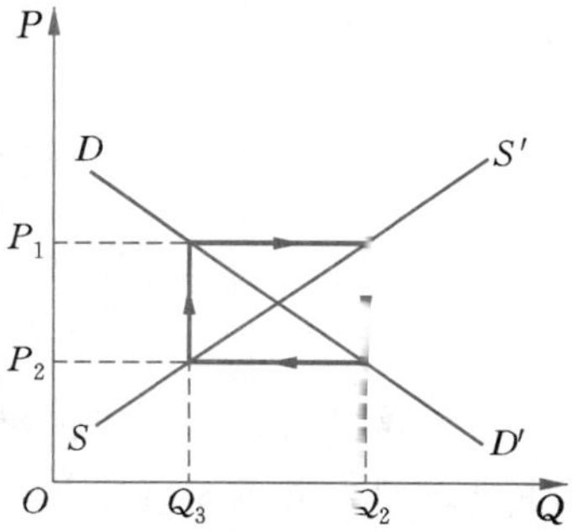

图 1-14　封闭式蛛网模型

之所以如此，是由供给的滞后调整和需求曲线与供给曲线的斜度相同的位置（也即相同的需求弹性与供给弹性）决定的。如价格从 P_1 降为 P_2，需求量从 Q_3 增为 Q_2，供给量则由 Q_2 滞后调整为 Q_3，按弧弹性计算的需求弹性与供给弹性是相同的。这也就是说，生产者和消费者对同样的价格变动的反应程度也是相同的。

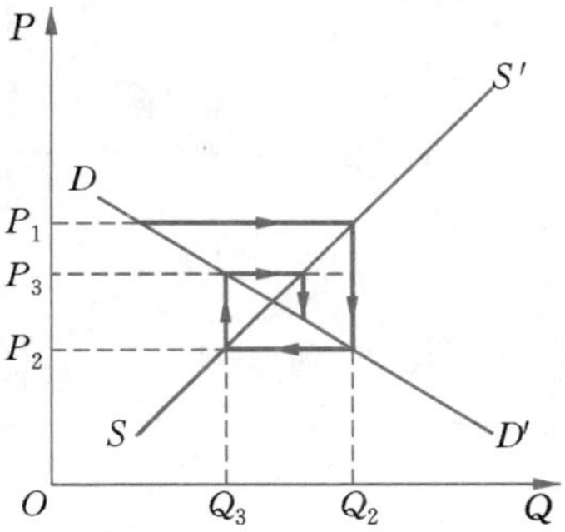

图 1-15　收敛式蛛网模型

二、收敛式蛛网模型

如图 1-15 所示，供给曲线比需求曲线陡峭，价格与产量的波动路径为：$P_1\rightarrow Q_2\rightarrow P_2\rightarrow Q_3\rightarrow P_3\rightarrow\cdots\cdots$ 也就是说，价格及产量以越来越小的幅度波动，直至供求均衡（两条曲线的交点）。这是因为，供给弹性比需求弹性小，面对相同的价格变动，产量的变动幅度总是小于需求的变动幅度，并使得价格变动的幅度也越来越小，且逐渐收敛。

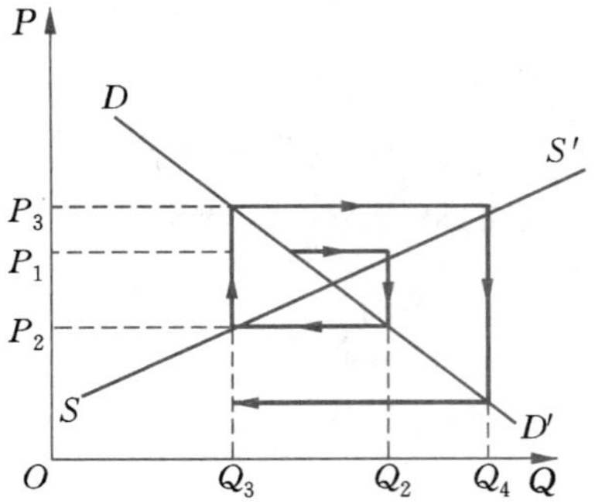

图 1-16　发散式蛛网模型

三、发散式蛛网模型

如图 1-16，需求曲线比供给曲线陡峭。面对相同的价格变动，生产者的反应程度更强，产量的变动幅度更大，从而使得价格及产量以越来越大的幅度波动，离供求均衡点越来越远。

蛛网模型对于某些生产周期较长的产品（如粮食等农产品）的价格、产量波动具有一定的说明意义。

同步训练 1-5

本章小结

1. 消费者的需求主要取决于商品价格、相关商品的价格和自己的收入等。需求曲线是对需求规律的几何表述。

2. 生产者的供给主要取决于商品的价格和商品生产的成本等，供给曲线是对供给规律的几何表述。

3. 需求量的变动不等于需求的变动，供给量的变动也不等于供给的变动。

4. 需求方面的弹性分为需求的价格弹性、需求的交叉弹性和需求的收入弹性，它们分别用以表示商品需求量对影响它的有关因素的变化的反应程度。供给方面的弹性与此类似。

5. 需求和供给是市场上的两种基本力量，它们的共同作用决定商品的均衡价格和均衡产量，但市场均衡并非静止不变。

6. 蛛网模型描绘了市场均衡的动态运行和运行趋势。

基本概念

需求	供给	需求规律	供给规律
需求函数	供给函数	需求弹性	需求交叉弹性
需求收入弹性	供给弹性	点弹性	弧弹性
恩格尔定律	替代商品	互补商品	均衡价格
均衡产量	价格机制		

复习思考题

1. 比较下列各组中两种产品或劳务的需求弹性与供给弹性的大小：

(1) 苹果与食盐　　(2) 录音机与磁带

(3) 小麦与时装　　(4) 理发与旅游

2. 分析供给曲线的斜率与供给弹性大小之间的关系。

3. 借助于图形分析下列市场条件下的均衡价格与均衡产量的变动情况，并作简要的说明：

(1) 需求增加，供给不变　　(2) 需求减少，供给减少

(3) 需求减少，供给增加

4. 有人说大学学习费用的上涨并未使入学学生减少，需求规律在这里不起作用。你如何看？

5. 为什么说在正常的市场经济条件下，一般而言，一种产品不可能长期供过于求，也不可能长期供不应求？而高度集权的计划经济体制下，产品却会长期供过于求或供不应求？

6. 用经济理论说明为什么毕加索的作品的市场价格会那么高。

7. 评论下述对话：

张铁嘴：最近在网上看到一篇小文章，质疑围绕类似于图 1-9 所阐述的价格调节市场供求的理论。根据经济理论，当价格高于均衡价格时，供给大于需求，价格会下跌。伴随价格的下跌，供给会减少，需求会增加。该文质疑，设价格高于均衡价格时的供给量为 500 单位，需求量为 300 单位，在价格下跌过程中，已经生产出来的

500 单位供给量怎么会减少呢？难道多出来的 200 单位是被扔进了大海，还是被人为销毁了抑或放在仓库里？但如果是被迫作为库存品，那又怎么能说是供给减少了呢？

李小曼：实际上，价格对市场供求的调节表现为一个动态的过程。由于价格下跌，企业减少生产甚至不进行新的生产，而那原来多出来的 200 单位则被需求及新增加的需求不断消化，这不体现了供给减少吗？这里的关键是不能去作机械的、静态的理解。举例说，我国的彩电一度严重供过于求，其价格下跌过程中，彩电企业不断减少产量，转而生产别的产品，已经生产出来的彩电则不断被市场需求消化。几年后，彩电市场供过于求的局面得到明显缓解。如果已经生产出来的产品，式样、功能等陈旧过时，没法卖出去，人为地部分销毁或自然耗损现象也是有的。所以不能不顾市场需求而盲目地生产。

张铁嘴：对。价格上升带来的供给增加也体现为一个动态的过程，不是在一个静止的时点上马上增加的。

我还想同你讨论一个问题，从经济学理论上讲，价格是由市场供求决定的，但在现实经济社会中，有时看到的是，产品的生产成本决定价格水平。例如，某产品的成本提高了，其销售价格就会相应地上涨。这又如何解释呢？

李小曼：不难解释。产品的成本提高后，生产者在不同的价格水平愿意出售的产品数量就会发生变化，也就是说，供给曲线的形态（包括曲线的斜率和在纵轴上的截距）会发生变化，新的供给曲线与需求曲线的交点决定的价格水平会上升。可见，在这里仍然是市场供求决定产品价格。我们还可以来看一个例子，某场演唱会原定的票价是 150 元，但演唱会的主办方后来请到了某大牌歌星，演唱会的票价提高到 200 元。因为在这里，一方面主办方请歌星的成本增加了，供给曲线左移了；另一方面，大牌歌星的票房号召力增强了，即演唱会的市场需求增加了，需求曲线右移了；左移后的新的供给曲线与右移后的新的需求曲线共同决定的票价理所当然地会提高。

8. 设需求函数为 $Q=\dfrac{M}{P^n}$，P 为价格，M 与 n 为常数，求需求的点价格弹性。

9. 假设：①X 商品的需求函数为线性：$Q_X=40-0.5P_X$；②Y 商品的需求函数也为线性；③X 与 Y 的需求曲线在 $P_X=8$ 的那点相交；④在 $P_X=8$ 的那个交点上，X 的需求弹性的绝对值只有 Y 的需求弹性的绝对值的一半。

请根据上述已知条件推导出 Y 的需求函数。

第 2 章
消费者行为

引导案例

在上一章,我们分析了需求与供给如何决定价格,在本章将进一步分析需求,探讨决定产品需求的消费者行为,说明需求曲线的理论依据。

第一节　效用与边际效用

消费者在市场上的消费行为的基础,乃是消费品对他是有用的,这种有用性一般在理论上以“效用”来概括。本节主要分析效用理论。

一、基本概念

(一) 效用、总效用与边际效用

商品或服务的效用(utility),**是指消费者从消费该商品或服务中所感受到的满足。**因此效用不仅取决于商品或服务本身具有的满足人们某种欲望的客观物质属性(如面包可以充饥,饮料可以解渴),而且商品有无效用或效用大小,还取决于甚至主要取决于消费者的主观感受。例如,同样的一套衣服带给不同消费者的满足(主观感受)不同,从而效用是不同的。当然,这种主观感受是以商品或服务的一定客观属性为基础的。

效用分为总效用和边际效用。**总效用是指消费者在一个特定时间内消费一定数量的商品或服务所获得的满足的总和。边际效用**(marginal utility, MU)**是指消费者在某一时间内增加一个单位(或微量)商品的消费所增加的满足,**也就是增加一个单位(或微量)商品的消费所带来的总效用的增量。

假定某人吃橘子,第 1 只橘子的效用(满足度)为 8,这时总效用和边际效用都为 8。第 2 只橘子的效用为 5,即边际效用为 5。两只橘子的总效用为 13,第 2 只橘子的边际效用表现为原总效用(8)的增量。

通常假定总效用是消费的商品数量的递增函数,即总效用随消费的商品数量的增加而增加。边际效用是消费的同一种商品数量的递减函数,即边际效用随消费的同一种商品数量的增加而减少。如果以 TU 表示总效用,X 表示消费的某种商品数量,则总效用函数(简称效用函数)为:

$$\mathrm{TU}=U(X)$$

如果以 ΔTU 表示总效用增量，ΔX 表示商品增量，MU_X 表示边际效用，则：

$$MU_X=\frac{\Delta TU}{\Delta X}$$

用导数形式可表示为：

$$MU_X=\lim_{\Delta X\to 0}\frac{\Delta TU}{\Delta X}=\frac{dTU}{dX}$$

为什么边际效用是消费的商品数量的递减函数呢？这是因为存在一条**边际效用递减规律**。这条规律的内容是：**在其他条件不变的情况下，对消费者来说，一种商品的边际效用随着对它的消费数量的增加而递减。**边际效用可能会下降到零，这时如果再增加对商品的消费，该商品的边际效用还会下降为负值。

对于消费者来说，起初消费某种商品的欲望较强烈，或者说，该商品起初带给消费者的边际效用较大，但随着该商品消费的数量增多，每一单位的该商品对于消费者的重要性或者说带给消费者的边际效用就会逐渐减少。例如，一个消费者在饥饿时吃包子，第一个包子给予他的满足最大，效用是 12 单位；第二个给予他的满足有所减少，效用是 10 单位；当他吃第三个、第四个的时候，包子带给他的满足度逐渐减少，效用依次是 7、2 单位。当他吃第五个的时候，已经没有吃的欲望，吃与不吃的效果是一样的，因而效用等于零。如果再吃第六个，就会感到难受，因而产生负效用。可以将这一例子中的商品数量和效用变化的对应关系用表 2-1 来表示。

表 2-1 总效用和边际效用表

商品数量 Q	总效用 TU	边际效用 MU
0	0	
1	12	12
2	22	10
3	29	7
4	31	2
5	31	0
6	28	−3

从表 2-1 中可以看到，总效用由在这之前的各消费阶段的边际效用相加而来，边际效用则由下一阶段总效用减上一阶段总效用而来。边际效用随消费或拥有的商品数量的增加而递减，一般为正值，但在下降到零以后，便会出现负值。总效用一般随商品数量的增加而增加。在边际效用等于零时，总效用不变。边际效用为负值时，总效用随之减少。理性的消费者一般会在边际效用下降为负值和下降为零之前中止他的消费，从而可假定总效用一般为商品消费量的递增函数。

☞小贴士

人们常说的“审美疲劳”实际上蕴含和反映了边际效用递减规律。这一规律给企业的产品生产带来的启示是：再好的产品，在功能、外观、包装等方面也不能长期一成不变。否则，会使消费者产生审美疲劳，转而偏好和购买别的产品。

专栏 2-1 "狼来了"的故事

这个故事可谓家喻户晓。它说的是一个调皮小孩在牧羊时，觉得无聊，想来点恶作剧，假装惊恐地高喊"狼来了"。这第一回喊叫产生了很大效果，附近田地里劳作的村民信以为真，带着锄头等农具赶来打狼，结果知道被骗了。然后散去继续他们手上的农活。过了一会儿，小孩又高喊"狼来了"，这第二回喊叫也产生了一定效果，村民们停下手上的农活，原地驻足，朝小孩所在的地方观望和倾听动静，但由于有被骗的前车之鉴，他们并没有赶过去。又过了一会儿，狼真的来了，小孩大喊起来，这第三回喊叫几乎未产生任何效果，村民们对这种"骗人"的喊叫已经麻木了，一门心思忙自己的农活。结果，小孩和几只羊被狼吃了。

讨论：

(1) 该故事印证了经济学中的什么原理？

(2) 该故事对于领导对下属、父母对小孩的承诺或威胁有何启迪意义？

同一种(或同一组)商品带给不同消费者或不同情境下的同一消费者的满足是有区别的，这就决定了不同消费者或不同情境下的同一消费者的效用函数是不同的。

(二) 基数效用论与序数效用论

这是两种说明效用问题的理论。基数效用论认为，效用是可以用 1，2，3，…基数词来表示大小的，或者说，效用的大小是可以用基数来衡量的。如一幢别墅对于某消费者的效用是 20 万个单位，一只包子对于某消费者的效用是 3 个单位。

但也有一些经济学家认为效用的大小是无法用基数来衡量的，而只能用第一、第二……序数来表示效用大小的顺序，这便是序数效用论。例如，消费者无法精确地了解一部手机比一支铅笔的效用大多少，但知道手机比铅笔的效用大，就这两种商品而言，手机的效用居第一，铅笔的效用居第二。再如，消费者不知道吃的第一只包子比第二只包子的效用究竟大多少，但知道第一只包子的效用居第一，第二只包子的效用居第二……

基数效用论与序数效用论虽存在上述的理论分歧，但并不影响对诸多理论问题的说明。如都可以用来说明和刻画边际效用递减规律。本节主要是运用基数效用分析。

二、边际效用递减规律与需求曲线

第 1 章谈到，消费者愿意买进的任一商品的数量与该商品价格成反向变化，为什么会有这样的关系呢？

在其他条件不变的假设下，消费者对某一商品的需求曲线实际上是取决于这种商品对他的边际效用曲线。消费者是用货币来购买或交换商品的，而货币(作为一种特殊商品)也是有效用的，货币的效用也分为总效用和边际效用，货币的边际效用也是递减的。消费者之所以愿意用货币去交换某种商品,是因为这种商品能给他带来效用。然而,同种商品给消费者带来的边际效用是递减的,如图 2-1(a)所示。随着消费者购买和拥有的某种商品数量的增多,每增加购买和拥有一单位商品所带来的边际效用不断减少。从而消费者每增加购买一单位商品所愿出的价格也会不断地降低。

另一方面,随着消费者购买的商品数量的增多,他所支付出的货币量也增加了,相应地他所持有的货币量则减少了。这样,持有的货币的边际效用随着持有货币量的减少而递增(这与边际效用递减规律并不矛盾,相反恰恰是这一规律的逆向表现)。

总之,随着占有的某种商品数量的增多,该商品对消费者的边际效用递减,消费者所愿支付的价格越来越低。另一方面,随着购买的该商品的数量的增加,消费者持有的货币的边际效用递增,他所愿出的价格也将越来越低。

边际效用曲线对于需求曲线的决定可由图 2-1 来表示。

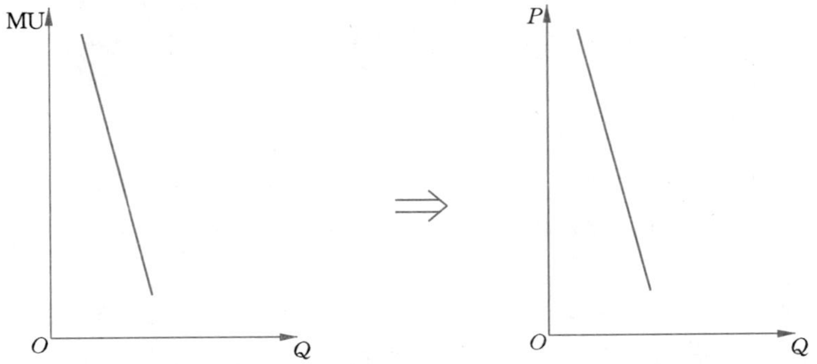

(a) 边际效用曲线　　(b) 需求曲线

图 2-1　边际效用曲线与需求曲线

三、消费者均衡

消费者在一定的货币收入约束条件下,怎样使购买和消费的商品所提供的总效用最大呢? 这便是消费者均衡问题。

消费者在特定时间内的货币收入总是既定的,这就决定了他不可能购买他所需要的全部商品,而必须有所取舍,有所选择。

所谓**消费者均衡**(consumer equilibrium)**就是指消费者在货币收入和商品价格既定条件下购买商品而获得最大的总效用的消费或购买状态。**

先举例说明,某人的收入为 8 000 元,假设这 8 000 元的用途有如下三种:①购买 5 套西装;②购买 5 双皮鞋和 2 台彩电;③购买 1 套西装、2 条领带、3 双皮鞋、1 台彩电和一些其他衣物。显然,第三种用途能使 8 000 元的货币收入带给这个人的总效用最大。当然,这是依靠直观性判断可以得出的结论。情况复杂时,必须依赖科学的理论说明。下面作理论上的一般性说明。

消费者的需求是多方面、多层次的,这就决定了他们需要消费的商品是多种多样的。假设某消费者购买 X、Y、Z 三种商品用于消费,如果他花费一单位货币,比如说花费 1 元货币所买进的 X 的边际效用大于花费 1 元货币买进的 Y 或 Z 的边际效用。在收入既定和各种商品价格既定不变的条件下,他将较多地购买 X,而较少地购买 Y 和

Z,这样可以使总效用增加。实际上,在消费者选择购买的商品中,消费者花费 1 元货币所购买的其中任何一种商品(如 X)的边际效用如果大于(小于)消费者花费 1 元货币所购买的其中任何另外一种商品(如 Y)的边际效用,则消费者会增加(减少)X 的消费,同时减少(增加)Y 的消费,这样就会使总效用增加。

只有当消费者花费一单位货币所购买的各种商品的边际效用都相等时,消费者才不会再改变既定的消费格局和消费状态。因为任何改变都只能使消费者所获得的总效用减少。这种消费者不会改变或者说会维持下去的消费状态也就处于均衡状态,故名消费者均衡。

所以,消费者均衡的条件可以表述为:消费者花费每一单位货币(譬如说每 1 元货币)所购买的各种商品的边际效用都相等。这也称为边际效用均等规则。以公式表示就是:

$$\frac{MU_X}{P_X}=\frac{MU_Y}{P_Y}=\frac{MU_Z}{P_Z}=\cdots$$

式中,MU_X、P_X 分别表示商品 X 的边际效用和价格,$\frac{MU_X}{P_X}$ 表示消费者花费每一单位货币所购买的商品 X 的边际效用。如消费者共购买了 3 个包子,最后吃的一个包子带来的边际效用为 6 单位,包子的单价为 2 元,则 $\frac{MU_X}{P_X}=\frac{6}{2\text{元}}=3$ 单位,即每 1 元货币购买的包子的边际效用为 3 单位。或 $\frac{MU_X}{P_X}=\frac{6}{20\text{角}}=0.3$ 单位,这表示每 1 角货币购买的包子的边际效用为 0.3 单位。其余类推。

上式又可写成:

$$\frac{MU_X}{MU_Y}=\frac{P_X}{P_Y};\ \frac{MU_Y}{MU_Z}=\frac{P_Y}{P_Z};\ \cdots$$

所以,消费者均衡的条件又可表述为:消费者购买的各种商品的边际效用之比,分别等于它们的价格之比。

在上述对于消费者均衡的分析中,边际效用的大小是可以用基数来衡量的,因而可以说,这是基于基数效用论的分析。

专栏 2-2　旅游胜地的选择

张、王、李是某保险公司的三位业务员。公司为表彰他们的出色业绩,决定出资让他们去风景名胜旅游一次,可供选择的旅游胜地有西安、黄山、九寨沟。张过去到过黄山、九寨沟,这次毫不犹豫地选择去西安。王两次到过黄山、一次九寨沟,未曾去过西安,且公司所在城市到西安的路程更远,费用更贵,即公司出资额更多。但他非常喜爱黄山鬼斧神工的自然风光,尽管也想去看看古城西安的风貌,然而王还是利用这次机会选择了三登黄山。李到过黄山,未去过九寨沟,但他更喜欢历史人文景观,便选择了去西安。三人都觉得自己的决定很正确、很合理,一周之后,都带着旅游的兴奋,心满意足地回到了公司。

讨论:

(1) 运用经济学理论解释为什么三人都没有选择去九寨沟?

(2) 设想王十多次去过黄山,未到过西安,今后又碰到案例中的所述机会,他仍选择去黄山的可能性大吗?

四、消费者剩余

假如你去超市购买巧克力,本来对于第一块巧克力,你愿意支付的最高价格是15元,但实际售价只有13元,这其中的2元差价就是消费者剩余,是你所得到的"利益"。

消费者剩余(consumer surplus),**指的是消费者对一种商品所愿意支付的最高价格与实际支付价格之间的差额**。由于愿意支付的价格与实际支付的价格都是对效用的反映,所以消费者剩余也可以被认为是,消费者购买一定数量的某种商品所获得的总效用与他为此所花费的货币的总效用之间的差额。

商品的边际效用是递减的,因而随着对某种商品的消费数量的增加,消费者对该商品所愿支付的最高价格也递减。而商品的市场销售价只有一个,这样,在消费者于不同消费数量条件下所愿意支付的最高价格与市场实际销售价格之间便存在一个差额。

例如,某人对巧克力的需求状况是:如表2-2所示,价格为每袋15元时,他愿购买1袋……以图形表示即为图2-2。

表2-2 消费者剩余状况例表 单位:元

P	Q	市场实际价格	消费者剩余
15	1	13	2
14	2	13	1
13	3	13	0

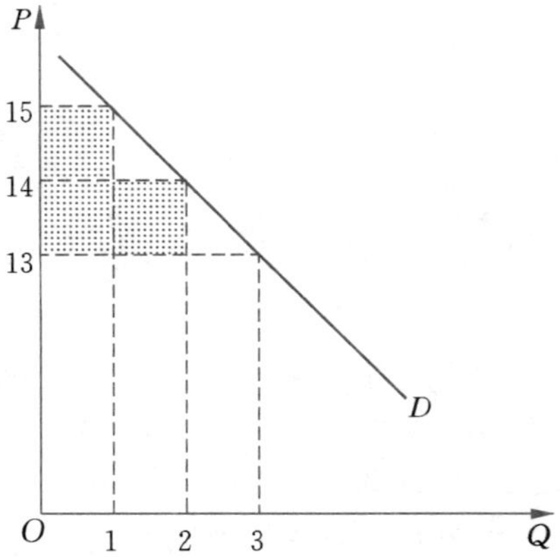

图2-2 消费者剩余

图2-2中的阴影部分的面积便代表消费者剩余。消费者从消费3袋巧克力中所获得的总效用为42元(15+14+13=42元)或42元所代表的效用单位,他实际支付的代价是39元(13×3=39元)或39元所代表的效用单位。其中的3元或3元所代表的效用单位差额便构成消费者剩余,为消费者享有。换一种说法,该消费者本来是愿意支付42元的货币来购买这3袋巧克力的,但实际上只支付了39元。

消费者剩余为分析消费者的利益及其受损状况提供了分析工具。这将会在本书第7章的内容中表现出来。

消费者剩余还可从整个市场的角度来考察。图 2-3 表示的是某种商品的市场供求，也就是说，这里的需求曲线是整个商品市场的需求曲线，而不是某一个人的需求曲线。供给曲线也同样如此。如果再假设需求（供给）曲线表示的需求（供给）函数都是连续函数，即商品价格和相应的需求（供给）量的变化都可以无限细分，则△ABE 的面积代表的便是该商品市场上所有消费者得到的消费者剩余，或者说整个该商品市场的消费者剩余。

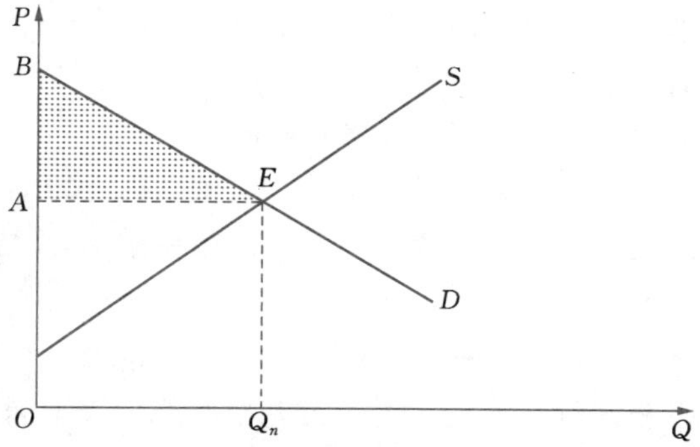

图 2-3　市场均衡价格与消费者剩余

同步训练 2-1

第二节　无差异曲线与消费者均衡

消费者均衡还可以通过无差异曲线来说明。无差异曲线分析法是经济理论中被广泛采用的分析方法。

一、无差异曲线

（一）无差异曲线的定义

假设消费者仅消费 X 与 Y 两种商品，如表 2-3 显示，三种不同的商品数量组合给某消费者带来的效用是等同的，即无差异的。根据表中所列数据，可绘制为图 2-4 中的无差异曲线 I_1。图 2-4 中的横轴为商品 X 的数量，纵轴为商品 Y 的数量。

表 2-3　无差异表　单位：千克

商品组合	商品 X	商品 Y
A	1	5
B	2	3
C	3	2

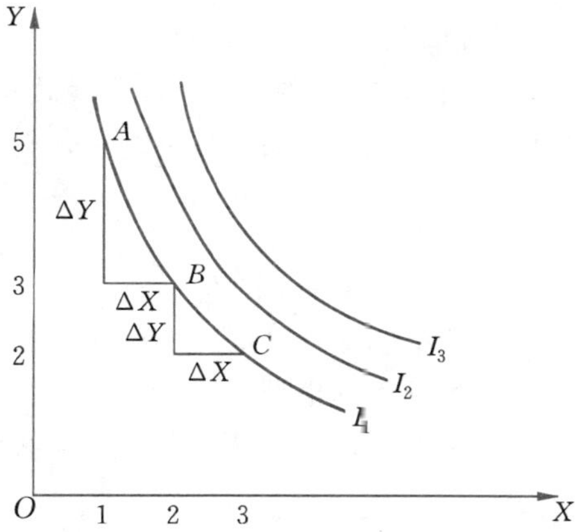

图 2-4　无差异曲线

可见，无差异曲线（indifference curve）是用来表示给消费者带来同等程度的满足水平或效用水平的两种商品的各种不同组合的轨迹。无差异曲线也叫等效用线。同一条无差异曲线上的任何一点表示的商品组合所提供的效用水平都是同等的。显然，连续、平滑的无差异曲线在理论上是以X、Y两种商品的数量及其组合可以无限细分为假设前提的。

(二) 无差异曲线的特点

(1) 同一平面坐标图上有无数条无差异曲线(图2-4中只列示了三条),位置较低的无差异曲线代表较低程度的效用水平,反之亦然。图2-4中,按照效用水平从高到低的顺序为:$I_3 > I_2 > I_1$。

(2) 任何两条无差异曲线不会相交。否则,两条无差异曲线的交点表示的效用水平相同就与不同位置的无差异曲线代表不同程度的效用水平的理论命题相矛盾。这就类似于既然假定A为B的父亲,那么A、B两人的年龄就不会相同一样。

(3) 无差异曲线从左上方向右下方倾斜,曲线斜率是负的。这意味着,消费者为了保持同等程度的满足或效用,他所放弃的商品Y要用增加的商品X来弥补①。

(4) 无差异曲线凸向原点,这意味着,无差异曲线的斜率的绝对值是递减的。无差异曲线斜率的绝对值表示增加一个单位商品X所必须减少的商品Y的数量。所以,无差异曲线斜率的绝对值递减,说明消费者为维持效用水平不变,每增加一个单位商品X所须放弃的商品Y的数量是递减的。例如,在图2-4中,由A点至B点,消费者增加1单位商品X的消费,须放弃2单位的商品Y。由B点至C点,消费者增加1单位商品X的消费,只需放弃1单位的商品Y。

(5) 无差异曲线图虽然一般只分析两种商品的组合和消费选择,但其基本原则也适用于分析多种商品的消费选择。例如可以将横轴代表某种商品,纵轴代表其他商品或一组商品,对这一组商品的消费,可用花费在其之上的支出额来衡量。也可将横轴与纵轴视为代表两组商品。

无差异曲线表示的是消费者的偏好和效用水平,不同水平的无差异曲线只表示效用水平的高低,不表示效用的数量或数值。因此,它属于序数效用论的分析工具。

(三) 无差异曲线的斜率:边际替代率

边际替代率(marginal rate of substitution, MRS)**是表示消费者在保持同等程度的满足时,增加一种商品的消费量而必须放弃的另一种商品的消费量。**如每增加一个单位X而必须放弃的Y的数量,就是X对Y的边际替代率,以公式表示为:

$$\mathrm{MRS_{XY}} = \frac{\Delta Y}{\Delta X}$$

式中的ΔX与ΔY分别为正值和负值,因此整个分式为负。但一般取其绝对值,注重的是另一种商品的消费的减少量。

边际替代率如果用导数形式来表示,就是:

$$\mathrm{MRS_{XY}} = \lim_{\Delta X \to 0} \frac{\Delta Y}{\Delta X} = \frac{\mathrm{d}Y}{\mathrm{d}X}$$

显然,无差异曲线上某一点的边际替代率也就是无差异曲线在该点的切线的斜率。

① 设想一下,在图2-4中的A点,如果这时增加一种商品的消费而不减少另一种商品的消费,对效用水平会有什么影响?如果减少一种商品的消费而不增加另一种商品的消费,对效用水平又会有怎样的影响?

边际替代率的绝对值是递减的，这意味着为增加一个单位的 X 的消费量，而必须放弃的另一种商品 Y 的消费量是递减的。这是因为，随着对某种商品（如 X）的消费数量的逐渐增加，消费者想要获得更多该种商品的愿望会递减，也即该种商品的边际效用递减，从而消费者在维持相同效用水平的前提下，为了多获得一单位的该商品（X）所愿意放弃的另一种商品（Y）的数量就会越来越少。

边际替代率还可用两种商品的边际效用来表示，它等于两种商品的边际效用之比，即：

$$\mathrm{MRS_{XY}} = \frac{\mathrm{MU_X}}{\mathrm{MU_Y}}$$

从数学上论证如下①：设效用函数为 $\mathrm{TU}=U(X, Y)$。则：

$$\mathrm{dTU} = \frac{\partial \mathrm{TU}}{\partial X}\mathrm{d}X + \frac{\partial \mathrm{TU}}{\partial Y}\mathrm{d}Y$$

由于 TU 即总效用保持不变，为一常数，所以 $\mathrm{dTU}=0$，那么：

$$\frac{\partial \mathrm{TU}}{\partial X}\mathrm{d}X = -\frac{\partial \mathrm{TU}}{\partial Y}\mathrm{d}Y$$

$$\frac{\mathrm{d}Y}{\mathrm{d}X} = -\frac{\dfrac{\partial \mathrm{TU}}{\partial X}}{\dfrac{\partial \mathrm{TU}}{\partial Y}} = -\frac{\mathrm{MU_X}}{\mathrm{MU_Y}}$$

一般取其绝对值，即有：

$$\mathrm{MRS_{XY}} = \frac{\mathrm{MU_X}}{\mathrm{MU_Y}}$$

如果表示 Y 对 X 的边际替代率，则公式为：

$$\mathrm{MRS_{YX}} = \frac{\mathrm{d}X}{\mathrm{d}Y} = \frac{\mathrm{MU_Y}}{\mathrm{MU_X}}$$

二、预算线

（一）预算线的定义

消费者主观上总想购买更高的无差异曲线所代表的商品组合，但这在客观上受到他拥有的货币收入所决定的消费预算的限制。这就引出了预算线的概念。

设消费者收入 $M=12$ 元，在小麦和布料两种商品中作消费选择。小麦的价格为每千克 2 元，布料的价格为每米 3 元。消费者如将收入全部用于购买小麦，则可购买 6 千克；全部用于购买布料，则可购买 4 米。另外，还可同时购买 3 千克小麦和 2 米布料；等等。

---

①　教师在教学和学生在学习过程中，可以在这里及后面类似的地方，根据学生的数学知识等具体情况，跳过数学论证和一些数学表述，这不会影响对理论原理的基本把握。学生可在今后掌握有关数学知识后，再回过头来体会。

根据上述数据，便可画出图 2-5 中的预算线 AB。

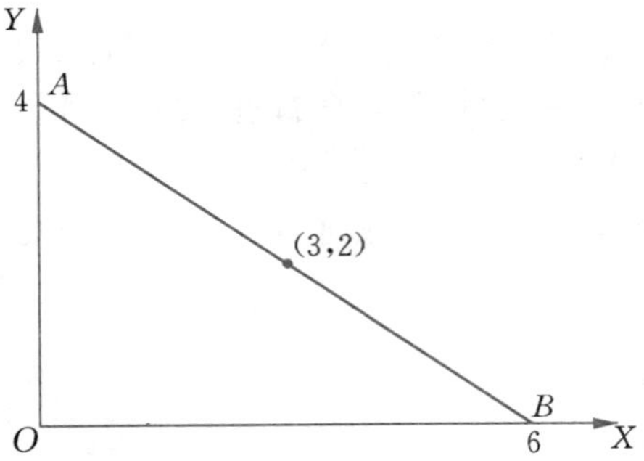

图 2-5 预算线

由此可见，**预算线(budget line)是表示在既定收入和价格条件下，消费者可以购买的两种商品的各种可能的最大数量组合。**当然，不间断的预算线在理论上也是以 X、Y 两种商品的数量及其组合可以无限细分为假定前提的。

在预算线与横轴和纵轴所构成的三角形的区域中的任何一点所代表的商品组合，都是消费者所能够购买的(但未花尽所有的收入)。而在预算线外面的任何一点所代表的商品组合，都是消费者所没有能力购买的。

预算线的斜率等于两种商品的价格之比。如图 2-5 中，预算线的斜率等于

$$\frac{OA}{OB}=\frac{\dfrac{M}{P_{Y}}}{\dfrac{M}{P_{X}}}=\frac{P_{X}}{P_{Y}}$$

(二) 预算线的移动

1. 货币收入变动情况下的预算线移动

如果商品的价格不变，货币收入提高，则消费者所能购买的商品量增加，表现为预算线向上平行移动。反之，预算线向下平行移动。如图 2-6 所示。预算线移动的幅度大小取决于收入变动幅度的大小。

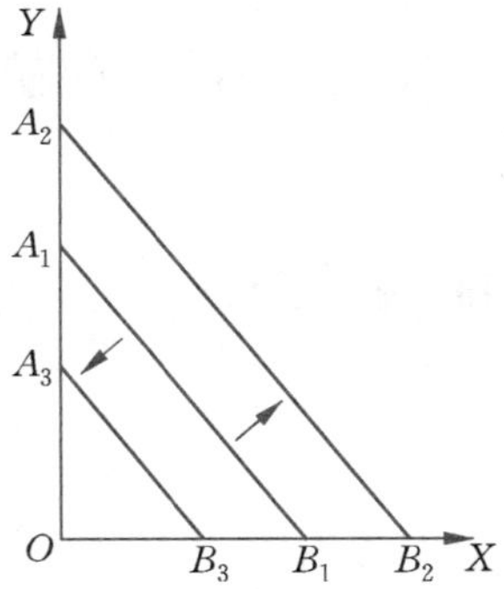

图 2-6 货币收入变动时的预算线移动

2. 两种商品价格同向变动情况下的预算线移动

在消费者名义收入(货币收入)不变的前提下，如果两种商品价格都下降，则消费者可以用同样的货币收入购买比过去更加多的商品，这意味着消费者的实际收入水平提高了，使得预算线向上移动(当然，如果 X 与 Y 的价格下降幅度不同，预算线的上移不会是平行的)。反之，如果商品价格上升，意味着消费者的实际收入水平降低了，使得预算线向下移动。

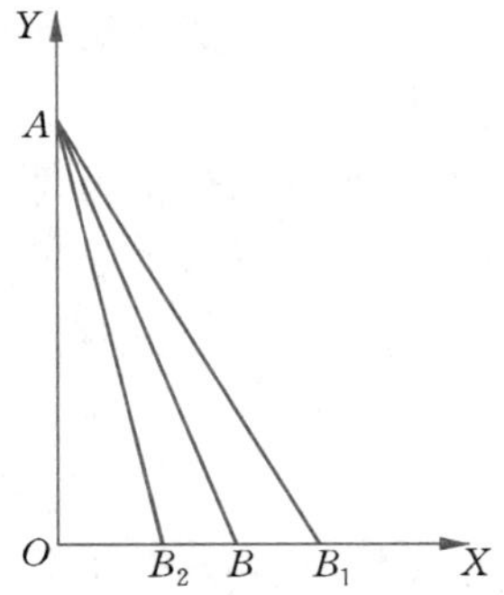

图 2-7 一种商品价格变动时的预算线移动

当然，前述的商品价格不变前提下，货币收入的变动也意味着消费者实际收入水平的变动。

3. 一种商品价格变动情况下的预算线移动

如果消费者的名义收入和 Y 商品的价格不变，X 商品的价格(P_{X})下降，则消费者可购买的 X 的数量增加，表现为图 2-7 中预算线 AB 向外旋转至 AB_{1}。如果 X 商品的价格(P_{X})上升，则消费者可购买的 X 的数量减少，预算线 AB 向内旋转至 AB_{2}。由于 Y 商品的价格(P_{Y})未变，所以 A 点始终不动。

4. 两种商品价格反向变动情况下的预算线移动

假设消费者名义收入不变，P_X 下降，P_Y 上升，则预算线由图 2-8 中的 $A\ B_1$ 旋转至 A_2B_2，即能够购买的 X 的数量增加了，Y 的数量减少了。

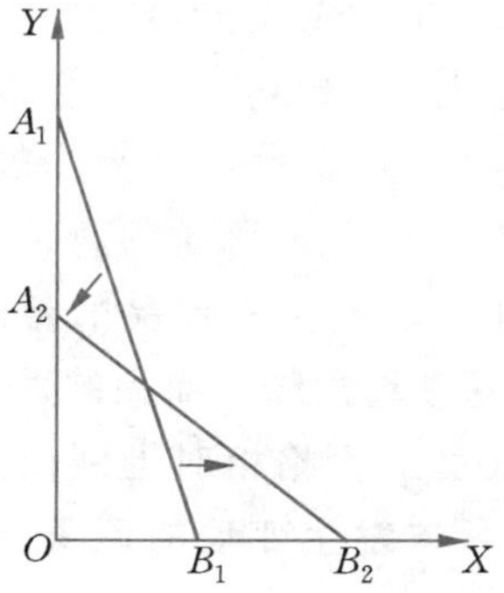

图 2-8　两种商品价格反向变动时的预算线移动

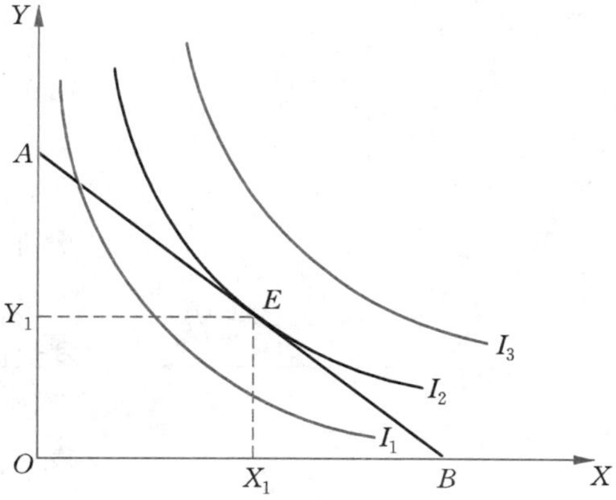

图 2-9　消费者均衡

三、消费者均衡

根据前述消费者均衡的定义，显然它表现为既定的预算线与尽可能高的无差异曲线相切。

如图 2-9，预算线 AB 与无差异曲线 I_2 相切于 E 点。这一点所代表的商品组合是在既定收入条件下能给消费者带来最高效用水平的商品组合。在 E 点，无差异曲线的斜率等于预算线的斜率，即：

$$\frac{MU_X}{MU_Y}=\frac{P_X}{P_Y} \text{或} \frac{MU_X}{P_X}=\frac{MU_Y}{P_Y}$$

这与上一节分析的消费者均衡的条件是一致的。这一条件同样可以推广到多种消费品消费的场合。消费者均衡要求消费的每种商品的边际效用与其价格之比都相等。

对于消费者均衡的条件，还可以给出更严格的数学证明，这里就略而不述了。

同步训练 2-2

第三节　消费者均衡的变动

前面对于消费者均衡的研究，是建立在商品价格和收入既定、消费者偏好不变的假定之上的。在消费者偏好不变的前提下，如果价格和收入发生变动，消费者的均衡点，也就是消费者对商品的需求量会怎样变动呢？下面来研究这些问题。

一、替代效应

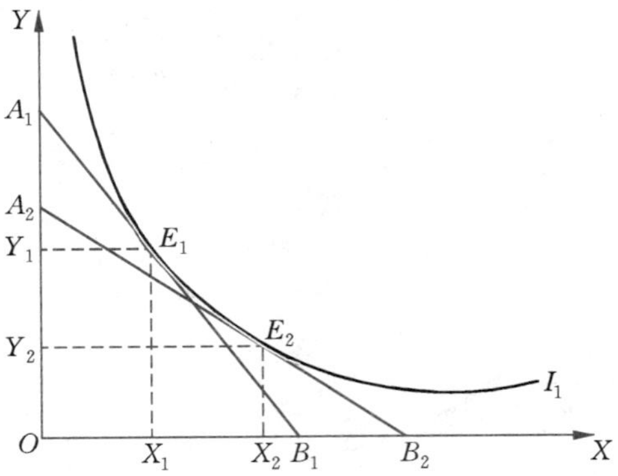

图 2-10 替代效应

在图 2-10 中，原来的预算线 A_1B_1 与无差异曲线 I_1 相切于 E_1 点，消费者均衡状态下的商品组合为：$X=OX_1$，$Y=OY_1$。现在假设 P_X 下降，P_Y 上升，使预算线移至 A_2B_2。A_2B_2 与 I_1 相切于 E_2 点，则 $X=OX_2$，$Y=OY_2$。这表示对价格下跌的商品 X 的购买量增加了，而对涨价的商品 Y 的购买量则减少了。**这种由于商品的相对价格发生变化，消费者增加降价商品的购买量以代替或部分代替对价格相对上涨商品的消费，而效用水平未发生变动的现象，称为替代效应**(substitution effect, SE)。

当然，商品相对价格的变化也可以体现为一种商品的价格变动，而另一种商品的价格不变。而且不难理解，上述分析是以消费者的偏好既定不变，即消费者的无差异曲线的具体形态既定不变(体现为曲线的曲率即弯曲度不变)为假定前提的①。

二、收入效应

商品价格的变动还会导致消费者的实际收入水平发生变化，进而消费者的消费、购买行为也将发生变化。

图 2-11 中，原来的预算线 A_1B_1 与 I_1 相切于 E_1 点，消费者对 X 与 Y 的购买量分别是 $X=OX_1$，$Y=OY_1$。

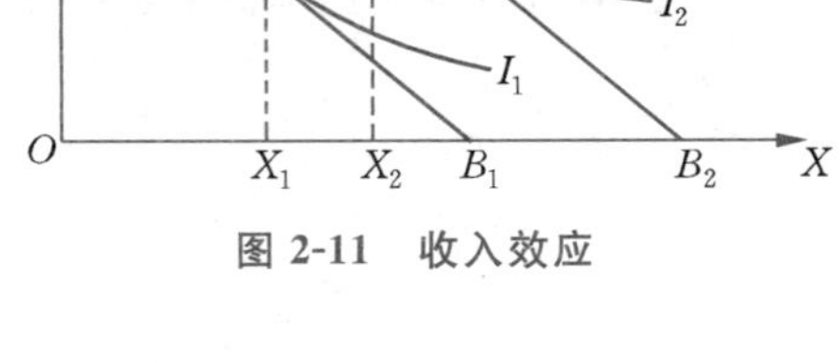

图 2-11 收入效应

商品价格下降所带来的消费者的实际收入提高后，预算线会向上移动。为了直观地说明问题，这里假定 X 与 Y 的价格均下降，并使得预算线上移至 A_2B_2，A_2B_2 与一条更高的无差异曲线 I_2 相切于 E_2 点，消费者对 X 与 Y 的购买量分别是 $X=OX_2$，$Y=OY_2$，两种商品的购买量都比以前增加了。如果商品价格上升导致消费者的实际收入降低，则对商品的购买量都会比以前减少。

这种由于商品价格变动而导致的消费者实际收入变化并进而引起的商品购买量变化的现象，称为收入效应(income effect, IE)。

---

① 消费者偏好不变意味着无差异曲线的具体形态不变，但不排斥曲线的平行移动。曲线以坐标图原点为基准的平行移动表示的是效用水平的变化，如后面的图 2-11 中所显示的情况。

三、正常商品、低档商品与吉芬商品

(一) 正常商品

如果某种商品的价格下跌,会使得消费者用这种商品来代替其他价格未变的商品,因而对该商品的需求量增加,即替代效应是正数。另一方面,价格下跌引起消费者的实际收入提高,从而增加对该商品的需求量,即收入效应也为正数。具有这种特点的商品称为正常商品,或正常品。这同第1章第三节分析的正常品的收入弹性大于零是相一致的。

图 2-12 表示,原来的预算线 A_1B_1 与无差异曲线 I_1 相切于 E_1 点,这时的 $X=OX_1$,$Y=OY_1$。假定消费者的名义收入和 P_Y 不变,P_X 下降后,预算线移至 A_1B_2,与更高的无差异曲线 I_2 相切于 E_3 点,这时对 X 的购买量由 OX_1 增为 OX_3(Y 的购买量可能有三种情况,即可能由于实际收入提高而增加,也可能受 X 的替代而较前减少,也可能不变)。

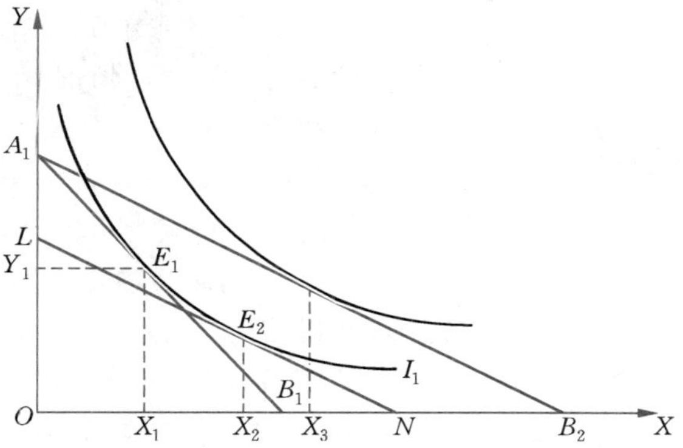

图 2-12 替代效应与收入效应的交织(正常商品)

为了分析消费者名义收入和 P_Y 不变情况下,P_X 下降所引起的替代效应和收入效应,我们将预算线 A_1B_2 向下平行地移动到与 I_1 相切的位置 LN,切点为 E_2。

现在把 E_1 点与 E_2 点相比较。这时可设想,当 P_X 下降后,假如将消费者的货币收入减少一定金额,即剔除由于 P_X 下降而导致的实际收入的增加的因素,那么在这种场合,X 之所以由 OX_1 增加到 OX_2,显然是由于替代效应使 X 的购买量增加,而这时 Y 的购买量则必须相应减少,因为只有如此,X 与 Y 提供的总效用才会维持原有的水平(E_1 点与 E_2 点处于同一条无差异曲线上)。

现在把 E_2 点与 E_3 点相比较。我们将前面剔除的实际收入增加的因素考虑进来。由于 P_X 的下降导致消费者的实际收入增加,从而原来设想的虚拟预算线 LN 向上平行地移回至 A_1B_2,在这种场合,X 之所以由 OX_2 增加到 OX_3,是由于收入效应使 X 的购买量增加。

可见,当名义货币收入和 P_Y 不变,P_X 下降所引起的总效应,即对于 X 的购买量从 OX_1 增加为 OX_3,是由于替代效应与收入效应共同作用的结果。即:

$$X_1X_3(\text{总效应})=X_1X_2(\text{替代效应})+X_2X_3(\text{收入效应})$$

上式中的总效应也称为**价格效应**(price effect),它是价格变动引起的替代效应与收入效应交织在一起的综合效应。这里运用替代效应与收入效应从更深理论层次上说明了为什么某种商品的价格下降(上升)会导致对该种商品的需求量增加(减少),即进一步说明了需求规律。

(二)低档商品

如果某种商品的价格下跌导致消费者的实际收入提高后,对该商品的需求量反而减少,即收入效应为负数。凡具有这种特点的商品称为**低档商品**。低档商品的收入效应之所以为负数,是因为消费者的实际收入提高后,消费者会购买和消费更为高级的商品。例如,消费者的实际收入提高后,会减少甚至停止对小屏幕的黑白电视机的消费而改用彩电。低档商品的特点是:收入效应虽为负数,但替代效应仍为正数,而且替代效应的绝对值大于收入效应的绝对值。也就是,低档商品的价格下跌后,替代效应引起的对该商品需求量的增加,超过了收入效应引起的对该商品需求量的减少,其最终结果仍然是需求量较前增加。

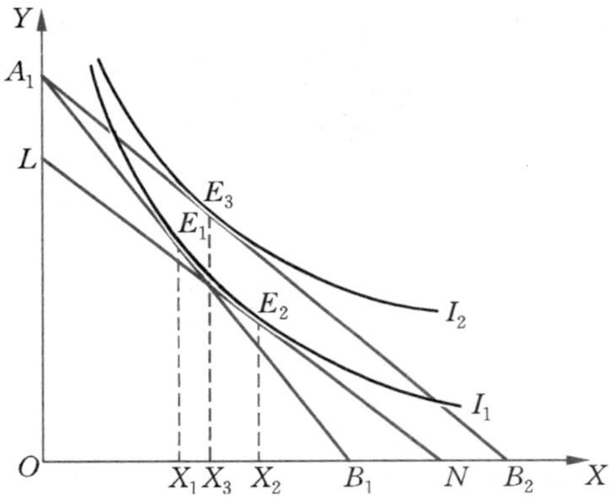

图 2-13 低档商品对价格变动的反应

图 2-13 表示了低档商品(X)的价格下降后的需求量变动情况(假定消费者的名义收入和 P_y 不变)。X_1X_3(总效应)$=X_1X_2$(替代效应)$+X_2X_3$(收入效应)。但由于低档商品的收入效应为负数,即图中的 X_2X_3 意味着对 X 需求量的减少,故可表述为 $-X_2X_3$,所以实际上这里的 $X_1X_3=X_1X_2+(-X_2X_3)=X_1X_2-X_2X_3$。

(三)吉芬商品

英国经济学家吉芬(R. Giffen)发现,在1845年的爱尔兰饥荒中,虽然马铃薯的价格急剧上涨,爱尔兰的许多农民反而增加了对马铃薯的购买和消费。这种违反需求规律的现象被称为**吉芬悖论**(Giffen's Paradox),这种商品(价格上涨,则需求量增加;价格下降,则需求量减少)也因此得名为**吉芬商品**(Giffen's goods)。

图 2-14 表示的是吉芬商品价格下降后的需求量变动情况(假定消费者的名义收入和 P_y 不变)。X_1X_3(总效应)$=X_1X_2$(替代效应)$+X_2X_3$(收入效应)。同低档商品的情况相类似,实际上,这里的 $X_1X_3=X_1X_2+(-X_2X_3)=X_1X_2-X_2X_3$。在这里,吉芬商品价格下降后,对它的需求量由原来的 OX_1 减少为 OX_3。

反过来,吉芬商品的价格上升后,意味着消费者的实际收入下降,消费者在此情况下会增加对吉芬商品的购买、消费,即收入效应为正。例如前述中,马铃薯价格上涨,饥荒、贫困中的爱尔兰农民迫于实际收入下降的压力,会增加对马铃薯的购买与消费,因为收入的下降使他们必须减少或根本无力去购买和消费面粉、牛肉等"高级"商品,而只能消费马铃薯这种"低级"商品。另外,吉芬商品的价格上涨后,消费者会以价格未涨的商品来替代它,即替代效应为负。但收入效应的力度大于替代效应,总的结果仍是需求量增加。这可从图 2-14 作反向分析得出。

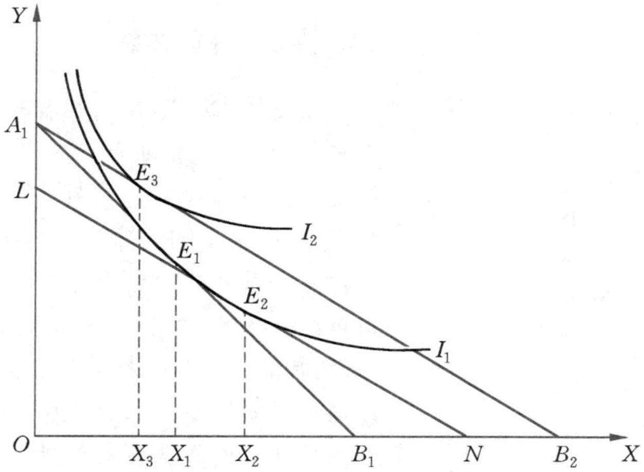

图 2-14 吉芬商品对价格变动的反应

综合上述分析，可得到表 2-4。

表 2-4 三类商品的替代效应、收入效应和总效应

商品类别	价格变动	实际收入变动	替代效应 SE	收入效应 IE	效应比较	总效应
正常品	下降	增加	+	+	不确定	+
低档品	下降	增加	+	−	|SE|>|IE	+
吉芬品	下降	增加	+	−	|SE|<|IE	−
吉芬品	上涨	减少	−	+	|SE|<|IE|	+

(四) 低档商品与吉芬商品的区别

必须注意低档品与吉芬品的区别。低档品是就需求与收入变动的关系来定义的，而吉芬品是就需求量与价格变动的关系来定义的。低档品的需求的收入弹性小于零，表示消费者的货币收入增加后(这里不考虑商品价格变动或价格变动带来的替代效应问题)，对它的需求反而减少。如黑白电视机等商品就是如此。但由于低档品的价格下降所引起的替代效应更大，超过了价格下降所引起的收入效应，最终结果是对它的需求量增加。**需求量与价格同方向变动的商品属于吉芬商品**，它是不符合一般的需求规律的。当然，吉芬商品为数十分有限，是商品中的特例。从需求的收入弹性小于零的商品(意味着收入提高后对其需求反而减少)都属于低档品这个角度来看，**吉芬商品一定是低档品，但低档品不一定是吉芬商品**，低档品中只有收入效应的力度大于替代效应的力度从而需求量与价格同方向变动的商品才属于吉芬商品。

企业应该根据社会收入状况和产品本身的功能、性质等因素辨别正常品和低档品，从而及时地调整产品结构，减少或停止某些产品的生产，开发新产品。需说明的是，正常品与低档品之间的界限不是一成不变的，如黑白电视机曾经是正常品，后来才成为低档品。

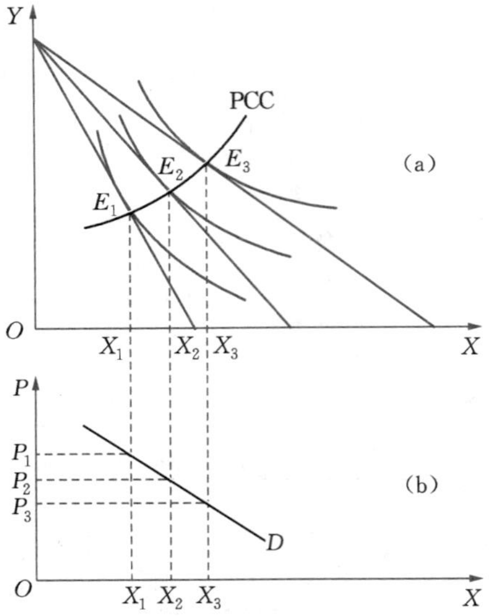

图 2-15 价格-消费曲线与需求曲线

四、价格-消费曲线

如图 2-15(a)，设消费者的收入和 Y 商品的价格不变，X 商品的价格不断下降，预算线不断地逆时针向外旋转。这样，在 X 的不同的价格水平，不同水平的预算线与不同水平的无差异曲线存在一系列的切点 E_1，E_2，E_3，……将这些切点以一条平滑的曲线连接起来，便形成了价格-消费曲线，以 PCC 表示。可见，它表示的是在消费者偏好不变和货币收入既定的前提下，某种商品的价格发生变动时所导致的消费者均衡点的移动轨迹。

根据价格-消费曲线，可推导出对某产品的需求曲线，如图 2-15(b)所示。

五、收入-消费曲线

如图 2-16(a)，设商品价格不变，消费者的收入为 M_1 时，预算线为 A_1B_1，这时对 X 的需求量为 X_1。消费者的收入提高到 M_2 时，预算线为 A_2B_2，这时对 X 的需求量为 X_2，……将不同收入水平的消费者均衡点连接起来的曲线便称为收入-消费曲线，以 ICC 表示。

六、恩格尔曲线

由收入-消费曲线可以推导出恩格尔曲线(Engel curve)，以 EC 表示，如图2-16(b)

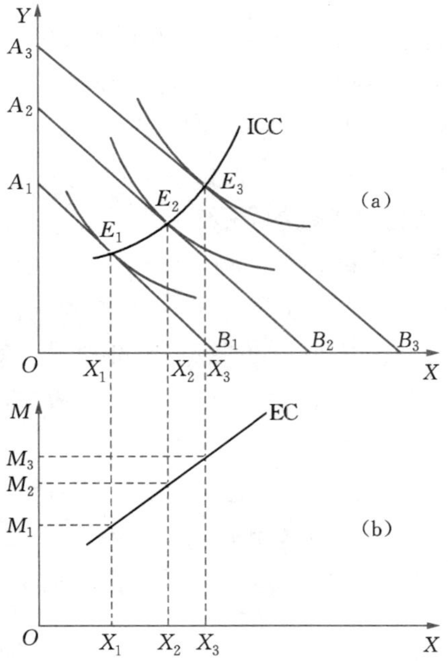

图 2-16 收入-消费曲线与正常品恩格尔曲线

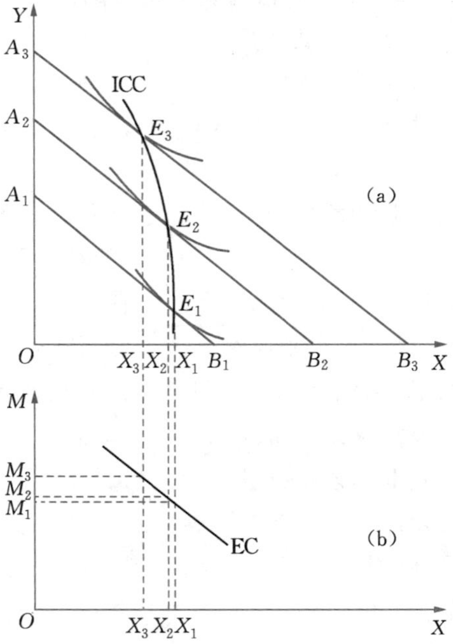

图 2-17 收入-消费曲线与低档品恩格尔曲线

所示。它表示的是消费者对某一商品的需求量与消费者收入(M)之间的函数关系。当然,图 2-16(b)表示的是正常品的恩格尔曲线。图 2-17(b)表示的则是低档品的恩格尔曲线。

严格来说,图 2-16(b)给出的只是正常品恩格尔曲线的基本形态。如果细化而言,根据恩格尔定律,食物等生活必需品的恩格尔曲线如图 2-18 中的 EC_1 所示,它表示随着消费者收入的提高,对食物等的消费需求的增幅越来越小。如消费者收入从 M_1 升至 M_2 时,对 X(食物等生活必需品)的需求从 X_1 增加到 X_2;收入从 M_2 升至 M_3 时,对 X 的需求仅从 X_2 增加到 X_3。图 2-18 中的 EC_2 表示的则是奢侈品和大多数商品的恩格尔曲线。它表示随着消费者收入的提高,对这些商品的消费需求的增幅越来越大。

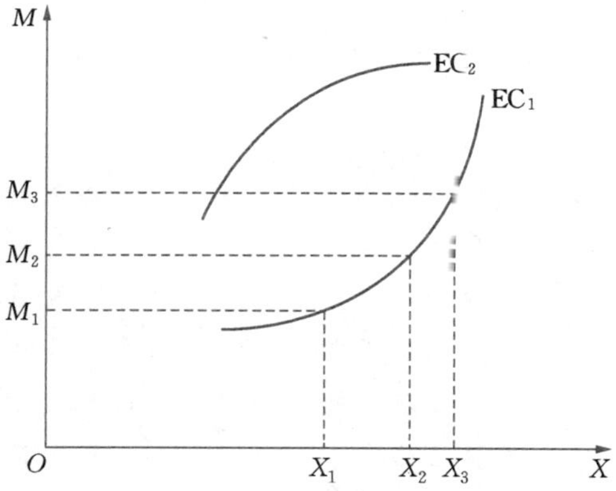

图 2-18　必需品与奢侈品的恩格尔曲线

同步训练 2-3

本章小结

1. 效用、边际效用既依存于消费对象的客观物质属性,又依存于消费主体的主观心理感受,甚至主要是依存于后者。

2. 边际效用递减规律描述的是连续消费同一种商品所产生的经济现象。

3. 消费者均衡描绘的是在收入、商品价格和消费偏好既定条件下,通过消费而获得最大效用的状态。它在几何图形上体现为预算线与无差异曲线的切点。

4. 消费者均衡是会变动的。价格的变动会同时引起替代效应和收入效应,这两种效应的综合、交织作用会导致消费者均衡的变动。

5. 在替代效应和收入效应的基础上,可以区分正常品、低档品和吉芬品。

6. 分别根据价格和收入对消费者均衡的影响,可以绘出价格-消费曲线和收入-消费曲线,并进而得到恩格尔曲线。

基本概念

效用	边际效用	总效用
基数效用论	序数效用论	边际效用递减规律
消费者均衡	边际效用均等规则	消费者剩余
无差异曲线	边际替代率	预算线
替代效应	收入效应	正常商品
低档商品	吉芬商品	价格-消费曲线
收入-消费曲线	恩格尔曲线	

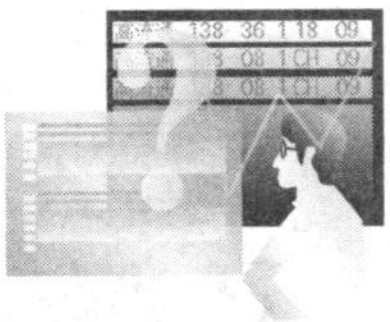

复习思考题

1. 富有的人对于丢失100元现金表现得无所谓，贫穷的人对于丢失50元现金却可能表现得焦虑不安，请用边际效用递减规律对此加以说明。

2. 运用边际效用递减规律和消费者均衡理论说明丰富多样的暑期生活对于愉快的暑假的重要性。

3. 对于一部轿车来说，第二只轮胎与第一只轮胎相比较，……第四只轮胎与第三只轮胎相比较，边际效用并未减少，这是否与边际效用递减规律相矛盾？为什么？

4. 设商品A的需求函数为：$Q_A=200-10P_A+8P_B-7P_C-9M$。其中，$P_A$、$P_B$、$P_C$分别表示商品A、B、C的价格，$M$表示消费者收入。那么A是正常商品还是低档商品？A与B及A与C是属于替代商品还是互补商品关系？

又设商品F的需求函数为：$Q_F=150+19P_F-5M$。则商品F是属于正常商品还是低档商品或吉芬商品？再设商品J的需求函数为：$Q_J=90-0.02P_J+0.07M$。则商品J是属于必需品还是奢侈品？

5. 评论下述对话：

张铁嘴：吃得怎么样？这里可是全市最好的自助餐馆，请你这样的智慧型人物吃饭，总不能太寒碜吧！

李小曼：谢谢！我刚才在想，人们吃自助餐的行为可以用边际效用递减规律和消费者均衡理论来刻画。据我刚才观察，几乎所有人(也包括我自己)都是先挑选自己最喜爱吃的食物吃，在食用了最喜爱吃的一两种食物后，会逐渐地扩大食用范围，食用那些不是很喜爱吃的食物。为什么人们不会只盯住最喜爱吃的一两种食物一直吃呢？

张铁嘴：因为即使再喜爱吃的食物，食用一定量后，该食物的边际效用也会下降，下降到低于原本不很喜爱吃的食物的边际效用时，人们就会开始食用那些本不太喜爱吃的食物。为了使自助餐的总效用最大，对于许多食物都应食用，且应使食用的每种食物的最后一单位提供的边际效用分别都相等。我讲得不错吧？你难不倒我。但我却要问你，我刚才只吃了生鱼片和色拉，你如何解释呢？

李小曼：我注意到，你对生鱼片吃得很多，色拉吃得较少，这并不违反你刚才的理论分析。至于你只吃两种食物，这无关紧要，只说明直到这两种食物将你撑饱，它们的边际效用还没有低于其他食物对你的边际效用。即使你今晚只选择吃一种食物，也只是说明直到你吃完，这种食物的边际效用还没有低于其他食物对你的边际效用。

6. 假定商品X的价格 $P_X=10$，商品Y的价格 $P_Y=2$，消费者收入 $M=100$。求：(1)预算线的方程式；(2)M 和 P_Y 不变，P_X 下降50%时的预算线的方程式；(3)P_X 和 P_Y 不变，M 增加1倍时的预算线的方程式。

7. 假定消费者消费两种商品X和Y，X的边际效用函数为：$MU_X=40-5X$，Y的边际效用函数为：$MU_Y=30-Y$，消费者的货币收入 $M=40$，并且 $P_X=5$，$P_Y=1$，那么消费者的最佳消费组合应是怎样的？

* 第 3 章 不确定条件下的消费者行为

引导案例

在上一章，我们所讨论的消费者选择行为是在确定的条件下进行的。例如，商品价格、消费者收入等相关变量及其变化都被假定为可以确切地知道，在此情况下，消费者选择购买怎样的商品组合。但现实经济生活中，消费者在进行选择行为时面临着许多不确定性。例如，消费者未来的收入带有不确定性，可能增加，也可能减少；商品的价格也带有不确定性；消费者购买的商品带有质量不合格的风险；消费者选择的职业可能面临萧条并进而导致失业的风险。

本章就是要讨论消费者在进行消费决策和其他决策时，怎样将不确定因素加以考虑，或者说，在不确定条件下，消费者是如何进行各种选择的，消费者的选择行为是怎样进行的。

第一节 风险测度

不确定性与风险是有所区别的。不确定性意指无法知道未来出现的各种可能结果及其出现的可能性的大小；风险则指的是未来出现坏的结果的可能性。由于对不确定性的预期和控制实际上常常体现为对风险的预期和控制，因而它们也常常在同一意义上被使用。消费者在不确定条件下的选择首先要求将不确定性或风险量化，以便在不同的选择之间进行比较。

一、风险与概率

风险的量化或者说风险的大小，一是指某种选择行为的可能的坏结果会给消费者造成的利益受损程度，二是指某种选择行为的坏结果产生的可能性的大小。在利益受损程度假定为已知的条件下，风险的大小便主要体现为坏的结果产生的可能性的大小。

概率就是从量化的角度来描述和刻画风险的。某一种选择行为具有多种可能的结果，每一结果发生的可能性的大小也不同。**概率表示某种结果发生可能性的大小。** 例如，你正考虑购买一家从事海底石油开采的公司的股票，如果该公司的新的开采计划成功，公司股票每股将从 30 美元上升至 40 美元。而一旦开采失败，股票价格将跌至每股 20 美元。购买或持有该公司股票的人面临的股价下跌风险的大小，取决于公司新的开采计划失败的可能性的大小。如果该公司开采计划成功的可能性只有20%，而失败的可能性有80%，那就是购买或持有股票的人赚取收益的概率为0.2，发生损失的概率为0.8。

那么，概率本身是如何形成的呢？一是基于事件本身的客观属性，二是来自人们的主观性判断。如果我们知道，在过去所进行的100次海底石油开采中，有20次成功，80次失败，那么我们可在此基础上推测，海底石油开采成功的概率为0.2，这里概率的形成带有客观性基础。主观性判断则依据人们的直觉来进行，这种直觉可以是基于一个人的判断力或经验，而不是建立在类似的结果在过去曾经发生过的频率的基础上。在概率依据人们的主观判断形成时，不同的人对于某种结果的发生可能会赋予不同的概率，并作出不同的选择。例如，如果在一个全新的海域开采石油，由于甲比乙对该计划有更多的了解，或对于石油开采业务有更多的知识、信息，甲赋予开采成功的主观性概率可能要高于乙。

一种选择行为产生的坏的结果的概率大，表明该行为的风险就大；一种选择行为产生的坏的结果的概率小，表明该行为的风险就小；一种选择行为产生的坏的结果的概率为零，或者说不可能产生什么坏的结果，则该行为就无风险。

在概率论中，有两个概念对于测度与比较风险的大小是极其重要的，这两个概念是期望值与方差。

二、期望值

期望值是不确定条件下某一行为或事件的所有可能结果的加权平均，权数是每一结果发生的概率。期望值反映了事件结果的总体趋势或集中趋势，也就是平均结果或结果的平均值。就我们所列举的海底石油开采的例子来讲，开采成功则每股股票为40美元，开采失败则每股为20美元，以 P_r 表示成功的概率 ($P_r=0.2$)，$1-P_r$ 就表示失败的概率，那么，该公司每股股票价格的期望值为：

$$\begin{aligned}\text{期望值}&=P_r\times 40\text{美元}+(1-P_r)\times 20\text{美元}\\&=0.2\times 40\text{美元}+0.8\times 20\text{美元}\\&=24\text{美元}\end{aligned}$$

一般来说，如果某一行为或某事件存在 n 种可能性结果，n 种结果的取值分别为 $X_1, X_2, \cdots, X_n$，n 种结果发生的概率分别为 $P_{r1}, P_{r2}, \cdots, P_{rn}$，则该行为或事件的结果的期望值为：

$$E(X)=P_{r1}\cdot X_1+P_{r2}\cdot X_2+\cdots+P_{rn}\cdot X_n$$

其中：
$$P_{r1}+P_{r2}+\cdots+P_{rn}=1$$

三、方差

方差的概念解释起来比期望值的概念稍微复杂一些。我们先讨论离差，然后在此基础上讨论方差。

（一）离差

假设某人有两份工作可供选择，一份工作是为企业推销产品，收入的高低取决于产品的推销情况。若产品推销得好，月收入为 2 000 美元，若产品推销业绩平平，月收入只有 1 000 美元。另一份工作是做企业的一般办公人员，一般情况下，月收入有 1 510 美元，但当企业经营不佳而裁减办公人员时，他只能每月获得 510 美元的生活补助。表 3-1 给出了两份工作所可能获得的月收入及相应的概率。

表 3-1 不同工作所获收入及其概率

工作种类	结果 1		结果 2	
	收入/美元	概率	收入/美元	概率
推销工作	2 000	0.5	1 000	0.5
办公室工作	1 510	0.99	510	0.01

可以知道，这两份工作的收入的期望值相同：

$$\begin{aligned} E(X) &= 0.5 \times 2\,000 + 0.5 \times 1\,000 \\ &= 0.99 \times 1\,510 + 0.01 \times 510 = 1\,500(\text{美元}) \end{aligned}$$

尽管如此，这两份工作的收入可能出现的波动的程度却是不同的。理论分析上可以用**实际值与期望值之间的差（以绝对值表示）**即**离差**来测度这种可能的波动的程度。

$$\text{离差} = | X_n - E(X) | \tag{3.1}$$

表 3-2 是根据表 3-1 计算的离差（也称偏差）。

表 3-2 不同工作所获收入的离差

工作种类	结果 1		结果 2	
	收入/美元	离差	收入/美元	离差
推销工作	2 000	500	1 000	500
办公室工作	1 510	10	510	990

对每一行为或事件的各种结果的离差进行加权平均可以求出平均离差，其权数是每一结果发生的概率。在这里，推销工作的平均离差为：

$$0.5 \times 500 + 0.5 \times 500 = 500(\text{美元})$$

办公室工作的平均离差为：

$$0.99 \times 10 + 0.01 \times 990 = 19.80(\text{美元})$$

若用平均离差来测度风险程度，那么平均离差越大，风险越大；平均离差越小，风险越小。显然，据上计算，办公室工作收入的风险远比推销工作收入的风险要小。

（二）方差

在统计学中，人们更为通常地使用方差和标准差来测度风险程度。**方差是离差（实际值与期望值之差）平方的加权平均值，标准差是方差的平方根。**表 3-3 给出了我们所举例子中离差的平方值。

表 3-3 不同工作所获收入的离差平方

工作种类	结果 1			结果 2		
	收入/美元	离差	离差平方	收入/美元	离差	离差平方
推销工作	2 000	500	250 000	1 000	500	250 000
办公室工作	1 510	10	100	510	990	980 100

据表 3-3,可以计算出推销工作所获收入的方差与标准差:

$$方差 = 0.5 \times 250\ 000 + 0.5 \times 250\ 000 = 250\ 000(美元)$$

$$标准差 = \sqrt{250\ 000} = 500(美元)$$

办公室工作所获收入的方差与标准差:

$$方差 = 0.99 \times 100 + 0.01 \times 980\ 100 = 9\ 900(美元)$$

$$标准差 = \sqrt{9\ 900} = 99.50(美元)$$

若用方差或标准差来测度风险程度,那么方差或标准差越大,风险就越大。由上可见,无论用何种方式来刻画风险(这仅仅是一个方便程度的问题,刻画方式本身并不影响最终的刻画结果),推销工作所获收入的风险都要比办公室工作所获收入的风险高。

方差的计算的一般公式可表示为:

$$\sigma^2 = P_{r1} \cdot [X_1 - E(X)]^2 + P_{r2} \cdot [X_2 - E(X)]^2 + \cdots + P_{rn} \cdot [X_n - E(X)]^2 \tag{3.2}$$

式中,σ 表示标准差,σ^2 表示方差,$P_{ri}(i = 1, 2, \cdots, n)$ 表示结果 X_i 发生的概率,$E(X)$ 表示期望值。

四、选择决策

在推销工作和办公室工作中,某人究竟会选择哪一份工作呢?如果他不愿冒风险,可能会选择办公室工作,因为它与推销工作收入的期望值(或称期望收入)相同,但方差(或标准差)却较小,即风险较小。

为了更进一步地深化分析,我们现在假定推销工作所可能获得的两种收入分别再加上 100 美元,这样,相应的期望收入便由 1 500 美元增加至 1 600 美元,即:

$$期望收入 = 0.5 \times (2\ 000 + 100) + 0.5 \times (1\ 000 + 100) = 1\ 600(美元)$$

而办公室工作的可能收入状况和期望收入(1 500 美元)均维持不变。收入调整后的情况如表 3-4 所示。

表 3-4 调整后的收入及离差、方差

工作种类	结果 1		结果 2		方差
	收入/美元	离差	收入/美元	离差	
推销工作	2 100	500	1 100	500	250 000
办公室工作	1 510	10	510	990	9 900

可见，在推销工作所可能获得的两种收入上分别加上 100 美元后，除了使推销工作的期望收入发生了变化以外，离差以及方差都未变。现在，与办公室工作相比，推销工作所获得的期望收入高，但是风险也高，这在某种程度上使人们更有了冒险选择推销工作的理由。一个更爱冒险，或更有进取精神的人会倾向于选择推销工作。而不愿冒风险，或较保守、稳妥的择业者可能仍然会选择办公室工作。这里涉及人们对于风险的态度，所以我们需要转入下一节的讨论。

第二节　风险与消费者选择

在上一节，我们借用择业一例描述了风险的测度问题。本节中我们将进一步讨论在不同的风险程度下，消费者如何进行选择。或者说不同的消费者对于风险会采取何种态度，他们对于风险的承担能力怎样。

一、风险与预期效用

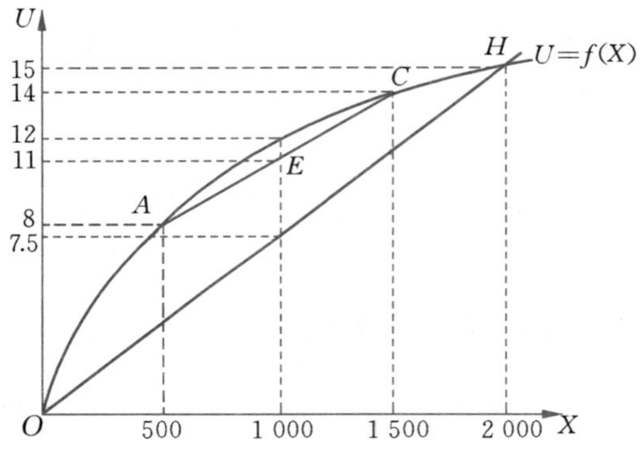

图 3-1　风险规避者的效用曲线

通过第 2 章的学习，我们已经知道，消费者的选择是建立在效用基础上的，一种没有效用的商品（或行为）是不会进入消费者的选择范围的。在确定性（无风险）的条件下，任一商品对消费者的效用取决于消费者所消费的商品数量。为了使问题简化，假定消费者所消费的只是“收入”这一种特殊商品，确切地讲，是一定收入所能购买的所有的商品组合。我们利用图 3-1 来说明存在风险的条件下消费者的选择所带来的效用状况。

图 3-1 中的横坐标表示某消费者的收入 X，纵坐标表示该消费者的效用 U。图中的效用曲线 $U=f(x)$ 表示消费者在无风险条件下对每一种确定的收入水平所获得的效用。例如，当收入为 500 美元时，消费者的效用为 8；收入为 1 000 美元时，消费者的效用为 12；收入为 1 500 美元时，消费者的效用为 14。

现在假定该消费者目前的收入为 1 000 美元，正考虑从事一项新的工作，可能会使他的收入达 1 500 美元，但也可能使他的收入降至 500 美元，且发生每一种可能结果的概率为 0.5。在此情况下，消费者的期望收入为 1 000 美元，这 1 000 美元收入是存在风险条件下的期望收入，尽管它在数值上等于无风险条件下 1 000 美元的确定性收入，但是两者给消费者提供的效用却是不同的。为了区别无风险条件下确定性收入所提供的效用与有风险条件下期望收入所提供的效用，我们用 $E(U)$ 表示期望收入所提供的效用，称之为预期效用（expected utility）。**预期效用是某一选择行为的各种可能结果所提供的效用的加权平均**，其权数为各种可能结果发生的概率。也可简言之，预期效用是某一行为的各种可能结果的期望值所提供的效用。预期效用的一般表达式如下：

$$E(U)=P_{r1} \cdot U(X_1)+P_{r2} \cdot U(X_2)+\cdots P_{rn} \cdot U(X_n)$$

式中，$U(X_i)$是对应于每一种收入所提供的效用，P_{ri}是获得某种收入的概率。这一函数式称为预期效用函数，有时也称为冯·诺依曼-摩根斯顿效用函数，以纪念冯·诺依曼(John Von Nevman)和摩根斯顿(Morgenstern)在这方面的杰出理论贡献。

就我们刚举的例子来说，消费者的期望收入为 1 000 美元，预期效用为：

$$\begin{aligned} E(U) &= 0.5 \times U(500\text{ 美元}) + 0.5 \times U(1\,500\text{ 美元}) \\ &= 0.5 \times 8 + 0.5 \times 14 = 11 \end{aligned}$$

即 1 000 美元的期望收入所提供的效用值恰好位于弦 AC 的中点 E 点。

当然，如果消费者获得 500 美元收入的概率与获得 1 500 美元收入的概率不相等，则期望收入不是 1 000 美元，预期效用也不是 11。但只要消费者获得这两种收入的机会，不管它们的概率是多少，期望收入只能在 500 美元至1 500 美元之间，与期望收入对应的预期效用只会在弦 AC 上。如果获取 1 500 美元收入的概率越大，则期望收入会越大，预期效用会位于弦 AC 的中点 E 点以上的点，即位于 EC 之间。反之亦然。

人们在不确定条件下进行选择决策时，一般总是会在预期效用与现存效用的比较中追求效用的最大化。

假定消费者有可能获得的各种收入，按大小顺序列为 X_1，X_2，……，X_n，对 X_1，X_n 任意给出效用值，冯·诺依曼和摩根斯顿证明了存在一种合理的方法为 X_1 与 X_n 之间的任一可能收入确定效用值。这被称为冯·诺依曼-摩根斯顿效用指数，或简称 N-M 效用指数。具体的证明方法，我们在此略而不述。

二、不同的风险偏好与消费者选择

不同的人对于风险的态度或偏好是不同的。人们对于风险的态度指的是人们承担风险的意愿。我们可以根据个人承担风险意愿的差别将人们分为三类：**风险规避者**(risk-averse individual)、**风险喜好者**(risk-loving individual)和**风险中性者**(risk-neutral individual)。

假定消费者在无风险条件下所能获得的确定性收入与他在有风险条件下所能获得的期望收入相等，如果这时消费者对于确定性收入的偏好强于对于有风险条件下期望收入的偏好，或者说，这时他更愿意选择确定性收入，则该消费者属于风险规避者，或称风险厌恶者。如果消费者这时对于有风险条件下期望收入的偏好强于对于确定性收入的偏好，则该消费者属于风险喜好者。如果消费者这时对于有风险条件下期望收入的偏好与对于确定性收入的偏好是无差别的，则该消费者属于风险中性者。当然，这里讨论的有风险条件下的期望收入与无风险条件下的确定性收入也适用于其他一般性情况，如产品的期望质量与确定性质量等。

我们下面来分别分析这三类人及其相应的选择行为。

(一) 风险规避者

对于风险规避者而言，确定性收入的效用高于等值的期望收入的效用(预期效用)。前述的图 3-1 显示的实际上就是风险规避者的效用状况，在无风险的情况下，消费者有绝对把握获得 1 000 美元的收入，其效用为 12。我们已经看到，如果在有风险的情况下获得的期望收入虽然也为 1 000 美元，但其预期效用却只有 11，这低于目前的确定性工作的收入给他提供的效用，风险规避者就不会冒险去尝试新的工作。通俗地说，对于风险规避者而言，如果去从事新的工作，虽然有 50% 的可能性获得 1 500 美元的收入，但同时也有 50% 的可能性仅获得 500 美元的收入。而在不变换工作的条件下，现在却有完全的把握获得1 000 美元的收入。因此，没有必要去冒险。

再以图 3-1 来举例，假设消费者面临另两种选择：甲工作可能带来月收入 500 美元，也可能带来月收入 1 500 美元。其概率各为 0.5。乙工作可能带来的月收入为 0，也可能带来月收入为 2 000 美元，其概率也各为 0.5。通过计算可知，甲、乙两种工作的期望收入均为 1 000 美元，但甲工作的预期效用为 11，乙工作的预期效用为 7.5。甲工作的预期效用高于乙工作的预期效用。用我们前面所讨论的离差与方差的知识来解释，甲工作的风险也小于乙工作的风险。风险规避者在此情况下当然会选择甲工作。

图 3-1 中的效用曲线表明，对于风险规避者来说，货币收入所提供的总效用是以递减的速率增加，即边际效用递减。这是因为，风险与收入是相对应的，一般收入越高，风险也越高。而风险规避者又不愿承担太多的风险，所以对其而言，货币收入的边际效用也是递减的。

（二）风险喜好者

风险喜好者的效用曲线与风险规避者的效用曲线的形状截然不同。由于在风险条件下的期望收入与确定性收入相等的条件下，风险喜好者偏爱有风险条件下的期望收入，因而风险喜好者的效用曲线如图 3-2 所示。

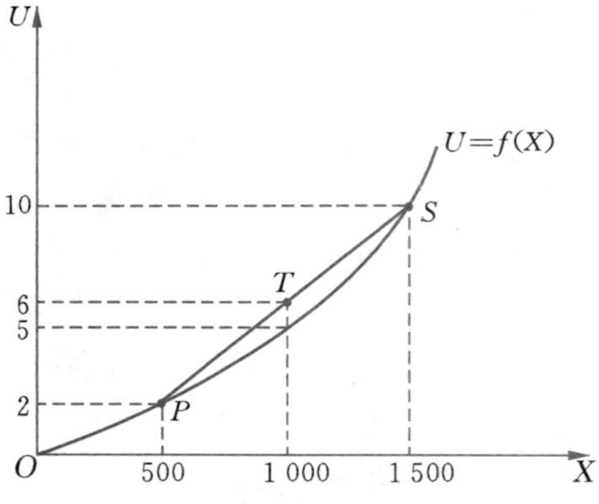

图 3-2　风险喜好者的效用曲线

图 3-2 中的效用曲线表示效用以递增的速率增加，即对于风险喜好者来说，货币收入的边际效用是递增的。这是因为，风险喜好者不甘安于现状，愿意不断地挑战和进取，渴望得到更高的收入。更高收入水平上的收入增长带给他们的刺激感和满足感会越大。当然需说明的是，这与边际效用递减规律并不矛盾，风险喜好者并不是对任何大的风险都乐意接受，只是在一定程度内喜好风险。从更宽泛的意义上说，他们的货币收入的边际效用最终总会发生递减。图 3-2 中的效用曲线只是对某一阶段或某一局部的状况的描述。

连接图 3-2 中效用曲线上任意两点的弦位于这两点间曲线的上端，表明有风险条件下的期望收入所提供的效用高于无风险条件下等值的确定性收入所提供的效用。例如对于某个风险喜好者来说，存在这样两种选择：要么安于现状，月收入为 1 000 美元，效用为 5；要么去从事另一新的工作，但这一新的工作干得好，月收入会有 1 500 美元，效用为 10，干得不好，月收入只有 500 美元，效用为 2，干得好与干得不好的概率各为 0.5。此情况下的期望收入为：

$$E(X)=0.5\times 500\text{ 美元}+0.5\times 1\,500\text{ 美元}=1\,000\text{ 美元}$$

预期效用为：

$$E(U)=0.5\times 2+0.5\times 10=6$$

这一预期效用值正好位于弦 PS 的中点 T 点。这也就是说，新工作的期望收入虽然等于现在的收入，但新工作的预期效用(6)高于现在工作的效用(5)。风险喜好者会选择放弃现在的工作而去从事新的工作。

(三) 风险中性者

对于风险中性者来说，无风险条件下的确定性收入与有风险条件下的等值的期望收入提供的效用是相同的，因此风险中性者的效用曲线是一条从原点出发的射线，如图 3-3 所示。该效用曲线的斜率即边际效用是既定不变的。因为就风险中性者而言，不同收入水平上新增的单位收入所提供的效用增量都是相同的。由于该效用曲线是斜率不变的射线，因而连接曲线上任意两点的弦不会像前述的风险规避者和风险喜好者那样与效用曲线发生分离，而是与效用曲线本身相重叠。这说明如下情形是成立的：

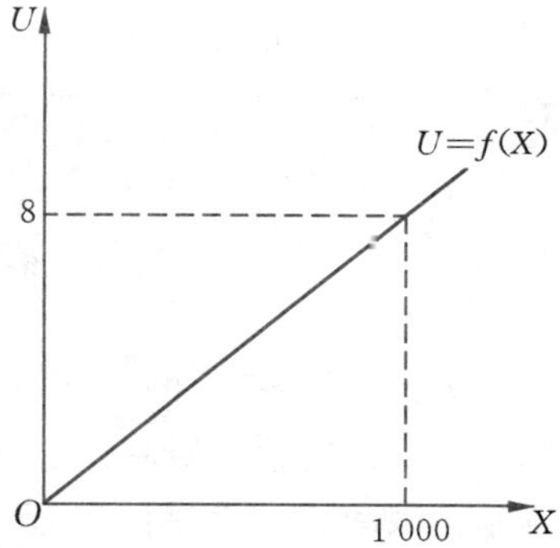

图 3-3　风险中性者的效用曲线

例如，消费者有绝对把握获得的 1 000 美元的收入所提供的效用为 8；消费者各以 0.5 的概率获得 500 美元的收入与 1 500 美元的收入，从而产生 1 000 美元的期望收入所提供的效用也为 8。风险中性者对二者的偏好是相同的，既可选择前者，也可选择后者。

现实生活中，大多数人在大多数时间都是风险规避者，尤其是在进行大额消费或支出时更是如此。但是也总有一些风险喜好者存在，如有人热衷于赌博、大量购买股票或彩票，以及在禁烟场所吸烟、违章驾车、逃税漏税、从事不正当的消费，甚至从事触犯法律规范的消费及其他活动等。也有些人在某些场合可能是风险规避者，在另外一些场合则可能是风险喜好者。真正的风险中性者可能并不多见。不同的人在不同的场合或不同的事情上对于风险态度的差异源于多方面因素：人们的收入水平、生存状态、生活环境、受教育程度、性格、风险性质及与风险相随的收入与收益的诱惑力等。

三、风险贴水

风险贴水(risk premium)也称风险溢价，是指风险规避者为规避风险而愿意付出的货币数额。为此我们用图 3-4 来重新表达图 3-1，给予说明。

假定某风险规避者各有 0.5 的概率获得 500 美元的收入与 1 500 美元的收入，则这种有风险条件下的收入所形成的期望收入是 1 000 美元，其预期效用是 11。但是，如果该人有绝对的把握获得 800 美元的确定性收入，他也得到 11 单位的效用，此时的风险贴水就为 200 美元，它对应于图中 EF 的长度。在经济意义上它等于消费者愿意支付的货币额并通过支付这笔货币额以稳定地获得某笔收入，而这笔收入提供的效用应等于该选择行为以前的稳定性收入提供的效用。譬如，消费者可以通过向保险公司购买保险而稳定地获得 1 000 美元的收入，他愿意向保险公司支付的保险费就为 200 美元。

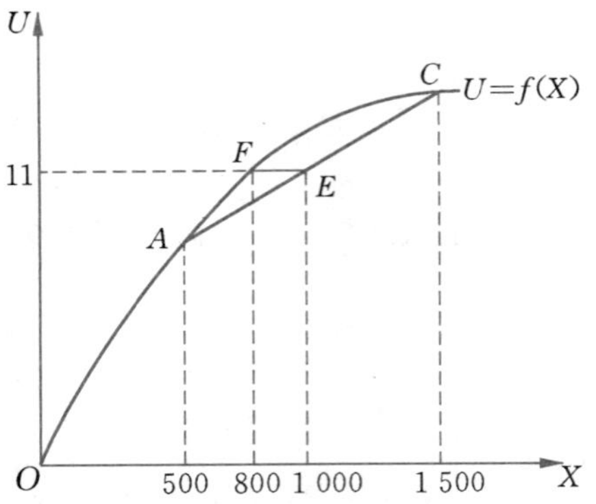

图 3-4　风险贴水

消费者通过支付 200 美元保险费以确保能获得的 1 000 美元收入提供的效用(11)与选择行为前的稳定性收入 800 美元所提供的效用(11)相同。

风险贴水的大小取决于风险状况：风险越大，表现为提供同等效用的确定性收入与有风险条件下的期望收入之间的差额越大(体现于图 3-4 中 EF 的长度越大)，则风险贴水越高；反之亦然。

第三节　风险防范

无疑，对于广大的风险规避者来说，他们面临着如何降低风险、如何控制风险、如何防范风险的问题。即使对于风险喜好者来说也是如此，因为他们对风险的承受能力并不是无限的、无止境的。而且他们也并不是真正喜好纯粹的风险本身，而是喜好与高风险相伴的高收益，在能够获取或尽可能获取高收益的前提下，他们也希望尽量地控制风险。风险控制和风险防范的常见措施主要有三种：多样化、保险和获取更多的信息。

一、多样化

多样化是指人们在从事某一行为时，为了降低和防范风险，将这一总的行为分解为多种子行为，以免过于单一的行为造成总体上的过大风险。

举例来说，假设某住宅开发公司计划建造一批(60 套)住宅，两年以后建成出售，但两年后人们的收入状况和对房型的欣赏偏好还不能完全确知，这样，公司对房型的选择就存在风险。为了分析的简便，假设只有两种房型可供公司在建造时选择，一种房型室小厅大，简称大厅房型；另一种房型室大厅小，简称小厅房型。如果该公司只开发大厅房型。两年后正好流行该房型，那么公司的销售收入可达 1 200 万美元(每套 20 万美元)。但假如两年后流行小厅房型，该公司只有低价出售(每套 10 万美元)，则收入为 600 万美元。反过来，如果该公司只开发小厅房型，由于同样的原因，公司的销售收入可能为 1 200 万美元，也可能为 600 万美元。

该公司为了规避两年后的不确定性风险，采用多样化战略措施，在开发的全部住宅中，一半采用大厅房型，一半采用小厅房型，那么两年后不管流行何种房型，都能够获得 900 万美元(30 套×20 万＋30 套×10 万)的确定性销售收入。这样，公司通过多样化规避了有可能两年后销售收入仅为 600 万美元的风险。

再譬如，大量的订货不是面向一家企业，而是面向几家或多家企业，就可防范一家企业因某些原因不能按时供货或按质、按量供货的风险。

根据多样化的避险要求，在购买或持有金融资产时，应坚持多种形式的资产组合，以免持有单一化的资产所伴随的巨大风险。这被形象、通俗地概括为“不要把所有鸡蛋都放在同一个篮子里”。

二、保险

从前面关于风险贴水的分析中，我们已经知道，风险规避者为规避风险愿支付一定的货币额。事实上，如果保险的价格正好等于期望损失（譬如避免期望损失为 1 000 美元的措施正好标价 1 000 美元），风险规避者将会购买足够的保险，以使他们从任何可能遭受的损失中得到全额的补偿。

假设某消费者家中被盗的可能性为 10%（这一概率可由住宅的防盗措施、社区治安状况及附近居民家被盗情况等综合分析后得出），这样，不被盗的可能性便为 90%，家中的财产总值为 3 万美元，一旦被盗后的损失将会有 1 万美元。考虑到被盗的概率与一旦被盗所损失的财产额，消费者愿意支付 0.1 万美元（1 万×0.1）的保险费用，以便能够稳定获得与不投保情况下所获得的期望财产相等的财产额。表 3-5 显示了这些情况。

表 3-5 某消费者财产拥有的可能状况 单位：万美元

是否投保	发生盗窃（$P_r=0.1$）	不发生盗窃（$P_r=0.9$）	期望财富
不投保	2.0	3.0	2.9
投 保	2.9	2.9	2.9

投保并没有改变该消费者的财产的期望值，但它却使消费者避开了因被盗风险而造成的财产拥有额可能的大幅度下降。投保情况下能够稳定获得的 2.9 万美元所产生的效用高于不投保情况下财产期望值所产生的预期效用。

一般来说，保险公司收取的保险费常常会超过预期补偿，因为公司还必须负担其他的一些管理费用。所以，许多人选择自保（self-insure）而不是从保险公司购买保险。其中的一个办法便是采取资产多样化组合，例如购买共同互助基金等。

三、获取更多的信息

完全、充分的信息是正确决策的基础。在信息充分的基础上作出的决策当然能较好地降低和规避风险，因此，规避风险的办法之一便是尽可能地获取更多的信息，尽量避免在有限信息的基础上轻率决策。

从另一方面来讲，获取信息不是没有代价的。例如，消费者如果想了解某种商品的功能、质量及标价是否合理，就必须花费一定的时间与精力（代价）去进行调查，包括向该商品的使用者了解，到其他商场或其他地方了解，甚至出钱向专门的咨询机构咨询，以决定是否购买。不进行相关了解和调查的购买决策就要冒风险，有可能出价过高，或商品的功能、质量不尽如人意。信息是有价值的商品，完全信息的价值便是完全信息条件下选择结果的期望值与不完全信息条件下选择结果的期望值之差。

举例来说，假设某小型公司决定为员工购买某大型活动的入场券以方便员工的娱乐消费，每张入场券的价格为 2 美元，带给消费者的效用水平为 12 单位，为分析简便，又设这 12 单位的效用体现为 12 美元，即 1 美元代表 1 单位效用。这样，对公司来说，每位员工得到的净效用就为 10 单位。如果购买 100 张入场券，有 100 人愿意持券参与活动，则净效用总值为 1 000；若有 200 人愿意参加，但也只有 100 人能够参加，净效用总值仍为1 000。如果购买200张入场券,在只有100人参加的情况下,净效用总值为800(这里假设另100张入场券无法退还或转让,只得作废);有200人参加的情况下,净效用总值为2 000。在信息不充分的条件下,公司只能判断100人愿意参加和200人愿意参加的概率各为0.5。表3-6显示了相关情况。

表3-6 某公司活动的可能效用

购买入场券的数量	100人愿参加	200人愿参加	期望效用
购100张入场券	1 000	1 000	1 000
购200张入场券	800	2 000	1 400

公司在以风险中性者和风险喜好者身份出现时,都会选择购买200张入场券。如果公司掌握了完全、充分的信息,就可以作出正确的选择。若100人愿意参加,公司会购买100张入场券,净效用总值为1 000;若200人愿参加,公司会购买200张入场券,净效用总值为2 000。这两种结果发生的可能性相等,因而在完全信息条件下的公司的期望净效用为1 500。这样,根据前述的完全信息的价值的计算方法,完全信息的价值为100效用单位或100美元(1 500－1 400)。公司为取得对员工是否愿意参加活动的准确信息而支付100美元,以避免相关的风险是值得的。

同步训练3-1

本章小结

1. 消费者在不确定条件下的选择和行为是有风险的。

2. 风险程度或风险的大小可以用概率、离差、方差、标准差等来度量。消费者除了关心风险程度外,还关心不确定结果的集中性趋势,这一趋势通过期望值来表达。

3. 在面向未来的决策中,消费者追求预期效用的最大化,或在预期效用与现存效用的比较中追求效用的最大化。

4. 根据个人对风险的态度,可将人们分为三类:风险规避者、风险中性者和风险喜好者。

5. 规避和降低风险的常见措施有:多样化、保险和获取更多的信息。

基本概念

概率	期望值	离差	方差
标准差	预期效用	风险规避者	风险中性者
风险喜好者	风险贴水		

复习思考题

1. 现实生活中，很少看到人们在作出一项选择行为前会去计算离差、方差等指标，这是为什么？是否说明人们不计较风险？

2. 消费者追求预期效用最大化的具体含义是什么？

3. 以一个具体的现实案例分析如何规避和降低风险。

4. 假设某种正在出售的奖券的情况是：获得 300 美元的概率为 0.1 200 美元的概率为 0.3，不得奖的概率为 0.6。求该奖券的期望收益、收益方差。并问一个风险中性者对该奖券愿出的最高价格是多少？

5. 设某人的效用函数为：$U=M^3$，其中 M 为月收入且一般为正值。问：

(1) 该人是风险规避者、风险中性者还是风险喜好者？

(2) 设该人现在的月收入为 200 美元，该工作是稳定的。这时别人给他介绍了另一份工作，月收入为 280 美元的概率为 0.5，月收入为 160 美元的概率也为 0.5，该人会怎样选择？

(3) 该人现有工作和可作选择的新工作对于他的效用和预期效用各为多少？

第 4 章
生产与成本

引导案例

前面，我们从需求方面研究了消费者行为，本章我们将从供给方面研究生产者行为，分析产品供给状况的决定及其变化等。这种分析从两个方面进行：从实物形态上分析生产的原理，叫生产理论；从货币形态上分析生产成本的结构，叫成本理论。它们是同一生产者行为的两个方面。

第一节 短期生产函数

我们遵循由简及繁的原则，先分析短期生产函数，再分析长期生产函数，因为短期生产函数涉及的经济变量较少。在分析短期生产函数前，有必要先阐释什么是生产函数。

一、生产函数的定义

生产是厂商(firm)对各种生产要素进行组合以制造产品或提供服务(无形产品)的行为。经济分析中使用的厂商这个概念，指的是市场经济中为赚取利润而从事生产、经营的经济单位，既可以是规模庞大的企业、公司，也可以是个体生产者。厂商、企业、公司，以及生产者在经济理论分析中大多是在同一意义上使用的。厂商在生产行为中要投入各种要素并生产出产品，所以，生产也就是把投入(input)变为产出(output)的过程。

生产要素一般包括劳动、资本、土地与企业家才能(管理)。这里的资本指用于生产过程的一切资本品，例如机器设备、厂房等。显然，资本是与技术状况联系在一起的。

生产要素的组合与数量同它所能生产出来的产量之间存在一定的相关关系，生产函数便是表示这种关系的。具体地说，生产函数表示一定期间内在生产技术不变的条件下生产要素的投入量与它所能提供的最大产出量之间的数量关系。一般记为：

$$Q=f(X_1, X_2, \cdots, X_m)$$

式中，$X_1, X_2, \cdots, X_m$ 表示投入生产的各种具体的生产要素，Q 表示上述诸种生产要素的组合所能提供的最大产出量。

为了论述方便，我们假定产出品只有一种，投入的生产要素只有两种，即劳动(L)

和资本(K)，这样，生产函数便可记为：$Q=f(L,K)$。如果再假设资本的投入量固定不变，生产函数便可记为：$Q=f(\overline{K},L)$。

现实经济中，短期内，厂房、机器设备等投入都是固定不变的，或者说，是难以改变的，厂商只能通过改变对劳动、原材料、燃料等的投入量来调整其产量。这些在短期内可以改变和调整投入数量的生产要素属于可变投入，而厂房、大型设备和使用的土地等短期内无法改变投入数量的生产要素属于不变投入或固定投入。理论分析上，通常以包含一种可变要素(劳动)的生产函数来考察短期生产问题。因而，**一种投入变动或单一投入变动的生产函数便称为短期生产函数**。

二、总产量、平均产量与边际产量

设某短期生产函数为：

$$Q=f(\overline{K},L)=f(L)=21L+9L^2-L^3$$

则劳动的平均产量：

$$\mathrm{AP}=\frac{Q}{L}=\frac{21L+9L^2-L^3}{L}=21+9L-L^2 \tag{4.1}$$

劳动的边际产量：

$$\mathrm{MP}=\frac{\mathrm{d}Q}{\mathrm{d}L}=\frac{\mathrm{d}}{\mathrm{d}L}(21L+9L^2-L^3)=21+18L-3L^2 \tag{4.2}$$

设投入的劳动从 1 个单位逐渐增加为 8 个单位，则相应的总产量、平均产量与边际产量如表 4-1 所示。

表 4-1 各种产量的变化情况

劳动投入 L	总产量 Q	平均产量 $\frac{Q}{L}$	边际产量 $\frac{\mathrm{d}Q}{\mathrm{d}L}$①
1	29	29	36
2	70	35	45
3	117	39	48
4	164	41	45
4.5	185.625	41.25	41.25
5	205	41	36
6	234	39	21
7	245	35	0
8	232	29	−27

表 4-1 中显示，劳动投入为 7 单位时，总产量 Q(也可用 TP 表示)最大；劳动投入

① 边际产量可以由类似于式(4.2)以求导方法表示的边际产量函数求得，也可以由 $\Delta Q/\Delta L$ 的方式求得(表示 L 投入每增加或减少譬如 1 个单位时，会使得总产量变动多少)。用数学语言来说，前一方法是在连续函数的假定条件下，后一方法是在离散函数的假定条件下。后面的边际成本、边际收益以及前面论述的边际效用等都与此类似。

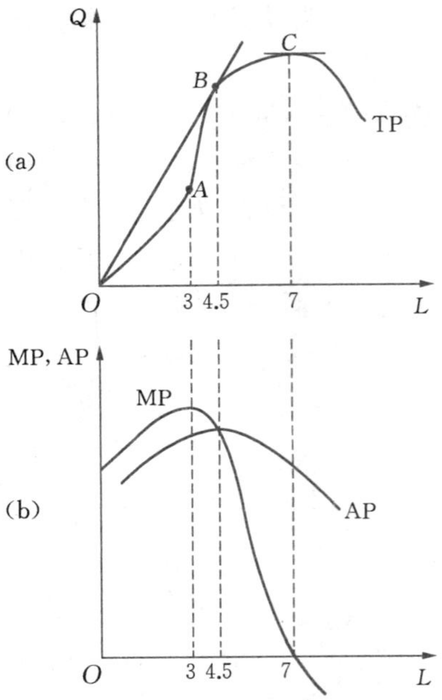

图 4-1 总产量、平均产量和边际产量曲线

为 3 单位时，边际产量最大；劳动投入为 4.5 单位时，平均产量最大，且这时的平均产量等于边际产量。

根据表中数据，可以描绘总产量曲线、平均产量曲线和边际产量曲线，如图 4-1 所示。

三条曲线之间存在着密切的关系：

(1) 总产量与边际产量。总产量曲线上任一点的边际产量，就是该点切线的斜率(导数的几何意义)。如图 4-1，在拐点 A 以前(即投入劳动 3 单位以前)，总产量曲线上任一点(当然严格来讲原点除外)切线的斜率为正，且随着劳动投入的增加而递增，即边际产量递增。到点 A，切线的斜率最大，表现为 MP 曲线达到最高点，即这时的边际产量最大。过点 A 后，切线的斜率递减，即边际产量递减。在点 A 与点 C 之间，可以说，总产量曲线是在以递减的速率上升。到了点 C 时，切线的斜率变为零，即边际产量为零，这时的总产量达到最大。过点 C 以后，切线的斜率由正变负，边际产量为负数，总产量也递减。

(2) 总产量与平均产量。总产量曲线上任一点到原点的连线的斜率，就是该总产量水平的平均产量。如图 4-1 中 OB 线的斜率为 $L=4.5$ 单位时的平均产量。开始时，这种连线的斜率随着产量的增加而增大，平均产量递增。点 B 到原点的连线恰好与点 B 的切线重叠，即这时两条曲线的斜率相等，也就是这时的平均产量与边际产量相等。而且这时的连线的斜率最大，即平均产量最大。过了点 B 后，这种连线的斜率递减，表示平均产量递减。

(3) 边际产量与平均产量。从图 4-1 中可以看出，当边际产量大于平均产量时，平均产量递增；当边际产量小于平均产量时，平均产量递减；当边际产量等于平均产量(MP 曲线与 AP 曲线相交)时，平均产量最大。也就是说，MP 曲线穿过 AP 曲线的最高点。

边际产量与平均产量之间的这种关系是不难理解的。比方说，假设某个球队队员的平均身高为 1.96 米，这时新来一个队员，其身高为 2 米，那么现在全队队员的平均身高必然增加，即超过原来的 1.96 米；如果新来队员的身高为 1.90 米，则全队队员的平均身高必然降低；而如果新来队员的身高恰好也为 1.96 米，即等于队中的平均身高，那么全队队员的平均身高仍然不变。

对于边际产量与平均产量的上述关系，还可以给出严格的数学论证(请见本章后的数学附录)。

三、生产的三阶段

从生产要素投入的合理性出发，可以把生产分为三个阶段，如图 4-2 所示。图 4-2

实际上是图 4-1 的简化。

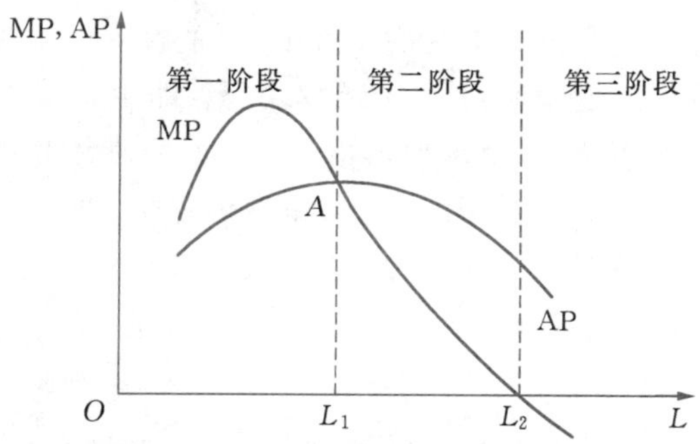

图 4-2 短期生产的三个阶段

(一)第一阶段:平均产量递增阶段

即劳动投入在 L_1 之前。在该阶段,劳动投入的增加,会使平均产量增加。根据前述,这时的边际产量必定大于平均产量。

(二)第二阶段:平均产量递减但边际产量一般大于零阶段

即劳动投入在 L_1 到 L_2 之间。起点处劳动的边际产量等于平均产量,终点处劳动的边际产量为零。这一阶段的边际产量小于平均产量。边际产量虽在递减,但大于零或等于零,因而总产量仍在上升或不变。

(三)第三阶段:边际产量负增长阶段

即劳动投入在 L_2 之后。该阶段的边际产量小于零且继续下降,平均产量和总产量也不断下降。

理性的厂商会选择在哪个生产阶段从事生产呢?在第一阶段,边际产量为正,从而增加劳动投入可以带来总产量的增加,同时由于新增劳动投入带来的边际产量大于现有劳动投入的平均产量,平均产量还在递增,厂商必定会继续增加劳动投入,从而进入生产第二阶段。在第三阶段,边际产量为负,即增加劳动投入反而使得总产量减少,厂商不会进入第三阶段生产。即使已进入了第三阶段,也会减少劳动投入,回到生产的第二阶段。

究竟厂商选择第二阶段的哪一个产量或者说投入多少劳动从而带来最大的利润呢?这不仅取决于生产函数,还取决于成本函数,这将在后面进行研究。

四、边际生产力递减规律

边际生产力递减规律(law of diminishing marginal productivity)也称边际产出递减规律或边际收益递减规律。它是指**生产技术不变的条件下,若其他投入不变,只是不断增加某一种投入,则这一种投入的边际产出量最终会逐渐减少**。这可从上面的分析中看出来。图 4-1 和图 4-2 中,MP 曲线最终会下降便是这一规律的表现。

一般来说,某一可变投入的边际产量一开始是递增的,原因在于,这时的生产要素结构不合理,与可变投入相比,固定投入或其他投入过多,不能充分地发挥生产作用。这时增加可变投入会使生产要素结构逐渐趋向合理,从而使各种投入要素的生产效率都提高。例如,当劳动人数过少时,有些机器设备或固定资产根本无法运转,或运转效率不高，这时增加劳动人数，就可使更多的机器设备或固定资产有效运转，从而劳动的边际产出递增。

但在其他投入不变和生产技术不变的条件下，可变投入的增加超过某一限度，必定使得相对于其他投入或固定投入而言，可变投入过多，即生产要素结构又走向不合理。从而可变投入的边际产出递减，甚至出现负增长。如在人浮于事的企业，总产量甚至比劳动人数较少时提供的总产量还要少。“一个和尚挑水吃，两个和尚抬水吃，三个和尚没水吃”，正是边际生产力递减规律的一种形象化写照。

☞**小贴士**

假设某餐馆的厨房面积较大，有三个灶台。但开始时只有一个厨师，既要炒各种各样的菜，又要洗菜。一定的营业时间里，能够炒出来并提供给客人的菜很有限。这时增加一个厨师，两个厨师之间进行分工，一人专门负责海鲜和肉类的烹饪，另一人专门负责炒蔬菜和洗菜。这样，在相同的营业时间里，他们制作的菜肴数量明显地增加了。后来，又陆续增加了一个厨师和一个专门的洗菜工，分工进一步细化和合理，厨师A在1号灶台专门负责海鲜的烹饪；厨师B在2号灶台专门负责肉类的烹饪和汤类；厨师C在3号灶台专门负责炒蔬菜和制作冷盘。这样，在相同的营业时间里，他们可以为更多的客人提供餐饮服务。这之前，每增加一个人，都使得大家的分工可以更加细化和合理，因而其带来的边际产出是逐渐递增的。但在厨房工作人员增加到一定数量(譬如4人)后，继续增加人员，就会发生边际产出逐渐递减的现象，因为厨房面积就只有那么大，灶台就只有三个。在5个厨师的情况下，厨房制作的菜肴数量也许还会增加一点。但如果七八个厨师挤在那里，就会发生严重的“窝工”现象，厨房制作的菜肴数量可能不会有任何增加，甚至在相互不满的工作环境中，大家都越来越懒，制作的菜肴数量反而比过去减少了，于是，边际产出体现为零甚至为负数。

在理解这一规律时，应该注意以下几点：

(1) 它以生产技术不变为前提，但技术的提高也不会消除这一规律，只是会减缓和限制它的作用，因为生产技术并非这一规律存在、产生的原因。而且，生产技术在一定时期总是相对稳定的。但生产技术也总是会变化、进步的。所以，对这一规律既不能夸大，也不能忽视。

(2) 它以其他投入不变为前提。如果其他投入与所说的某一种投入同步增加，也就不会出现边际产出递减了。但各种投入一般是难以同步增加的。

(3) 这一规律与边际产出递增现象是不矛盾的，投入超过某一点后，这一规律总会发挥作用。

(4) 这一规律表明的是一种客观技术关系，是可以进行观察和实证的，是普遍存在的。它同需求规律、边际效用递减规律等一样，是经济分析中的一条重要规律。

同步训练4-1

第二节　长期生产函数

对于厂商来说，虽然在短期内，厂房、机器设备等投入是固定不变的，只能通过改变劳动、原材料等可变投入来调整产量，但就长期而言，所有投入的要素都是可变的，厂商的规模可以被扩大，也可以被缩小，甚至被关闭。

经济学上所谓的**短期**(short run)**是指厂商来不及调整全部生产要素的投入数量，至少有一种或几种生产要素的数量是固定不变的时间周期。**如无论厂商是要增加还是减少产量，一般来说，厂房和大型设备等投入在短期内是无法增加或减少的。不同行业的短期，时间上的长短差异可以很大。例如钢铁业的短期可能是好几年，而饮食业的短期可能是几个月。所谓的**长期**(long run)**则是指厂商可以调整全部生产要素的投入数量的时间周期。**

由于前面已经假定投入的要素只有两种，所以我们把两种投入变动的生产函数称为长期生产函数。现在假设生产某种产品的两种投入(即 L 和 K)都是可以变动的，并且这两种投入可以相互替代，这样的变动对产出有些什么影响呢?

一、等产量线

(一) 等产量线的定义

设某种产品的生产函数为：$Q=0.5LK$，则表 4-2 显示的 L 与 K 的四种组合方式都可提供 10 单位的产量(Q)。据此画出的曲线便是等产量线，如图 4-3 所示。

表 4-2　等产量的四种组合

Q	L	K
10	1	20
10	2	10
10	4	5
10	5	4

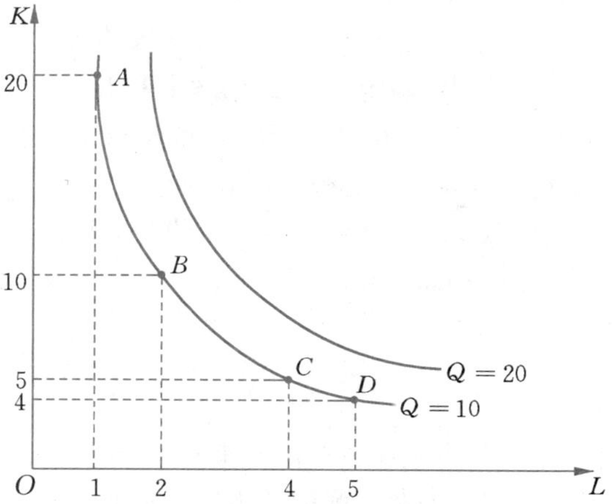

图 4-3　等产量线图

可见，**等产量线**(isoquant curve)**是表示某种生产技术水平下生产同一产量的某种产品的不同的投入组合的曲线。**在这条线上的任何一点所代表的两种投入组合都可提供相同的产量。它是从生产函数得出的。

等产量线是客观的纯技术关系的描绘，而无差异曲线表达的则是人们的主观感受。

(二) 等产量线的特点

等产量线与无差异曲线的特点相似，具体说来有：

(1) 等产量线可以有无数条，距离原点越远的等产量线所代表的产量越高①。

① 等产量线的基本形态决定于 L 与 K 的替代关系，曲线的具体形态(体现为曲线的曲率即弯曲度)决定于既定的生产技术水平基础上的 L 与 K 的具体替代比率。曲线以坐标图原点为基准的平行移动表示的是技术不变条件下产量水平的变化。

(2) 一个等产量图上的任何两条等产量线不能相交，这是由它的性质决定的。

(3) 在等产量线上增加(或减少)L 的数量就必须减少(或增加)K 的数量，这种相互替代的关系可以用边际技术替代率(marginal rate of technical substitution，MRTS)来衡量。**边际技术替代率是表示生产者在生产同等产量时多用一种投入的数量而必须减少的另一种投入的数量。**公式是：

$$\mathrm{MRTS_{LK}}=\frac{\Delta K}{\Delta L}$$

如图 4-3 中的 A、B 两点，

$$\mathrm{MRTS_{LK}}=\frac{\Delta K}{\Delta L}=\frac{10-20}{2-1}=-10$$

这表示，增加 1 个单位的 L，必须减少 10 个单位的 K。

显然，等产量线上某一点的边际技术替代率也就是等产量线在该点的切线的斜率。等产量线的斜率为负值，边际技术替代率一般取其绝对值。

(4) 边际技术替代率的绝对值是递减的。如图 4-3 中所示。这意味着，为增加 L 的投入所需减少的 K 的投入数量是递减的。这是因为，在 L 投入量很少和 K 投入量较多(如图 4-3 中的 A 点附近)的情况下，减少一定数量(如 1 单位)的 K 的投入可以很容易地通过增加少量的 L 的投入来弥补。因为这时 L 的边际产出较高，而 K 的边际产出较低。但随着 L 投入的增加和 K 投入的减少，L 的边际产出递减，K 的边际产出递增。这样，在 L 投入量较多和 K 投入量较少(如图 4-3 中的 B 点附近或 D 点附近)的情况下，减少一定数量(如 1 单位)K 的投入就必须要增加更多 L 的投入来弥补，以使产量不变。这就使得等产量线凸向原点，边际技术替代率的绝对值递减。

(5) 边际技术替代率等于两种投入要素的边际产量之比，即：

$$\mathrm{MRTS_{LK}}=\frac{\Delta K}{\Delta L}=\frac{MP_{\mathrm{L}}(\text{劳动的边际产量})}{MP_{\mathrm{K}}(\text{资本的边际产量})}$$

证明：为了保持产出量不变，其中一种投入的减少所引起的产出的减少必须为另一种投入的增加所引起的产出的增加所弥补，即下式两边的绝对值相等。

$$\mathrm{MP_L}\cdot\Delta L=\mathrm{MP_K}\cdot\Delta K$$

$$\frac{\Delta K}{\Delta L}=\frac{\mathrm{MP_L}}{\mathrm{MP_K}}$$

即：

$$\mathrm{MRTS_{LK}}=\frac{\Delta K}{\Delta L}=\frac{\mathrm{MP_L}}{\mathrm{MP_K}} \tag{4.3}$$

以上分析还表明，凸向原点的等产量线是以投入要素的边际产出递减为基础的。在某些局部性的特定生产阶段，也存在边际产出递增现象，这时的等产量线就可能呈现凹向原点的特征，即边际技术替代率的绝对值递增。但这种等产量线不具有理论说明的一般性。由于边际产出递减的普遍性和一般性，理论分析上一般运用凸向原点的等产量线。

（三）固定比例生产函数的等产量线

现实中也有这样的情况，生产一种产品的两种投入的组合比例是固定的，如一个工人操作一台机器，两个工人操作两台……两种投入之间完全缺乏替代性，边际技术替代率为零，则等产量线如图 4-4 所示。

图 4-4 中的等产量线为 L 形，如果不按照固定的比例增加两种投入，而是只增加一种投入，则产量不变，新增投入的边际产量为零。A、B、C 三点所代表的 L 与 K 的组合比例所提供的产量均为 8，当然，最佳组合应为 B 点。

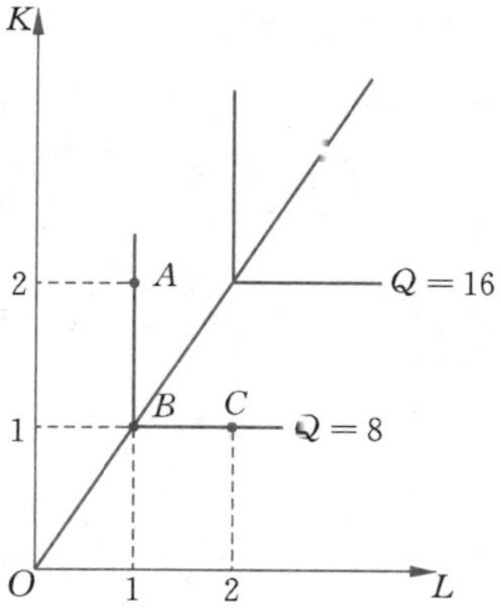

图 4-4 L 形的等产量线图

从原点出发的射线的斜率表示两种投入的固定比率。

（四）生产经济区

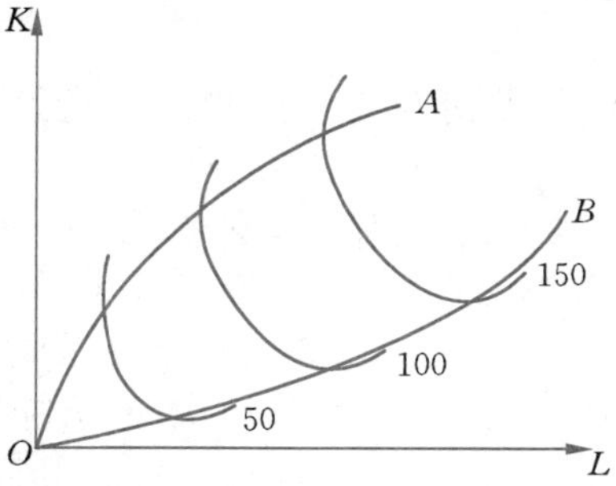

图 4-5 生产的经济区图

在某些情况下，等产量线也可能存在斜率为正的部分。如图 4-5 所示，在 OA 以上和 OB 以下，等产量线的斜率为正，这意味着要保持一定的产出量，在增加劳动的同时，还必须增加资本，从而表明至少有一种投入的边际产出为负。这时减少投入的劳动和资本，既可以避免资源的浪费，又不会减少产出量。所以，在 OA 以上和 OB 以下的等产量线上的投入组合意味着生产行为的非理性化。

OA 线与 OB 线被称为"脊线"(ridge lines)，它是生产要素合理配合比例的边缘线。在这两条脊线以内，等产量线的斜率均为负，因此，我们把这两条脊线所围成的区域，叫生产的经济区。厂商一般在生产经济区中的某一点上从事生产活动。

二、等成本线

厂商选择何种水平的等产量线上的哪一点所代表的投入组合进行现实生产呢？这取决于厂商的资源约束，取决于投入的总成本。为此必须引进等成本线的概念。

设厂商的总投资额或投入的成本(C)为 80 元，资本品的价格 P_K 为 10 元，劳动的价格 P_L 为 8 元，购买投入的不同组合方式如表 4-3 所示。

表 4-3 等成本的三种组合

C/元	K	L
80	8	0
80	0	10
80	4	5

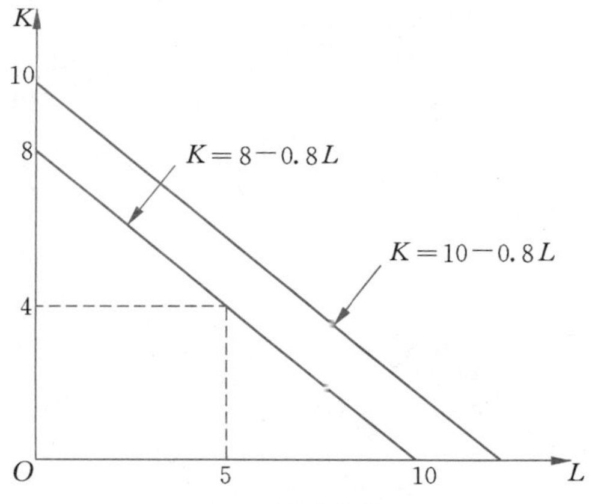

图 4-6 等成本线图

据表 4-3，可画出图 4-6 中的等成本线。可见，等成本线(isocost line)是指厂商的既定总投资额所购买的两种投入的各种最大数量组合而形成的曲线。曲线上的任意一点所代表的投入组合都花费完了厂商的全部投资额或投入的总成本。

如果以 K 和 L 分别代表购买的资本品与劳动的数量，则存在下列方程式：

$$C = K \cdot P_K + L \cdot P_L$$

即：

$$K = \frac{C}{P_K} - \frac{P_L}{P_K} \cdot L$$

图 4-6 中等成本线的方程便为：$K = \frac{80}{10} - \frac{8}{10}L = 8 - 0.8L$。$L$ 与 K 中，只要给定其中任何一个变量的数值，便可求得另一个变量的数值。

如果两种投入的价格不变，厂商总投资额或投入的总成本(C)的增加，会使等成本线向上平行移动，反之，等成本线向下平行移动。

等成本线具有如下性质：等成本线的斜率的绝对值等于两种投入要素的价格之比。即：

$$\frac{OK}{OL} = \frac{P_L}{P_K}$$

证明： 当 $L = 0$ 时，$C = OK \cdot P_K$；$K = 0$ 时，$C = OL \cdot P_L$。所以

$$\frac{OK}{OL} = \frac{\frac{C}{P_K}}{\frac{C}{P_L}} = \frac{P_L}{P_K}$$

等成本线类似于消费理论中的预算线。

三、投入的最优组合

在总投资额或投入的总成本既定的条件下，如何选择最优的投入组合以生产最高的产量？或者，在既定的产量目标下，如何选择最优的投入组合，以使投入的总成本最低？

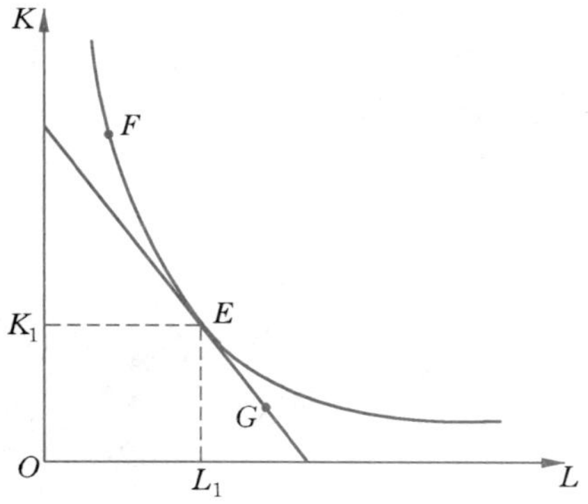

图 4-7 投入的最优组合

根据等产量线与等成本线的定义，显然，既定等成本线与尽可能高的等产量线的切点表示既定投入成本下的产量最大化，既定等产量线与尽可能低的等成本线的切点表示既定产量目标下的投入成本最小化。

如图 4-7，E 点为等产量线与等成本线的切点，OL_1 与 OK_1 的组合为投入的最优组合，也称为**生产者均衡**。

F 点所代表的投入组合是既定投入成本条件下所无法达到的，而且它与 E 点代表的产量也是相同的。G 点代表的投入组合虽然可以满足

既定的投资额或投入成本要求，但它所提供的产量肯定低于 E 点。

在等产量线与等成本线的切点，两条曲线的斜率必然相等。即有：

$$\frac{MP_L}{MP_K}=\frac{P_L}{P_K}$$

上式也可写成：

$$\frac{MP_L}{P_L}=\frac{MP_K}{P_K}$$

这便是生产者均衡或者说投入最优组合的条件。如果用文字来表达，生产者均衡的条件是：投入要素的边际产量之比，等于它们的价格之比。或者说，厂商购买的投入要素的每一单位货币所带来的边际产量都相等。这一条件可以推广到采用多种生产要素进行生产的场合。

如果等产量线为固定比例生产函数的等产量线，那么，等产量线的拐角与等成本线的重合之点代表投入的最优组合点，这称为**拐角解**(corner solution)，如图 4-8 中的 E 点。

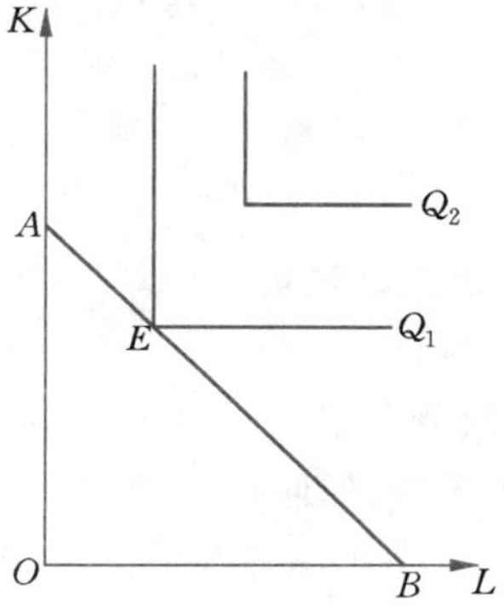

图 4-8　拐角解

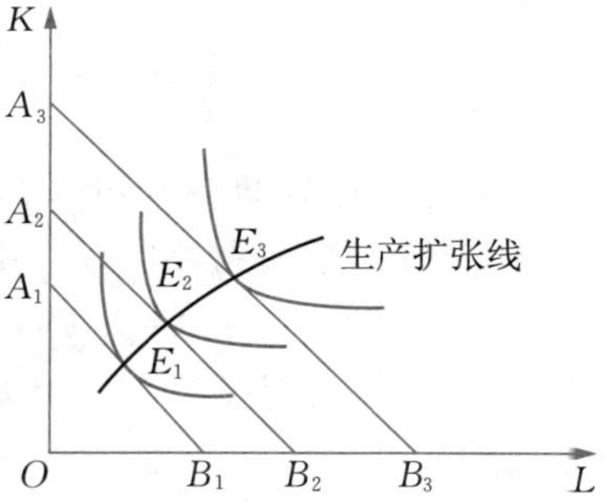

图 4-9　生产扩张线

四、生产的扩张

要素价格的变化会引起等成本线的变化，从而引起生产者均衡点的变化。这如同消费品价格的变化会引起预算线的变化，从而引起消费者均衡点的变化一样。我们在此不再作讨论。

假定要素价格不变，厂商总投入的增加会引起等成本线向上平行移动，从而不同水平的等成本线与不同水平的等产量线相切，将这些切点连接起来的曲线称为生产扩张线(expansion path)，如图 4-9 所示。可见，**生产扩张线是表示要素价格不变的条件下，不同产量水平的最优投入组合点的轨迹。**

同步训练 4-2

第三节　生产的规模收益

生产扩张线表明了随着总投入或投入资源的增加，生产规模不断扩大的过程。这种生产规模的扩大具有何种意义呢？会带来怎样的影响呢？本节来进行分析。

一、规模收益的概念

规模收益(returns to scale)**也称规模报酬，是指在技术水平和要素价格不变的条件下，所有生产要素都按同一比例变动所引起的产量(收益)的变动状态。**

例如，假设一座月产15吨化肥的工厂使用的资本为10个单位，劳动为5个单位。现在将企业的生产规模扩大一倍，即使用20个单位的资本和10个单位的劳动，由于这种生产规模的变化所带来的收益变化可能有如下三种情形：

(1) 产量增加的比例大于生产要素的增加比例，即月产量为30吨以上，这种情况称为规模收益递增。

(2) 产量增加的比例小于生产要素的增加比例，即月产量为30吨以下，这种情况称为规模收益递减。

(3) 产量增加的比例等于生产要素的增加比例，即月产量为30吨，这种情况称为规模收益不变。

规模报酬问题也可以用数学方式来表达。设生产函数为 $Q=f(L,K)$，如果 L 和 K 分别增加 t 倍，即分别增加到 tL，tK，其中 $t>1$，则：

第一，如果 $f(tL,tK)>tf(L,K)$，也就是 t 倍的 L 和 t 倍的 K 相组合所提供的产量大于原产量的 t 倍，从而表明产量增加的幅度大于生产要素增加的幅度，生产函数具有规模报酬递增的性质。如对于生产函数 $Q=f(L,K)=0.5L^{0.5}K^{0.8}$，设 L 与 K 分别扩大2倍后，则 $f(2L,2K)=0.5(2L)^{0.5}\cdot(2K)^{0.8}=0.5\times2^{1.3}L^{0.5}K^{0.8}=2^{1.3}Q$，而 $2f(L,K)=2\times0.5L^{0.5}K^{0.8}=2Q$，显然，$2^{1.3}Q>2Q$。

第二，如果 $f(tL,tK)=tf(L,K)$，表明产量增加的幅度等于生产要素增加的幅度，生产函数具有规模报酬不变的性质。如生产函数 $Q=0.5L^{0.3}K^{0.7}$ 便具有这种性质。

第三，如果 $f(tL,tK)<tf(L,K)$，表明产量增加的幅度小于生产要素增加的幅度，生产函数具有规模报酬递减的性质。如生产函数 $Q=0.5L^{0.2}K^{0.6}$ 便具有这种性质。

实际上，上述的 $Q=0.5L^{0.2}K^{0.6}$ 等生产函数就是著名的科布-道格拉斯(Cobb-Dauglas)生产函数的具体形式。科布-道格拉斯生产函数由美国数学家科布和经济学家道格拉斯于20世纪30年代初提出，是经济理论分析中常用的一种生产函数，它的一般形式为 $Q=AL^{\alpha}K^{\beta}$，其中，A、α 和 β 均为正常数，且 $0<\alpha$、$\beta<1$。若 $\alpha+\beta>1$，则生产函数为规模报酬递增；若 $\alpha+\beta=1$，则为规模报酬不变；若 $\alpha+\beta<1$，则为规模报酬递减。这可从刚才对几种具体生产函数的讨论中看出来。

但在现实社会中，所有生产要素都严格按同一比例变动的情况是不多的，所以人们也常在生产要素都按同一方向变动(增加)，但变动比例并不完全相同的情况下来定义和说明规模收益。

在规模收益递增情形下，投入要素或投入成本的新增比例小于产量（收益）的新增比例，从而产品的平均成本下降。这可用规模经济来概括。所谓**规模经济**（economies of scale），**是指由于产出水平的提高，或者说生产规模的扩大而引起的产品平均成本的降低**[①]。相反，在规模收益递减情形下，可用规模不经济来概括。**规模不经济**（diseconomies of scale）指的是由于生产规模的扩大而引起的产品平均成本的提高。一般地，企业规模过小，被称为缺乏规模经济效应，这与企业规模过大时产生的规模不经济是有区别的。

尽管规模收益与规模经济常为人们所混用，但在严格的理论意义上，这两个概念还是既有联系又有区别的。

二、规模收益的三种情形

（一）规模收益递增

在生产（经营）开始扩张的阶段，一般而言，规模收益是递增的。因为从企业内部而言，大规模生产可以实行更细致的专业化分工；采用现代化的技术设备和科学管理手段；更好地共享某些生产资源和管理系统；等等。这些都会提高生产效率，节省管理费用。从企业外部而言，大规模生产还可以使厂商在与原材料供应商或产品经销商之间的谈判中增强自己的地位，从而降低成本或提高收益；也有助于同其他厂商建立稳定的生产、技术联系；增强顾客对本企业产品的信赖心理；等等。

显然，上述效应会带来规模收益递增和规模经济。在规模收益递增的条件下，与其建多个相同规模的小企业，不如集中全部资本建一个大企业。

专栏 4-1

“国美”家电零售连锁店的发展

电视机、空调、冰箱、洗衣机等家电过去是在众多的百货商店和其他商店出售的。1987 年 1 月 1 日，国美电器成立。1990 年，国美在家电流通业内首创新的供销模式，跳过中间商，与生产厂家直接接触，搞产品包销制。这使得以更便宜的价格出售家电产品成为可能。1991 年，国美率先在《北京晚报》刊登报价广告，借助广告这一现代营销手段引导顾客消费，走出了坐店经营的传统模式。

统一的采购队伍和采购平台、统一的送货人员和车辆、统一的售后服务体系、较为完善的连锁经营管理框架等使国美能较好地享受到规模经济效应，降低经营的平均成

① 经济学上的规模经济针对的是与企业规模扩大相伴随的产量规模，或者说，只有产量规模扩大了，才会有平均生产经营成本的下降。但现实社会中，由于各种复杂的原因，有的企业规模扩大后，产量规模并没有相应扩大甚至没有任何扩大（如人浮于事等），这种情况下则不存在规模经济效应。

本。而那些百货商店由于缺乏家电销售的规模经济效应，家电的销售价格居高难下，零散的售后服务也无法令顾客满意，于是在国美面前纷纷败下阵来，不再销售大件家电。1999 年 7 月，国美走出北京，走向全国。集中、专业化的销售模式和较低的市场售价很快受到其他城市消费者的欢迎。

国美后来又凭借其众多的销售门店和令人羡慕的家电销售市场占有率的优势，在与家电生产企业就进货价格的谈判中取得了较主动的地位，甚至要求先进货，几个月后再付款给家电生产企业，这种"延后"付款使得国美可以充分地享受巨额资金带来的利息收益和其他投资收益。而过去百货商店是采用先付款，再进货的方式的。可以说，这是凭借规模经济优势进一步地获得规模经济效应。2000 年 7 月，针对彩电生产企业的限价协议，国美强硬应对，最后迫使彩电限价联盟成员降价。试想一下，如果是一家不具备相当规模经济优势的企业，能击垮多家国内彩电生产巨头结成的彩电限价联盟吗?

国美后来成为了一家以经营各类家用电器为主的全国性家电零售连锁企业。2004 年，国美在中国香港成功上市。国美曾经在全国 240 多个城市拥有直营门店近千家。

虽然国美后来在发展战略、公司内部管理等方面出了一些问题，但它对于规模经济有效利用的业态和经营模式还是值得称道的，特别是当时在家电销售业态上的创新显示了对规模经济效应的难能可贵的把握。

但市场环境在变，对规模经济的利用模式也应该不断变化。电子商务的迅速发展使得网络购物平台能够更好地发挥商品销售的规模经济效应。近些年来，国美在注重实体店销售的同时，也积极开拓和发展电子商务，开办网上商城。从某种意义上说，商品的大批量销售和连锁销售如果不依赖于电子商务，不依赖于对规模经济的深入和持续性挖掘，可能只会自取灭亡。市场竞争是激烈、残酷的，国美与其他所有的企业一样，都将继续面临不断的挑战。

讨论：

1. 如果国美主要经营传统文具用品的零售连锁，为什么就不能较好地实现规模经济效应?

2. 为什么说电子商务开辟了利用规模经济的新渠道和新方式? 国美为什么必须要进入电子商务领域?

(二) 规模收益不变

在规模收益递增阶段的最后，大规模生产的优越性已充分发挥完毕，规模收益难以进一步提高，这时继续扩大生产规模，可能出现规模收益不变。

(三) 规模收益递减

当生产扩大到一定规模以后，迟早会出现规模收益递减阶段。这是因为从企业内部而言，规模过大，层次过多，企业组织内部难以协调，决策不容易顺利贯彻，等等，这都将导致生产效率降低，产品的平均成本提高。从企业外部而言，由于规模太大，组织层次过多带来的效率低下还会"赶走"一些合作厂商，同时资源条件可能发生困难，产品销路也受到市场约束，等等。这说明生产规模或企业规模不能无限制地扩大，过分求大也是有害的。

不同的行业之间，规模经济效应存在着很大差别，如制造业因需要大量的资本设备投资，规模经济效应所要求的资产规模和企业规模一般比许多服务行业要大得多。

三、规模经济的一个直观分析

我们先从彩色电视机的生产来作分析。假设10家彩电企业分别生产彩电，每家企业都得有一套管理人员、一套设计开发人员、一套营销人员、一套保安人员，以及一套完整的生产设备与厂房等。另外再假设还有一家彩电生产企业的生产规模与上述10家企业的总规模相同，但它却只有一套管理人员、一套设计开发人员……显然，这家大企业的平均生产成本比那10家企业要低得多，收益和利润也就要高得多。另外，大企业还拥有管理优势、技术优势等。

我国的轿车生产厂家众多，有些厂的产量却远低于某些轿车生产大国的代表性厂家的产量。这说明我国的轿车生产还缺乏规模经济效应。

国内外市场上一再掀起的企业购并浪潮，虽然其动机是多种多样的，但企业追求规模经济效应是其中一个十分重要的动机。

第四节 多种产品的最优生产组合与范围经济[①]

第二节论述了单一产品生产条件下的投入最优组合问题。然而，厂商生产的产品通常不止一种，在多种产品生产的条件下，厂商如何安排最优的产品生产组合，以使收入或利润最大呢？

一、生产可能性曲线

设某厂商生产的产品有X和Y两种，在生产资源既定的条件下，多生产X，就须少生产Y。如将全部资源用于生产X，可生产800单位，如将全部资源生产Y，可生产900单位。如果同时生产X和Y，可有多种配合。将所有这些配合点连接起来，就得到生产可能性曲线(production possibilities curve)，如图4-10所示。

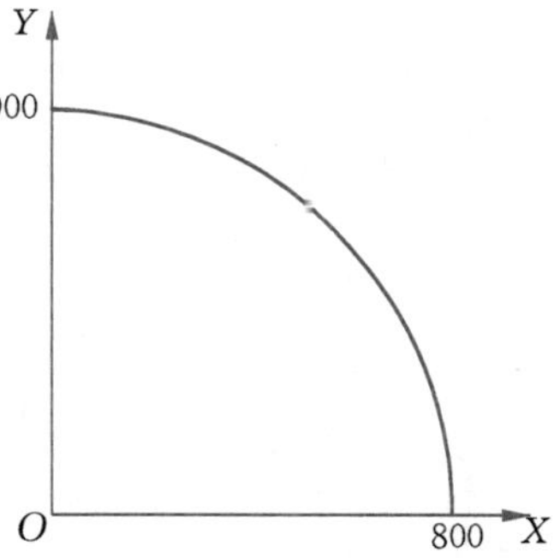

图4-10 生产可能性曲线

可见，**生产可能性曲线是指厂商的生产能力能够生产的两种产品的最大产量组合的轨迹**。生产可能性曲线有时也称为产品转换曲线。它还可以表示整个经济社会的经济资源能够生产的资本品和消费品的最大产量组合的轨迹。

在既定的资源条件下，增加某种产品的数量与必须减少的另一种产品的数量之比称为**边际转换率**(marginal rate of transformation, MRT)。公式为：

$$\mathrm{MRT}_{\mathrm{XY}} = \frac{\Delta Y}{\Delta X}$$

---

① 根据实际教学时数等具体情况，也可对多种产品的最优生产组合内容略而不讲。将范围经济和规模经济放在一起讲授，其间的理论衔接参见叶德磊：《西方经济学简明原理》(第三版)，高等教育出版社2015年版，第43页。

或
$$\mathrm{MRT_{XY}}=\frac{\mathrm{d}Y}{\mathrm{d}X}$$

它表示为增加一个单位 X 的生产,必须要减少的 Y 的生产量。

边际转换率是生产可能性曲线的斜率。这一斜率的绝对值是递增的,所以生产可能性曲线是凹向原点的。边际转换率之所以递增,是因为当开始增加 X 的生产,以 X 取代 Y 时,用于生产 X 的资源可以发挥很大的效率;但随着 X 的生产的增加,在一定量后由于边际收益递减规律的作用,生产 X 的资源的生产效率递减,这就要求牺牲更多的 Y 的生产,即将更多的本用于 Y 的生产资源转用于生产 X,也就是需要减少的 Y 的数量递增。

边际转换率还等于两种产品的边际成本之比。证明如下:

设总成本函数为:$\mathrm{TC}=f(X, Y)$,则

$$\mathrm{dTC}=\frac{\partial \mathrm{TC}}{\partial X}\cdot \mathrm{d}X+\frac{\partial \mathrm{TC}}{\partial Y}\cdot \mathrm{d}Y$$

由于生产能力或经济资源既定,即总成本为一常数,所以 $\mathrm{dTC}=0$。

$$\frac{\partial \mathrm{TC}}{\partial X}\mathrm{d}X=-\frac{\partial \mathrm{TC}}{\partial Y}\mathrm{d}Y$$

$$-\frac{\mathrm{d}Y}{\mathrm{d}X}=\frac{\dfrac{\partial \mathrm{TC}}{\partial X}}{\dfrac{\partial \mathrm{TC}}{\partial Y}}=\frac{\mathrm{MC}_X}{\mathrm{MC}_Y}$$

一般取其绝对值,即:$\mathrm{MRT_{XY}}=\dfrac{\mathrm{MC_X}}{\mathrm{MC_Y}}$。

等成本线表示购买两种要素的总成本不变,而生产可能性曲线表示生产两种产品花费的总成本不变。

二、等收入线

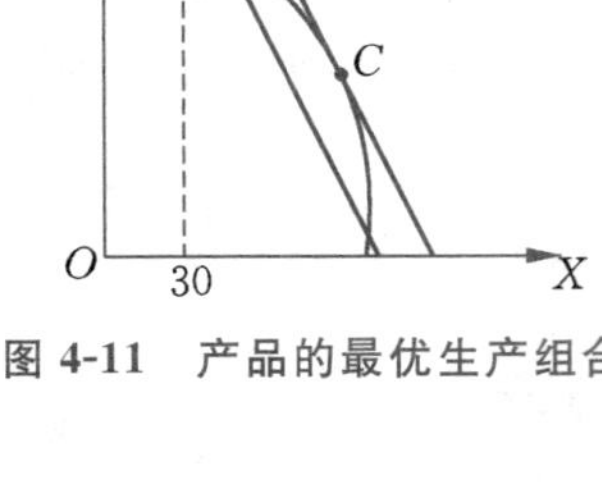

图 4-11 产品的最优生产组合

等收入线(isoincome curve)**表示各种可能的产量组合所提供的总收入相等。**厂商的总收入(R)公式为:

$$R=X\cdot P_{\mathrm{X}}+Y\cdot P_{\mathrm{Y}}$$

现设 $P_{\mathrm{X}}=2$,$P_{\mathrm{Y}}=1$,图 4-11 中的 A 点代表的总收入($R=30\times2+150\times1=210$)与 B 点代表的总收入($R=210\times1+0\times2=210$)相等。

据上式有:

$$Y=\frac{R-X\cdot P_{\mathrm{X}}}{P_{\mathrm{Y}}}=\frac{R}{P_{\mathrm{Y}}}-\frac{P_{\mathrm{X}}}{P_{\mathrm{Y}}}\cdot X$$

可见,等收入线的斜率为两种产品的价格之比$\left(\dfrac{P_{\mathrm{X}}}{P_{\mathrm{Y}}}\right)$。

三、产品的最优生产组合

与前述类似，只有在等收入线与生产可能性曲线的相切点 C 点(图 4-11)所代表的产量组合，才是达到最大收入(利润)的产量组合。D 点位于一条较低的等收入线上，显然它提供的收入低于 C 点。

在 C 点，等收入线与生产可能性曲线的斜率相等，即：

$$\frac{\mathrm{MC_X}}{\mathrm{MC_Y}}=\frac{P_\mathrm{X}}{P_\mathrm{Y}}$$

这是产品最优生产组合的条件。用文字表述便是：产品的边际成本之比等于它们的价格之比。这一条件也适用于多种产品的最优生产组合，即：

$$\frac{\mathrm{MC_{X_1}}}{P_{\mathrm{X_1}}}=\frac{\mathrm{MC_{X_2}}}{P_{\mathrm{X_2}}}=\cdots=\frac{\mathrm{MC}_{\mathrm{X}_n}}{P_{\mathrm{X}_n}}$$

四、多种产品生产的范围经济

厂商从事多种产品的生产，有可能会产生范围经济。产生范围经济的前提条件是，厂商拥有的技术、投入的资源等能够基本满足两种或更多种产品的生产经营要求。例如，有的厂商既生产空调，也生产冰箱、冷柜等，这些产品在生产中需要的技术和生产设备带有很大的共通性；邮电系统利用其现存的营业网点代收水、电费等。还有一种情况是，厂商在从事某种产品的生产时会自动和不可避免地产生副产品，这些副产品或直接或经过简单加工后便可形成另外的产品。例如，火力发电厂利用发电过程中排放的煤渣生产水泥；生产家具的厂商利用生产中的边角料和木工与油漆技术制作儿童玩具；养鸭场同时加工生产咸鸭蛋；等等。

上述情形下的多种产品的生产经营，其成本往往低于由多家厂商分别单独生产时的总成本，因为在联合生产多种产品的过程中，生产资源在相当大的程度上被共享。在此条件下，利用现存的资源去生产另一种产品，其成本一般较低，尤其是大大低于专门、单独地生产另一种产品的成本。可见，**范围经济**(economies of scope)**指的是厂商利用其基本的投入资源，从事生产(经营)要求具有一定共通性的多种产品的生产而带来平均成本的减少。**

成本的减少还可通过相同成本条件下产量的大小来表示。如果单个厂商投入一定资源所生产的多种产品的总产量，等于多个厂商投入相同规模的资源总量分别单独生产多种产品时的总产量，则范围经济不存在。如果前者低于后者，则是**范围不经济**(diseconomies of scope)。只有前者高于后者，才可认为范围经济得以产生。范围经济的大小实际上也就是生产成本节约的多少。因此，在生产两种产品的假定条件下，范围经济可由下式来表示：

$$\mathrm{SC}=C(Q_1)+C(Q_2)-C(Q_1, Q_2)$$

式中，$C(Q_1)$表示生产 Q_1 的产出所耗费的成本；$C(Q_2)$表示生产 Q_2 的产出所耗费的成本；$C(Q_1, Q_2)$表示生产两种产出所耗费的联合生产成本。

☞**小贴士**

> 下述现象都属于对范围经济的利用吗？
>
> 超市同时兼收水、电、煤气费；邮电局的营业网点早期一般都会划出一部分场地开办邮政储蓄业务，这些邮政储蓄业务后来演变发展为邮政储蓄银行的业务；宾馆一般还会提供餐饮服务；陶瓷生产企业既生产陶瓷餐具，也生产陶瓷茶具和陶瓷类工艺品；啤酒厂还生产啤酒瓶；服装厂还生产钮扣；等等。

需要说明的是，**范围经济与规模经济是有区别的**。规模经济主要指一种产品的生产。一家生产两种产品的厂商可以在缺乏规模经济时获得范围经济，而一家生产单一产品的规模庞大的厂商可以不拥有范围经济。当然，具有规模经济的厂商容易拥有范围经济。

同步训练 4-3

第五节　成本的分类

厂商对投入组合的选择，一方面取决于各种投入与产出之间的物质技术关系，另一方面也取决于成本状况。在前面分析的基础上，本节开始讨论成本问题。

一、机会成本

从最一般的意义上说，成本是生产经营活动中的代价。厂商在其生产决策过程中，必须考虑到这种代价的大小，考虑并比较经济资源投入其他生产用途可能会有的收益。这就引出了经济分析中一个十分重要的成本概念——机会成本(opportunity cost)。**机会成本是指由于使用某些资源所放弃的该资源其他用途的最高代价**。例如，某人用自己的一间临街房子开设一个咖啡馆。如果开设一间小商店，每月会有纯收入 800 元；如果出租这间房子，每月的租金会有 900 元；除此别无其他用途。那么这间房子用于开设咖啡馆的机会成本便为每月 900 元。

机会成本的经济背景是资源的稀缺。如果资源是无限的，就不存在使用一定资源时会造成对该资源的其他用途的牺牲。机会成本的被重视有利于人们对资源作最有效率的使用。例如在上例中，如果开设咖啡馆每月的纯收入为 820 元，虽然表面上看是盈利了，但咖啡馆并不值得继续开下去，因为出租是更好的用途。从机会成本的角度又可以定义和阐释隐性成本。下面转入对显性成本及隐性成本等的分析。

二、显性成本与隐性成本

显性成本(explicit cost)是指厂商支付给各生产要素所有者的报酬所构成的成本，包括工人的工资、借入资本的利息、原材料和固定资产的支付费用等，这些成本都会在厂商的会计账目中列示和反映出来，从而也就是会计成本。

隐性成本(implicit cost)是指应该计算为成本但却未在形式上作货币支出的厂商本身所拥有的生产要素的报酬。或者说是厂商(生产者)使用的自有生产要素应得的报酬。例如,一个夫妻店,店主夫妇每天工作 10 小时,但往往并未在形式上领取货币工资。应该领取的这笔工资属于隐性成本。属他们所有的店铺设备也往往未在形式上领取租金,这笔租金也属于隐性成本。从这对夫妻本来可以受雇于别人而领取劳动报酬及将店铺设备出租给别人而领取租金的角度看,隐性成本显然属于机会成本范畴。

显性成本与隐性成本之和构成了厂商的经济成本(economic cost)或生产成本。厂商的销售总收入减去经济成本便是经济利润。

经济利润又称为超额利润,一般简称为利润。它与正常利润是有区别的。正常利润包括厂商所有者自己投入的资金应得的利息、厂商所有者投入的自有资产应得的租金,以及他们付出的劳务应得的薪金等。正常利润是厂商经济成本或生产成本的一个构成部分,从成本的角度看,正常利润就是隐性成本。正常利润是让厂商所有者继续留在原行业从事生产经营所必需的最低报酬。如果他得不到这笔报酬,他会将资本转移到其他行业。

☞小贴士

一对夫妻在街道边开了一个小商店,每个月的营业收入减去购进货物的成本、小商店的电费和交纳的管理费等,每个月剩余的收入为 20 000 元。这 20 000 元形式上体现为“利润”。但是,这对夫妻每天的劳动并未从自己的商店领取工资报酬,如果他们分别去给别人打工,按通行的市场价格计算,每个月他们两人可以得到共 8 000 元工资收入;这个用于开店的街面房是他们自己的房产,如果用来出租,可有每月 7 000 元的租金收入;开店投入的资金也是他们的自有资金,如果这笔资金存放在银行,每个月可以产生 2 000 元的利息收入。

这对夫妻每个月的经济学意义上的利润到底是多少?上述情况下的隐性成本是多少?每个月的形式上的“利润”为多少是他们继续经营这个小商店所必需的最低报酬?上述情况下每个月的形式上的“利润”为 15 000 元时,这对夫妻还会继续经营小商店吗?

正常利润如何衡量呢?它通常由经济社会通行的投资回报率或资金的平均收益率来衡量。正常利润一般地归属于企业投资者。

归纳一下上面的分析,可以得到:

会计利润 = 总收入 − 会计成本(显性成本)

经济利润 = 总收入 − 经济成本

= 总收入 − (显性成本 + 隐性成本)

= 总收入 − (会计成本 + 隐性成本)

= 总收入 − (会计成本 + 正常利润)

在理论分析中,当说到某个厂商的利润为零时,并不意味着它不存在正常利润。当说到某个厂商的经济利润存在时,说明它在得到了正常利润之外,还得到了超额利润。当说到某个厂商亏损时,说明它未得到全部的正常利润,甚至连显性成本可能都未得到补偿。

三、固定成本、可变成本与沉没成本

生产成本还可从另一角度区分为固定成本(fixed cost)和可变成本(variable cost)。**凡是不能随着产量的变动而变动的成本叫固定成本。**这类成本包括在厂房、机器设备等方面支出的成本;长期借款的利息;暂停生产也需雇用的某些人员的工资;等等。即使产量减少甚至产量为零,这些成本仍然不变。

凡是可以随着产量的变动而变动的成本叫可变成本。这类成本一般包括员工的工资;购买原料、燃料等的费用;电费;等等。这些费用都是随产量的增减而增减的。

与固定成本相关的另一个成本概念是**沉没成本**(sunk cost),**它是指已经发生和支出,并且无法收回的成本。**如某企业为某个投资项目做了大量的专项准备工作,后来这个项目被认为是应该放弃或中止的,那么,那些专项准备工作及其发生的费用支出就属于沉没成本。在进行理性的决策时,不应考虑沉没成本。上例中,就不能因为已经做了那么多的准备工作,而强行上那个很可能带来亏损的投资项目。沉没成本显然属于固定成本,但固定成本并不都是沉没成本。如某企业要转产,其 500 万元的机器设备中有 450 万元可以转让出去,剩下的 50 万元设备无法转让,只能报废,这 50 万元才属于沉没成本。

四、短期成本与长期成本

这是从期限的角度来区分。短期成本指的是短期内生产经营的成本。由于在短期内,厂商的固定设施等是无法被改变的,所以一家厂商的短期成本也就包括了固定成本和可变成本。

而长期成本指的是就长期而言的生产经营成本。在长期,一切成本项目都是可以变动的,所有的成本都体现为可变成本,不存在固定成本。

专栏 4-2　建筑公司的投资决策

某建筑公司投标建设一小型商业设施,其投标相关项目及预算如表 4-4 所示。

表 4-4　投标相关项目及预算　　单位:元

相关项目	预算
投标费用和投标准备费用	10 000
固定成本(即使不中标也要支出的费用,如公司的固定资产折旧、公司基本管理人员的工资等)	100 000
预期可变成本(中标后为了完成合同需要增加的支出,如原材料费、工人临时宿舍的建设费、工人工资等)	500 000
预期总成本(小计)	610 000
预期利润(预期利润率为 30%)	183 000
工程报价(合计)	793 000

建筑公司报价793 000元。但在竞标中，发包方坚持只愿出750 000元。

建筑公司近期没有业务项目和可供投标的项目。公司管理层中有人干脆提出，应将公司流动资金投入股市，因为这时的股市处于上涨过程中，股票综合指数在短短3个月内上涨了近40%，而且似乎仍有上涨的空间。因此，如果将资金投入建筑工程，机会成本很大。有人则认为，股市的风险太大，机会成本不应以股市的可能收益来计算，而应以银行存款利息收益来计算比较合理，所以反对将资金投入股市。

讨论：

1. 该建筑公司是否应承包这项工程？（答案：应考虑承包。因为承包后新增收入大于新增成本。）

2. 如果该建筑公司投标后未中标，哪些成本体现为该建筑公司的沉没成本？（答案：110 000元。）

3. 如果建筑公司在投标前知道发包方愿出的最高价格是500 000元，建筑公司是否应考虑承包和参加投标？这时的沉没成本为多少？（答案：不应承包。因为承包后，新增收入小于新增成本。）

4. 关于资金的机会成本，你同意哪一种说法？（答案：同意“机会成本应以银行存款利息收益来计算”这一说法。）

同步训练4-4

第六节　短期成本函数

成本函数表示技术水平和要素价格不变条件下，一定时期内成本与产出之间的关系。成本函数与生产函数一起，制约和决定厂商的生产决策与生产收益。我们先分析短期成本函数。

一、概念

总成本（total cost，TC）是厂商在一定时期内生产一定数量产品的全部成本。它由固定成本（FC）与可变成本（VC）之和构成。

固定成本是一常数，与产量的变化无关，所以在图4-12中的固定成本曲线是平行于横轴的一条水平线，它到横轴的距离为固定成本的金额。

因为TC＝FC＋VC，而FC值不变，所以TC曲线的形状与VC曲线的形状一样，并且这两条曲线任一点的垂直距离等于FC之值。

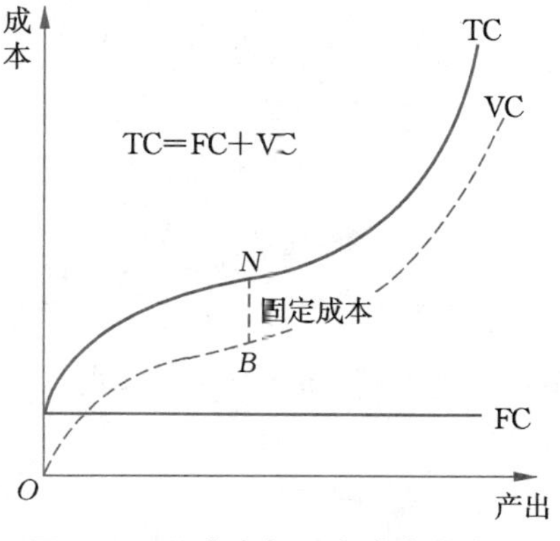

图4-12　总成本与可变成本曲线图

在图 4-12 中的 TC 曲线和 VC 曲线上分别存在一个拐点 N 和 B，在拐点左边(即产量还未达到拐点对应的产量)，TC 曲线和 VC 曲线的斜率是递减的，在拐点右边，两条曲线的斜率是递增的。两条曲线的这种形态是由边际产出递增(产量较小时)和边际产出递减(产量较大时)决定的。由于可变投入要素的边际产出递增，伴随着产量的增加，VC 和 TC 虽然也会增加，但是以递减的速度增加。边际产出递减时的情形相反①。在产量较大时，边际产出严重递减，总成本和可变成本的上升越来越快，也就是 TC 曲线和 VC 曲线表现得越来越陡峭。

还可得到：

$$\text{平均固定成本 AFC}=\frac{\text{FC}}{Q}\qquad\qquad \text{平均可变成本 AVC}=\frac{\text{VC}}{Q}$$

$$\text{平均成本(average cost) AC}=\frac{\text{TC}}{Q}=\frac{\text{FC}}{Q}+\frac{\text{VC}}{Q}=\text{AFC}+\text{AVC}$$

边际成本(marginal cost, MC)是变动一单位产量所引起的总成本的变动值，或产量微量变动时所引起的总成本变动值，即：

$$\text{MC}=\frac{\Delta \text{TC}}{\Delta Q}\quad \text{或}\quad \text{MC}=\frac{\text{dTC}}{\text{d}Q}$$

由于固定成本不变，边际成本不受固定成本的影响，所以边际成本实际上是每增加一单位的产量所引起的可变成本的增量。即：

$$\text{MC}=\frac{\Delta \text{TC}}{\Delta Q}=\frac{\Delta \text{VC}}{\Delta Q}$$

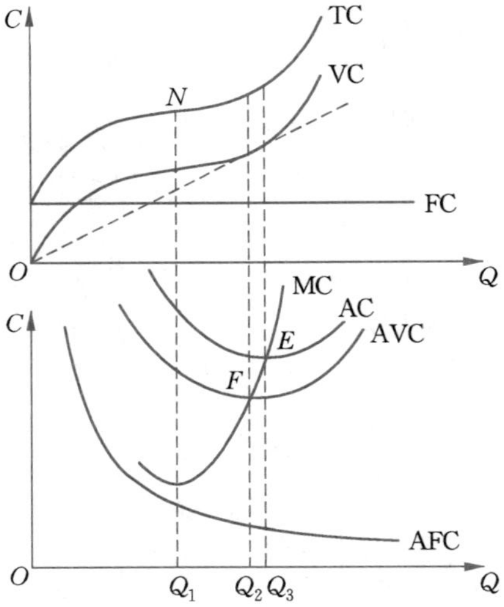

图 4-13 多种成本曲线图

二、曲线形状

(一) 平均固定成本曲线

AFC 曲线如图 4-13 所示，它是一条向两轴渐近的双曲线。产量极小时，曲线趋近于纵轴，随着产量的增加，AFC 不断降低并越来越趋近于零(即趋近于横轴)，但由于 FC 不为零，因而产量再大，AFC 也不会等于零。

(二) 边际成本与总成本曲线

如图 4-13，边际成本曲线呈 U 形，先下降，后上升。为什么会如此？这可以从可变要素的边际产量的变化来理解。

与边际产量递增部分相对应的是边际成本曲线递减，与边际产量递减部分相对应的是边际成本曲线递增。因为增加一单位的投入(成本)

---

① 可以这样来理解，在边际产出递增时，增加一单位产出所需花费的 VC 和 TC 的增幅是递减的，因为这时的资源使用效率较高，只需要增加越来越少的资源(成本)就可以增加相同单位的产出量。

所带来的边际产量多了，总是会使（增加一单位的产量所带来的）边际成本下降，反之亦然。

边际成本是总成本曲线的斜率。在图4-13中的N点以前，TC曲线斜率递减，说明边际成本递减；到TC的拐点N，斜率最小，即边际成本最小；在N点以后，斜率递增，说明边际成本递增。对于既定规模的企业来说，超过一定产量后，由于边际产出递减会越来越严重，从而增加一单位产量所发生的增量成本会越来越大，也就是MC曲线和TC曲线都越来越陡峭。

图4-13中TC曲线的拐点N对应的产量（Q_1）相当于图4-1中TP曲线的拐点A对应的产量。

（三）平均可变成本与可变成本曲线

VC曲线上任一点到原点的连线的斜率便是该产量水平的平均可变成本。这种斜率先减小，后增大。在图4-13中，产量为Q_2时，VC曲线到原点的连线的斜率最小，反映到AVC曲线上，这时的AVC最低。平均可变成本曲线为什么会先下降后上升呢？这是因为，产量很小时，固定成本不能充分发挥作用，这时增加可变成本（即提高产量）会提高生产效率，平均产量上升，从而平均可变成本下降。但产量的增加超过一定点（例如Q_2点）后，由于边际收益递减规律的作用，终究会使得平均可变成本上升。

（四）平均成本与总成本曲线

平均成本与总成本曲线的关系类似于平均可变成本与可变成本曲线的关系。

（五）各成本曲线的关系

1. AC曲线与AVC曲线的关系

AC曲线始终位于AVC曲线的上方，AC的最低点（E）高于AVC的最低点（F）。当AVC达到极小并转为递增时，AC仍处于递减阶段，所以AC的最低点处于AVC最低点的右上方。

这是因为：AC＝AVC＋AFC，而AFC一直在递减，到了一定阶段，即使AVC开始上升，但由于AFC的下降幅度更大，所以AC仍下降。但AFC的下降越来越缓慢，赶不上AVC的上升幅度时，AC也转入递增。AC与AVC之间的垂直距离等于该产量水平上的AFC之值。随着产量的增加，AVC与AC会越来越趋于接近，但永远不会相交或重叠。

2. MC曲线与AC曲线的关系

（1）MC曲线位于AC曲线下面时，AC曲线处于递减阶段。即：若MC＜AC，则AC递减。

（2）MC曲线位于AC曲线上面时，AC曲线处于递增阶段。即：若MC＞AC，则AC递增。

（3）MC曲线在AC曲线的最低点（E点）与AC曲线相交，即这时的MC＝AC，AC为极小。

为什么如此呢？

如果边际成本小于平均成本，那么每增加一个单位产品，单位平均成本就比以前小一些，所以平均成本是下降的。反之，如果边际成本大于平均成本，那么，每增加一单位产品，单位平均成本就比以前大一些，所以平均成本是上升的。如果边际成本等于平均成本，这时增加产量，单位平均成本不变，即平均成本曲线在该产量水平时的切线的斜率为 0。因此，边际成本曲线只能在平均成本曲线的最低点与之相交。

3. MC 曲线与 AVC 曲线的关系

这种关系同 MC 曲线与 AC 曲线的关系非常类似，即：

(1) 若 MC < AVC，则 AVC 递减。

(2) 若 MC > AVC，则 AVC 递增。

(3) 若 MC = AVC，则这时 AVC 极小。AVC 曲线处于最低点时与 MC 曲线相交。其原因与 MC = AC (AC 为极小)的原因是一样的。

同步训练 4-5

第七节　长期成本函数

在分析了短期成本函数后，我们再来分析长期成本函数，以便更完整、全面地把握成本函数。

一、概念

在长期中，由于所有投入都是可以变动的，因而不存在固定成本。为了与短期成本函数相区别，我们在长期成本中的各种概念前都冠以 L(long-run)，而在短期成本中的各种概念前开始冠以 S(short-run)。

短期成本函数考察的是固定投入为既定的企业之产出量的变化与相应的总成本、平均成本和边际成本等变化之间的关系，这时的企业规模(生产规模)是既定的。而长期成本函数考察的是，在所有投入要素都可以改变和调整的情况下，产出量的变化与成本变化之间的关系。

在短期中，厂商由于不能调整固定投入，只能利用固定投入所限定的生产规模生产对既存规模而言的最优产量，因此，对某一特定目标产量而言，这一既存规模不一定是最优的。而在长期中，企业可以调整所有投入，围绕特定产量而选择相应的最优生产规模。也就是说，从长期看，企业总是可以针对每一产量水平选择最优的生产规模进行生产。换言之，对于每一产量，企业可以选择最低的成本来进行生产。

所以，长期总成本(LTC)曲线是企业在长期中对于每一产量通过选择最优生产规模所能达到的最低总成本的轨迹。相应地，长期平均成本(LAC)曲线就是企业在长期中对于每一产量所能达到的最低平均成本的轨迹。

二、曲线形态

(一) LTC 曲线

在企业的投入资源和产品市场容量不受限制的条件下，从长期看，企业可以针对任一产量选择一个最优的生产规模，凭借这一规模组织生产。但企业一旦选择了某一生产规模，这一生产规模又呈现出短期内相对稳定的特征，从而这一生产规模可由相应的STC曲线和SAC曲线等来表示。从这个意义上说，生产和成本上的“长期”可以分解为无数个“短期”，不断变化和调整的“短期”组成了“长期”。

如图4-14，STC_1、STC_2 和 STC_3 是分别代表三个不同生产规模的短期总成本曲线，其中，STC_1 代表的生产规模比 STC_2 小，STC_2 代表的生产规模比 STC_3 小。对于同一种或同一类产品的生产经营而言，生产规模越小，固定成本也越小①，因而对应的STC曲线与纵轴的交点位置越低，如图中的 STC_1 曲线与纵轴的交点位置比 STC_2 曲线与纵轴的交点位置要低。因为我们从图4-12已经知道，STC曲线与纵轴的交点代表了固定成本额(FC)。从理论上讲，当生产规模无穷小时，与此对应的STC曲线与纵轴的交点趋近于坐标图上的原点。

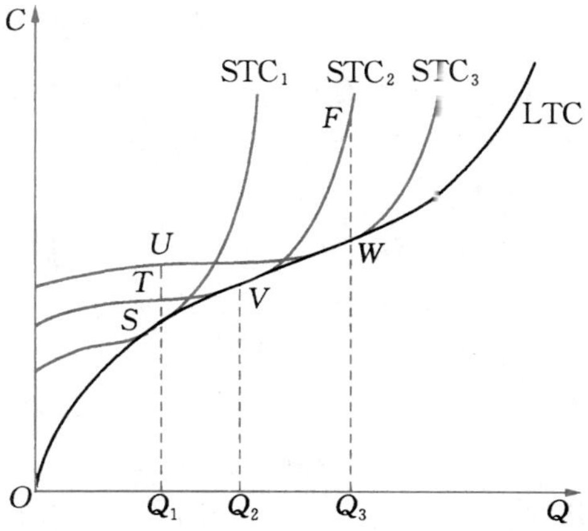

图 4-14 长期总成本曲线的形成

图4-14还显示，代表更大生产规模的STC曲线(如 STC_3)比代表较小生产规模的STC曲线(如 STC_1)在可比的同一水平位置离纵轴更远。这是因为，对于某一较大产量(如 Q_3)，STC_3 代表的生产规模能够生产出来，而 STC_1 代表的较小生产规模无法生产出来(图中表现为 STC_1 曲线不能到达 Q_3 代表的产量水平)；或者由于规模经济因素，较小的生产规模(如 STC_2)虽可以生产出来，但生产的短期总成本(FQ_3)比 STC_3 代表的较大生产规模生产的短期总成本(WQ_3)要高②。

当企业的目标产量为 Q_1 时，STC_1 代表的生产规模是最优生产规模，因为这时的短期总成本为 SQ_1，比 STC_2 的 TQ_1 和 STC_3 的 UQ_1 要低③。或者说，为了生产 Q_1 的产量，在可供选择的生产规模中，STC_1 所代表的总成本是最低的。如果企业的目标产量为 Q_2，则 STC_2 为最优生产规模，因为它生产 Q_2 产量的总成本最低(为 VQ_2)。类似地，STC_3 生产 Q_3 产量的总成本最低(为 WQ_3)。

S、V、W 点分别代表了生产不同产量的不同生产规模下的最低总成本，将这些点连接起来的曲线便是LTC曲线。实际上，S、V、W 点也是LTC曲线分别与 STC_1、STC_2 和 STC_3 曲线的切点。从理论上讲，不同的生产规模是无限可分的，代表不同生产规模的

① 如一个小杂货店比一个大百货商店的固定成本肯定要小。

② 注意 STC_1、STC_2 曲线等分别代表的是不同生产规模决定的短期总成本的运行轨迹，并不意味着对于任何产量而言，STC_3 曲线代表的短期总成本必定高于 STC_2 曲线代表的短期总成本。由于规模经济原因，STC_3 曲线表示的较大生产规模生产某一较大产量时所发生的总成本完全可能低于 STC_2 曲线表示的较小生产规模生产该产量时的总成本，即有：规模经济原因使得 $AC_3 < AC_2$，从而 $STC_3(AC_3 \cdot Q) < STC_2(AC_2 \cdot Q)$。在图4-14中，对于产量 Q_1 而言，STC_3 代表的生产规模太大，可视为规模不经济。而对于产量 Q_3 而言，STC_2 代表的生产规模过小，属于缺乏规模经济。

③ 为什么对于 Q_1 的产量而言，生产规模更大的 STC_2 所代表的总成本更高呢？这就如同每天接待20个人吃饭，拥有几百人席位的大酒楼发生的总成本(或单位食客的平均成本)比小餐馆更高一样。

STC 曲线不止是图 4-14 中的三条，而是有相互间不间断的无数条，另外，产量也是无限可分的。这样，将每一产量水平的最低总成本连接起来的 LTC 曲线便是一条光滑的曲线。这条曲线也可被看作是与各 STC 曲线的切点的连线。在几何意义上也可以说，LTC 曲线是无数条 STC 曲线的包络线(envelope curve)。所谓包络线在这里是指，LTC 曲线将无数条 STC 曲线包围起来，每条 STC 曲线与 LTC 曲线相切但不相交。

简单地说，LTC 曲线的形态是由规模收益递增(产量相对较小时)和规模收益递减(产量相对较大时)决定的。规模收益递增条件下的总成本上升较慢，规模收益递减条件下的总成本上升较快，而且在规模严重不经济条件下的总成本上升越来越快。

还有一点要说明的是，LTC 曲线为何通过原点呢？因为长期来看，不提供任何产量的话，企业就不进行任何生产，当然也不会有任何成本发生(长期中不存在固定成本)。

(二) LAC 曲线

生产规模既可由 STC 曲线来表示，也可由 SAC 曲线来表示。图 4-15 中的 SAC_1、SAC_2 和 SAC_3 曲线分别表示不同的生产规模。其中，SAC_1 表示的生产规模比 SAC_2 小，SAC_2 表示的生产规模比 SAC_3 小。因为假定在产量小于 Q_3 时，规模收益处于递增阶段，所以随着生产规模的扩大(反映为产量的增加)，生产的平均成本不断下降，体现为图中表示较大生产规模(相对于 SAC_1)的 SAC_2 曲线的位置下移。而在产量大于 Q_3 时，规模收益处于递减阶段，因而随着生产规模的扩大，生产的平均成本不断提高，体现为图中表示更大生产规模的 SAC_3 曲线的位置上移。

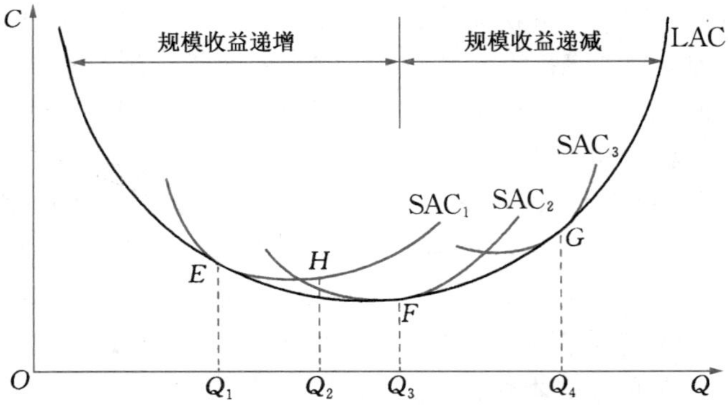

图 4-15 长期平均成本曲线的形成

如果企业的目标产量为 Q_1，SAC_1 代表的生产规模为最优生产规模，因为这一生产规模下的平均成本(EQ_1)是最低的。设 SAC_1 曲线的最低点为 H 点，但对于产量 Q_2 而言，HQ_2 却不是生产它的最低平均成本，起码 SAC_2 代表的生产规模能够以更低的平均成本来生产(代表生产 Q_2 的最低生产成本的 SAC 曲线未在图中画出)。

对于产量 Q_3 和 Q_4 而言，SAC_2 及 SAC_3 代表的生产规模分别是最优的，生产的最低平均成本分别是 FQ_3 和 GQ_4。在图 4-15 中，E、F、G 点分别代表了生产不同产量的最低平均成本，将这些点连接起来的曲线便是 LAC 曲线。不难理解，这些点也是 LAC 曲线分别与 SAC_1、SAC_2 和 SAC_3 曲线的切点。由于生产规模是无限可分的，SAC 曲线也存在相互间不间断的无数条，从而将生产每一产量的最低平均成本连接起来的 LAC 曲线是一条光滑的曲线。LAC 曲线同样是无数条 SAC 曲线的包络线。

要特别说明的一点是，LAC 曲线的最低点必定同无数条 SAC 曲线中的某一条曲线的最低点相切。因为 LAC 曲线在该点的切线的斜率为零，LAC 曲线作为与无数条 SAC 曲线的不间断的切点的轨迹线，其最低点又必与某条 SAC 曲线相切，而 SAC 曲线也只有在其最低点的切线的斜率为零。因而 LAC 曲线只能相切于某条 SAC 曲线的最低点。

正如图 4-15 显示的，LAC 曲线呈 U 形。LAC 曲线在其最低点 F 的左边（即 LAC 曲线的下降段）相切于各相应的 SAC 曲线最低点的左边，LAC 曲线在其最低点的右边相切于各相应的 SAC 曲线最低点的右边。对此可作简要论证：LAC 曲线下降段任一点的切线的斜率为负，故而只能与 SAC 曲线最低点左边的某一点（切线的斜率也为负）相切。反之亦然。

简单而言，LAC 曲线的形态成因也在于生产经营规模变化（表现为产量变化）所导致的规模收益状况的变化。产量较小时扩大生产规模，会使规模经济优势更充分地发挥，规模收益递增，LAC 递减。反之，产量较大时扩大生产规模，会使规模不经济现象越来越严重，规模收益递减，LAC 递增。

（三）LAC 曲线与 LTC 曲线的关系

将前述的图 4-14 和图 4-15 作适当变化后组合为图 4-16。

（1）图 4-16 中，在 LTC 曲线与 STC_1 曲线相切的产量水平（Q_1），LAC 曲线也必与 SAC_1 曲线相切。因为（a）图中 LTC 曲线与 STC_1 曲线的切点（S 点）到原点连线的斜率为 $LAC = SAC_1$，这就要求（b）图中的 LAC 曲线与 SAC_1 曲线相切，只有它们相切，才满足 $LAC = SAC_1$。当然，STC_1 曲线与 SAC_1 曲线代表的是同一生产规模。类似地，在 LTC 曲线与 STC_2 曲线相切的产量水平，LAC 曲线必与 SAC_2 曲线相切……

（2）图 4-16（a）中的 W 点与原点连线的斜率最小，从而对应的（b）图中 LAC 最小。在产量小于 Q_3 时，随着产量的不断增加，LTC 曲线上的不同点到原点连线的斜率越来越小，从而对应的（b）图中的 LAC 处于下降阶段。产量大于 Q_3 时，则情形与此相反。

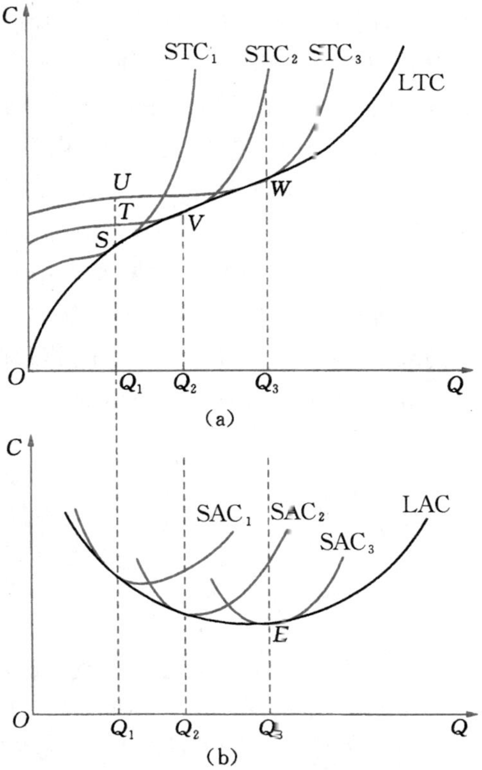

图 4-16 LAC 曲线与 LTC 曲线的关系

（四）LMC 曲线

长期边际成本（LMC）曲线可以由长期总成本（LTC）曲线得到。只要将 LTC 曲线上不同点的切线的斜率值连贯地描绘出来，便可得到 LMC 曲线。

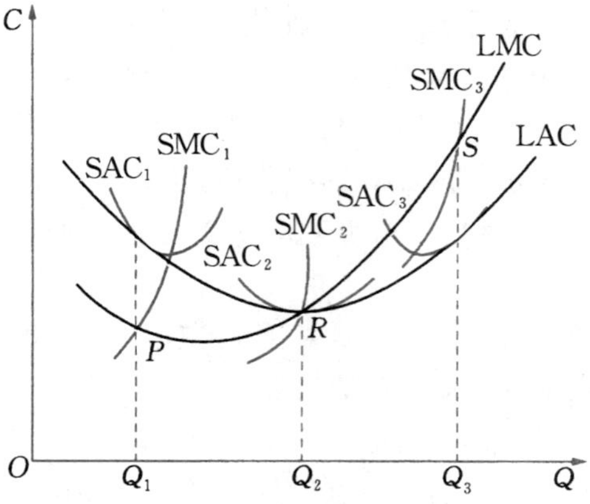

图 4-17 长期边际成本曲线

LMC 曲线还可由 SMC 曲线导出。前已述及，在 LTC 曲线与 STC_1 曲线相切的产量水平，LAC 曲线也与 SAC_1 曲线相切。而在 LTC 与 STC_1 两条曲线的切点，它们的斜率必相等，故有 LMC＝SMC_1，从而反映到图 4-17 中，在 SAC_1 曲线与 LAC 曲线切点的产量水平（Q_1），SMC_1 值也就是该产量水平的 LMC 值。类似地，将无数最优生产规模分别提供的无数产量水平的 SMC 连接起来的曲线便是 LMC 曲线。根据前述，也可以说，任一产量水平的 LMC 是长期内可调整生产规模条件下的最低边际成本值，或者说，是长期内最优生产规模①生产该产量的最低边际成本值。总之，LMC 曲线是企业在长期中对于每一产量所能达到的最低边际成本的轨迹。

LMC 曲线也呈 U 形，为简略起见，理论分析中常将 LMC 曲线画成上升形，而将下降段省去。这里要强调的两点是：①LMC 曲线与 LAC 曲线的关系类似于前述的 SMC 曲线与 SAC 曲线，即 LMC 曲线自下向上穿过 LAC 曲线的最低点（对此也可给出严格的数学证明，此处省略）。又由于在该点，LAC 曲线与某条 SAC（如 SAC_2）曲线的最低点相切，因而在该点还存在 SMC_2 曲线穿过。也就是在该点代表的产量水平，LAC＝LMC＝SAC_2＝SMC_2。②不同的 SMC 曲线分别在每一产量水平自下向上穿过 LMC 曲线，如图 4-17 中，SMC_1 曲线经 P 点自下向上穿过 LMC 曲线。这是因为，随着产量的增加，短期内 SAC_1 代表的生产规模既定，企业无法去选择最优生产规模，从而短期边际成本（SMC_1）上升较快。而长期内，企业可以依产量增长而选择最优生产规模，从而长期边际成本呈现下降；或者即使长期边际成本上升，但对最优生产规模的选择使得它上升较 SMC 的上升速度慢（如图中 LMC 与 SMC_3 的关系）。

某种投入的边际产出递减与整个企业的规模收益递增并不是矛盾的。如图 4-17 中的某一生产区域，SMC_1 曲线上升（反映了短期内其他投入不变时某一投入的边际产出递减）与 LAC 曲线下降（表示规模收益递增）是可以同时存在的。

同步训练 4-6

*第八节 成本的动态变化：学习曲线

我们在前面对短期成本函数和长期成本函数的讨论中，都只是着眼于产量或生产

① 这里再次强调指出两点：一是最优生产规模乃针对某一特定产量而言，不同的产量具有不同的最优生产规模；二是最优生产规模只有在长期可以调整生产规模的前提下才存在。

规模的变化、调整对成本的影响。应该说，这些因素的影响是十分重要的。但也必须看到，厂商的管理者和生产人员对于生产经验的掌握和累积也会对成本的变化产生影响，而生产经验的累积及其对成本的影响体现为一个动态的过程。

一、学习对于成本的影响

学习对于成本的影响也就是学习对于生产的影响，通过"学习"，生产效率得以提高，生产成本也就会降低。具体地说，学习对于生产和成本的影响至少体现在以下诸方面：

(1) 生产人员在起初从事某种产品的生产时，对生产工艺、生产过程及生产的相关知识还不够熟悉。随着更多的生产的进行，对生产工艺、生产过程和生产的相关知识等越来越熟悉，因而在生产中表现得越来越熟练，单位产品所耗费的劳动时间递减。或换言之，相同劳动时间所生产出来的产品数量递增，从而单位产品的平均成本递减，或同量产品生产花费的总成本递减。

(2) 管理人员对生产的组织、对生产各环节的协调等会越来越有效率。起初，这种管理可能还会有较多的疏漏，但"学习"会使得管理工作变得逐渐成熟，从而使单位产品耗费的劳动时间缩短。

(3) 产品设计人员在长期的设计过程中，对同类产品的优势和缺陷越来越了解，对市场需求越来越了解，从而对于产品的改进设计越来越有效率，耗费的时间越来越短，设计出新品的频率越来越快。

(4) 原材料供应厂商也会在学习中降低自己的生产经营成本，并将此成果传递给原材料的接受厂商。

由上可见，这里的学习指的是生产经营人员和管理人员对于生产经验和生产知识等的积累。上述情形也被概括为"干中学"或"边干边学"(learning by doing)。

二、学习曲线

上述的学习程度可由厂商或个人累积的产品产出量来代表，厂商或个人累积的产出量越大，说明生产"历史"持续时间越长，学习程度也就越高。**将厂商或个人的累积产出量与单位产品耗费的劳动时间或者单位产品的成本之间的函数关系描绘成的曲线就是学习曲线**(learning curve)。可见，学习曲线实际上是一种特殊的成本曲线。

如图 4-18，横轴代表厂商(或个人)的累积产出量，纵轴代表单位产品耗费的劳动时间。学习曲线表示，随着累积产出量的增加所体现的学习程度的提高，单位产品在生产中所耗费的劳动时间递减。在学习的初期，学习效果显著，劳动时间的递减很明显，但学习达到一定程度后，学习效率的进一步提高变得越来越困难，学习效应递减，表现为单位产品在生产中耗费的劳动时间的减少和单位产品在生产中耗费的成本的下降变得更加缓慢。例如，刚担任打字员工作的人在初期打字速度的提高很明显，但越到后来，其打字速度的提高就越困难、

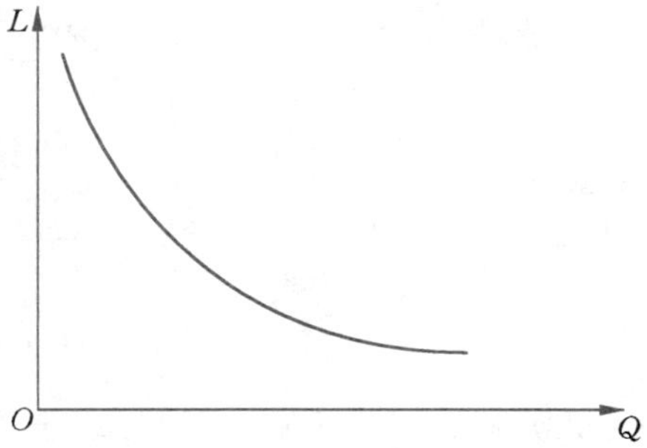

图 4-18　学习曲线

越缓慢。

从生产的物质技术属性来看，无论学习程度如何提高，产品的生产总是要耗费一定时间的，总是会发生一定的成本开支的。所以，学习曲线的下降也总是有一定限度的，永远不会下降至零。

前面谈到，在一定阶段上，企业规模和生产规模的扩大会导致规模经济，降低生产的平均成本。生产规模的扩大当然也意味着产品生产“历史”过程的拉长，因而会发生学习效应，对于企业的原有人员尤其如此。但学习效应和规模经济效应的发生原因和发生机制是不一样的，两种效应的发生时间却是可以交织的。这从前面的分析中可以看得出来。边干边学虽然会使得厂商的长期平均成本下降，但却无法阻止一定阶段后由于规模不经济导致的LAC曲线的上升。

数学附录①：边际产量与平均产量的关系

因为AP(平均产量)$=\frac{Q}{L}$，且AP是L的函数，因而：

$$\frac{\mathrm{dAP}}{\mathrm{d}L}=\frac{\mathrm{d}}{\mathrm{d}L}\left(\frac{Q}{L}\right)=\frac{\frac{\mathrm{d}Q}{\mathrm{d}L}\cdot L-\frac{\mathrm{d}L}{\mathrm{d}L}\cdot Q}{L^2}=\frac{1}{L}\left(\frac{\mathrm{d}Q}{\mathrm{d}L}-\frac{Q}{L}\right)$$

由于$L>0$，所以：

(1) 如果$\frac{\mathrm{d}Q}{\mathrm{d}L}>\frac{Q}{L}$，则$\frac{\mathrm{dAP}}{\mathrm{d}L}>0$，即当边际产量大于平均产量时，平均产量处于递增阶段；

(2) 如果$\frac{\mathrm{d}Q}{\mathrm{d}L}<\frac{Q}{L}$，则$\frac{\mathrm{dAP}}{\mathrm{d}L}<0$，即当边际产量小于平均产量时，平均产量处于递减阶段；

(3) 如果$\frac{\mathrm{d}Q}{\mathrm{d}L}=\frac{Q}{L}$，则$\frac{\mathrm{dAP}}{\mathrm{d}L}=0$，即当边际产量等于平均产量时，平均产量处于不增不减之点。

由平均产量最大化的一阶条件，得：

$$\frac{\mathrm{dAP}}{\mathrm{d}L}=\frac{\frac{\mathrm{d}Q}{\mathrm{d}L}\cdot L-\frac{\mathrm{d}L}{\mathrm{d}L}\cdot Q}{L^2}=0$$

也就是

$$\frac{\mathrm{d}Q}{\mathrm{d}L}\cdot L-Q=0$$

即

$$\frac{\mathrm{d}Q}{\mathrm{d}L}=\frac{Q}{L}$$

这说明表现在平面几何图形上，平均产量曲线最高时，边际产量曲线与它相交(数值相等)。

---

① 仅供参考，课堂教学中可略而不述。

本章小结

1. 厂商的生产决策和生产收益取决于其生产函数和成本函数。生产函数分析和成本函数分析是相互补充的。

2. 生产函数有短期和长期之分,成本函数也有短期和长期之分。在不同的期限结构中,它们呈现出来的经济特征是不同的。

3. 边际产出和规模收益一般都存在递增、不变和递减三个阶段。正是由于边际产出递减规律的作用,所以不能总是仅仅增加某一种投入,而应扩大所有投入要素的规模。目前我国企业较普遍地存在缺乏规模经济的现象。

4. 等产量线和等成本线用以分析生产一种产品时,投入要素的最优组合。生产可能性曲线和等收入线用以分析生产两种甚至两种以上产品时,产品的最优生产组合。

5. 规模经济主要是针对一种产品的生产而言,范围经济则是针对生产要求具有一定共通性的多种产品的生产而言。

6. 不同的成本概念是从不同角度对成本的刻画,它们使得我们对成本的认识更趋深刻、全面。

7. 随着累进产出量的增加,边干边学会带来平均生产成本的降低。

基本概念

生产函数	边际生产力递减规律	短期	长期
等产量线	边际技术替代率	等成本线	生产扩张线
规模收益	规模经济	规模不经济	生产可能性曲线
边际转换率	等收入线	范围经济	范围不经济
会计成本	机会成本	显性成本	隐性成本
固定成本	可变成本	短期成本	沉没成本
长期成本	正常利润	边际成本	LTC 曲线
LAC 曲线	LMC 曲线	学习曲线	边干边学

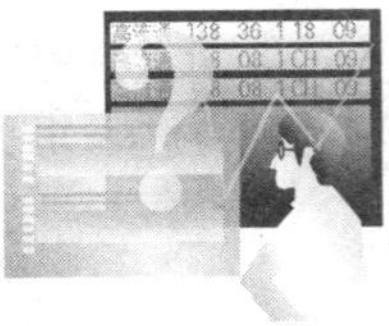

复习思考题

1. 结合实际案例，用相关理论说明目前我国企业集团或大型公司建设中的成绩或不足。

2. 一般而言，下列行为中，哪些属于规模经济？哪些属于范围经济？哪些既没有规模经济也没有范围经济？

(1) 铁路部门将A城开往B城的客车车厢由过去的8节增至12节。

(2) 铁路部门决定客运列车顺便承担部分货运业务。

(3) 铁路部门将单层客运车厢改为双层车厢。

(4) 将非就餐时间的餐车车厢用作茶座。

(5) 冰箱生产厂家也开始生产保健饮品。

3. 某人在2月1日以每股5.20元买进A股票1万股，7月1日以每股8.10元卖出。而2月1日B股票的价格为3.80元，7月1日的价格为7.90元，请用相关成本理论分析该人的盈亏得失状况。

4. 判断"LTC曲线与从原点出发的射线的切点所对应的产量必是LAC最低时的产量"这一命题的正确与否。

5. 评论下述对话：

张铁嘴：经济学中有许多类似于如下的表述和命题："如果其他条件不变，那么……"；"在……的假定条件下，……"。常有人因此认为经济学的假定条件太多，远离现实，其结论不可靠，甚至认为它不是一门科学。

李小曼：现实社会中，影响任何一种经济现象的因素众多，理论上不可能同时研究和表述众多因素的各种复杂影响。只能在某些假定条件下，先研究某一因素或某些因素的影响和作用，然后再研究和表述其他主要因素的影响和作用。数学中的偏导数实际上也是假定其他影响因素不变或其他因素不产生影响的条件下，某一自变量与因变量之间的关系。

张铁嘴：实际上，在我们的日常生活中，也到处充满了类似于经济学中的表述，只不过我们常常省略了对假定条件的表述。例如，有人在学校的正大门处问我，到图书馆还需要多少时间，我回答需要10分钟。但实际上这是以许多假定条件为前提的，较为完整和严谨的表述应该是："如果你在路上不遇见知心好友并停下来交谈的假定条件下，并且在你不是跑步的假定条件下……需要10分钟"。将假定条件表述出来，只是经济学中的一种规范而已，它使得表述更为严谨、科学。

李小曼：是呀。如果对经济学真正有较深刻理解的话，就不会有那些不正确的认识了。当然，这不是说经济学不需要进一步改进和完善。

6. 设某厂商的短期成本函数为 $TC=Q^3-10Q^2+15Q+50$，请指出其中的固定成本并写出AC、MC、VC、AVC和AFC的函数式。

7. 已知某厂商只有一种可变要素 L(劳动)，产出一种产品 Q，固定成本为既定，短期生产函数 $Q=-0.1L^3+5L^2+80L$，求：

(1) 劳动人数为10时劳动的平均产量和边际产量；

(2) 厂商雇用劳动人数的合理范围。

8. 由班级若干同学组成正、反两方举行辩驳赛，双方同学先各自阐述本方基本观点，然后依次反驳对方观点，尔后再由各自主辩总结，最后由班级其他同学诘问、发言。辩驳赛题目为：

正方：企业做大才能做强

反方：企业做强才能做大

第5章 企 业

引导案例

上一章分析了生产行为及制约生产行为的成本问题，但生产是由厂商或企业来进行的。对于作为生产主体的企业，上一章并未深究。本章就来分析企业本身，以便更好地理解企业的生产经营行为、生产经营效率等问题。

第一节 企业产生的原因

企业为何会产生、存在和发展？初看起来，这似乎是一个不成问题的问题，但后来的理论发展表明，围绕着对这一问题的阐释、探究打开了经济学研究的一片新天地，催生了现代企业理论和新制度经济学。

美国经济学家科斯(R.Coase，1991年获诺贝尔经济学奖)1937年在《企业的本质》这篇论文中对企业产生的原因作了影响深远的经典性解释，当然，他在相关文献中也对有关企业产生原因的其他一些解释作了批评和否定。

一、企业产生原因的其他解释

在经济思想发展的历史长河中，一些人有意或不经意地提到过企业产生的原因，代表性的解释有以下几种。

(一) 生产论

认为企业的功能就是组织生产，生产需要依赖企业，企业因此而产生。

如果这种观点成立的话，企业出现以前就不可能会有生产，这显然是与历史事实相违背的。而且，生产不也可以采用非企业形式吗？如个人或家庭生产形式(譬如我国目前以家庭为单位的农业生产)。

(二) 分工协调论

认为企业是劳动分工日益复杂的结果。在劳动分工日益复杂的条件下，如果没有企业组织形式，专业化分工将导致混乱，即大家都不清楚自己应该生产什么？不应该生产什么？应该生产的话，又生产多少？也就是说，组织和协调分工的需要导致了企业的产生。

实际上，专业化分工并不必然会导致混乱，因为市场的价格机制完全可以协调分工，也就是价格信号和市场机制可以指示各经济主体生产什么、生产多少等等。而且，市场与分工具有相互促进的功能。经济学巨匠亚当·斯密早就论述过，分工的深度取决于市场的宽度，反过来，市场的宽度也取决于分工的深度。即分工越细，经济主体就越需要交换别人的产品，从而市场交易和市场规模就越大，另一方面，市场规模越大，就越容易通过市场交换到自己所需要的各种产品，从而分工也就能够越专业化、越细致。反之，市场规模和范围过小，就会限制分工的发展。斯密关于劳动分工取决于市场范围的观点被后人称为**斯密定理**（Smith Theorem）。既然分工与市场可以相互推动、促进，还需要企业干什么呢？例如，每个人独自完成某产品的一道工序，然后拿到市场上去卖给下一道工序的操作者，并换回已完成上道工序的半成品，将其间的差价作为自己的收入，这里并不需要企业。

进而言之，生产和分工都是可以由市场来组织的。在工业革命初期，占主导地位的生产体制就是一种分散型的体制，生产在单个家庭中进行，通过市场来发生联系，经济效率也颇高。我国目前的农业生产基本上就是依靠市场来组织进行的，以家庭为单位的农民通过市场购买种子、化肥、农具（包括农用机械）等进行生产。既然市场可以组织生产，那么企业的产生肯定有别的原因。

（三）不确定性

由于存在生产经营的不确定性，从而需要人们对未来的相关情况进行有效的预期并承担风险。但有的人更有判断力、更自信、更富冒险精神；而另外的人则希望尽量规避风险，缺乏良好的判断力。这样，后一类人愿意从前一类人那里得到有保证的工资收入，付出的代价是接受前一类人的指挥。这两类人组合在一起就形成和产生了企业，企业中的人员也就分化成企业家和工人两个阶层。

这种理论解释依然是有问题的。首先，那些具有良好判断力和丰富知识的人可以出售自己的判断和知识，或者凭借这种判断和知识直接从市场获利（如买卖期货），并不一定要投身于企业。其次，一群风险态度相同或相近的人（如同为风险厌恶者）同样可以组成一个企业，这在现实社会中并不少见。这又如何解释呢？

（四）政府管制论

认为像销售税、定量配给制或价格管制之类的政府措施会导致企业产生和扩大。例如销售税的课征会诱使一些原本在市场中交易的中间产品转至组织内部调拨，这一组织就是企业。因为企业内部的调拨可以免缴销售税。类似地，定量配给的配额和价格管制的办法对于市场交易可以发挥作用，而对于企业内的产品流转无法发挥作用，也就是，在政府管制面前，企业有许多优势，从而政府管制导致了企业的产生和扩大。

然而，这种解释充其量只能说明企业的扩大，无法说明企业的产生和出现。依据这种解释，政府若不采取管制措施，而实行自由放任，则企业就不会存在。但历史上企业大量涌现正是在自由资本主义时期。

二、企业产生原因的交易费用解释

在科斯等人看来，虽然生产可以依靠市场、依靠价格机制来组织和协调，但通过市场进行的交易是有成本的，或者说利用价格机制是有成本的。这种成本就是交易成本，或称交易费用（transaction cost）。

(一) 交易费用

首先来说明什么是交易费用。直观而简单地说,**交易费用就是为了完成市场交易而产生的一切成本(费用)**。按照具体的市场交易活动所涉及的一般性程序,大致可将交易费用分为:寻找和发现交易对象的费用;了解交易价格的费用;讨价还价(谈判)的费用;订立交易契约(contract,也译为合约)的费用;履行合约的费用;监督交易对象履约的费用;制裁交易对象违约的费用;等等。当然,这里的费用除了体现为货币支出外,还体现为时间、精力等的耗费。交易费用既不创造产品,也不提高产品的效用。

任何一项市场交易,都至少有一份或明确或隐含的契约。显而易见,一项交易所需要的契约越多,交易费用就越高。如果要通过市场交易达成一项生产合作,则各相关的生产要素所有者之间必须签订一系列多边交易契约,这必然会产生高昂的交易费用。有时会高到契约无法达成,或无法履行,从而生产的组织和完成无法实现。

☞**小贴士**

我国某些企业的生产经营活动中,交易费用被认为是较高的。譬如,合同的谈判常常要伴之以高级宴席;商务往来要讲究接待的规格;企业之间的交易和企业自身的活动有时还要频繁地与政府部门打交道;等等。

(二) 企业的产生

为降低和减少交易费用,需减少契约数量。办法便是:各生产要素所有者只需与某中心人或某个权威(即生产投资者或后来的企业家)签订一个双边契约,在获得一定报酬的允诺下,同意在一定程度内服从这个权威的指挥和调度。这样便形成了企业。企业是一定程度上作为价格机制的替代物来组织生产,在企业这一形式中,由企业家来支配生产资源、组织生产及其合作,因此,企业是一种不同于市场的交易组织或交易方式。企业将许多原本外在的市场交易转化为内部的交易关系或内部的合作关系,从而降低了交易费用,这正是科斯所说的**企业的本质**。

举个十分简单的例子来说明,生产者A本来要通过市场分别购进生产者B、C、D、E生产的不同零部件,为此,A需要去了解这些零部件的市场价格及质量等;需要经历与他们的令人心烦的谈判;需要督促他们按时、按质供货;一旦零部件的规格和质量达不到要求,还得要他们尽快调换甚至赔偿损失;等等。但现在A与B、C、D、E组成了一个企业,A与他们之间的关系不再是市场中的平等交易关系,而是企业内部的上下级关系,上述的那些交易费用就可以大大地减少(有些甚至会消失),生产行为变得简单多了,也更有效率了。

从契约的角度看,企业对市场的替代表现为各生产要素所有者与企业权威之间的长期契约替代了一系列短期契约。因为一项市场交易就需签订一个契约①,该交易结束后,契约就失效。而相比之下,企业中的契约(如劳动契约)的有效期就长得多。企业是建立在契约基础上的,是依靠契约来维持的。如与每个工人的劳动契约、土地使用契

① 契约的签订并不一定体现为双方在正式场合的签字画押,也体现为双方依据一定的商业惯例、道德规范等达成的承诺或默契。

约、资金信贷契约等，所以，企业也被视作为一系列契约的组合。

有的学者还认为，企业实际上是用生产要素市场的交易契约部分取代了产品市场的交易契约。因为企业内的一系列契约都是关于劳动、资本等生产要素的使用、租用契约，而原本为了生产进行的市场交易都是关于产品或中间产品（半成品）的买卖契约。

由于企业总是要通过市场与企业外部发生交易的，所以企业这种生产组织形式也只是降低了交易费用，而不能消除交易费用。从最严格的意义上讲，企业只是在一定程度上替代市场来组织生产，或者说只是部分地替代市场来组织生产，因为企业在组织生产方面并不能完全脱离市场和市场交易。现实社会中，规模再大的企业，也要通过市场购买一定数量的原材料或能源产品（如电力）等。

交易费用与上一章所讲的生产成本是不同的，但它们之间存在交叉关系，这就如同两个有交集的圆。如企业购买的原材料费用、能源费用及工资等支出属于生产成本，但不属于经济学家定义的交易费用。因为这些成本支出是参与产品生产的，是生产所必需的（但围绕原材料或电力等的供货质量、供货时间、供货价格等问题发生的谈判费用和公关费用等属于交易费用）。售货员在产品性能介绍上付出的辛劳及与顾客的讨价还价等属于交易费用，但却不会转化为企业的生产成本。与原材料供应商进行谈判所发生的货币费用支出属于交易费用，但从另一角度来看，也显然属于企业的生产成本，并会在企业的会计账目中列示出来。广告费用属于寻找交易对象、促成交易的开支，可归于交易费用，当然也属于生产成本。

（三）企业的纵向一体化

以科斯等人为代表的新制度经济学家还特别从交易费用的角度论述了企业的纵向一体化。所谓企业的纵向一体化，指的是具有上下游生产关系的生产者组织成为一个企业。如果企业已经存在，则企业的纵向一体化就表现为具有上下游生产关系的企业合并为一个更大的企业，这也可被称为企业的纵向购并或延伸产业链。

交易费用的产生与两类因素有关，一是人的因素，二是交易的因素。

1. 人的因素

人的因素主要是指人的有限理性和机会主义行为，所谓**有限理性**指的是人们在客观上不可能完全准确地预测未来，从而不可能采取充分的对策措施防范未来不利情况的发生。这也就决定了交易双方签订的契约不可能是十全十美的，总有一些可能出现的情况未被考虑到，即契约是有漏洞的，对一些可能出现的情况未界定清楚或未作界定。这就给今后其中至少一方钻契约的空子提供了可能。

机会主义行为指的是人们在交易过程中不仅追求个人利益的最大化，而且通过不正当的手段来谋求自身利益。例如，有意提供不真实的信息；投机取巧；利用别人的不利处境施加压力；等等。有限理性和机会主义行为结合在一起，就使得交易契约的不完备性常被损人利己地利用。

2. 交易的因素

交易的因素包括的内容较多，但最为独特的是资产专用性。专用性资产的投资事前也许是竞争性的，但一旦完成投资后进入交易，就会在交易中处于被动地位，因为它是专门用于某一用途，难以改作他用的。这时，市场交易中的对应方就会采取机会主义行为，利用交易契约的不完备性来谋取自身利益并不惜损害对方利益。具体表现为专用性资产所生产的产品的买方或卖方利用交易契约的漏洞或界定的模糊，要挟专用性资产的投资者或所有者，迫使专用性资产的所有者接受较高的交易价格（专用性资产所有者为买方的情形下）或较低的交易价格（专用性资产所有者为卖方的情形下）。

例如，A根据与B签订的契约，投下巨资在B附近建设了以B的产品为原材料的专用生产设备，但契约不可能是十分完备的，总有一些内容未予考虑或未界定明确。B则利用此来刁难、要挟A，例如，或不按时供货，或不按质供货等等，迫使A以较高价格买进它的产品。在这里，专用性资产的投资者是买方，显然，专用性资产的投资者为卖方的情形则正好相反。

资产的专用性越强，交易费用就可能越高。为了减少这种交易费用，拥有专用性资产的生产者或企业就具有将市场交易中的对应方一体化为一个企业的动力，即干脆将对方“吞并”，组成一个企业或一个更大规模的企业。这样便可把原本在市场上进行的复杂交易内化为企业内的简单的生产规划。以上例来说，现在A可以指挥B生产多少，怎样生产，怎样供货等等；B必须执行，不会再讨价还价、刁难要挟了。

上述企业纵向一体化的理论说明与解释企业横向一体化（生产同种产品的生产者或企业组织成为一个企业）的规模经济理论是相得益彰的。但在新制度经济学看来，规模经济并不能被用来普遍性地说明企业的产生原因，生产同种产品、追求规模经济的企业仍面临减少交易费用的问题。

专栏 5-1 被堵住的公路

上海电视台的“新闻透视”栏目曾报道过这样一件新闻：上海市西部两个相邻的村虽近在咫尺，却没有一条像样的公路将它们连接起来。A区的那个村庄和所属的镇政府自筹资金，两年前就已经在所辖土地上建好了公路，只要B区的那个村庄和所属的镇政府在自己辖区内建好一小段对接的公路，两个村庄和周边地区就可以连通起来。但由于B区的这个村庄和镇政府考虑到自己离交通主干道近，这条公路打通与否对自己的影响不大，将这条公路建好打通后的主要受益方是对面的村庄和小镇。此外，由于对面的投资环境改善，自己这边的招商引资工作可能会受到直接威胁。所以一直没有去建那一小段对接的公路，不仅如此，还用砖头和水泥砌了一堵墙，堵住了对面公路往自己这边来的行人和自行车等。

这里涉及不同经济主体和行政主体的成本—利益问题，涉及它们之间的协商、谈判和交易的问题。在现实社会中，类似的现象很普遍。譬如，为了维持本区域的房地产价格和市场需求量，以各种借口拖延建设横跨河流的桥梁，以免让属于别的行政区的对岸的交通改善，分流本区域的房地产的市场需求量。省际交界处、县际交界处和区际交界处等的社会治安工作、市场管理工作、纠纷处理工作等等，都存在与此类似的问题。

针对此类现象，有人认为应该加强协商；有人认为应该扩大行政区域范围；有人认为应该构建跨区域的协调结构；等等。

讨论：

1. 从经济学的角度看，你认为造成上述现象的原因是什么？

2. 对于解决上述的类似矛盾，你可以给出什么建议？

同步训练 5-1

第二节 企业的边界与目标

既然企业这种生产组织形式可以减少交易费用，那是否意味着企业的规模可以无限地扩张？或者说企业的边界可以无限地外移呢？企业的规模扩张与企业目标之间又存在怎样的关系呢？

一、企业的组织成本

利用市场来组织生产是有成本的，利用企业来组织生产也同样是有成本的。**企业组织生产的成本通常被称为企业组织成本，或简称为组织成本。**这里的组织成本是指企业作为市场的替代物而产生的企业组织其内部交易的成本，并不包括企业原有的生产成本。如原材料支出、工资支出等不属于组织成本。

从具体的内容构成上讲，组织成本包括生产计划的制订成本、生产计划的推行成本、生产计划执行情况的监督成本、生产计划未能完成时的调查成本和惩罚成本、企业内部信息的收集和传递成本、企业内部人际关系的协调成本、企业内各部门的考核及财务管理成本，等等。如果不利用企业这种形式（而是利用市场）来组织生产，或者在企业规模较小的假定条件下，这些组织成本也应该是不存在或者是较小的。组织成本的产生源于企业的生产组织或生产管理，因而组织成本有时也被称为管理成本。

而且，企业规模越大，组织难度和管理难度也越大，组织成本也就越高。如企业规模扩大后，生产计划的编制更困难，生产计划的推行更复杂，人际关系的协调也更艰难，等等。

一般地，组织成本的高低还取决于专业管理跨度的大小。如果一家机械生产企业兼并一家造纸企业，管理难度显然较高，组织成本一般也会较高。如果一家空调生产企业兼并一家冰箱生产企业，组织成本会较低。从规模经济和范围经济的角度看，前一个例子中没有规模经济，也没有范围经济，后一个例子中则存在范围经济或规模经济。可见，交易费用理论与规模经济等理论虽分析的视角不同，但在一定的理论层面上有其相通之处。

从信息的角度看，组织成本及其上升还可从如下两方面来理解：

(1) 企业内信息的质量。在企业组织管理构架中，自下而上的信息传递使管理高层了解企业的生产经营状况，自上而下的信息传递使企业管理层的决策得以实行。信息的质量指的是这两种信息的完整性、真实性。随着企业规模的扩张,一方面信息量增加,从而信息需求者或信息处理者对每一信息的细节的了解会越来越少,甚至对一些重要信息可能会忽视。另一方面,管理层次和管理幅度会增加,这种增加容易导致信息受损。这就如同接力传话游戏中,传话人数越多,起初的那句话传到最后就越容易走样。如果再考虑到各组织层次的目标不一致,从而有些层次故意隐瞒真实信息或提供虚假信息,则随着企业规模的扩大,信息质量的下降还要严重。如下级故意隐瞒自己的生产能力,以便上级下达的生产任务较少。

(2) 企业内信息的传递速度。信息的及时传递是企业正确决策和生产效率提高的前提。但企业规模越大,管理层次越多,且信息量越多,就会导致信息的传递速度降低,发生信息传递过程中的拥堵现象。

信息质量和传递速度的下降显然都会提高企业的组织成本,并容易带来企业管理决策的失误。这种管理决策失误也属于组织成本范畴。正是由于组织成本的存在并且一般与企业规模正相关,才阻止和限制了企业规模的无限扩张。

二、企业的均衡边界

企业规模的扩大一方面减少了企业外的市场交易费用,另一方面又增加了企业内的组织成本(至少在企业规模超过一定程度后是如此)。当企业规模新的扩张带来的边际组织成本小于减少的边际交易费用时,继续扩张企业规模是有利可图的,因而企业的边界会继续外移。反之,当企业规模新的扩张带来的边际组织成本大于减少的边际交易费用时,缩小企业规模是理性的选择,因而企业的边界会内移。只有当企业规模新的扩张带来的边际组织成本恰好等于减少的边际交易费用时,这时的企业规模是最合适的、最佳的,因而企业边界会稳定下来,即企业的均衡边界由此形成。

下一章将会论述 $MR=MC$(边际收益等于边际成本)原理。上文述及的边际交易费用的减少可看作为企业规模扩大带来的边际收益,边际组织成本可看作为企业规模扩大带来的边际成本。根据 $MR=MC$ 原理,边际收益等于边际成本时,也即边际交易费用(在增加和减少两个方向的交易费用增量都属于边际交易费用)等于边际组织成本时,企业的规模为均衡规模,即企业的边界为均衡边界。读者可在学习下一章之后再回过头来体会这一点。

当然,不同行业中的企业的均衡边界是有差异的,甚至差异很大。因为行业的不同特性决定了市场交易费用和企业内组织成本都分别有很大的不同。

企业的均衡边界并非一成不变的,因为市场环境、管理水平、管理技术与手段等的变化、进步都会改变市场交易费用和组织成本,进而导致企业的均衡边界发生移动。如电话、传真、汽车、高速公路的出现降低了企业生产的空间组织成本,从而伴随着企业规模的扩大,企业内的组织成本的上升速度放慢了,也就是企业的均衡边界可以大幅外移。市场法规的完善和市场信用程度的增强,有助于降低市场交易费用,这又会在一定程度上使企业的规模扩张没有必要,从而“阻止”企业均衡边界的外移。

三、信息技术与企业边界

当今时代,信息技术的发展突飞猛进,信息技术对市场交易费用和企业组织成本进而对企业边界都产生了十分重大的影响。这里特别对此作一分析。

（一）信息技术的发展降低了市场交易成本

计算机网络技术的发展使信息的收集、分类、处理、传播等能力空前提高，企业大大地节约了获取市场信息和发布市场信息的成本。企业可在更为广泛的范围内寻找交易对象和合作对象。这在一定程度上抑制了机会主义行为。电子商务的发展使买卖双方能更有效地沟通和更真实地显示自己的偏好，这也减少了市场摩擦，降低了交易费用。

（二）信息技术的发展降低了企业内的组织成本

企业内部网络技术提高了企业内信息的处理能力，加快了信息传递速度，增强了信息的完整性和真实性。信息技术还可以减少组织层次，提高组织管理效率，降低管理费用。信息技术当然也提高了企业远距离组织管理的能力，或者说降低了企业远距离组织管理的成本，使得企业规模可以更方便地延伸到外地甚至外国。

信息技术对企业内组织成本的降低势必带来企业规模的扩张和企业均衡边界的外移，但信息技术对市场交易费用的降低又有限制企业规模发展的倾向。这两种相反力量的综合影响决定了企业边界的最终移动方向。一般认为，一些行业中的企业规模最终有扩大的趋势，而另一些行业中的企业规模最终有缩小的趋势。

例如，现今出现了不少小企业，雇员和办公场地都很少，主要凭计算机网络组织生产和进行交易，其营业额和获利能力却惊人地高。这里出现了市场重新部分地替代企业来组织生产经营的情形。

☞小贴士

信息技术的快速发展使得在某些条件下企业的边界趋于模糊，出现了所谓的虚拟企业（virtual enterprise）。它指的是通过信息网络技术加以联结的企业组织，没有成形的组织结构。不同的企业为了商业性利益在网络平台上进行短期的柔性合作，这种合作的结构形式不同于传统的企业形式，但似乎又与企业类似。

最简单、直观的，现在有的人不上班，在家开个网上商店，它既像企业又不像企业。

专栏 5-2

“苹果”的果心在哪里

美国苹果公司生产的 iPod、iPhone 和 iPad 产品系列不仅改变了 IT 业的世界版图，而且引领了一种新的娱乐方式和消费方式，创造了一种文化。

2001 年 10 月 23 日，苹果公司推出的 iPod 很快便得到市场的热捧，在 2005 年其全球销售量高达 1 500 万台。iPad 2000 年在推出的前 28 天内的销售量就达 100 万台。美国著名市场分析师阿布拉姆斯基估计 2001 年全球市场的销量将为 500 万～800 万台。iPad 推出时的最低售价只有 499 美元，这在当时出乎许多业界同行和消费者的预料，也压缩和封闭了其他公司类似产品的生存空间。奇妙的产品设计和不高的价格刺激了市场销售，巨大的销售量为苹果公司带来了惊人的超额利润。iPad 和前期的 iPod、iPhone 为什么拥有价格优势？为什么可以在短时期内迅速突破研发瓶颈、生产瓶颈并投入市场？关键在于苹果公司的产业链。

iPad、iPod 等的设计在苹果公司，但它的零部件供应和代工生产企业却分布在世界许多地区，它们要么拥有技术优势，要么拥有低廉的劳动力，要么拥有区位优势等。以长度相当于一张信用卡、宽度仅相当于 2/3 张信用卡的 iPod 来说，其微型硬盘、解码器、PCB 板等由日本东芝、韩国三星和荷兰飞利浦等国际知名企业提供。电池、充电器、触摸滚轮和耳机等主要由中国大陆和台湾地区的企业提供。这是就零部件的供应而言。就代工生产而言，苹果公司将 iPod 的代工生产资格给了 4 家中国台湾企业，分别是广达电脑、英华达电脑、富士康和华硕电脑。就销售而言，苹果公司一是利用沃尔玛的销售渠道；二是通过专门设立的专卖店；三是通过寻求有意向的经销商和代理商进行销售。在整个产业链的协作下，小巧、轻盈的 iPod 在美国市场上亮相的售价为 299 美元。

iPod 产业链上的收益分配大致为，组装加工、经销代理和苹果公司自己获取的收益占增加值的比率分别为 5.5%、20.6%和 73.9%。如果产品通过苹果专卖店直销，则苹果公司的收益更是高达增加值的 94.5%。

iPad 的产业链与 iPod 高度相似。美国权威市场调查机构 iSupply 的调查显示，iPad 所有零部件的成本仅为 219.35 美元，还不及零售价格的一半，平均成本为 260 美元左右。苹果公司在 iPad 的产业链中的收益占增加值的比率为 50%以上，据说中国台湾地区的代工生产企业只得到增加值的 3%左右。

“苹果”的聪明和“可怕”不仅在于它的超前的技术设计理念和创新意识，而且在于它对全球范围内产业链的充分利用和有效整合。产业链本质上是社会分工的体现，对产业链的利用就是对社会分工网络的利用。

无论从理论上说还是从苹果的案例来说，企业都应该注重利用社会分工网络和企业外部的产业链。必须抛弃和修正追求企业收益增长的主要途径甚至唯一途径是扩大企业规模的传统观念，单个企业规模的扩大并不能改变既定社会分工网络和产业链的构成。过去的一二十年内，我国的不少企业沉迷于资产重组和扩大企业规模，常常效果不佳。按照科斯的说法，之所以要用企业内的分工去替代企业外的社会分工，是为了节省交易费用。但由于法规的不断完善，市场竞争的日益加剧，信息技术的快速发展，在很多场合市场交易费用呈现出下降的趋势。这也就是说，起码有些企业的规模没有必要很大。苹果公司总部实际上并不太大，除了大片大片的绿化用地外，那几幢房子也实在比较低调。苹果公司甚至将部分技术设计都进行外包，如 Mcintosh 率先使用的鼠标，iPhone 所使用的多点触控技术等都来自其他公司。苹果当时的掌舵人乔布斯甚至宣称“一个人，一张桌子，一台电脑，就能改变世界。”这当然有一些偏执，但却值得咀嚼。反观我们有的企业，热衷于纵向一体化，通吃上下游企业，追求建立垄断的企业帝国，将本可以在企业外更经济、更合理地利用的产业链非要放到企业内部加以低效率地调配。

如何在社会分工体系和产业链中占据有利地位，在微笑曲线中尽量向两端靠拢，是我国企业面临的重大课题。韩国的 LG 为什么能成为 iPad 最重要元件——9.7 英寸触摸显示屏的供货商，从而在iPad的产业链中也分吃一羹美味？关键是LG拥有制造触摸屏的平面转换技术。这项技术不但使苹果平板电脑图像清晰、色彩鲜艳稳定，而且配合LED背光显示技术，能够大大节省电能消耗。一个企业如果没有过硬的技术和竞争力，就只能偏居产业链的缺乏风景的节点。

不断的技术创新、管理创新和充分利用产业链是企业的王者之道。这是苹果给我们的启示。

资料来源：叶德磊，"苹果"的果心在哪里，《解放日报》，2011年4月4日。

讨论：

1. 苹果公司充分利用社会分工网络和企业外部的产业链与企业纵向一体化理论是否矛盾？企业有效利用社会分工网络和外部产业链的前提条件是什么？

2. 苹果公司无疑是大公司，但它不仅将产品的生产甚至将部分技术设计都进行外包，那么，应该如何或者从何种意义上去理解苹果公司的"大"？

四、企业的目标

现实社会中，在某些特定时期或特定阶段，有的企业几乎会不顾一切地扩大自己的规模，这是否说明尽可能地扩大企业规模便是企业的目标呢？这里不妨简要地讨论一下企业的目标问题。

（一）销售收入最大化

这是指企业在既定的约束条件下，以尽可能地扩大自己的销售收入作为生产经营的目标。这里的约束条件包括劳动、资本等生产要素的投入数量，既定的技术水平和市场销售环境等。

（二）市场份额最大化

市场份额指的是企业生产和销售的产品数量在同行业中生产和销售的产品总量中所占的比率，也叫市场占有率。这一目标与前一目标具有高度的关联性，尽管市场份额是一个相对比率指标，销售收入是一个绝对数量指标。一般情况下，销售收入的增长意味着市场份额的增加。显然，市场份额最大化和销售收入最大化通常都是与企业规模正相关的。

（三）管理层效用最大化

在一定程度上，企业行为是由企业管理层控制和左右的，因而，企业管理层在一定的条件下往往能将自己的目标作为企业目标。管理层追求的目标是效用的最大化，其效用函数包括个人或小团体收入、非货币报酬、在职闲暇、企业规模及随之而来的权力范围和社会地位、技术兴趣等等，当然也包括企业的销售收入、市场份额、利润等。如在企业所有者与企业生产经营管理者分离的现代公司制企业，有的企业管理者关心的只是自己的薪金，只是能用企业的钱款去吃喝游玩等，而对企业的生产经营则不够关心。

（四）利润最大化

这是经济学研究中的一个基本假设和分析依托（至少在大多数情况下是如此）。与其他企业目标的假设和描述相比，利润最大化还是具有更合理的解释性。

首先，企业利润最后归属于企业所有者，而企业所有者对企业、对企业管理层拥有最大的发言权和最根本的决定权。其次，利润是企业实现其他一系列目标的保证，如果企业长期没有利润或利润过小，企业管理层的效用也最终会降低，甚至无法在企业继续待下去。因而，管理层可以一段时间不关心利润，但不可以一直不关心利润。最后，企业的一些其他目标在根本上可看作是为利润最大化目标服务的。如市场份额最大化和销售收入最大化可视为增强企业的抗风险能力，打击和消灭市场竞争对手，提高本企业在市场上的发言权的一种手段，其最终目标还是追求利润的增长和利润的最大化。市场份额最大化等只是企业特定时期的经营策略，能够构成企业长期、根本目标的仍是利润最大化。

因此，利润最大化目标这一理论假设虽不是绝对吻合企业行为，但应该说是一个良好的近似性描述。利润最大化假设也帮助经济学家构建了一系列较优美的经济分析模型。

同步训练 5-2

第三节 企业所有权与公司治理结构

如前所述，企业的组织成本与众多因素有关，也同一个十分重要的因素——企业所有权及在此基础上的公司治理结构有关。从更大的视角来讲，企业的生产经营效率在很大程度上取决于企业的所有权安排和公司治理结构。

一、企业所有权与产权

所有权(ownership)与产权(property rights)是两个广泛运用但却不容易准确定义的概念。企业所有权与财产所有权是不同的。财产所有权指的是对给定财产的占有权、使用权、收益权和转让权。譬如你拥有对某辆自行车这种财产的所有权，则你可以在不违反交通法规的情况下随意使用它，享受它给你带来的便利，也可以借给他人使用或有偿转让给他人。但现代形式的企业往往不是归某一个人完全所有的，如股份公司归众多股东所有。财产所有权与产权是等价概念，即这两个概念的含义是一样的。

企业中拥有财产的主体不一定能够获得企业所有权，如企业内的工人是自己拥有的体力和智力(一种特殊财产)的所有者，但当他只得到固定工资时，并不是企业的所有者，即没有企业所有权。

现代企业理论所理解的企业所有权，是指对企业的剩余索取权和剩余控制权。

二、剩余索取权与剩余控制权

剩余索取权(residual claims)**指的是对企业收入在扣减所有固定的契约规定的支**

付(如原材料成本、固定工资、利息、租金等)后的余额(现实中可理解为利润)的要求权。企业是否存在剩余是没有保证的,不确定的,在契约规定的索取被支付以前,剩余索取权是不能带来收益的,因而,企业的剩余索取者是企业风险的承担者。

剩余控制权(residual rights of control)**指的是对在契约中没有明确规定的活动和相关资产使用的安排权、决策权**。由于契约不可能是完备的,不可能对契约有效期内可能发生的所有事情的处理都事先全部规定清楚,这就要求有人对这些未予规定的"意外"事情拥有处置权、决策权,以防出现混乱和提高生产效率。如劳动契约中未规定员工一周加多少次班,但企业根据工作需要,可以在某周要求员工加好几次班,这便是剩余控制权。

对剩余索取权和剩余控制权的说明最早源于团队生产理论。企业生产是一种**团队生产**(team production),即产品都是通过由若干人组成的一个团队协作生产出来的,但每个成员的个人贡献不可能被完全地分解与观测,因而也就不可能完全按照个人劳动贡献来支付报酬。这样,团队中的成员就会有偷懒行为。为了提高生产效率,减少和杜绝团队中的偷懒行为,就不得不分出部分成员出来专门从事监督其他成员的工作。当然,这样的监督者也可以从原团队以外产生。但问题是,监督者本人也可能偷懒,不尽职尽责。怎么办呢?对策是让监督者享有剩余索取权,使监督者的利益与团队生产成果及效率相联系,这样,监督者便会受到尽责监督的激励。

但如果要使监督有效,监督者还必须拥有剩余控制权。如果只有剩余索取权而没有剩余控制权,即在契约规定的权力以外,没有对许多突发事情和意外事情的指挥权、处置权、决策权,则剩余索取权就是空洞的、被动的。反过来,如果只有剩余控制权而没有剩余索取权,则监督者会缺乏监督的动力,甚至会在实际上逐渐放弃剩余控制权。因此,要提高企业生产效率,必须使剩余索取权与剩余控制权在一定程度上对应、匹配。

企业所有权结构或企业所有权安排,主要就是指剩余索取权和剩余控制权的配置与安排。在古典企业即企业所有者与企业经营管理者统一的企业形式中,掌握剩余索取权的资本家与掌握剩余控制权的企业家合而为一。但现代企业的所有权结构趋于复杂,股东保留了剩余索取权,企业管理层(企业家)拥有部分剩余控制权(还有一部分为股东所有),这给现代企业带来了许多需认真对待的现象和问题(如第 12 章将会讨论的委托-代理问题)。如何优化企业所有权结构便成为现代企业理论和微观经济学中一个棘手的重大问题。

由上可见,企业所有权是通过对企业的剩余索取权和剩余控制权来体现或实现的,之所以拥有企业的剩余索取权和剩余控制权,是因为拥有企业所有权。

三、公司治理结构

公司治理结构[①](corporate governance structure)**也称法人治理结构,指的是在公**

---

① 人们通常是针对现代公司制企业来讨论治理结构的,故一般称为公司治理结构。一个人开的小商店等属于非公司制企业。

司既定的所有权结构基础上,对公司进行管理和控制的体系构造。可以从广义和狭义两个层面来理解。广义的公司治理结构包括正式的或非正式的、内部的或外部的制度或者机制来协调公司与所有利益相关者之间的关系,以保证公司决策的科学化,从而最终维护公司各方面的总体利益。狭义的公司治理结构即公司内部治理结构,指的是公司所有者与经营者之间的权利与责任关系的配置,一般体现为公司股东大会、董事会、监事会及经营管理层等的职能、结构与权力等方面的内部制度安排。显然,公司治理结构涉及对剩余索取权和剩余控制权的具体配置与安排。

☞**小贴士**

企业的组织形态

(1) 业主制。由个人出资经营的企业。出资者就是企业主,享有企业的全部业务经营权,独享企业的全部利润,独自承担经营风险,并对企业的债务负无限责任。

(2) 合伙制。由两人或两人以上的个人共同出资、共同经营、共享利润的企业。其中又分为普通合伙和有限合伙。

(3) 公司制。又分为有限责任公司、股份有限公司、无限责任公司、两合公司等。其中有限责任公司(简称有限公司)和股份有限公司(简称股份公司)是常见的。

公司治理结构是公司所有权结构的具体化,后者是前者的基础。如一个人投资的企业不会设置股东大会、董事会。众多股东投资的公司,则必须通过一定的具体形式(如股东大会)来行使自己的权力。

公司治理结构由一系列契约加以具体规定,这些契约可分为两类:正式契约和非正式契约。非正式契约由社会文化、企业文化、历史传统、社会习俗等行为规范构成,如员工对公司的忠诚度等。正式契约又可以分为通用契约和特定契约。前者包括政府颁布的一系列法律、法规,如公司法、证券法、破产法等等(法律可看作为强制性的公共契约),它们适用于所有的公司。特定契约包括具体的公司章程、公司规定及具体合同等等。

在股东大会和针对突发事件的临时股东大会上,股东的投票权就是一种剩余控制权,各级企业管理者被赋予的权责也是剩余控制权的具体表现形式。收益分配顺序的安排、奖金分配条例、承包合同等则是剩余索取权的具体实现形式。不难理解,公司治理结构也面临着不断完善、不断优化的问题。

同步训练 5-3

本章小结

1. 企业产生的原因是降低和减少市场交易费用，企业和市场都是生产的组织形式。企业对市场的替代表现为各生产要素所有者与企业权威之间的长期契约替代了一系列短期契约。

2. 交易费用可被看作是利用市场这种生产组织形式的成本，或者说是利用价格机制的成本。交易费用的产生可从人的有限理性、机会主义行为和资产专用性等方面予以说明。

3. 企业组织生产也是有成本的，这就是组织成本。组织成本的存在决定了企业规模不可能无限制地扩大。企业的均衡边界决定于边际组织成本与边际交易费用的相等。

4. 企业所有权指的是对企业的剩余索取权和剩余控制权。要提高企业的生产效率，就必须使剩余索取权与剩余控制权在一定程度上对应。

5. 公司治理结构是公司所有权的具体化，优化、完善公司治理结构是公司普遍面临的重大难题。

基本概念

斯密定理	交易费用	有限理性	机会主义行为
组织成本	企业所有权	剩余索取权	剩余控制权
产权	团队生产	公司治理结构	

复习思考题

1. 如何理解企业和市场都是生产的组织形式？它们对于生产的组织有何不同？

2. 下列哪些费用支出属于交易费用？

(1) 钢铁厂购买铁矿石的支出；

(2) 钢铁厂向某咨询公司购买的市场销售调查报告；

(3) 钢铁厂向某咨询公司购买的炼钢新技术发展趋势研究报告；

(4) A企业对B企业考察人员的接待费；

(5) A企业将产品运往B企业所在地过程中，在高速公路上缴纳的过路费；

(6) B企业将款项划到A企业账户上，银行收取的手续费；

(7) A企业组织部分员工到云南丽江旅游的费用；

(8) A企业捐给灾区的衣物及钱款；

(9) A企业支出的广告费。

3. 为什么说在地方保护主义和发育不良的市场环境中，交易费用都会较高？

4. 为什么说良好的企业文化有助于降低企业组织成本？

5. 描述和分析过去计划经济条件下和目前转型经济中我国国有企业的行为特征。

6. 谈谈对于优化我国上市公司治理结构的设想。

第6章 完全竞争市场的价格与产量决定

引导案例

前几章研究了消费者行为与生产者行为，本章开始将进一步研究在不同的市场条件下，为了取得利润极大化，厂商如何组织生产与销售？如何确定价格与产量？

第一节　完全竞争市场

不同的市场具有不同的经济特征，从而使得厂商的决策背景也大为不同。本节对完全竞争(perfect competition)市场作一个一般性的概述，以便在此基础上作进一步的分析。

一、完全竞争市场的概念

完全竞争又称纯粹竞争。一个市场必须符合下列四个条件才能算作为完全竞争市场。

(1) 市场上存在着规模小而且数量众多的买者和卖者，它们各自的购买和供给分别在该产品的总需求和总供给中所占的份额非常小，因而它们的行为不会对产品价格发生影响。任何一个卖者或买者都只是市场价格的接受者，而不是价格的决定者。

(2) 产品是同质的。即生产某种产品的所有厂商提供的产品在质量、功能、外形、包装等方面都完全相同。因此，消费者不会对任何一家厂商的产品存在特殊偏好。

(3) 资源能够自由流动。即所有生产资源可以自由地从一个行业转到另一个行业，也就是说，没有任何一个厂商能够垄断生产要素和生产资源。

(4) 市场信息充分、完全。消费者和厂商完全了解市场的价格等信息，因而不会有任何人以高于市场通行的价格进行购买，或以低于市场通行的价格进行销售。

显然，完全竞争市场是一种虚构出来的极端市场类型，但是，它作为一种抽象的理论模式，在理论分析上有着重要意义。因为它提供了最基本最简单的理论构架，它是各种类型市场理论的基础。而且，现实中的农产品市场被认为比较接近于完全竞争市场。最后，正如后面的分析所表明的，这一市场类型的资源利用最优，经济效率最高，可以作为市场追求的理想目标。

二、市场需求与厂商需求

图 6-1(a)表示的是整个行业市场上供求决定均衡价格的情况。这里和后面几章中所说的行业市场一般是指某一产品市场(例如大米市场、空调市场等)。正如我们在第 1 章已分析过的,就某一种产品(也就是这里的某一行业)的市场供求来说,需求量与价格呈反向运行,供给量与价格呈正向运行。供求曲线如图 6-1(a)所示。

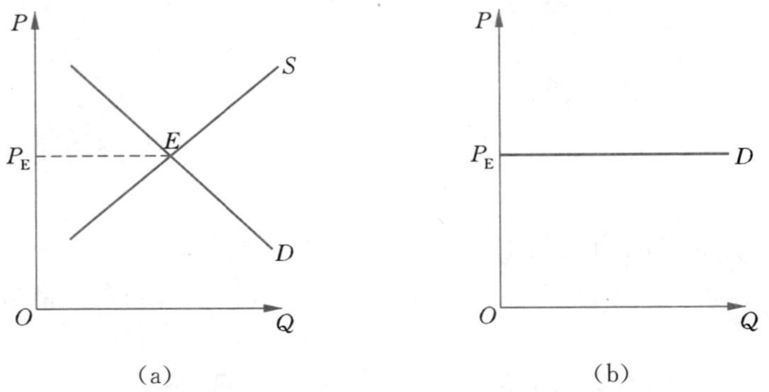

图 6-1　单个厂商需求曲线的形成

图 6-1(a)中的价格 P_E 是整个行业市场的供求决定的均衡价格,而图 6-1(b)表示的是厂商的产品需求的情形,P_E 水平线为单个厂商的产品需求(D)曲线。为何形状如此呢?

因为据前所述,在完全竞争条件下,厂商只能接受 P_E 这一市场价格,每个厂商只能按照市场决定的价格 P_E 销售产品,厂商无法影响和改变市场价格。厂商的有限产量都可以且只会在 P_E 的水平销售,因为厂商如果将其产品价格定在高于 P_E 的水平,消费者便不会购买它的产品,而会购买价格为 P_E 的其他众多厂商的产品。厂商也没有必要将其产品价格定在低于 P_E 的水平,因为单个厂商的产量很小,面对数量众多的买者,它可以在 P_E 的价格水平将其数量很有限的产品销售出去。价格为 P_E 时,市场对厂商的产品需求量可能为 Q_1,也可能为 Q_2、Q_3……也就是说,市场对厂商产品的任何需求量①都是对应于价格 P_E 的。所以厂商的需求曲线为平行于横轴的一条直线。也可以说,该市场条件下的厂商的产品的需求弹性趋于无穷大。

三、厂商收益

厂商总收益等于销售量与产品的价格之乘积。即:$\text{TR}=P\cdot Q$。平均收益 $\text{AR}=\dfrac{\text{TR}}{Q}=\dfrac{P\cdot Q}{Q}=P$。换言之,不管厂商的销售量为多少,其平均收益总是等于既定的价格 P,也就是说,厂商的需求曲线(表示 P 与 Q 的对应关系)同时也是厂商的平均收益曲线(表示 AR 与 Q 的对应关系)。具体就图 6-2 来说,这时的 $\text{AR}=\dfrac{PQ}{Q}=\dfrac{P_E\cdot Q}{Q}=P_E$,

① 当然,完全竞争市场的单个厂商所能提供的产量是很有限的,因此这里讲的任何需求量其实是有限产量范围内的任何需求量。

而这时的厂商的需求曲线的代数式可以表示为：$P=P_{\mathrm{E}}$，由此可见，厂商的需求曲线同时也是厂商的平均收益（AR）曲线。

在完全竞争条件下，厂商每增加一个单位的产销量所引起的总收益的增量即边际收益（ΔTR）总是等于固定不变的产品价格 P，即 $\Delta TR=P$。譬如，假设该市场条件下的产品价格为 10 元，那么每增加一个单位的产品销售所带来的总收益的增量即边际收益总是等于 10 元。换言之，完全竞争市场上，厂商的需求曲线同时又是厂商的边际收益曲线（表示边际收益 MR 与 Q 的对应关系）。这还可以从下面的 MR 的代数式看出来。边际收益 $MR=\dfrac{\Delta TR}{\Delta Q}$，由于 $\Delta Q=1$（单位），则 $MR=\Delta TR=P$，具体就图 6-2 来说，$MR=P_{\mathrm{E}}$。或者用求导方法来表示，$MR=\dfrac{d(PQ)}{dQ}=\dfrac{d(P_{\mathrm{E}}Q)}{dQ}=P_{\mathrm{E}}$，因而也有 $MR=P_{\mathrm{E}}$。也就是：$P=AR=MR=P_{\mathrm{E}}$。

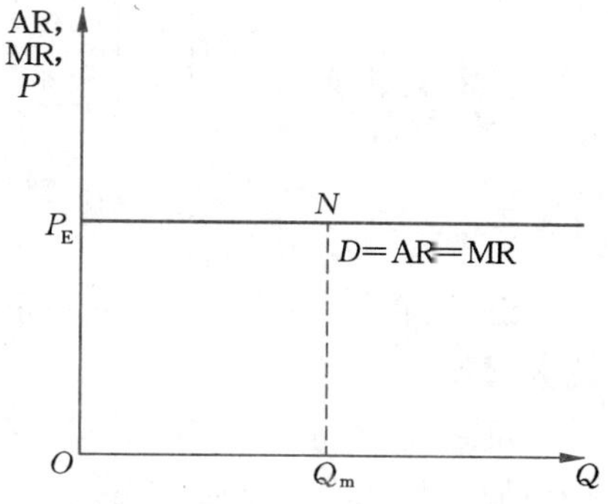

图 6-2　三线合一的需求曲线

如图 6-2 所示，如果厂商的产量为 Q_{m}，则总收益 $TR=AR\cdot Q_{\mathrm{m}}=P_{\mathrm{E}}\cdot Q_{\mathrm{m}}=$矩形 $OP_{\mathrm{E}}NQ_{\mathrm{m}}$ 的面积。

需稍作说明的是，图 6-2 中的纵轴之所以能同时表示产品价格、厂商的平均收益和边际收益，是因为它们都体现为一定的货币值，因而是同质的变量。

同步训练 6-1

第二节　短期均衡

上面讲到，在完全竞争市场上，厂商可以按照既定的价格卖出他愿意卖出的所拥有的全部产品，那么，厂商怎样决定他的产（销）量的数额呢？或者说，厂商的均衡产量如何决定呢？这可以分为短期和长期两种情况，先考察短期均衡。

当短期内，某一产量可在某种既定市场条件下为厂商带来最大化利润或最小化亏损时，厂商会维持该产量不变，这一状态也就是短期均衡。当每个厂商都达到自己的均衡状态时，整个行业或部门也就达到均衡状态。厂商的短期均衡一般有以下几种情形：

一、能赚得超额利润的均衡产量

图 6-3 中，设价格为 P_1，厂商只会在 $Q_1\sim Q_3$ 的产量区间内选择某一产量，因为产量小于 Q_1 或者大于 Q_3，短期平均成本（SAC）都高于产品的价格（P_1），厂商会亏损。产量等于 Q_1 或者 Q_3 时，厂商利润均为零。在 E 点，$MR=MC$（在这里实际上是体现为 SMC），这是利润极大化（也常称为最大化）的条件。

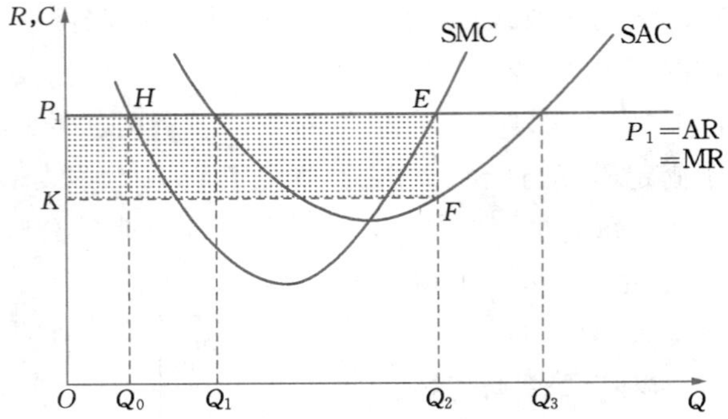

图 6-3　厂商短期均衡

证明：在 $Q_1 \sim Q_2$ 的产量区间，MR > MC，这意味着厂商继续扩大产量可使利润总额增加。

反之，在产量大于 Q_2 的 $Q_2 \sim Q_3$ 产量区间，MR < MC，这意味着产量达到 Q_2 后，每增加一单位产量反而带来损失，从而引起总利润减少。这时减少产量倒可以使利润总额增加。

所以，厂商达到总利润为极大值的条件是，把它的产销量调整到一定数量，这个数量的最后一个单位的产品所提供的边际收益(MR)恰好等于它的边际成本(MC)，即 MR = MC。图 6-3 中，产量为 Q_2 时，MR = MC，这时厂商的总利润达到最大。

直观地举例来说(如表 6-1 所示)，设某厂商的产量为 Q_a 时，总收益和总成本分别为 500 元和 400 元，即利润为 100 元。这时如果增加一个单位的产品的生产(即产量达到 Q_b 时)，总收益和总成本将分别达到 520 元和 410 元，即这时的 MR 和 MC 分别为 20 元和 10 元(MR > MC)，理性的厂商当然会增加生产，因为增加一个单位产品的生产，可以使总利润增加到 110 元(520 元－410 元)。换言之，在产量为 Q_a 时，利润没有达到极大化。

表 6-1　厂商的收益、成本及利润等的变化　　元

产量 Q	总收益 TR	边际收益 MR	总成本 TC	边际成本 MC	利润 π
Q_a	500		400		100
Q_b	520	20	410	10	110
Q_c	540	20	421	11	119
Q_d	560	20	432.3	11.35	127.65
⋮	⋮	⋮	⋮	⋮	⋮
Q_w	680	20	525	20	155
Q_x	700	20	548	23	152
Q_y	720	20	573	25	147

表 6-1 显示，产量为 Q_w 时，MR = MC，这时的总利润(155 元)达到了极大化。这时无论是增加生产还是减少生产，都只会使现在的利润减少。

再回到图 6-3，产量为 Q_2 时，厂商的总收益(TR)为矩形 OP_1EQ_2 的面积，总成本

(TC)为矩形 $OKFQ_2$ 的面积，因而总利润(TR − TC)可用矩形 P_1EFK 的面积来表示。由于这里的所谓成本包含了正常利润，所以这里的利润指的是超过正常利润的超额利润。

对 MR= MC 原则还可用数学方法作更严格并且是超越市场类型的一般化的证明：

$$\pi = \mathrm{TR} - \mathrm{TC}$$

$$\frac{\mathrm{d}\pi}{\mathrm{d}Q} = \frac{\mathrm{dTR}}{\mathrm{d}Q} - \frac{\mathrm{dTC}}{\mathrm{d}Q} = \mathrm{MR} - \mathrm{MC}$$

利润极大化的一阶条件(即必要条件)为 $\frac{\mathrm{d}\pi}{\mathrm{d}Q}=0$，因此有 MR = MC①。

显然，MR=MC 为利润极大化的条件适用于所有市场类型中的所有厂商。

需说明的是，严格说来，产量与销售量是有区别的。如果产量满足 MR=MC 要求，但一部分产量无法销售出去，即无法转化为厂商收益时，厂商也不能实现利润最大化。为方便起见，理论分析中一般假定产量与销售量是等同的，即生产出来的产量能够全部销售出去。市场需求的减少只会使厂商减少产量。

当短期内，某一产量可为厂商带来最大化利润时，厂商会维持该产量不变，这一状态也就是短期均衡。第 4 章第二节所讲到的生产者均衡的意义之一就在于可以根据这里所说的利润最大化的产量去调整要素投入组合。

二、超额利润为零的均衡产量

设市场价格从 P_1 下降为 P_2，如图 6-4，这时厂商的均衡产量为 Q_2，因为在 Q_2 时，

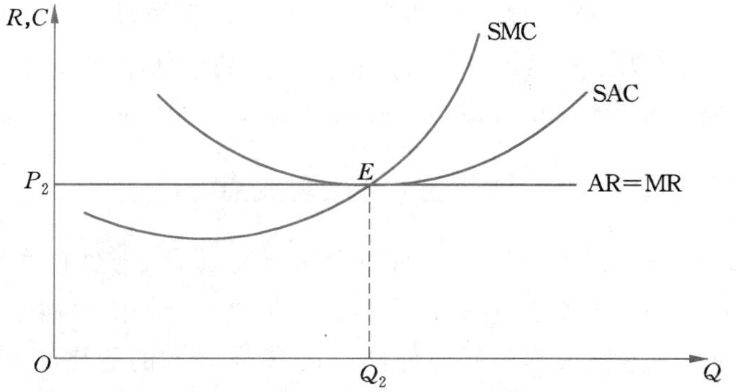

图 6-4 超额利润为零的均衡产量

① 正文中略去了利润极大化的二阶条件。利润极大化的二阶条件为：

$\frac{\mathrm{d}^2\pi}{\mathrm{d}Q^2} = \frac{\mathrm{d}^2\mathrm{TR}}{\mathrm{d}Q^2} - \frac{\mathrm{d}^2\mathrm{TC}}{\mathrm{d}Q^2} = \frac{\mathrm{dMR}}{\mathrm{d}Q} - \frac{\mathrm{dMC}}{\mathrm{d}Q} < 0$。也就是边际收益曲线的斜率小于边际成本曲线的斜率。图 6-3 中的产量 Q_2 满足利润极大化的一阶条件和二阶条件(在 E 点，MR 曲线的斜率为零，MC 曲线的斜率为正)。尽管有利润极大化的二阶条件，但习惯上一般将利润极大化的条件简称为 MR = MC。U 形的 MC 曲线在其下降阶段的某一点，虽然也会与 MR(=P)曲线相交(如图 6-3 中的 H 点)，但该点不满足利润极大化的二阶条件。而且从图形上可看出，该产量时的 AC 高于 P，厂商会亏损。

请读者注意，$\mathrm{dTR}/\mathrm{d}Q$ 表示的是总收益(TR)曲线上的点的切线的斜率即边际收益，而 $\mathrm{d}^2\mathrm{TR}/\mathrm{d}Q^2$(即 $\mathrm{dMR}/\mathrm{d}Q$)表示的则是边际收益曲线上的点的切线的斜率。$\mathrm{dTC}/\mathrm{d}Q$ 及 $\mathrm{d}^2\mathrm{TC}/\mathrm{d}Q^2$(即 $\mathrm{dMC}/\mathrm{d}Q$)等与此类似。

MR＝MC。设 E 点又是 SMC 与 SAC 相交之点，则在 Q_2 时，AC＝AR。这时的总成本为 $Q_2 \cdot EQ_2$，而这时的总收益也为 $Q_2 \cdot EQ_2$，即 TR＝TC，$\pi=0$。也就是说，厂商只能得到正常利润。

三、亏损为最小的均衡产量

如图 6-5，设市场价格进一步降低至 P_3。这时，任何产量的平均收益都低于平均成本 AC，假如厂商停止生产经营，但仍需支出固定成本。如何使得亏损最小呢？厂商把产量定为 Q_3，这是它在产品销售价格 P_3 条件下亏损最小的产量。在 Q_3 的产量水平，MR＝MC。

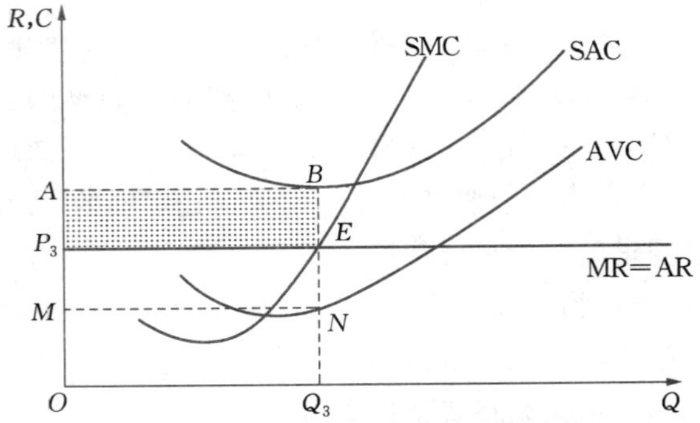

图 6-5　亏损为最小的均衡产量

证明：若产量小于 Q_3，MR > MC，这意味着每增加一单位产量还可以带来一点净收益，从而使亏损总额减少；反之，当产量大于 Q_3 时，MR < MC，这意味着减少产量反而会使亏损总额减少。所以 Q_3 为亏损最小的厂商均衡产量。

在这里，亏损总额为矩形 $ABEP_3$ 的面积。产品的全部销售收入 OP_3EQ_3 除收回全部可变成本 $OMNQ_3$ 外，还可补偿一部分固定成本 P_3ENM。

四、收回全部可变成本的均衡产量(停止营业点)

如图 6-6，市场价格(P_4)非常低，此时的均衡产量为 Q_4。这时，平均收益等于平均可变成本，即 AR＝P_4＝AVC。这表示产品的销售收入恰好能收回因为生产而发生的全部可变成本，固定成本则得不到任何补偿。在 E 点表示的价格和产量水平，对于厂商而言，生产与不生产的效果是一样的。如果不生产，就不会有可变成本的支出；如果

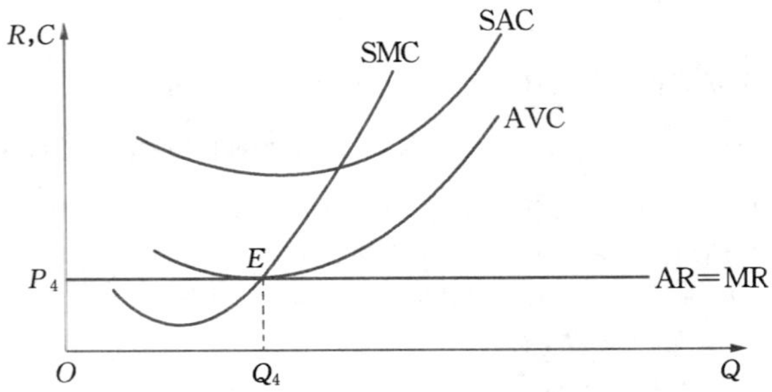

图 6-6　仅收回可变成本的均衡产量

生产，也只是将支出的可变成本刚好收回。因此，这样的卖价是厂商开工生产的最低价格。E 点也称为**停止营业点**（shutdown point）。若市场价格再降低，厂商便会停止生产和营业。因为，如果厂商在产品价格更低的条件下进行生产经营，不仅固定成本得不到丝毫补偿，新支出的可变成本也无法全部收回来。

专栏 6-1

辅导班应该开办吗

某培训机构原本计划开办 CPA 考前辅导班，为此花费了 3.5 万元做招生广告。根据同类培训班的市场价格水平，每位学员的学费定为 0.4 万元。如果正式开班：授课为 50 课时，每一课时的教师课酬为 0.15 万元；教室租金总共为 0.5 万元；培训机构需要为每位学员购置 0.03 万元的教材。

后来，从报名情况看，辅导班只能招到 25 人，亏损已成定局。这时，有人主张如期开办辅导班；有人主张不开办，向已经报名的人道歉、说明。

讨论：

1. 如果你是该培训机构的负责人，你将如何决策？
2. 如果不开办辅导班，支出的成本为多少？如果开办辅导班，固定成本和可变成本分别为多少？
3. 理论上，招生人数为多少时，辅导班处于停止营业点？

五、短期供给曲线与生产者剩余①

（一）短期供给曲线

已经知道，对完全竞争厂商来说，$P=\mathrm{MR}$，因而完全竞争厂商短期均衡条件又可以写成 $P=\mathrm{SMC}$。也就是说，理性的厂商会在满足这一条件时提供产量。在图 6-6 中，位于 AVC 曲线最低点上方的向右上方倾斜的 SMC 曲线上的任何一点，都可以在相应的价格水平满足 $P=\mathrm{SMC}$ 的利润最大化条件，从而这一段 SMC 曲线可以表示，厂商对应于不同的价格所愿意提供的产量，即这一段 SMC 曲线就是厂商的短期供给曲线。

那么，位于 AVC 曲线最低点下方或左方的 SMC 曲线为什么不是厂商的短期供给曲线呢？因为在 AVC 曲线最低点的左方，任一产量水平的与 SMC 相等的价格（要满足 $P=\mathrm{SMC}$）都低于该产量水平的 AVC，厂商不会提供产品。

这样，可以用图 6-7 中的实线部分的 SMC 曲线表示完全竞争厂商的短期供给曲线。

---

① 如果教学课时紧张，课堂教学中可以跳过这一部分内容。

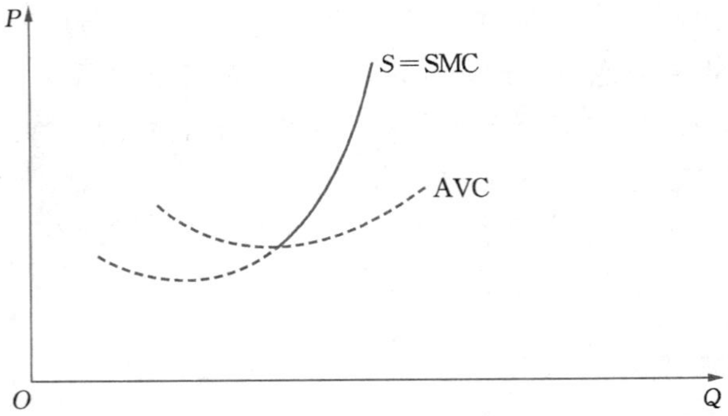

图 6-7　完全竞争市场的厂商短期供给曲线

将市场上所有厂商的短期供给曲线水平加总，便可得到全行业的短期市场供给曲线，如图 6-8 所示。为了分析的简单、直观起见，这里先假设某完全竞争市场只有两家厂商，它们的短期供给曲线分别由图 6-8(a)中的 SMC_1 和 SMC_2 曲线表示。当价格为 P_2 时，两家厂商的短期供给量分别为 2 单位和 5 单位，也就是价格为 P_2 时，全行业的短期市场供给量为 7 单位。当价格为 P_1 时，厂商 2 愿意供给的数量为 4 单位，厂商 1 这时则不会提供任何产品，因为 P_1 低于厂商 1 的 AVC。从而价格为 P_1 时的全行业的短期市场供给量也为 4 单位。类似的水平加总，就可得到图 6-8(b)所示的全行业的短期市场供给曲线 S。

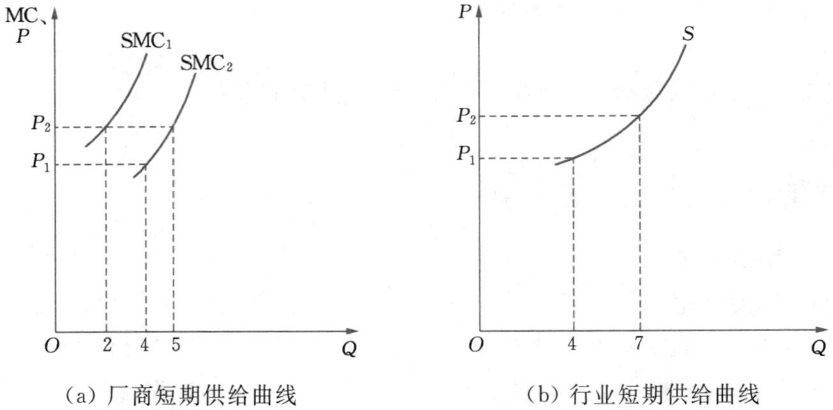

图 6-8　完全竞争市场短期供给曲线的形成

由于完全竞争市场的厂商数量众多，理论上可以假定由众多厂商的短期供给曲线水平加总而来的全行业的短期市场供给曲线呈现出连续、平滑的特征。

还要稍作说明的是，行业中的多数或全部厂商增加产量，会导致对生产要素的需求增加及生产要素的价格可能上涨，厂商的 SMC 曲线会相应地上移。即要素价格的上涨会使得以上移后的各 SMC 曲线水平加总来得到 S 曲线。但作为加总基础的各 SMC 曲线[如同图 6-8(a)中的 SMC 曲线]可以是反映了要素价格上涨(即已经上移)的曲线，因而要素价格变动后的这种加总在理论上仍是准确、可信的。

正如后面的图 6-10 所显示的，供给曲线会在某一价格水平与纵轴相交。那么根据

图 6-8 显示的加总方法，供给曲线是否会与纵轴相交呢？实际上，图 6-8 显示的只是局部的加总。各厂商的成本状况是不同的，个别厂商的 AVC 曲线与 SMC 曲线可能在较低的成本水平及很低的产量水平处（理论上无限趋近于纵轴）相交。在与此对立的价格水平，其他厂商都不会提供产量，因而这时该厂商的相应部分的短期供给曲线就成为行业短期供给曲线的一部分。低于这一成本所对应的价格，行业的供给量为零。所以这时的行业短期供给曲线可视为与纵轴相交。

（二）生产者剩余

如果某一单位商品的销售价格高于生产它的边际成本，厂商就能获得一种“剩余”。这种剩余或差额便是生产者剩余。如图 6-9，厂商出售 Q_m 数量的某商品所获得的生产者剩余由产量 $0 \sim Q_m$ 之间的市场价格（P_n）线以下和 SMC 曲线以上的阴影部分面积表示。可见，简单地说，**生产者剩余（producer surplus）指的是商品的市场价格与商品的边际成本之间的差额**。也可以说是厂商出售一定数量的某商品所获得的总收益与生产它们时花费的全部边际成本之间的差额。

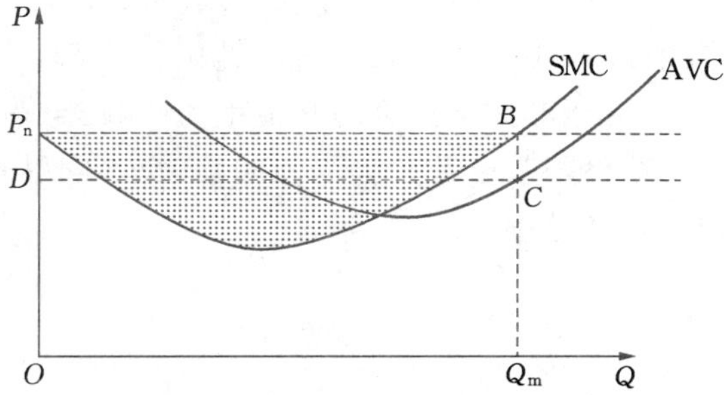

图 6-9 厂商的生产者剩余

如果再作复杂一点的论述，生产者剩余还等于图 6-9 中矩形 P_nBCD 的面积。这是因为，短期内固定成本不变，产量从 $0 \sim Q_m$ 区间的所有各单位产量的边际成本之和等于生产 Q_m 数量的全部可变成本，即图 6-9 中 SMC 曲线以下和横轴以上部分的面积（以 TMC 代表）等于矩形 $ODCQ_m$ 的面积。从而有：矩形 OP_nBQ_m（总收益）$-$ TMC $=$ 阴影部分面积；矩形 OP_nBQ_m $-$ 矩形 $ODCQ_m$（$=$TMC）$=$ 矩形 P_nBCD 的面积。于是：生产者剩余 $=$ 阴影部分面积 $=$ 矩形 P_nBCD 的面积。

将某商品市场上所有厂商的生产者剩余加总，就可以得到整个行业市场的生产者剩余。图 6-10 表示的是某商品（行业）的市场供求，$\triangle AFE$ 的面积代表的是该商品市场上所有厂商的生产者剩余。它与图 6-9 表示的某厂商的生产者剩余是不同的，但对于生产者剩余的内在逻辑说明是一致的，因为行业供给曲线由行业内所有厂商的相应部分的 SMC 曲线水平加总而来。供给曲线以

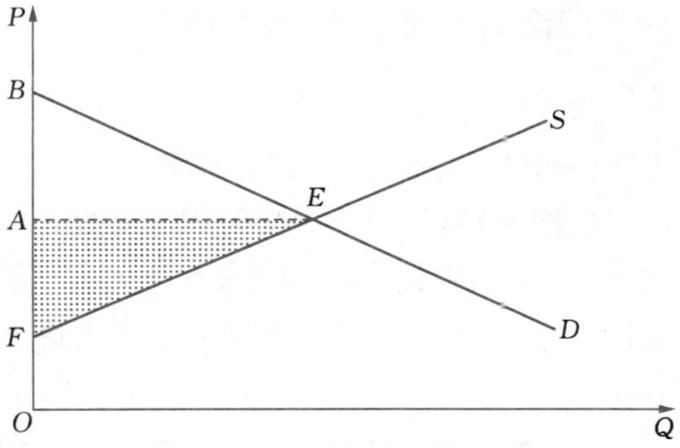

图 6-10 市场均衡价格与生产者剩余

上和价格水平线以下的部分构成了短期分析中整个行业市场的生产者剩余。

据第 2 章可知，图 6-10 中△ABE 的面积代表的是该商品市场上所有消费者得到的消费者剩余。

由于一定数量某产品的各单位产量的边际成本之和(等于该产品数量的全部可变成本，如图 6-9 中矩形 $ODCQ_m$ 的面积)是厂商出售该产品数量(如图 6-9 中的 Q_m)可接受的最小收益，从而也可以说，**生产者剩余是厂商出售一定数量的某产品时实际获得的总收益与愿意接受的最小收益之间的差额**。

细心的读者也许会回过头去对图 6-6 产生疑惑。因为从生产者剩余 PS＝TR－AVC·Q 的角度看，厂商这时的 PS＝0。那么，从 PS＝TR－SMC (OQ_4 区间)的角度看，PS 是否等于零呢？答案是相同的。这时 OQ_4 产量区间内，价格水平线以上和 SMC 曲线以下部分[1]的面积应该与价格水平线以下和 SMC 曲线以上部分的面积相等(正负相抵)，从而生产者剩余等于零。

据上分析，生产者剩余 PS＝TR－VC，其中，VC＝AVC·Q，而利润 π＝TR－VC－FC＝PS－FC，从而有 PS＝π＋FC。可见，生产者剩余大于利润。从长期来说，所有的成本都是可变成本，FC 为零，于是生产者剩余在长期就全部体现为利润。

当然，生产者剩余也存在于非完全竞争的其他市场(如完全垄断市场等)中。生产者剩余和消费者剩余是分析经济效率及社会福利问题的十分有用的工具，但这种分析内容已经超出了本教材的论述范围。

同步训练 6-2

第三节　长期均衡

所谓长期，是指在这段时期内，各厂商能够调整它的厂房设备等的规模，而且行业也能够调整它所属的厂商的数目，即该行业能得到超额利润时，其他厂商会进入；反之，该行业发生亏损时，一些厂商会退出。

一、厂商与行业的长期均衡

为了便于理解，我们分两步来分析。

(一) 厂商规模和产量的调整

如图 6-11，设市场价格为 P_1，以 SAC_1 为代表的厂商的均衡产量为 Q_1，因为 SMC_1 与 P_1 价格水平线(＝MR 线)交于 Q_1 产量。这时，$P_1 < SAC_1$，厂商存在亏损，它可以退出这个行业，也可以建设一个更大规模因而平均成本较低的工厂，例如，建设一个

[1] SMC 曲线是 U 形的，它与 P_4 水平线有两个交点，但图 6-6 为简洁起见，未画出另一个交点和 $O \sim Q_4$ 产量区间内价格水平线以上的 SMC 曲线。

SAC₂ 代表的工厂，就可以赚得超额利润。但是，就长期来说，厂商不会就此止步。为了追求更大的利润，厂商将进一步地扩大生产规模。例如扩大后的生产规模由 SAC_3 来代表时，厂商赚得的超额利润显然更大。

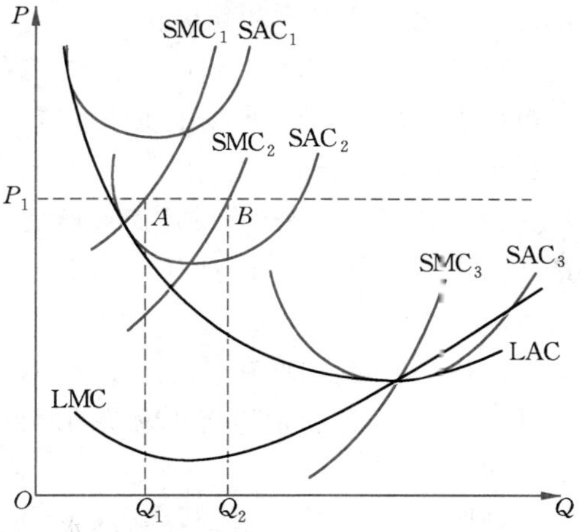

图 6-11　厂商规模调整示意

(二) 厂商与行业的长期均衡

图 6-12(a)表示的是整个行业市场上供求决定均衡价格的情况。图 6-12(b)表示的是厂商的成本及收益状况。如图 6-12(a)所示，D 与 S_1 交于 E_1，均衡价格水平为 P_1，图 6-12(b)中以 SAC_1 为代表的厂商可获得超额利润。这时，该厂商和该行业的其他收支状况类似的厂商像上述一样，纷纷扩大自己的产量，即向图 6-12(b) 中的 SAC_2 看齐。并且，其他行业的厂商也纷纷进入该行业。结果可能造成整个行业市场上产品供过于求，市场价格下降。

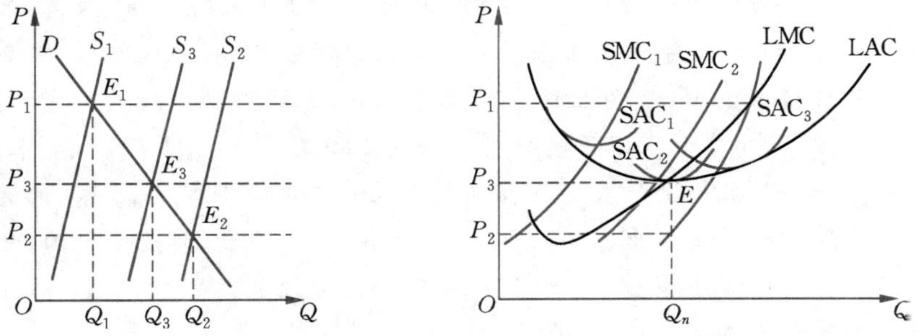

(a)　　(b)

图 6-12　厂商与行业的长期均衡

假设进入的厂商太多，S_1 移至 S_2，均衡价格为 P_2，这时每个厂商都存在亏损。一些厂商退出，一些厂商缩小规模。

于是，整个行业市场的产品供给减少，使得供给曲线从 S_2 移至 S_3，新的均衡价格为 P_3，P_3 价格水平线与 LAC 曲线在其最低点相切，这时，$P_3 = SAC_2 = LAC = SMC_2 = LMC$。超额利润等于零，所有厂商既无利润，也无亏损，既无扩大或缩减工厂规模的诱因，也无进入和退出该行业的诱因。于是同时形成了行业和厂商的长期均衡。同时，由于完全竞争市场中厂商的均衡价格水平线也就是厂商的 MR 曲线，即有 $P = MR$。所以，完全竞争市场条件下厂商和行业长期均衡的条件可以表达为：

$$P = MR = LMC = LAC$$

只要价格水平线高于 LAC 曲线的最低点，厂商便可获得超额利润。因而厂商便会继续扩大生产规模，别的行业的厂商也会进入，这种竞争会一直持续到价格水平线与

LAC 曲线在其最低点相切为止。

反之，如果价格水平线低于 LAC 曲线的最低点，所有的厂商都会亏损，一些厂商就会退出这个行业，行业市场上供给的减少将带来价格水平线的上移，直到与 LAC 曲线的最低点相切为止。

图 6-12 中，如果初始的厂商规模是由 SAC_3 为代表，那么，在市场均衡价格水平为 P_3 时，该厂商会亏损，它就不得不减少产量，缩小生产规模，直到生产规模可以由 SAC_2 代表时为止。

需说明的是，前面在讨论短期均衡时论及的厂商调整产量是通过调整可变投入来实现的，而在讨论长期均衡时论及的厂商调整产量则是通过改变整个企业规模(包括全部投入)来实现的。

从图 6-12(b)中可看到，厂商长期均衡时的平均生产成本和产品价格相等，这表明产品价格降到了可能的最低水平，消费者按照最低价格购买商品，意味着消费者在既定收入条件下得到了最大满足。厂商的长期均衡产量也达到了理想的最高水平，因为产量再增加，产品的平均生产成本就要提高了。

☞小贴士

第二次世界大战到本世纪初，美国小企业数平均每年大约递增 1.9%，相当于人口的增长水平，1993 年以后新就业人员中，三分之二左右依靠小企业。法国、德国、英国和日本的机械工业中，小企业所占的比重均达到 75%以上。英国 1993 年全国拥有企业 358 万家，其中 9 人以下的微型企业为 339 万家，占 94.4%，10 人至 99 人的小型企业 18.5 万家，占 5.2%，100 人至 499 人的中型企业 13 628 家，约为总数的 0.4%，500 人以上的大型企业 3 205 家，不足千分之一。意大利被人称为“小企业王国”，90%的工业公司是小企业，小企业中从业人员占就业总人口的 84%，小企业提供的国内生产总值占全国总数的 60%以上。

发达国家并不都是大企业或超大企业，但它们容易被人所知。其实它们只是塔尖，塔的基座是众多的中小企业。小企业之所以能在具有规模经济优势的大企业的发展缝隙中生存和发展，原因是多方面的。首先，小企业构组的市场虽然不是真正意义上的完全竞争市场，但无疑更趋于接近完全竞争市场，因而生产效率较高。其次，社会消费的多样性、多变性为小企业的生存和发展提供了市场基础，不少产品或服务更适宜于由小企业来生产和经营，如清洁公司等。再次，大企业的许多产品的配套生产实际上是依靠小企业来完成的。

二、行业长期供给曲线

行业的长期供给曲线可分为三种：

(一) 成本不变行业的长期供给曲线

如图 6-13 所示，设某产品(某行业)原有的需求曲线 D_1 与短期供给曲线 S_1 交于 E_1，市场价格为 P_1，全行业产量为 Q_1，代表性厂商的均衡产量为 q_1。代表性厂商的超额利润为零。

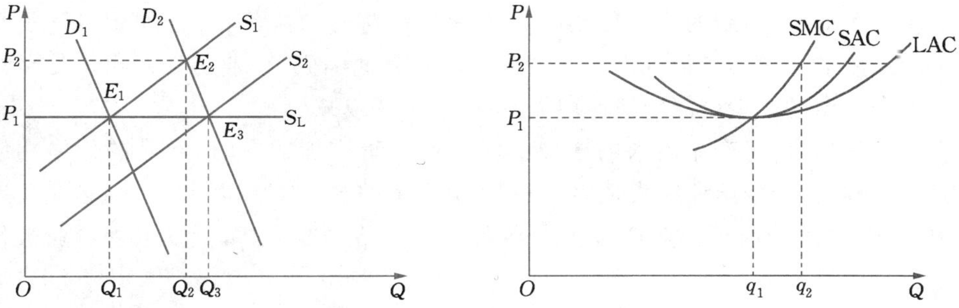

(a) 行业　　(b) 厂商

图 6-13　成本不变行业的长期供给曲线

设市场需求增加，从 D_1 增至 D_2，D_2 与 S_1 交于 E_2，价格为 P_2。这时厂商可得超额利润，于是扩大生产规模，利润最大化时的产量为 q_2。原有厂商生产规模的扩大和新的厂商进入，使得行业供给从 S_1 增为 S_2，S_2 与 D_2 交于 E_3，市场价格又恢复到 P_1。这时厂商的产量由 q_2 又回到 q_1，超额利润消失。这也说明行业产量由 Q_1 增至 Q_3 是由厂商数量的增加引起的。

在这场合，行业的长期供给曲线是一条水平线，如图 6-13(a)中连接 E_1 点和 E_3 点(当然还有省略的同一水平线的其他点)的 S_L 直线。它表示对该产品需求的变化只会引起供给量的变化，长期均衡价格是不变的。在这里，均衡价格的不变是因为投入的生产要素价格不会变化，从而生产成本不变。这样的行业的单位产品的成本不会因产量的变化而发生变化，所以被称为成本不变行业。

经济学上一般没有长期需求曲线的说法。就长期而言，对某产品的需求取决于其满足消费者消费欲望的能力和消费者的收入水平，而不是主要取决于该产品的价格水平。

(二) 成本递增行业的长期供给曲线

如图 6-14 所示，设初始的长期均衡状态下，价格为 P_1，厂商的短期和长期平均成本曲线为 SAC_1 和 LAC_1。现在市场需求增至 D_2，价格为 P_3，厂商可获超额利润，导致原有厂商扩大生产规模和新的厂商进入，这将产生两方面影响：一是对生产要素的需求增加，引起生产要素的价格上涨，使得产品的平均成本上升，LAC 曲线由原来的 LAC_1 上移到 LAC_2。二是行业供给曲线右移，从 S_1 移到 S_2。

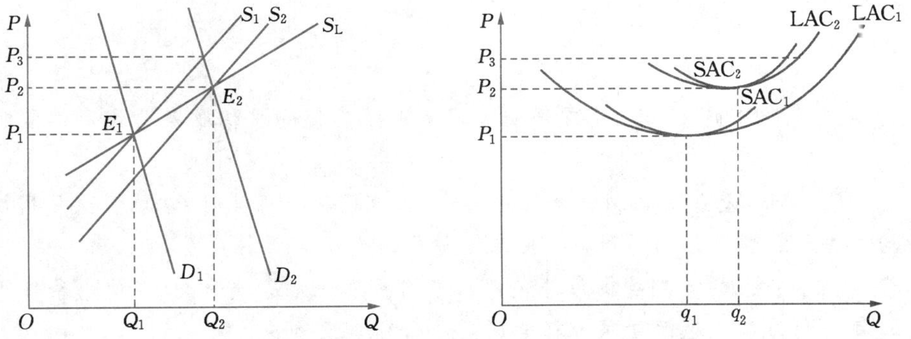

(a) 行业　　(b) 厂商

图 6-14　成本递增行业的长期供给曲线

S 曲线和 LAC 曲线的这种移动一直会持续到新的均衡价格（譬如 P_2）等于新的 LAC 曲线（譬如 LAC_2）的最低点为止。这时超额利润消失，行业与厂商再次处于均衡状态。单个厂商的产量可能较最初增加，也可能不变或减少。

在这样的场合，对产品需求的增加引起行业产量增加的同时，产品的价格相应上升，因而行业的长期供给曲线表现为图 6-14 中所示的连接 E_1、E_2 两点的自左向右上方倾斜的 S_L 曲线。由于行业产量扩大导致单位产品成本提高，所以这些行业被称为成本递增行业。

LAC_1 曲线的上升段虽然也表示，LAC 随着产量的增加而提高，但这主要源于规模收益的递减，这时的生产要素价格可能并未变化。而 LAC_1 曲线上移到 LAC_2 曲线主要源于生产要素价格的上涨，这时的生产规模可能并未变化。如对于某一相同的产量，LAC_2 曲线表示的长期平均成本比 LAC_1 曲线表示的都要高。

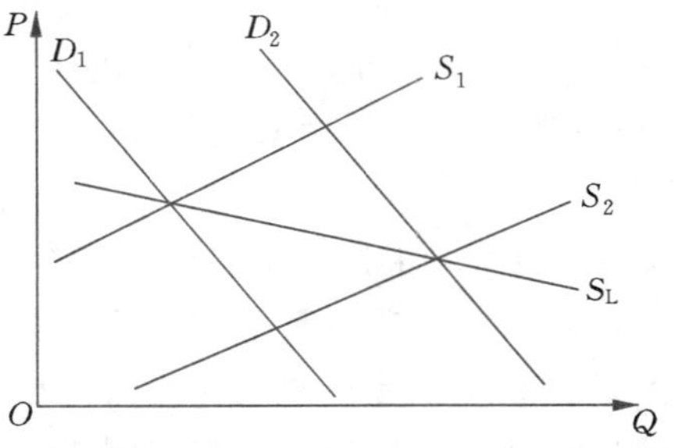

图 6-15　成本递减行业的长期供给曲线

（三）成本递减行业的长期供给曲线

这一行业的长期供给曲线如图 6-15 所示，自左向右下方倾斜。其推论过程与成本递增行业的长期供给曲线的推论过程反向相似，这里略去不述。

为什么产量的长期扩大会引起单位产品成本的递减呢？这是由生产要素价格的下降带来的，生产要素价格的下降可能又是因为技术进步和新资源的发现等原因。

同步训练 6-3

本章小结

1. 完全竞争市场中的厂商需求曲线同时也是厂商的平均收益曲线和边际收益曲线。

2. MR＝MC 是厂商利润极大化的条件，在市场环境不佳时，它是厂商亏损最小化的均衡条件。理性化的厂商会按照这一原则来确定自己的产量。

3. 厂商和行业的长期均衡条件是以短期均衡条件为基础的，长期均衡条件下的厂商超额利润为零。超额利润为零是厂商之间完全竞争的结果。

4. 从厂商的长期均衡可以看出，厂商是以可能的最低成本进行生产的，这表明完全竞争市场中，资源得到了最充分的利用，资源发挥了最大的效益。

5. 就长期来说，厂商的产品价格与平均生产成本相等，这表明产品价格降到了可能的最低水平，消费者按照可能的最低价格购买商品，意味着消费者在既定收入条件下得到了最大满足。

6. 完全竞争市场条件下，厂商的长期均衡产量达到了理想的最高水平，因为产量再增加，产品的平均生产成本就要提高了。

7. 在完全竞争市场条件下，每个厂商都能够按照既定价格售出所生产的全部产品，无需支出大量广告费用，因而可以节约资源。

8. 微观经济学认为，完全竞争是一种理想的市场状况，完全竞争市场的经济效率最高。这从上述的第 4 到第 7 条小结要点阐释中可以得到理论支持。

基本概念

完全竞争市场　　停止营业点　　生产者剩余

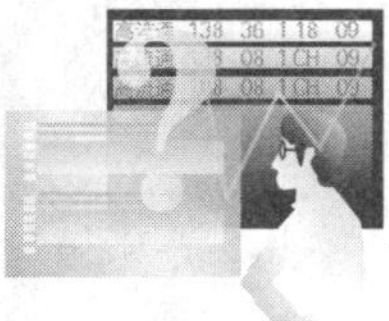

复习思考题

1.“根据规模经济理论，应该放弃中小企业的发展”。请你运用所学的理论知识分析判断这一观点的正确与否。

2. 为什么说利润极大化的一般原则是 MR＝MC?

3. MR＝MC 表示的利润极大化与第 4 章中论述的投入最优组合（生产者均衡）有何区别和联系？

4. 用微分法分别表示边际收益与边际利润，并用不等式表示一般条件下它们之间的大小关系。

5. 为什么有时发生亏损的厂商会选择继续生产而不是关闭？

6. 完全竞争市场条件下，为什么行业中所有厂商的经济利润在长期均衡时都会为零？这是否意味着厂商的生产变得没有意义？

7. 评论下述对话：

张铁嘴：哟，好一阵子没看见你了嘛，在忙什么呢？

李小曼：我正在一家演出公司实习。我给你一个表现智慧和聪明的机会。我们公司正在筹办一场某实力派歌星的演唱会，地点在万人体育馆。演唱会的成本开支是事先可以准确估算的，这些成本有歌星出场费、歌星及其乐队等的住宿费、餐饮费、交通费、场地租借费、安保费等等。它们都是可事先通过合同固定下来的。虽然场内位置不同，演唱会的票价也不同，但从平均票价来算，假设只要卖出 3 200 张票，我们就能做到收支平衡。那么如何根据 MR＝MC 原则来确定理想的出票数（或观众数）呢？

张铁嘴：对于演出公司来讲，每多售出一张门票，其票价便是 MR。但由于演唱会的总成本几乎是固定的，多一个观众或多售一张门票带来的 MC 为零。由于 MR＞MC，增加产量（在这里为观众数）会使总利润增加。但观众的增加极限为场馆内的座位数，因此使利润极大的理想观众数就是场馆内的座位数。可见，MR＝MC 原则的基本原理在这里仍是适用的，只是不能机械地套用。

李小曼（有所疑虑）：这样的分析正确吗？

张铁嘴：实际上，经济学的收益-成本分析框架适合于分析人们的几乎所有行为和选择。人们的任何行为和选择都有目的，这种目的和目的的实现就是效用（收益）或预期效用（预期收益）。例如，你去看电影，这是一种消费活动，看电影所带来的享受是它的效用（收益），它的成本包括影票价格、赶往影院的辛苦及看电影耗用的时间等。如果听别人说，这场电影很好看，即预期收益高，你可能会去看。如果你很忙，有很多事要做，那么看电影的机会成本就很高，或者你觉得票价太贵（即你眼中的成本高），你可能会决定不去看。

即使你看闲书消磨时间，也是一种消费。它的收益是避免过于无聊、驱除寂寞、打发时间，它的成本是找闲书的麻烦、看书时的眼睛疲劳感，起码是对时间这种资源的耗费。

李小曼：人们的日常行为除了可归于消费外，其余的可归于投资。譬如，我做相关准备工作，去给人家做有偿的家教，这些准备工作就可被看作是投资。上个月，有人请我去教物理，但我对物理不太擅长，要花很多时间、精力去准备，也就是需要投入的成本太高，所以我放弃了那次当家教的机会。

张铁嘴：可见，经济学不仅会培养我们对经济问题的思考，也会培养我们对几乎所有日常生活问题和社会现象的思考。从这个意义上讲，经济学也是一种思考方式、一种思维逻辑、一种分析方法。还譬如，"狼来了"的故事印证了边际效用递减规律，或者说可用边际效用递减规律来解析这一故事。后面我们将要学到的博弈论、信息不对称理论等也明显地具有分析问题的普适性。

国外学术界还有**"经济学帝国主义"**（economic imperialism）的说法，它指的是经济学的研究方法、分析框架和一些基本理论原理等正不断地向社会学、政治学、法学、历史学等其他学科渗透和"入侵"，被广泛地运用于对各种社会现象和人类行为的分析。经济学家萨缪尔森甚至还说过，"经济学是社会科学的皇后（queen）"。

李小曼：你怎么忽然变得满腹经纶了？

张铁嘴：嘿嘿，我刚听了一位经济学教授的讲座就搬出来啦。

李小曼：哦，原来如此。我再给你一点自我表现的机会。经济学如何解释现实社会中乐于助人的现象？譬如为什么有人甚至会隐瞒自己的真实身份去资助贫困家庭的小孩上学？

张铁嘴：从伦理道德的角度看，这种人无疑属于道德高尚。从经济学的角度来看，这种人的效用函数的构造与一般人的效用函数有较大的差异（实际上每个人的效用函数相互之间都有差异）。对于有的人来说，帮助别人会使自己产生一种心理上的愉悦感、满足感，所谓助人为乐正是这个道理。这种愉悦感和满足感就是他帮助别人所得到的效用或收益，帮助别人的成本当然就是他的出资额。这种人之所以愿意去助人，他从中得到的"收益"肯定超过或等于其成本。当然，不隐瞒真实身份的助人还会为自己赢得好的名声，这也是助人的收益。

经济学上的这种分析丝毫不贬低乐于助人的行为，因为只有高尚的人才会有那种"高尚"的效用函数，或者说有那种效用函数的人才能够成为高尚的人。

李小曼：完全竞争市场在现实社会中是不存在的，你能否从不同于教科书的另一个通俗化的角度，解释一下分析它的意义何在呢？

张铁嘴：每个人都有自己的梦想，梦想中的一些内容也许永远都无法实现，但不能据此认为梦想是没有意义、没有价值的，或是可有可无的。某种意义上可以说，每个人都是在为自己心中的那个也许永远无法实现的梦想生存、生活和奋斗。一个人如果没有了梦想，那他很可能连生存的动力和兴趣都没有了。相似的道理，完全竞争市场在现实社会中虽然并不存在，但它就好比经济社会的一个美好的"梦"，这个美好的梦引导经济社会为之奋斗。这个美好的梦当然也是经济理论分析中的目标性支架。否则，理论分析中以什么市场模式作为目标性支架呢？以完全垄断？以垄断竞争？不行。某种意义上可以说，经济社会是在追求完全竞争的过程中不断地发展、进步和趋于完善。所以说，对完全竞争市场的分析不仅必要，而且十分重要。

8. 完全竞争行业某厂商的长期总成本函数为 $\mathrm{LTC}=0.1Q^3-10Q^2+300Q$，其中 Q 为月产量。求厂商长期均衡时的产量、价格和利润。

9. 假设在完全竞争行业中，代表性厂商 LAC 曲线的最低点的值为 6 美元，产量为 500 单位。市场需求函数与供给函数分别为：$Q_d=80\,000-5\,000P$，$Q_s=35\,000+2\,500P$。

求：(1) 市场均衡价格，并判断该行业是否属长期均衡？(2)在长期均衡时，该行业的厂商数。

第 7 章
完全垄断市场的价格与产量决定

引导案例

前面讲到的完全竞争市场必须具备四个条件，当其中的任何一个条件不存在时，市场就是“非完全竞争”性的。“非完全竞争市场”有多种形式，其中之一便是处于另一极端的完全垄断(perfect monopoly)市场。本章就讨论完全垄断市场条件下，厂商在追求利润最大化过程中，如何确定产量以及怎样决定价格？

第一节　完全垄断市场

本节对完全垄断市场作一个概括性的描述。我们将会看到，完全垄断市场条件下，厂商的需求曲线、平均收益曲线和边际收益曲线呈现出新的特征。

一、完全垄断市场的特征

(1) 行业体现为厂商。全行业只有一家厂商，它提供整个行业的产销量，因此，厂商与行业合二为一。即一种产品只有一家生产厂商。

(2) 产品不能替代。完全垄断厂商提供的产品，在其他行业里也不存在满意的替代品，其需求的交叉弹性极小甚至趋于零。因此它在市场上没有竞争对手。

(3) 单独决定价格。完全垄断厂商不是价格的接受者，而是价格的制定者，它凭借没有生产经营方面竞争对手的地位单独地决定其产品的价格。当然，这种价格的制定常受到一定的法律制约和政府管制。

(4) 存在进入壁垒。或者是因为技术进入的门槛原因，或者是因为所需投入庞大资金的原因，或者是由于立法方面的原因，或者是由于行政力量的阻止，或者是资源的独特性，等等，使得其他厂商几乎无法进入该行业。

☞**小贴士**

一个小镇上唯一的一家理发店可能并不是完全垄断厂商，因为若它索价过高，利润丰厚，马上会有竞争者较容易地开出新的理发店，这里不存在对理发行业的进入壁垒。但如果镇政府运用行政力量只允许开设这家理发店，则它就属于完全垄断了。

二、完全垄断市场的形成

形成这种市场的原因主要有：

(1) 规模经济。某些行业或产品的生产经营具有十分显著的规模经济性，以至于整个行业的产量由一家厂商来提供时仍处于规模收益递增阶段。即一家厂商来供应整个行业的产量的平均成本比一家以上厂商同时生产供应时的平均成本要低。因此，只要有一家厂商能够比别的厂商提供更多的产品，它就可以凭借规模经济优势逐渐战胜竞争对手，并最终垄断整个行业的生产经营。这种**情况下的垄断，被称为自然垄断**(natural monopoly)。也可换言之，**自然垄断指的是规模经济效应使得一家厂商提供整个行业的产量时平均成本仍在下降的情形**。一般地，电力、煤气、自来水、电话、有线电视等都是较典型的自然垄断行业。自然垄断行业往往具有这样的特点，即生产经营的固定成本相当大，而可变成本尤其是新增产量时所发生的边际成本又相当小，结果一家厂商的平均成本随产量的增加而不断下降，甚至占有整个行业市场时该厂商的平均成本依然在下降。在平面几何图上，自然垄断厂商的平均成本曲线一直在下降，这也意味着，厂商的边际成本曲线一直处于平均成本曲线的下方，否则，如果边际成本大于平均成本，那么平均成本曲线就会上升了①。换言之，自然垄断厂商的边际成本非常小，小于厂商的平均成本。

☞小贴士

为了向全镇的居民供应自来水，自来水公司必须敷设遍及全镇的水管网，这一固定成本是相当高的。水管网敷设完成后，向新增用户供水的边际成本很小。也就是说，总成本的增加甚少，而用户的增加却使得自来水公司的平均生产经营成本下降了。如果两家或更多公司在提供自来水服务中竞争，每家公司都必须花费敷设水管网的巨大固定成本，则它们的平均成本和供水价格都会较高。因此，如果由自然垄断性质的一家自来水公司为整个市场提供服务，供水的平均成本就可以达到最低水平。因为如果由不止一家公司来供水，它们的平均成本不可能达到这一低水平。

需要指出的是，由于某些领域的技术(包括管理技术)的进步，有的原本属于自然垄断的行业可能会演变为非自然垄断行业，即由一家以上的厂商来生产经营所发生的平均成本也同样低。另外，市场容量扩大到一定程度，可能会使得原自然垄断企业的固定资产变得无法适应了，需要一家以上的企业来经营更为合适。例如，过去一个城市拥有一个机场，现在一些特大城市需要拥有两个甚至两个以上的机场。

(2) 专利权。这种以法律形式赋予的享受权利往往可使其发明者或享受者在一定时期内能够垄断相关产品的生产经营。这种垄断可被称为技术垄断。

(3) 资源控制。如果某家厂商控制了生产某产品所必需的资源，那么它也往往成为该产品市场的垄断者。这种垄断也被称为资源垄断。

(4) 政府特许。政府有时特别准许某厂商在某一行业从事生产经营，而不允许其他厂商或单位进入，这也会形成垄断。如我国目前的铁路运输业务、气象服务等。这种

---

① 关于 MC 曲线与 AC 曲线的关系，第 4 章第六节进行过分析。

垄断也被称为行政垄断或特许垄断。行政垄断和自然垄断有时存在部分重叠关系。

三、需求曲线与边际收益曲线

（一）需求曲线

由于完全垄断意味着一个行业只有一家厂商，所以行业的需求曲线也就是厂商的需求曲线，曲线的形状是自左向右下方倾斜。需求曲线同时也是厂商的平均收益（AR）曲线，因为 $\mathrm{AR}=\dfrac{Q\cdot P}{Q}=P$。譬如，设某厂商的需求曲线代数式为：$P=a-bQ$，则 AR 曲线的代数式为：$\mathrm{AR}=\dfrac{PQ}{Q}=\dfrac{(a-bQ)Q}{Q}=a-bQ$。可见，厂商的需求曲线的代数式与 AR 曲线的代数式是相同的，厂商的需求曲线同时也是厂商的平均收益（AR）曲线。

厂商的需求曲线表示的是 P 与 Q 的对应关系，厂商的平均收益曲线表示的是 AR 与 Q 的对应关系。

（二）边际收益曲线

可以通过数学方法来证明厂商的 MR 曲线的斜率为需求曲线斜率的 2 倍。设厂商的需求曲线代数式为：$P=a-bQ$。由于总收益 $PQ=aQ-bQ^2$，因而厂商的边际收益曲线的代数式为：$\mathrm{MR}=\dfrac{\mathrm{d}(PQ)}{\mathrm{d}Q}=a-2bQ$。可见，边际收益曲线与需求曲线在纵轴上的截距相同；$-2b$ 为边际收益曲线的斜率，是需求曲线斜率的 2 倍。从而可知，MR 曲线穿过需求曲线与纵轴之间的任何一条水平连线的中点，如图 7-1 中的 $AE=EG$①。

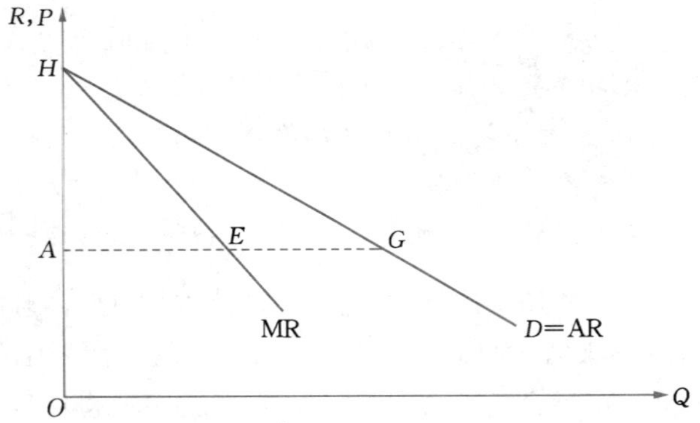

图 7-1　垄断厂商的边际收益曲线

MR 曲线表示的是 MR 与 Q 的对应关系，它总是位于 AR 曲线的下方。图 7-1 表明，随着价格的下降和产销量的增加，MR 比 AR 下降得更快。这是因为，总收益的增量（ΔTR）即边际收益（MR）有较大幅度的下降时，分摊到所有产量上的平均收益却只有相对轻微的下降，即 MR 的变化幅度超过 AR 的变化幅度，也就是，MR 下降更快。

---

① 由上述推导过程可知，只要厂商的需求曲线向右下方倾斜，厂商的边际收益曲线的斜率必定为需求曲线斜率的 2 倍。在后面两章所论述的其他两种市场类型中也是如此。同样由推导过程可知，在其他的市场类型中，厂商的需求曲线同时也是厂商的平均收益（AR）曲线。

四、收益曲线与需求价格弹性

我们知道，边际收益(MR)是总收益对产量的导数，即：

$$\mathrm{MR}=\frac{\mathrm{dTR}}{\mathrm{d}Q}=\frac{\mathrm{d}(P\cdot Q)}{\mathrm{d}Q}=\frac{P\cdot \mathrm{d}Q+\mathrm{d}P\cdot Q}{\mathrm{d}Q}$$

$$=P+\frac{\mathrm{d}P}{\mathrm{d}Q}\cdot Q=P\left(1+\frac{Q}{P}\cdot\frac{\mathrm{d}P}{\mathrm{d}Q}\right)$$

令 E_{d} 为需求的价格弹性系数，由 $E_{\mathrm{d}}=\frac{\mathrm{d}Q}{\mathrm{d}P}\cdot\frac{P}{Q}$ 得：

$$\frac{Q}{P}\cdot\frac{\mathrm{d}P}{\mathrm{d}Q}=\frac{1}{E_{\mathrm{d}}}$$

所以

$$\mathrm{MR}=P\left(1+\frac{1}{E_{\mathrm{d}}}\right) \tag{7.1}$$

由于 $\frac{\mathrm{d}Q}{\mathrm{d}P}<0$，也即 $E_{\mathrm{d}}<0$，于是可得出以下结论：

(1) 若 $|E_{\mathrm{d}}|>1$，则 $\mathrm{MR}>0$。降低价格导致的销量增加会使总收益(TR)增加。如图 7-2 所示。

(2) 若 $|E_{\mathrm{d}}|=1$，则 $\mathrm{MR}=0$，这时价格变化不会导致 TR 变化，且这时 TR 最大。

(3) 若 $|E_{\mathrm{d}}|<1$，则 $\mathrm{MR}<0$，说明价格降低引起 TR 减少。

图 7-2 还显示，在需求曲线与横轴相交的产量水平，$P=0$，这时的 TR=PQ=0，反映到下半图，TR 曲线与横轴相交。

实际上，对于 $|E_{\mathrm{d}}|$ 与 TR 之间的关系曾在第 1 章第三节作过其他形式的分析。

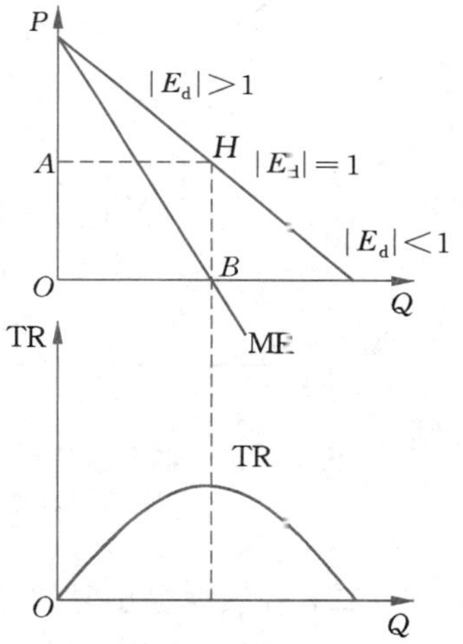

图 7-2　收益曲线与需求价格弹性关系

同步训练 7-1

第二节　短期均衡与长期均衡

完全垄断市场条件下，厂商决策的经济背景迥异于完全竞争市场。厂商的短期均衡产量和长期均衡产量如何决定呢？

一、短期均衡

(一) 利润为极大时的短期均衡

如图 7-3(a),为了使利润达到极大,厂商将遵循 MR＝MC 原则,提供 Q_1 的产量。如产量小于 Q_1,MR＞MC,这表示每增加一个单位的产量可带来利润,从而导致利润总量增加。若产量大于 Q_1,则 MR＜MC。所以,MR=MC 时的 Q_1 产量,是带来的利润为极大的产量①。

由于 GD 为需求曲线,所以对于 Q_1 产量,厂商的索价为 BQ_1,利润总量等于矩形 $ABFC$ 的面积。

需说明的是,图 7-3(a)表示的是非自然垄断行业的垄断厂商的短期均衡。图 7-3(b)表示的则是自然垄断行业的垄断厂商的短期均衡。因为前已述及,自然垄断行业中厂商的 AC 一直递减,MC 曲线位于 AC 曲线的下方(无论是 SAC 与 SMC,还是 LAC 与 LMC 都是如此)。但后面的分析,我们常以非自然垄断行业的垄断厂商为例。

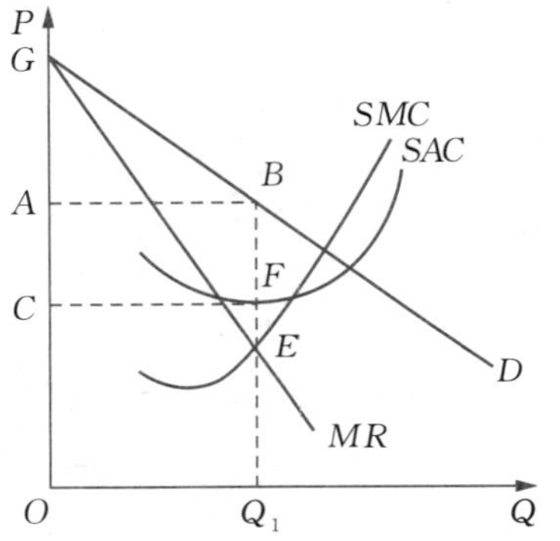

图 7-3(a)　非自然垄断行业的垄断厂商短期均衡

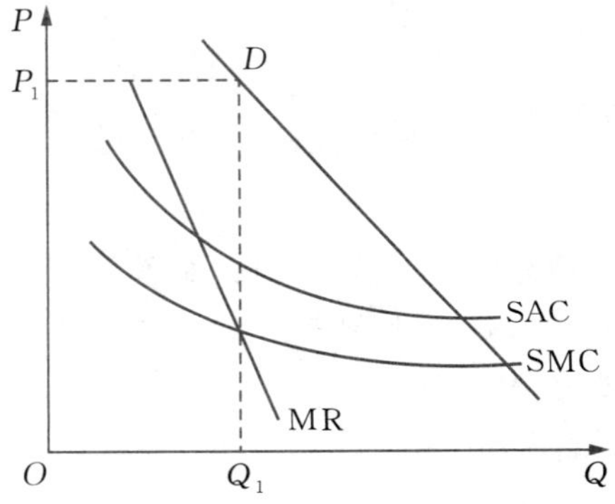

图 7-3(b)　自然垄断行业的垄断厂商短期均衡

(二) 亏损为极小时的短期均衡

如图 7-4,由于需求太小,销价很低,以致生产任何数量的产品,其平均收益都低于平均成本,即 AR＜AC。而厂商无论是否开工,都必须支付固定成本。所以为使亏损最小,厂商将把它提供的产量调整到这样的水平:该产量的 MR＝MC,即厂商提供的产量为 Q_1,这时的价格为 EQ_1,亏损金额为矩形 $ABEF$ 的面积。

在这种场合,厂商不仅可以收回全部可变成本,还可收回部分固定成本。但如果 AVC 在任何产量水平都高于 AR,则厂商将停止生产。

这说明垄断在短期内并不能保证一定获得利润。是否获得利润,取决于市场需求状况决定的卖价和厂商的成本状况。

二、长期均衡

完全垄断条件下,厂商将通过调整生产规模或退出某行业来追求长期均衡。

① 这里可能会有的疑问及其解答,见本章附录。

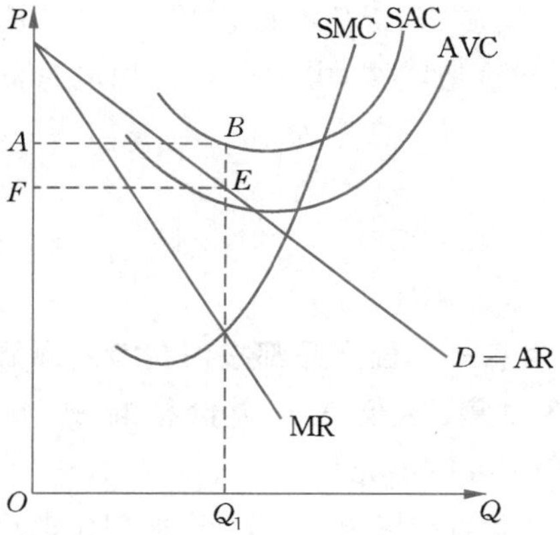

图 7-4　亏损极小时的厂商短期均衡

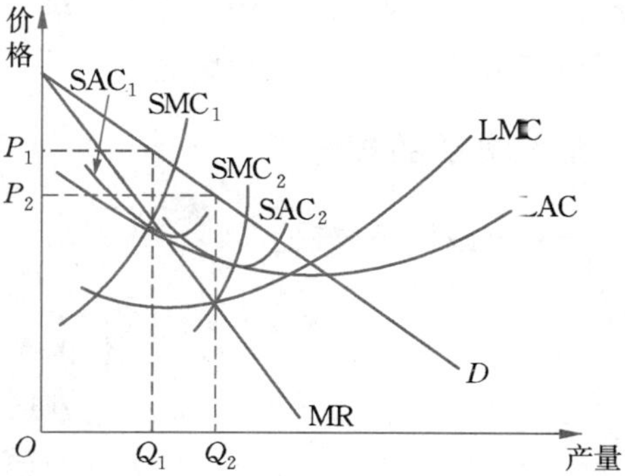

图 7-5　完全垄断厂商的长期均衡

如图 7-5，设厂商现有设备之短期平均成本曲线为 SAC_1，为了得到最大利润，它销售的产量为 Q_1，价格为 P_1，但 MR＝SMC ≠ LMC，所以这样的均衡是短期的，而不是长期的。即只是就短期内既存生产规模而言实现了利润最大化，而未实现长期可调整生产规模条件下的利润最大化。

MR＝MC 这一利润最大化原则在短期体现为 MR＝SMC，而在长期则体现为 MR＝LMC。为什么呢？就图 7-5 来说，在 Q_1 的产量水平，这时 MR ＞ LMC，因此，长期而言，企业扩大生产规模进而增加产量，会使利润总额增加。反之，如果 MR ＜ LMC，则此时企业会缩小生产规模进而减少产量，以使利润更大。

只有在产量为 Q_2 时，MR＝LMC，企业达到长期可调整生产规模条件下的利润最大化，即达到长期均衡。而在第 4 章已经阐明，LMC 曲线上任一点代表某一生产规模的 SMC 值，或者说，LMC 曲线上任一点必与某条 SMC 曲线相交，因此，长期均衡时，必然存在 MR＝LMC＝SMC（图 7-5 中具体表现为 SMC_2）。

一方面，由于规模经济原因，完全垄断厂商的 LAC 曲线的下降阶段一般较长。另一方面，完全垄断厂商由于其产品的需求弹性小，因而产品需求曲线和 MR 曲线均较为陡峭。这样，MR 曲线与 LMC 曲线的交点一般位于 LAC 曲线最低点的左边，而不会位于 LAC 曲线最低点的右边。

同步训练 7-2

第三节　垄断厂商的价格歧视

以上的论述，都是假定垄断厂商就同一种商品，对所有购买者和所有购买量都索取相同的价格。但在实际经济社会中，在完全垄断或其他具有某种垄断性质的市场条件下，都存在**价格歧视**（price discrimination）。它是**指厂商以不同价格销售成本相同的同一种产品**。譬如：学校对不同家庭收入的学生收取的学费不同；同一种产品在销路尚未打开的边远地区、倾销地区和国际市场上，价格较低；旅馆、饭店在旺季要价高，在淡季要价低；电力公司对家庭用电、工业用电分别按不同价格收费；电力公司对用电量的分段定价；等等。

一、价格歧视的类型

（一）一级价格歧视

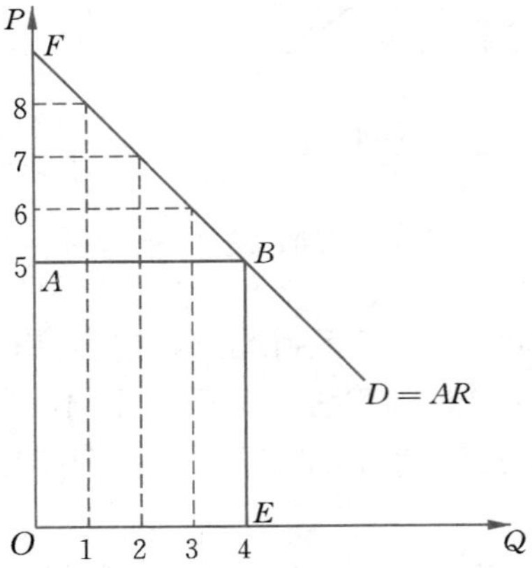

图 7-6　一级价格歧视

如果厂商对每一单位产品都按消费者所愿意支付的最高价格出售，这便是一级价格歧视（first-degree price discrimination）。

如图 7-6，消费者购买第一、二、三、四单位的产品时，所愿支付的最高价格分别为 8、7、6、5 元。本来，消费者购买 4 单位，只需全部按市场价格 5 元付款，共付 20 元。但是，现在垄断厂商凭借市场条件对第一单位产品要价 8 元，第二单位要价 7 元，……这样，消费者需共付 26 元。

于是，在单一价格条件下本来存在的消费者剩余全部转化为垄断厂商的销售收入。

专栏 7-1　口渴难耐时的买水故事

某年暑假，上海某高校的两位大学生从上海出发，骑自行车去杭州旅游。气温近 40 ℃的中午，两位大学生进了马路边农民搭的一个凉棚中稍作休息。由于随身携带的少量饮用水已经喝光，一个多小时没喝水的大学生见到凉棚中有白开水卖，兴奋异常。

农民是将白开水装在一种不大的玻璃杯中出售的，看到两位大学生口渴难耐的样子，农民对每杯水的开价是 6 元。大学生大呼太贵，但由于实在太渴，经讨价还价，还是以每杯水 5 元成交。一杯水显然不解渴，大学生提出每人再买一杯，讨价还价的结果是每杯 4.5 元成交。大学生再要每人买第 3 杯，农民开始坚持每杯仍是 4.5 元。但大学生说，第 3 杯还卖这个价的话，我们就不买了，就继续上路，有已经喝下的两杯水垫底，我们骑上几十分钟，前面肯定有商店或城镇可以买到水。在大学生的“威胁”下，农民最后以每杯 2 元的价格出售了第 3 杯水。

在这里，农民通过讨价还价摸清了大学生对每一杯水所愿出的最高价格，并分别以最高价格出售了每一杯水。

讨论：如何理解这个案例体现了一级价格歧视？

(二) 二级价格歧视

如果厂商对不同的消费(购买)数量段规定不同的价格,这便是二级价格歧视(second-degree price discrimination)。如图 7-7,生产者(或销售商)对于消费者(或购买商)购买的 Q_1 数量的 A 产品,规定的单位价格为 P_1;对于 Q_1Q_2 数量段的产品,规定的单位价格为 P_2;对于 Q_2Q_3 数量段的产品,规定的单位价格为 P_3。这是二级价格歧视的一种具体表现形式。譬如,移动通信公司通过积分制,对通话量少的消费者,单位时间通话的定价高;对通话超过一定量的消费者,超过部分单位时间通话的定价低。

二级价格歧视的另一种具体表现形式也可借助于图 7-7 来说明。厂商对于消费者购买的 Q_1 数量的 B 产品,规定的单价为 P_1;当消费者或购买商的购买量超过 Q_1(如达到 Q_2 时),厂商规定所有出售产品的单价为 P_2……譬如,批发商品的单价均比零售商品的单价低;宾馆对旅行社组织的团体客就单位客房索取的价格比对散客索取的价格均要低。销售中的回扣也属于二级价格歧视,因为购买量达到一定程度后,才可享受回扣,回扣实质上就是降价。

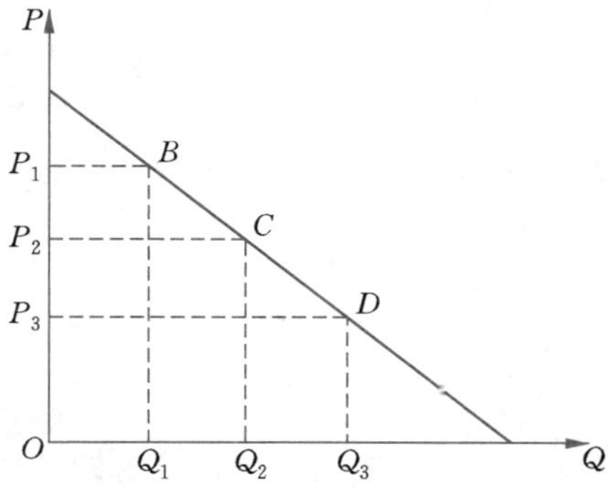

图 7-7 二级价格歧视

上述的二级价格歧视的两种具体表现形式其实是相通的。因为一定购买量内的较高单价和超出部分的较低单价的组合,实际上也可视为购买总量的平均价格的降低。

二级价格歧视使得单一价格条件下本来存在的消费者剩余部分地转化为厂商的销售收入。例如,以图 7-6 来直观地说明,未实行价格歧视条件下,消费者以 5 元的价格购买四单位产品,这时的消费者剩余为 6 元。而在实行二级价格歧视条件下,厂商譬如以 7 元的单价销售前二个单位的产品,以 5 元的单价销售后二个单位的产品,这样,消费者便损失了 4 元的消费者剩余。

以上讨论的二级价格歧视为消费量越多,定价越低的情况,二级价格歧视还常存在消费量超过一定程度后,超过部分的定价更高的情况,如有的国家规定每月的家庭用电量超过一定度数后,超出部分的电价更高。

(三) 三级价格歧视

厂商对成本相同的同一种产品在不同市场上(或对不同的消费群)收取不同的价格,这便是三级价格歧视(third-degree price discrimination)。三级价格歧视是最盛行的价格歧视形式,案例比比皆是:水果的价格在富人区与贫民区不同;学生与非学生乘火车的票价不同;超市里的饮料价格与娱乐场所的饮料价格不同;宾馆在旅游旺季和淡季的住宿价格不同;等等。其定价参考依据是不同分市场的不同的需求价格弹性。

一般来说,三级价格歧视需要具备如下条件:

(1) 定价的厂商必须具有相当的垄断能力,否则,竞争者会以竞争价格来破坏价格歧视(实际上,实施一级价格歧视和二级价格歧视也需要在相当程度上具备这一条件)。

(2) 市场能够被有效地分割,否则,产品将由低价市场流向高价市场,使不同市场的价格趋于相等。

(3) 分割开的不同市场对同一产品具有不同的需求价格弹性，否则，弹性一样，价格也会一样，就无法实行价格歧视。

下面举例说明实行三级价格歧视会为厂商带来更多的利润。

假定在未实行价格歧视的情况下，某厂商的需求函数和成本函数分别为：

$$P = 112 - 4Q$$

$$C = 60 + 12Q$$

在利润最大化条件下，存在：

$$\mathrm{MR} = \frac{\mathrm{d}(PQ)}{\mathrm{d}Q} = 112 - 8Q = \mathrm{MC} = 12$$

因而有 $Q = 12.5$，并可得到 $P = 62$，由此可计算厂商的利润 π：

$$\begin{aligned}\pi &= P \times Q - C \\ &= 62 \times 12.5 - (60 + 12 \times 12.5) \\ &= 565\end{aligned}$$

这就是说，在未实行价格歧视的条件下，厂商的产销量为 12.5，利润为 565。

现在假设该厂商的产品存在两个分市场，其需求曲线方程是不同的：

$$P_{\mathrm{A}} = 100 - 5q_{\mathrm{A}}$$

$$P_{\mathrm{B}} = 160 - 20q_{\mathrm{B}}$$

据上有：

$$\mathrm{MR}_{\mathrm{A}} = 100 - 10q_{\mathrm{A}}$$

$$\mathrm{MR}_{\mathrm{B}} = 160 - 40q_{\mathrm{B}}$$

这种情况下的均衡条件为：$\mathrm{MR}_{\mathrm{A}} = \mathrm{MR}_{\mathrm{B}} = MC$。因为，如果 $\mathrm{MR}_{\mathrm{A}} > \mathrm{MR}_{\mathrm{B}}$，厂商将减少销往 B 市场的产品，同时增加销往 A 市场的产品，直到 $\mathrm{MR}_{\mathrm{A}} = \mathrm{MR}_{\mathrm{B}}$ 成立，会使得总利润增加。反之则反是。当然，根据利润最大化的原理，无论是 MR_{A} 还是 MR_{B}，它们都应该分别等于 MC。也就是：

$$100 - 10q_{\mathrm{A}} = 160 - 40q_{\mathrm{B}} = \mathrm{MC} = 12$$

计算后可得到：$q_{\mathrm{A}} = 8.8$，$q_{\mathrm{B}} = 3.7$，$P_{\mathrm{A}} = 56$，$P_{\mathrm{B}} = 86$，且存在 $Q = q_{\mathrm{A}} + q_{\mathrm{B}} = 8.8 + 3.7 = 12.5$。

据式(7.1)计算，得 $|E_{\mathrm{A}}| = 1.27$，$|E_{\mathrm{B}}| = 1.16$。这表明需求弹性大的市场，价格较低。

价格歧视条件下的厂商的利润 π^* 为：

$$\begin{aligned}\pi^* &= P_{\mathrm{A}} \cdot q_{\mathrm{A}} + P_{\mathrm{B}} \cdot q_{\mathrm{B}} - C \\ &= 56 \times 8.8 + 86 \times 3.7 - (60 + 12 \times 12.5) \\ &= 601\end{aligned}$$

也就是说，实行价格歧视较之于不实行价格歧视，厂商的利润增加了 36($\pi^* - \pi$)。

专栏 7-2

为什么麦当劳愿意以半价出售第二杯饮料

对于这个问题，许多人在新浪微博上展开了热烈讨论。

@思想聚焦：对于麦当劳而言，一杯饮料的成本包括了店租、水电、人工和原材料费用。你在买第一杯的时候已经把所有这些费用都分担了，后面半价的第二杯只需要原材料的成本，即为边际成本，而这个很低。所以也许第二杯麦当劳从你身上赚的钱更多。

@许小年：因为消费者的边际效用递减，而不是企业的边际成本递减。喝了第一杯之后，不那么渴了，第二杯饮料带来的满足感低于第一杯。

@李大婧学术搞不来：可是老师，实际上我们买的时候经常是把第二杯给第二个人喝，这样的话第二杯带来的效用不是没有减少吗？

@华师叶 回复 @李大婧学术搞不来：对于你来说，第一杯自己吃，边际效用最大。第二杯作为人情送给别人吃，但对于你自己而言，作为礼物的边际效用已递减了，虽然对别的吃的人来说，效用很大。正是由于边际效用递减，才可能实行价格歧视或差别定价。

@魔鬼经济学：我认为店租是麦当劳的固定成本，是不会受经营状况影响的沉没成本。标准化流水线生产出来的每杯饮料的边际成本（如原材料、人工、水电费）是一样的。我觉得思路应该是：因为边际效用递减，所以可以实施价格歧视。

也有网友认为：许小年的解释比“思想聚焦”更好，但也没有说透，声称如果让我解释，就是需求曲线向下倾斜时的价格歧视。

@展颜_Anna：明显是价格歧视。这个价格歧视对麦当劳和消费者都有好处，消费者以更低的价格享受到了第二杯饮料，麦当劳也多赚了钱，双方都获得了消费者剩余。

@天天向上：买卖双方都得益不假，但不一定意味着双方都获得了消费者剩余。譬如，如果买方对第一杯和第二杯愿出的最高价格分别是 2 元和 1 元，成交价也恰好分别是 2 元和 1 元。哪来的消费者剩余？当然也谈不上卖方对剩余的攫取。如果买方本来愿出的最高价格是 2.5 元，售价只有 2 元，才存在消费者剩余。严格地说，是单一价格条件下销售两杯饮料时存在的消费者剩余被实行价格歧视后的卖方占有或部分占有了。

还有人吐槽：人家两杯的销售肯定是以情侣为代表的两人分享为主，所以定价策略跟所谓经济学原理没有半毛钱关系。

讨论：

对于这个问题，你是如何认识的呢？

二、价格歧视的影响

价格歧视可使厂商运用灵活的价格策略，得到更多的利润，这表现为厂商将单一价格条件下的消费者剩余全部或部分转化为自己的收益。不仅不同的消费者在市场上没有得到同等的待遇，而且消费者的整体利益遭受损害。

但是，价格歧视对消费者也有益处，因为它使得生产者或供应商能够向某些消费群体、消费阶层提供产品和服务。例如学费都一样的话，低收入家庭的孩子上学就困难，甚至无法上学；都按家庭用电收费标准收费的话，电力公司可能要亏本甚至破产，对工业用电收费较高使它亏损减少，或者盈利，从而能继续向社会供电。

当然，价格歧视也具有促进消费（消费量越多，价格越低）或限制消费（消费量越多，价格越高，如家庭用电量超过一定度数后的电价更高）的功能。

同步训练 7-3

第四节　完全垄断与完全竞争的比较

前已述及，相对说来，完全竞争市场是一种理想的市场类型，但处于另一极端的完全垄断市场也并非毫无优越性。本节我们就来比较它们的利弊所在。

一、完全垄断的缺点

我们已经知道，完全竞争的市场结构会使得生产资源得到充分的利用和有效的配置。但完全垄断的市场结构却无法达到这一点。这表现在：

（1）完全垄断厂商的均衡产量较低，产品均衡价格较高；完全竞争厂商的均衡产量较高，产品均衡价格较低。

因为如前所述，完全竞争条件下，厂商在长期均衡时，水平的需求曲线相切于 LAC 曲线的最低点，产品的均衡价格达到了可能的最低水平，厂商的长期均衡产量则达到了可能的最高水平。而完全垄断条件下，厂商的长期均衡一般发生于 LAC 曲线最低点的左边，从而均衡产量较低，产品均衡价格较高。当然，这并不是指完全垄断厂商均衡产量的绝对数量比某小规模完全竞争厂商要低，而是就厂商的生产潜力、就厂商对于各自 LAC 最低时的最优产量而言。均衡价格的比较也与此类似。

一方面，完全垄断条件下厂商的生产成本比完全竞争条件下厂商的生产成本高（相对于各自的最低平均生产成本而言），说明资源没有得到最充分的利用和最有效率的配置。另一方面，完全垄断条件下产品的价格较高，消费者不得不付出较高的价格，说明消费者未在既定收入条件下达到最大满足。

（2）完全垄断条件下厂商的外部激励机能较差。在完全竞争市场中，激烈的竞争迫使厂商不断改善经营管理、追求技术进步、提高产品（服务）质量等。但在完全垄断条件下，厂商往往依靠其特殊的垄断地位便可以获得超额利润。因而，进一步改善经营管理和追求技术进步的冲动减弱了。

正是由于上述的原因及其他原因，许多国家制定了《反托拉斯法》或《反垄断法》，加强了对垄断的管理。

专栏 7-3 中国电信的垄断及其走向竞争

我国各大城市的电信业务过去一直是由邮电部独家垄断经营的。那时，家庭用户申请安装电话非常困难，从填表申请到上门拉线安装，其间耗时半年、一年是再平常不过的事，家庭用户还得缴上数千元的初装费。在今天看来，这数千元初装费的缴纳是多么的不可思议。申请用户还必须到邮电系统经营的营业场所购买电话机，然后凭这特定营业场所的购机发票才能得到装机的“恩赐”。那些营业场所的电话机品种稀少，式样陈旧，价格不菲，用户往往在电话开通后，再去别的商场随心所欲地选购自己喜爱的电话机。还有，用户如果到时不给电话安装人员送上几包甚至一条香烟，电话的开通也会成为问题。

电信业务的完全垄断式经营不仅使电信服务不能令人满意，而且也造成了电信供给的严重不足。新中国成立 40 周年时，我国每 200 人占有的电话连一部都不到。那时居民住宅区里，无论酷暑还是严冬，无论刮风还是下雨，居民排长队依次打公用电话是习以为常的事。

在社会舆论的强大压力和政府的干预、介入下，1994 年，作为中国电信公司竞争对手的中国联通公司成立，这标志着我国电信从垄断开始走向竞争。后来，基础电信领域有中国电信、中国移动、中国联通、中国铁通、中国网通、中国吉通等公司相互竞争。为了进一步削弱中国电信的明显竞争优势，形成更有效的竞争格局，2002 年 5 月，中国电信分拆方案出台：南方二十个省市的电信公司组成“中国电信集团公司”，北方十个省市的电信公司和网通、吉通重组为“中国网通集团公司”。这样的分拆重组后，原中国电信与移动、联通、铁通之间的实力差距得以大大缩小，从而竞争能够更加充分。在改革、开放的大背景下，基础电信领域的改革也一直在不断地进行。

基础电信由垄断走向竞争的过程中，服务质量不断提高，服务价格明显下降，服务供给量快速增长。

讨论：

(1) 列举电信服务商近来吸引客户的一些竞争性手段和举措，并分析消费者从中可享受的益处。

(2) 有人说，破除垄断只对消费者有利，对企业不利。你怎么看？

二、完全垄断的优点

同完全竞争相比较，完全垄断也有其优越性的一面：

(1) 在完全竞争条件下，一个厂商如果发明了新技术、新产品，将很快为竞争者所模仿和引进，这会弱化厂商技术创新的冲动，因而有不利于技术进步的一面。正是由于这个原因，许多国家都通过法律手段赋予新技术、新产品的发明者以专利权，使之享有一定时期内垄断该发明及其带来的收益的权力。这样，厂商就会有进行技术创新的动力。可见，完全垄断在这个意义上也存在有利于技术进步的一面。当然，专利权的有效期也不能太长，否则，也会阻碍技术的进步，阻碍先进技术的传播和推广。目前我国的发明专利权有效期为 20 年，美国为 17 年，英、法、德等国为 20 年。

(2) 有些产品生产的规模经济要求十分显著，尤其对于自然垄断行业来说，如果由众多规模较小的厂商生产，单位产品的成本较高。而由一个或少数几个垄断厂商进行大规模生产便会降低单位产品的成本，从而可能以较低的价格提供给消费者。

附录：关于均衡产量的问题及解答

问题：我们知道，完整的 SMC 曲线呈 U 形。为简洁起见，图 7-3 只显示了 SMC 曲线在其上升阶段与 MR 曲线的交点，但实际上，SMC 曲线在其下降阶段也可能与 MR 曲线相交，如果我们将这个交点命名为 H 点，则 H 点也满足 MR＝MC 原则，那为什么 H 点所在的产量不是均衡产量呢？如果是的话，岂不有两个均衡产量吗？

解答：大家不妨画图并借助于平面几何图来思考。下降阶段的 SMC 曲线与 MR 曲线相交的话，第一种情况，相交时的 SMC 曲线比 MR 曲线陡峭，即 SMC 曲线的斜率的绝对值比 MR 曲线的斜率的绝对值大。由于这时两条曲线的斜率都为负，所以 MR 曲线的斜率大于 SMC 曲线的斜率。因而，H 点只满足利润极大化的一阶条件，不满足利润极大化(或亏损极小化)的二阶条件(利润极大化的二阶条件是 MR 曲线的斜率小于 MC 曲线的斜率)，H 点所在的产量就不可能是厂商的利润极大化(或亏损极小化)时的均衡产量。第二种情况，下降阶段的 SMC 曲线与 MR 曲线相交时也可能比 MR 曲线平坦，这时的产量就为均衡产量。但如果这样的话，SMC 曲线的最低点必定位于 MR 曲线的上方，SMC 曲线在其上升阶段就不可能再与 MR 曲线相交了，所以只会有一个均衡产量。就厂商的长期均衡来说，也是如此。

如果讲得更复杂一些，在理论上，MR 曲线还有可能在 SMC 曲线的最低点与 SMC 曲线相交，由于这时的 SMC 曲线的斜率为 0，大于 MR 曲线的斜率(为负)，所以同时满足利润极大化的一阶条件和二阶条件，这时的产量便为均衡产量。这种情况下，SMC 曲线就不可能在其上升阶段与 MR 曲线相交了。

本章小结

1. 完全垄断市场具有多种形成原因，这些原因是客观的、实在的。因而，纯粹的完全垄断市场虽然也较为少见，但其现实性比完全竞争市场要强。

2. 完全垄断市场条件下，厂商的边际收益曲线的斜率为平均收益曲线或需求曲线的斜率的两倍。

3. 完全垄断市场条件下，厂商仍然根据 MR＝MC 的原则来确定产量，以追求利润的最大或亏损的最小。

4. 完全垄断并不能保证短期内厂商一定得到超额利润。是否得到利润，取决于市场需求状况和成本状况。

5. 垄断厂商可以实行价格歧视，以攫取消费者剩余。价格歧视对于消费者也存在有利的一面。

6. 相对于完全竞争市场而言，完全垄断市场的资源利用状况和竞争激励状况都较差，但也有促进技术进步的一面，并能较好地满足规模经济要求。

基本概念

完全垄断市场	自然垄断	价格歧视
一级价格歧视	二级价格歧视	三级价格歧视

复习思考题

1. 你认为应如何在追求企业规模经济效应与反垄断之间取得某种平衡？

2. 结合经济社会的现实现象，分析垄断企业不一定得到利润，甚至可能产生亏损的原因。

3. 有的球迷说，大多数国家的足球协会是所在国足球市场的完全垄断组织，国际足联则是国际足球市场的完全垄断组织。请你分析这种看法正确与否。

4. 尝试设计一套差别价格方案，既尽量满足国内外游客游览故宫的愿望并保证故宫的门票收入，又能适当控制每天的游客流量。

5. 直观地举例说明自然垄断厂商的边际成本很小。

6. 有的机场候机大楼的咖吧里，一小杯咖啡卖七八十元，这是否属于正常的价格歧视？应如何治理？

7. 设某垄断厂商的短期边际成本函数为：$SMC = Q^2 - 14Q + 111$，产品需求曲线的斜率为 1，利润最大化时的产量为 11，求该厂商的短期总收益函数。

8. 设某垄断厂商的产品仅在两个不同条件的市场实行价格歧视下的销售，其总成本函数和产品的需求函数分别为：$TC = Q^2 + 10Q$，$Q_1 = 32 - 0.4P_1$，$Q_2 = 18 - 0.1P_2$。

(1) 求利润极大时的 P_1、P_2、Q_1、Q_2。

(2) 价格歧视时垄断厂商的总利润。

(3) 假如只能索取相同的价格，利润极大时的价格、销量和利润各为多少？

(4) 上述的价格歧视较之单一的价格使厂商增加了多少利润？

9. 试举办一场辩驳赛：

正方：自然垄断行业也需引入企业竞争。

反方：自然垄断行业不应引入企业竞争（主要依靠社会监督和政府管制）。

第8章 垄断竞争市场的价格与产量决定

引导案例

前述的完全竞争与完全垄断是市场结构中两种极端的市场类型。比较现实的市场，往往介于完全竞争与完全垄断之间，是竞争与垄断的混合。这样的市场包括垄断竞争市场与寡头垄断市场。完全垄断、垄断竞争与寡头垄断市场也被统称为非完全竞争市场或不完全竞争市场。本章介绍垄断竞争市场条件下的厂商行为和均衡形成。

第一节　垄断竞争市场

作为一种现实存在感较强的市场，垄断竞争（monopolistic competition）市场具有怎样的特征呢？或者说，什么样的市场属于垄断竞争市场呢？本节首先对这些问题作一简要的阐述。

一、垄断竞争市场的涵义

（1）每个厂商的产品是不同质的，即存在产品差别。但差别又不是很大①。产品的差别性，使得它们相互之间不能完全替代，从而厂商对于自己的产品具有一定的垄断性。另一方面，由于产品的差别不大或很小，所以它们相互之间具有较高的替代性，即需求的交叉弹性较高，从而厂商对自己的产品不具有完全的垄断性。这里所说的“产品差别”既可源于产品质量、设计、功能、技术等的不同，也可源于产品包装、商标、广告等而引起的消费者对于产品的偏好差异。

（2）厂商数量众多，他们凭借产品的有限差别对市场施加有限的影响，是市场价格的影响者。但厂商数量的众多和产品的有限差别性使得厂商无法相互勾结以控制市场价格。

（3）由于每个厂商所占的市场份额较小，加上产品之间又存在一定的差别，以至于厂商认为其决策对其他厂商影响不大，不太会引起竞争对手的注意和反应。因而厂商常有独自行事的特征。如彩电厂家的独自降价行为等。

① 例如，美的、格力、海尔空调等之间有差别，但差别又不是很大；早餐市场上的馒头、包子、面条等有差别，但差别又不是很大。

(4) 行业进出比较容易。因为厂商规模一般不是太大,所需投入或退出的资本都不是太多,转产别的产品或提供别的服务就较为容易。

在现实经济社会中,垄断竞争的情形是常见的。如牙膏市场上不同品牌的牙膏;不同品牌的洗发液;同一星级的不同宾馆;休闲市场上不同的休闲品;等等。所以,垄断竞争市场上,商品的品牌十分重要。消费者对商品的质量、功能等的追求往往体现为对商品品牌的偏好和认同。

☞**小贴士**

现在的网上社交工具有 QQ、微博、微信、脸书等,它们组成了网上社交垄断竞争市场上的差异化技术产品。你目前使用的是哪一种或哪几种?为什么作此选择?

专栏 8-1 "老干妈"辣椒酱

在全国各地的许多超市的货架上,甚至在很多五星级宾馆的自助餐的调味品中,都有贵州的"老干妈"辣椒酱。"老干妈"的创始人陶华碧年轻时曾到南方打工,她吃不惯也吃不起外面的饭菜,就从家里带了很多辣椒做成辣椒酱拌饭吃。经过不断调配,她做出一种"很好吃"的辣椒酱,这就是现在"老干妈"仍在使用的配方。

陶华碧为了维持生计,后来开始在晚上做米豆腐(贵阳最常见的一种廉价凉粉),白天用背篼背到附近的几所学校里卖。1989 年,她在贵阳市南明区的龙洞堡开了个专卖凉粉和冷面的简陋的小饭店,用自己做的豆豉麻辣酱拌凉粉。很多客人吃完凉粉后,还要买一点麻辣酱带回去,甚至有人不吃凉粉却专门来买她的麻辣酱。后来,她的凉粉生意越来越差,可麻辣酱却做多少都不够卖。有一天中午,陶华碧的麻辣酱卖完后,吃凉粉的客人就一个也没有了。她关上店门去看看别人的生意怎样,走了十多家卖凉粉的餐馆和食摊,发现每家的生意都非常红火,陶华碧发现了这些餐厅生意红火的共同原因是都在使用她的麻辣酱。

1994 年,贵阳修建环城公路,昔日偏僻的龙洞堡成为贵阳南环线的主干道,途经此处的货车司机日渐增多,他们成了小饭店的主要客源。陶华碧开始向司机免费赠送自家制作的豆豉辣酱、香辣菜等小吃和调味品,大受欢迎。货车司机们的口头传播起到了广告传播作用,"龙洞堡老干妈辣椒"的名号在贵阳不胫而走,很多人甚至就是为了尝一尝她的辣椒酱,专程从市区开车来购买。

1996 年 8 月,陶华碧办起了辣椒酱加工厂,牌子就叫"老干妈"。作坊时代的"老干妈"虽然产量很小,但光靠龙洞堡周边的凉粉店已经消化不了,她必须开拓另外的市场。陶华碧用了一个"笨办法",用提篮装起辣椒酱,走街串巷向各单位食堂和路边的商店推销。一开始,食品商店和单位食堂都不肯接受这瓶名不见经传的辣椒酱,陶华碧跟商家协商将辣椒酱摆在商店和食堂柜台,卖出去了再收钱,卖不出就退货。商家这才肯试销。一周后，商店和食堂纷纷打来电话，让她加倍送货。

“老干妈”也立即受到被喜食辣椒的号称川军和黔军的农民工的欢迎，他们走到哪里买到哪里。再通过他们，“老干妈”为越来越多的人欢迎，长期供不应求。

但是，东西好卖了，仿冒产品也就出现了。陶华碧甚至还为此同湖南一家公司打了一场官司，此案成为 2003 年中国十大典型维权案例。2003 年 5 月，陶华碧的“老干妈”几经周折，也终于获得了国家商标局的注册证书。

“老干妈”所用的辣椒原料为著名的遵义辣椒。当地为其供货的辣椒收购大户告诉记者，给她的辣椒，谁也不敢大意，只要出一次错，以后再想向她供货就难了。当地给她的辣椒，全部要剪蒂，一只只剪，这样拣剪过的辣椒，再分装，就没有杂质了。

市场上各种各样的辣椒酱虽然很多，但“老干妈”却以其独特的风味赢得了千千万万的消费者的喜爱。许多吃饭时胃口不佳的人往往跑到附近的超市问营业员：有“老干妈”卖吗？“老干妈”还销往世界五大洲的 30 多个国家和地区。2016 年，“老二妈”公司每天卖出 200 万瓶辣椒酱。2012 年 7 月，美国奢侈品电商 Gilt 还把“老干妈”奉为尊贵调味品。

经初步核算，“老干妈”公司 2013 年产值为 37.2 亿元人民币，纳税 5.1 亿元人民币。

资料来源：周晓农，《为什么“老干妈”没有遇上强劲的对手?》，http://daily.zhihu.com/story/2300；申鑫、刘尧，《“老干妈”陶华碧：把 5 块钱生意做成 25 亿》，http://www.docin.com/p-1601407248.html。

讨论：

(1) 为什么说“老干妈”辣椒酱处于垄断竞争市场中？

(2) 请简略分析“老干妈”品牌成功的原因以及这一品牌今后可能会遇到的挑战。

二、厂商需求曲线

垄断竞争厂商的需求曲线，是一条向右下方倾斜的曲线，从而 MR 曲线也相应地向右下方倾斜(如下一节的图 8-1 所示)。这也就是说，垄断竞争厂商的需求曲线与完全垄断厂商的需求曲线的基本形状是相似的，但它们还是有区别的：

(1) 完全垄断条件下，整个行业只有一家厂商，因而厂商的产品需求曲线同时也是全行业的产品需求曲线。而垄断竞争条件下，厂商的产品需求曲线并非全行业的产品需求曲线。

(2) 一般认为，垄断竞争厂商的需求曲线相对来说较为平坦，这是因为不同厂商提供的产品之间虽有一定差别但差别又不是很大，从而某一厂商的产品价格下降，消费者的需求量增加较为明显，因为他们这时会减少对其他厂商的同类产品的购买，转而购买降价厂商提供的产品。价格提高时的情形与此反向地类似。而没有替代产品的完全垄断厂商的需求曲线则较为陡峭。

同步训练 8-1

第二节　短期均衡与长期均衡

前已述及，不论什么类型的市场结构，厂商利润极大化（从而达到均衡状态）的条件都是 MR＝MC。本节在此基础上来论述垄断竞争市场条件下厂商的短期均衡和长期均衡。

一、短期均衡

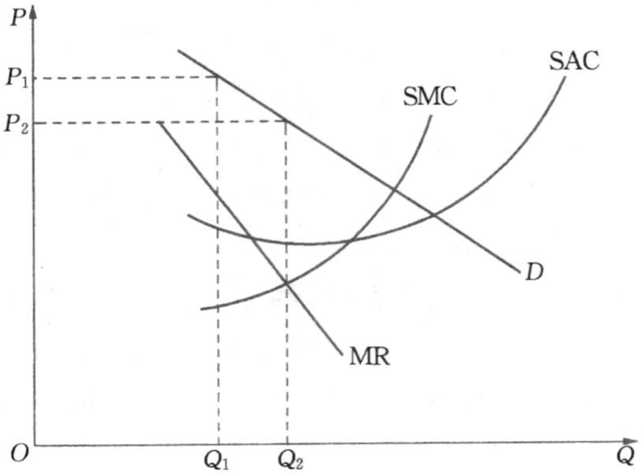

图 8-1　垄断竞争厂商的短期均衡

如图 8-1① 所示，设在开始时，代表性厂商产品的售价为 P_1，销量为 Q_1。因为该产量水平的 MR $\neq$ MC，所以这时未达到利润最大化。厂商为了获取最大化利润，会将价格调整到 P_2，以便使产销量达到 Q_2。在 Q_2 的产销量水平，MR＝MC，这时达到短期均衡。当然，如果产销量超过 Q_2，则 MR $<$ MC，厂商会减少产量，直至 Q_2 为止。

在垄断竞争厂商达到短期均衡时，厂商究竟是获得超额利润、正常利润还是发生亏损，取决于均衡产量水平的平均成本与销售价格之间的关系。当然，图 8-1 显示的是厂商可获得超额利润。但如果市场状况决定的需求曲线在任何产量水平都低于 AC 曲线，则满足 MR＝MC 要求的短期均衡产量便意味着亏损最小化。

二、长期均衡

上述的短期均衡是不可能持久的，因为在短期均衡状态下，如存在超额利润，则就长期来看，会吸引新的厂商加入。如发生亏损，则就长期来看，会有一部分厂商转移出去。

如图 8-2 所示，设代表性厂商开始时所面临的需求曲线为 D_1 曲线，并在 E 点处生产，对应的价格和产量分别为 P_1 和 Q_1。而且图中显示，这时的 MR_1 ＝LMC，说明这时厂商可获得最大化利润。但由于现在不是处于完全垄断市场中，厂商面临的 D_1 曲线是不可能长期稳定的。因为这时每单位产量的价格高于每单位产量的 LAC 和 SAC（考虑到图的简洁性，SAC 曲线未画出。不难理解，生产 Q_1 产量的最优生产规模由譬如 SAC_1 曲线代表，而 SAC_1 曲线在 Q_1 产量水平与 LAC 曲线相切），从而厂商存在超额利润。

超额利润的存在引起新的厂商的加入，随着全行业厂商数量和产量的增加，代表性

① 垄断竞争市场上厂商的 MR 曲线与需求曲线的关系类同于完全垄断市场上厂商的 MR 曲线与需求曲线的关系。

厂商的市场销售份额最终会减少，表现为同一价格水平时的产销量比过去少。从而也就是厂商面临的需求曲线不断左移（或称下移），直到超额利润消失为止，即需求曲线最终与 LAC 曲线相切。如图 8-2 中的 D_2 曲线与 LAC 曲线相切于 F 点。F 点对应的价格和产量分别为 P_2 和 Q_2，且这时 $MR_2=LMC$。厂商达到长期均衡。这时，价格 P_2 等于长期平均成本 FQ_2，厂商仅得到正常利润，既没有超额利润也没有亏损，从而既没有厂商加入也没有厂商退出。

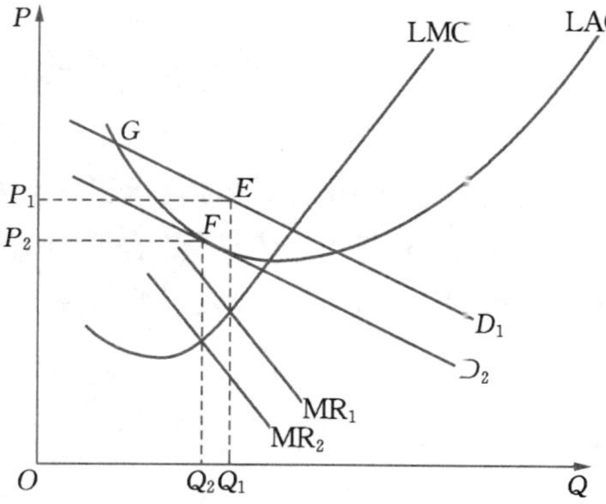

图 8-2 垄断竞争厂商的长期均衡

那么，在需求曲线与 LAC 曲线的切点所代表的产量水平，MR 曲线是否与 LMC 曲线必定相交呢？下面来作证明：

$$MR=\frac{d(P\cdot Q)}{dQ}=\frac{dP\cdot Q+dQ\cdot P}{dQ}=\frac{dP}{dQ}\cdot Q+P \tag{8.1}$$

$$LMC=\frac{d(LAC\cdot Q)}{dQ}=\frac{dLAC\cdot Q+dQ\cdot LAC}{dQ}=\frac{dLAC}{dQ}\cdot Q+LAC \tag{8.2}$$

又因为在需求曲线与 LAC 曲线的切点，两条曲线的斜率必相等，即存在 $dP/dQ=dLAC/dQ$，并且在该切点所代表的产量水平，$P=LAC$，所以这时的以上两式必相等（$MR=LMC$），即 MR 曲线与 LMC 曲线必相交。

但是，不能反过来说，在 MR 曲线与 LMC 曲线交点所代表的产量水平，需求曲线一定与 LAC 曲线相切。可以想象，随着图 8-2 中 D_2 曲线的上移，MR_2 曲线也会相应上移，从而 MR_2 曲线与 LMC 曲线会在 D_2 曲线与 LAC 曲线不相切的某一产量水平相交。

那么，在需求曲线与 LAC 曲线的交点所代表的产量水平，MR 曲线与 LMC 曲线是否会相交呢？必定不会。因为在交点，虽然 $P=LAC$，但两条曲线的斜率必不相等，考虑式（8.1）和式（8.2），这时的 MR 必不等于 LMC。再如图 8-2，在 D_1 曲线与 LAC 曲线的交点 G，这时厂商降低 G 点对应的价格水平至 P_1，厂商便可获得超额利润，因而，G 点对应的产量不可能是长期均衡产量。所以说，需求曲线与 LAC 曲线的交点所代表的产量水平虽然只给厂商带来正常利润，但它不是厂商的长期均衡产量。

当然，需求曲线如果既不与 LAC 曲线相交，也不与 LAC 曲线相切，而是在任何产量水平都低于 LAC 曲线，则意味着厂商在任何产量水平生产都会亏损，从而会有厂商退出该行业。这样，继续留存的厂商的需求曲线便会右移（或称上移），直至与 LAC 曲线相切。

同步训练 8-2

*第三节　非价格竞争

垄断竞争市场上，厂商数量很多，这使得任一厂商通过价格竞争手段未必能扩大自己的产销量，且往往会使厂商自身利益受损。因为某厂商降价，别的众多厂商也会降价。所以，厂商更倾向于采用非价格竞争手段。非价格竞争包括产品品质竞争和营销竞争。

一、品质竞争

产品品质包括一般意义上的质量，还包括功能、式样等。产品品质的提升会导致成本的增加，因此，由于品质提升而增加的成本必须小于由此而扩大的销量所增加的预期收入。否则，厂商便不会去提升产品品质。

如图 8-3，设代表性厂商的原平均成本曲线为 AC_1，原需求曲线和边际收益曲线分别为 D_1 和 MR_1，均衡产量为 Q_1，价格为 P_1。这时，可得到超额利润为矩形 AP_1MN 的面积。提升产品品质使得平均成本曲线上移到 AC_2，产品品质的提升也刺激了市场对它的需求的增加，需求曲线和边际收益曲线分别右移至 D_2 和 MR_2，产销量增加到 Q_2（为分析中的简便起见，假设边际生产成本即 MC 曲线不变），这时超额利润为矩形 BP_2EF 的面积。由于矩形 BP_2EF 的面积大于矩形 AP_1MN 的面积，所以提升产品品质是有利的，而且，产量为 Q_2 时，$MR_2=MC$，即这时利润为极大。

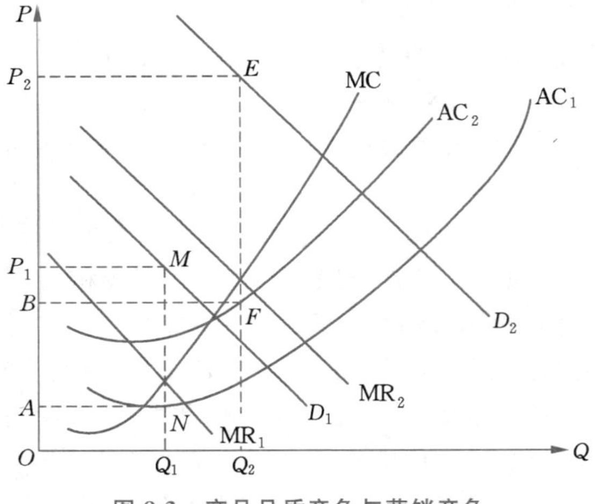

图 8-3　产品品质竞争与营销竞争

在以上分析中，为简便起见，实际上假定产品品质的提升行为并未影响产品的边际成本，从而 MC 曲线维持不变。这一假定是具有合理性的，因为技术的创新、式样的改进等行为所导致的成本增加更多地表现为固定成本增加的特征（因为它不是由产量的变化所引起，只是取决于厂商的决策），从而 MC 曲线不受影响。正是由于产品品质提升成本具有固定成本特征，图中的 AC_1 曲线与 AC_2 曲线在产量越大时越呈趋近态势，因为固定的品质提升成本分摊到更多的产量上，在 AC_1 基础上的增加额就越小。

二、营销竞争

营销竞争包括广告宣传、销售网点设置、售后服务等内容，它们都会增加产品的总成本。为了分析的简便起见，我们后面的分析中将营销竞争等同于广告的运用和广告费用支出。在完全竞争的条件下，每个厂商都能卖出自己的数量有限的商品，没有必要运用广告。在完全垄断的条件下，广告对扩大销量起一定作用，但起作用最大的还是垄断竞争市场。在垄断竞争条件下，厂商需要依靠广告来宣扬产品的差别，从而引起消费者的注意并刺激他们的购买欲望。

仍以图 8-3 来说明。设厂商在开始时销量为 Q_1，超额利润为矩形 AP_1MN 的面积。现设扩大广告宣传，广告费的支出增加。这使原来的 AC_1 曲线移至 AC_2 曲线，而 MC 曲线不变，因为增加这笔广告费等于增加一项固定成本，不会导致边际成本的变化①。扩大广告宣传使得需求曲线右移至 D_2，则新的均衡产量从 Q_1 增至 Q_2，这时利润为矩形 BP_2EF 的面积，这说明广告宣传是值得的。

当然，无论是产品品质竞争还是营销竞争，带来的超额利润都是短期而言的。长期中的竞争会使超额利润消失。

现代经济社会的广告费用是十分庞大、十分惊人的，而且还在加速度递增。有些企业的产品广告费用甚至长期超过产品总收入的 1/3。很多人认为广告有益于消费者和厂商，也有人持相反的观点。

在营销竞争中，假如所有厂商都去努力，每个厂商的需求曲线将只有小幅的右移，所增加的销量可能很少，结果也许是得不偿失。人们对广告的非议一直没有停止过，他们认为广告造成的浪费太大，由此推动了销售成本和价格的上浮。

第四节　对垄断竞争市场的评价

垄断竞争市场介于完全竞争与完全垄断之间，但被认为更接近于完全竞争市场。因为垄断竞争市场的特征或判断条件与完全竞争市场比较相似，两种市场中的企业就长期来看都没有超额利润。但这两种市场毕竟是有差别的，现作一比较。

一、垄断竞争市场的缺点

完全竞争会导致生产资源的最有效率的配置，而垄断竞争则不能。如图 8-4(a)，完全竞争厂商的长期均衡产量和均衡价格分别为 Q_1 和 P_1。这时的平均成本为最低。

如图 8-4(b)，长期均衡时，垄断竞争厂商的需求曲线与 LAC 曲线相切于 LAC 最低点左边的一点，即这时的生产规模小于最优生产规模。垄断竞争厂商的均衡产量和均衡价格分别为 Q_2 和 P_2。即同完全竞争相比较，相对于各自的最优产量和最优价格而言，垄断竞争导致较少的产量和较高的出售价格。厂商的生产并未在平均成本最低的产量水平进行，这意味着生产资源未得到最有效率的配置。

① 例如厂商决定增加 500 万元的广告支出，这已经支出的 500 万元就是固定成本，不会因产量的变化而变化。

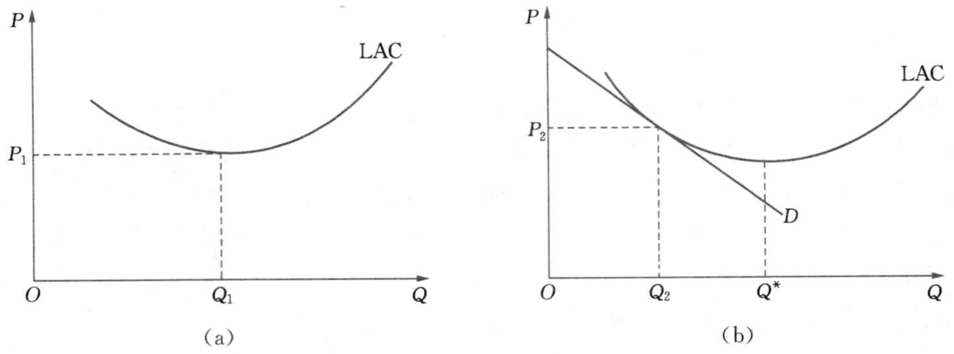

图 8-4　垄断竞争与完全竞争的资源配置效率比较

垄断竞争市场中,代表性厂商的产量规模或生产规模小于最优生产规模的现象被称为厂商出现过剩生产能力(excess capacity)。具体地说,由于同一行业里的厂商数目众多,每个厂商的市场份额不足以使厂商充分地利用已有的生产设备、生产资源,从而导致产品的平均成本无法达到最低点。

由于垄断竞争厂商的需求曲线较为平坦,而完全垄断厂商的需求曲线较为陡峭,所以,它们的需求曲线虽然都分别与 LAC 曲线相切于 LAC 最低点的左边,但前者的切点所在的产量离 LAC 最低点所在的产量相对较近,该切点所代表的价格水平也相对较低。

另外,在垄断竞争市场中,厂商常常将很大的力量花费在广告等营销宣传上,但不少时候这样做的结果并未使厂商的销售量增加多少,却导致了销售成本的上升。

二、垄断竞争市场的优点

垄断竞争市场上,激烈的市场竞争迫使厂商依靠创造产品差别、提升产品品质来求得生存和发展,从而生产出多种多样、式样丰富的产品,满足消费者多方面、多层次的需要和选择。

垄断竞争也最有利于促进产品创新和技术进步。如果没有充分的竞争,厂商就不会有足够的创新压力。但如果没有一定程度的垄断,就不能保证创新者在一定时期内获得技术创新所带来的超额利润,从而削弱甚至泯灭技术创新的积极性。垄断竞争市场将激烈的市场竞争与一定程度的厂商垄断相结合,从而为厂商提供了产品创新和技术创新的足够的压力和动力。可以想象,垄断竞争市场上的厂商,为了在为数众多的同类产品中,吸引消费者来购买自己生产的产品,就必须不断地进行技术创新,改进产品功能,创造产品差别,提升服务质量,等等。

虽然人们对于广告的利弊各有陈说,但应该承认,广告对于引导消费,帮助人们认识产品的性能和质量还是有积极作用的。广告也能强化产品品牌在消费者心目中的地位和形象。在垄断竞争条件下,广告发展成一个蔚为壮观的产业,这在完全竞争市场上是难以想象的。因为完全竞争市场上所有厂商生产的产品都是同质的,没有必要做广告。在完全垄断市场上,厂商做广告的必要性也不大。

虽然与完全竞争相比,垄断竞争条件下的产品价格略高而产量略低,但是为了获得丰富多彩的差异化产品和强劲的技术创新动力,在产量和价格上付出少量代价,并非是不值得的。

本章小结

1. 垄断竞争市场是介于完全竞争与完全垄断之间，但更接近于完全竞争的一种市场类型。

2. 垄断竞争条件下的长期均衡中，厂商的需求曲线不是切于LAC曲线的最低点，而是切于LAC曲线最低点左边的一点，这表明生产规模并不是最优的。

3. 垄断竞争厂商常采用产品品质竞争和营销竞争。产品品质竞争与营销竞争有着内在的联系，品质的改进和变化有赖于广告等营销手段的宣传和张扬。

4. 广告的利弊皆存，围绕它的争论也一直不断。

5. 与完全竞争市场相比，垄断竞争市场的资源配置效率较差，但却最有利于促进技术创新，并能向消费者提供丰富多彩的产品。

基本概念

垄断竞争市场　　非价格竞争　　过剩生产能力

复习思考题

1. 举例分析说明，虽然都分别属于垄断竞争市场，但有些产品的需求曲线比另外一些产品的需求曲线更为平坦。

2. 为什么说垄断竞争市场适合于满足消费者的多样化选择需要？

3. 垄断竞争市场上，某厂商推出不同品牌的同一产品是否一概没有必要？

4. 试分析你所在区域的消费者对我国目前家电市场上（如彩电、空调、冰箱、洗衣机、手机等）主要品牌的偏好度差异及其原因（可能的话，可去国美、苏宁等家电零售连锁店或其他家电销售场所进行实地考察和调研）。

5. 请较全面、深刻地分析广告的经济利弊和社会利弊。

6. 垄断竞争市场中的某厂商的长期总成本函数为 $LTC = 0.001q^3 - 0.425q^2 + 85q$，厂商的产品需求曲线为 $P = 45 - 0.025q$，求：

(1) 厂商的长期均衡产量和价格；

(2) 厂商需求曲线上长期均衡点的弹性。$\left(提示：运用 MR = P\left(1 + \frac{1}{E_d}\right) 公式。\right)$

第 9 章
寡头垄断市场的价格与产量决定

引导案例

寡头垄断(oligopoly)市场是介于垄断竞争与完全垄断之间的一种市场类型。在这样一种市场条件下,厂商如何决定自己的行为,决定自己的均衡价格与均衡产量呢?

第一节 寡头垄断市场

寡头垄断市场也是一种较为现实、较为常见的市场类型。本节介绍什么样的市场属于寡头垄断市场,以及关于这一市场理论模型的说明。

所谓寡头垄断市场是指,少数几家厂商生产和销售(提供)一个行业的全部或大部分产品(服务),每家厂商的产量(服务量)在总产量(总服务量)中都占有相当大的份额。寡头垄断多见于钢铁、有色金属、汽车制造和远洋运输等行业。这种市场的基本特征或前提条件是:

(1) 厂商极少。同一行业只有少数几家厂商(当厂商为两家时,叫双头垄断。如世界市场上的波音与空客公司、可口可乐与百事可乐等),每个厂商在市场上都具有举足轻重的地位,对全行业的产量和价格都具有相当的影响力,厂商相互之间势均力敌。

(2) 相互顾忌。任一厂商进行决策时,必须考虑竞争者可能会有的反应和对策,因而既不是价格的接受者,也不是价格的制定者,而是价格的寻求者(price searcher)。即在考虑竞争者反应的条件下,共同寻求大家都能接受的价格。

☞**小贴士**

> 波音公司如果想下调民航客机的销售价格,必定会考虑空中客车公司可能会有的反应,说不定会引起价格战,所以不太敢轻率地降价。相反,它如果想提高价格,又会担心空中客车公司趁机扩大市场销售。反过来,空中客车公司也会有同样的心理。这两家势均力敌的大公司会小心翼翼地寻找双方都能接受的价格。

(3) 产品同质或异质。不同厂商生产的产品之间没有差别或基本没有差别(如 A 厂商与 B 厂商分别生产的同一型号的钢材等),则相互影响的程度很高,这叫纯粹寡头。不同厂商生产的产品之间有一定差别(如 C 厂商与 D 厂商分别生产的汽车等),则相互影响的程度较低，这叫差别寡头。

(4) 行业进出不易。由于原有厂商在规模、信誉、市场份额等方面的既存地位和明显优势，其他厂商要进入一个已形成寡头垄断的市场是相当困难的，甚至是极其困难的。资产的规模和专用性也决定了退出行业的异常困难。

在寡头垄断市场条件下，厂商的均衡产量和产品的均衡价格怎样决定呢？由于寡头垄断市场的情况非常复杂，厂商的各种决策和行为所产生的结果具有很大的不确定性。具体一些说，同一行业可能只有两个厂商，也可能有两个以上的厂商；可能是纯粹寡头，也可能是差别寡头；可能彼此独立行动，也可能相互勾结；可能采取价格竞争，也可能采取非价格竞争。一家寡头厂商采取行动后，与己势均力敌的其他寡头厂商可能也会采取相应的行动，从而使行为的效果、市场环境等在某种程度上变得难以预料。因此，对于寡头垄断厂商的均衡产量和均衡价格的决定，多种理论模型从不同角度、在不同假定条件下给予了分析和解释。

下面从寡头垄断厂商是否相互勾结出发，把它们的行为区分为两种类型(即独立行动和相互勾结)来分析和介绍一些较为典型的寡头垄断市场的理论模型。下一章将要介绍的博弈论也是一种很有代表性且具有现代气息的关于厂商行为的理论。

同步训练 9-1

*第二节　非合作行为模型

所谓非合作行为，是指寡头厂商在考虑到竞争对手的决策和反应的情况下，对自己的经济活动自行作出决策。当寡头厂商为差别寡头时，虽然其产品各有特点，但因其产品可以彼此替代(如“解放”汽车与“东风”汽车)，因而任一寡头的产品价格都受到其他寡头产销量的影响。当寡头厂商为纯粹寡头时，其他厂商产销量的变动更是会直接影响产品的价格。如果以 q_1, q_2, …, q_n 分别代表不同的寡头厂商的产销量，P 代表产品价格，则

$$P=f(q_1+q_2+\cdots+q_n)$$

当寡头厂商为 A、B 两家时，那么

$$P=f(q_A+q_B)$$

A、B 两家厂商的利润函数为：

$$\begin{aligned}\pi_A&=\mathrm{TR}_A-\mathrm{TC}_A=P\cdot q_A-\mathrm{TC}_A\\&=f(q_A+q_B)\cdot q_A-\mathrm{TC}_A\end{aligned}$$

$$\pi_B=f(q_A+q_B)\cdot q_B-\mathrm{TC}_B$$

由上可见，寡头厂商的利润不仅取决于自己的产量和成本，还取决于竞争对手的产

量。从而任一寡头在进行价格和产量等决策时不仅要考虑这种决策对市场的直接影响，还要考虑竞争对手可能会有的反应(如竞争对手也相应地变动产量和价格)。

下面根据对寡头垄断厂商的不同行为假设，介绍几种著名的、代表性理论模型。以下的四个理论模型中，前两个为产量竞争模型，后两个为价格竞争模型。

一、古诺模型

这是最早出现的寡头垄断模型，由法国经济学家古诺(A.Cournot)在1838年提出。古诺假定：①A、B两家寡头厂商生产同一种产品；②两家厂商的生产成本为零，边际成本当然也为零(这是为了简化论证说明)；③两家厂商面对相同的需求曲线，且需求曲线为线性；④推测竞争对手的产量不变，然后按利润最大化的原则进行生产。试问：A、B的产量各为多少？价格各为多少？利润各为多少？

(一) 模型的理论说明

1. 实例分析

如图9-1，D是需求曲线，MR为边际收益曲线，因边际成本为0，OQ_0也是边际成本曲线MC。

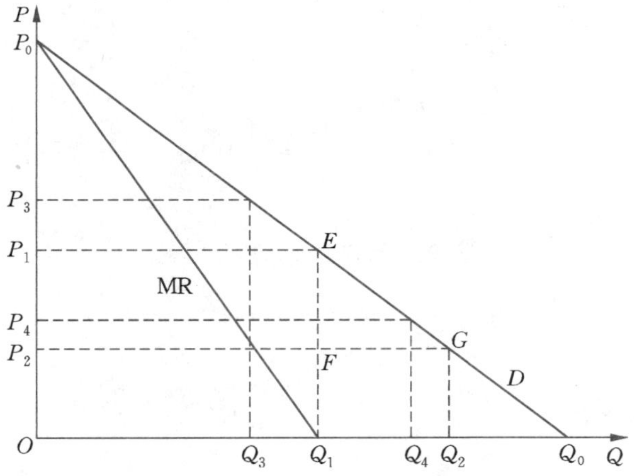

图9-1　古诺模型

第一个回合：设起初市场上只有A这个唯一的卖者，他根据MR＝MC＝0的原则，必然选择$OQ_1=\frac{1}{2}OQ_0$这个产量，产品价格为P_1，最大利润为矩形OP_1EQ_1的面积(因为生产成本为零)。现在，B进入这个市场，他认为A不会改变其产量OQ_1，因此把剩余的一半市场Q_1Q_0据为己有，为使利润极大，他将产量定为$Q_1Q_2=\frac{1}{2}Q_1Q_0$，价格定为P_2，最大利润为矩形Q_1FGQ_2的面积。由于该种产品价格降为P_2，A的利润也降为矩形OP_2FQ_1的面积。

第二个回合：根据第一个回合的情况，A又认为B不会改变其产量Q_2Q_0(因为$Q_1Q_2=Q_2Q_0$)，因此他可以拥有市场$OQ_0-Q_2Q_0=OQ_2$，于是又选择最佳产量

$OQ_3 = \frac{1}{2}OQ_2$，价格为 P_3。

现在，B 看到 A 把产量减为 OQ_3，又把剩下的 Q_3Q_0 据为己有，并把最优产量改为 $Q_3Q_4 = \frac{1}{2}Q_3Q_0$，价格为 P_4。

如此循环，多占市场的 A 每后退一步，少占市场的 B 便前进一步，最后就可以达到一个均衡点，即 A 的均衡产量等于 B 的均衡产量，$Q_A = Q_B = \frac{1}{3}OQ_0$，A 的均衡价格等于 B 的均衡价格，A 的利润等于 B 的利润，只有到这时，A、B 两家厂商的产量调整才会停止。

上述各个调整回合，可以用代数式表达如下：

第一个回合：

A 的最优产量 $$OQ_1 = \frac{1}{2}OQ_0$$

B 的最优产量 $$Q_1Q_2 = \frac{1}{2}(OQ_0 - OQ_1) = \frac{1}{2}\left(OQ_0 - \frac{1}{2}OQ_0\right) = \frac{1}{4}OQ_0 = \frac{1}{2^2}OQ_0$$

第二个回合：

A 的最优产量 $$OQ_3 = \frac{1}{2}(OQ_0 - Q_1Q_2) = \frac{1}{2}\left(OQ_0 - \frac{1}{4}OQ_0\right) = \frac{3}{8}OQ_0$$

即比上一回合减少 $$\left(\frac{1}{2}OQ_0 - \frac{3}{8}OQ_0\right) = \frac{1}{8}OQ_0 = \frac{1}{2^3}OQ_0$$

B 的最优产量 $$Q_3Q_4 = \frac{1}{2}(OQ_0 - OQ_3) = \frac{1}{2}\left(OQ_0 - \frac{3}{8}OQ_0\right) = \frac{5}{16}OQ_0$$

即比上一回合增加 $$\frac{1}{16}OQ_0 = \frac{1}{2^4}OQ_0$$

同样，第三回合：

A 的最优产量 $= \frac{11}{32}OQ_0$，即比上一回合减少 $\frac{1}{32}OQ_0$，即 $\frac{1}{2^5}OQ_0$；

B 的最优产量 $= \frac{21}{64}OQ_0$，即比上一回合增加 $\frac{1}{2^6}OQ_0$。

……

运用无穷等比级数公式 $S_n = \frac{a}{1-q}$，可得：

$$\text{A 的均衡产量} = OQ_0\left(\frac{1}{2} - \frac{1}{2^3} - \frac{1}{2^5} - \cdots\right) = OQ_0\left[\frac{1}{2} - \left(\frac{1}{2^3} + \frac{1}{2^5} + \cdots\right)\right]$$

$$=OQ_0\left[\frac{1}{2}-\left(\frac{\frac{1}{2^3}}{1-\frac{1}{2^2}}\right)\right]=\frac{1}{3}OQ_0$$

$$\text{B 的均衡产量}=OQ_0\left(\frac{1}{2^2}+\frac{1}{2^4}+\frac{1}{2^6}+\cdots\right)=OQ_0\left(\frac{\frac{1}{2^2}}{1-\frac{1}{2^2}}\right)=\frac{1}{3}OQ_0$$

$$\text{A 和 B 的总产量}=\frac{1}{3}OQ_0+\frac{1}{3}OQ_0=\frac{2}{3}OQ_0$$

2. 一般推导

现在设有 n 个寡头垄断厂商，那么每个厂商的均衡产量各为多少呢？我们下面来作一般性推导。

设 n 个厂商的均衡产量分别为 q_1，q_2，…，q_n，则全行业的均衡产量（Q）为：$Q=q_1+q_2+\cdots+q_n$，设市场需求曲线为线性，方程式为：$P=a-bQ$。

第 1 个厂商的总收益（TR_1）为：

$$\begin{aligned}TR_1&=P\cdot q_1=(a-bQ)\cdot q_1\\&=aq_1-b(q_1+q_2\cdots+q_n)\cdot q_1\\&=aq_1-bq_1^2-bq_1q_2-\cdots-bq_1q_n\end{aligned}$$

又由于利润极大化的条件是 MR＝MC，据古诺模型的假定，边际成本 MC＝0，所以：

$$MR_1=\frac{dTR_1}{dq_1}=a-2bq_1-bq_2-\cdots-bq_n=0$$

同理：

$$MR_n=a-2bq_n-bq_1-bq_2-\cdots-bq_{n-1}=0$$

于是，有下列方程组：

$$\begin{cases}a-2bq_1-bq_2-\cdots-bq_n=0\\a-2bq_2-bq_1-bq_3-\cdots-bq_n=0\\\cdots\cdots\\a-2bq_n-bq_1-bq_2-\cdots-bq_{n-1}=0\end{cases}$$

上述方程组可变形为：

$$\begin{cases}a-2bq_1-b(Q-q_1)=0\\a-2bq_2-b(Q-q_2)=0\\\cdots\cdots\\a-2bq_n-b(Q-q_n)=0\end{cases}$$

将上述方程组各式相加，得：

$$na - 2b(q_1 + q_2 + \cdots + q_n) - nbQ + b(q_1 + q_2 + \cdots + q_n) = 0$$

即
$$na - 2bQ - nbQ + bQ = 0$$

所以
$$Q = \frac{na}{(n+1)b} = \frac{n}{n+1} \cdot \frac{a}{b}$$

因为 a 是需求曲线在纵轴上的截距，b 为需求曲线的斜率，这样有：

$$b = \frac{a}{OQ}$$

显然，这里的 OQ 代表价格为零时的市场需求量，即市场最大需求量。

据上有：

$$\frac{a}{b} = a \cdot \frac{OQ}{a} = OQ$$

所以
$$Q = \frac{n}{n+1} \cdot \frac{a}{b} = \frac{n}{n+1} \cdot OQ \tag{9.1}$$

这便是存在 n 个寡头厂商的条件下，全行业的均衡产量。由于古诺模型前已述及，各寡头厂商的均衡产量会趋于相等，所以将全行业的均衡产量除以 n，可得到每个厂商的均衡产量：$q = \frac{1}{n+1} \cdot OQ$。

在完全竞争的市场上，由于 $n \to \infty$，$\frac{n}{n+1} \to 1$，所以完全竞争行业的总产量 $Q = \frac{n}{n+1} \cdot OQ = OQ$。而在完全垄断的市场中，行业或厂商的均衡产量为$\frac{1}{2}OQ$。显然，寡头垄断的行业总产量大于完全垄断的行业总产量，但小于完全竞争的行业总产量。随着厂商的增加，即 n 的增大，行业的总产销量不断扩大。

（二）模型的变量求解

设 A、B 两厂商面临的共同需求曲线为：

$$P = 120 - (q_A + q_B)$$

厂商的总收益为：
$$TR_A = P \cdot q_A = [120 - (q_A + q_B)] \cdot q_A$$
$$= 120q_A - q_A^2 - q_A \cdot q_B, \tag{9.2}$$

同理

$$TR_B = 120q_B - q_B^2 - q_A \cdot q_B \tag{9.3}$$

为使利润极大，必要条件为 MR = MC = 0，即：

$$MR_A = \frac{\partial TR_A}{\partial q_A} = 120 - 2q_A - q_B = 0 \tag{9.4}$$

$$q_A = 60 - \frac{1}{2}q_B \tag{9.5}$$

同理

$$q_B = 60 - \frac{1}{2}q_A \tag{9.6}$$

以上两式表明，利润最大的 q_A 是 q_B 的函数，利润最大的 q_B 也是 q_A 的函数，即 A、B 两厂商是相互依赖的。式(9.5)和式(9.6)分别称为 A、B 两厂商的反应函数。

反应函数(reaction function)表示厂商的产量都是其竞争对手的产量的函数。式(9.5)表示的就是在 B 厂商的各种产量下，A 厂商获取最大利润的产量的轨迹。当 q_B 为 0 时，q_A 为 60；q_B 为 20 时，q_A 为 50；……这样，根据 A 厂商的反应函数可绘制 A 厂商的反应曲线，如图 9-2 所示。同样也可绘制成 B 厂商的反应曲线。

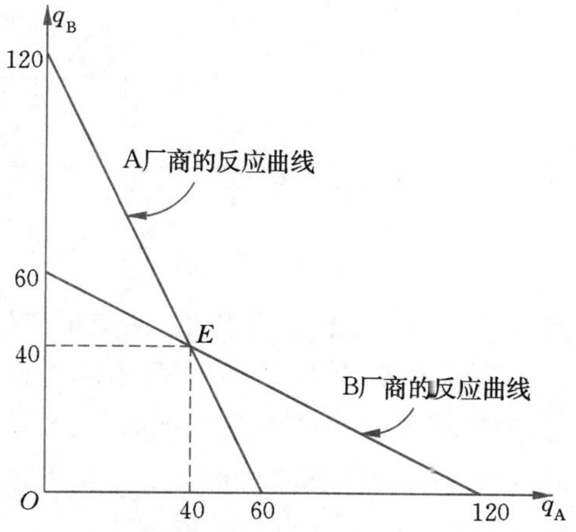

图 9-2　古诺反应函数与古诺均衡点

图 9-2 中的两条反应曲线的交点 E 点所对应的 q_A、q_B 值就是两个厂商的均衡产量。各厂商的产量都达到均衡时的状态就是古诺均衡。

联立求解式(9.5)和(9.6)，得到 A、B 两厂商的均衡产量：

$$q_A = q_B = 40$$

以上式代入 $P = 120 - (q_A + q_B)$，便可求得均衡价格：$P = 40$。据此还可求得均衡利润：

$$\pi_A = TR_A - TC_A = P \cdot q_A (\text{因为 } TC_A = 0) = 40 \times 40 = 1\ 600$$

$$\pi_B = 1\ 600$$

根据古诺模型，当两个寡头厂商的产品、成本和需求曲线都相同时，其均衡产量、均衡利润也相等。当然，也可假设厂商的生产成本、边际成本大于零，这并不妨碍分析及其结论。

古诺模型是一个只有两家寡头厂商的双头垄断模型，但其基本原理也适用于两家以上的寡头厂商。还需要指出的是，古诺模型实际上是博弈论的一个典型运用。寡头厂商的行为本身就是一种博弈。关于博弈论的详细论述，将会在下一章进行。

二、张伯伦模型

美国经济学家张伯伦(E.H.Chamberlin)作出了另一种分析。他的分析仍然是关于两个厂商行为的分析。他假定竞争双方都认识到他们在市场上的相互依赖性并以此为出发点来确定自己的价格和产量，以求双方的利润极大。

如图 9-3，当 A 厂商首先进入某产品的市场时，将 D 作为自己的需求曲线，为使利润极大化，他确定的产量为 OQ_1，价格为 P_1，利润为矩形 OP_1EQ_1 的面积。然后，B 厂商进入这个市场，将 EQ_0 看成是自己的需求曲线，确定产量为 Q_1Q_2，价格为 P_2。P_2

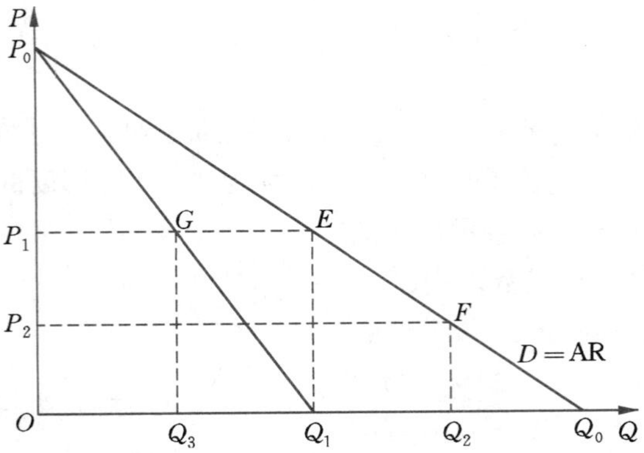

图 9-3 张伯伦模型

成为整个市场上的通行价格，两家厂商的总利润为矩形 OP_2FQ_2 的面积。

张伯伦模型与古诺模型的不同之处在于：A、B 两厂商不会天真地认为对方不会改变产量，而是认识到彼此在市场上的相互依赖性。当 A 厂商得知 B 厂商进入市场后，懂得只有双方分享垄断利润（矩形 OP_1EQ_1 的面积）才是明智的，只有这样，才能使得双方的利润极大。也就是说，在既定的市场条件下，它们的总产量应等于 OQ_1，才能分享利润矩形 OP_1EQ_1 的面积。于是 A 厂商将原有产量削减一半，让出一半市场给 B，B 也知道不可能有更高的要求。这样，A 的均衡产量为 $OQ_3=\frac{1}{2}OQ_1$，B 的均衡产量为 $Q_3Q_1=\frac{1}{2}OQ_1=OQ_3$。这时产品的价格恢复到 P_1，它们分别得到的利润为：

$$\text{矩形 } OP_1GQ_3 \text{ 的面积} = \text{矩形 } Q_3GEQ_1 \text{ 的面积} = \frac{1}{2}\text{矩形 } OP_1EQ_1 \text{ 的面积}$$

设：

$$P=120-(q_A+q_B)$$

$$\pi_A=P\cdot q_A=120q_A-q_A^2-q_A\cdot q_B$$

$$\pi_B=P\cdot q_B=120q_B-q_B^2-q_A\cdot q_B$$

$$\pi=\pi_A+\pi_B=120(q_A+q_B)-(q_A+q_B)^2$$

因为 MC=0（假设产品的边际成本为零），为求总利润极大，令：

$$MR=\frac{\partial\pi}{\partial Q}=120-2(q_A+q_B)=0$$

所以 $q_A+q_B=60$，从而可算出：$P=60$，$\pi=3\,600$。

根据前面的论述，可知：

$$q_A=q_B=\frac{1}{2}\times 60=30$$

$$\pi_A=\pi_B=\frac{1}{2}\times 3\,600=1\,800$$

由此可见，张伯伦解比古诺解的均衡产量要少，均衡价格要高，均衡利润要大。

三、伯特兰德模型

法国经济学家伯特兰德(J.Bertrand)认为寡头厂商之间的竞争主要体现在价格上，因而他的模型属于价格竞争模型。在古诺模型中，产量是自变量，价格是因变量。而在伯特兰德模型中，价格是自变量，产量是因变量。

前面在古诺模型的论述中，假定两厂商面临的共同需求曲线为：

$$P=120-(q_A+q_B)=120-Q$$

我们在这里仍坚持这一假设，所不同的是，这里假设 $MC=12$。这样，在进行产量竞争的古诺模型中，式(9.4)就变为 $MR_A=120-2q_A-q_B=12$，并往下计算可得古诺均衡是 $q_A=q_B=36$，即 $Q=72$，并得到价格 $P=48$。

如果寡头厂商是通过价格竞争，伯特兰德认为，两厂商都会将价格定在等于边际成本的水平上，即 $P_A=P_B=MC=12$。那么两个厂商的总产量 Q 就为 108 单位。为何如此呢？因为在价格竞争条件下，任一厂商降价，它就会抢占市场并获取可观利润。这样在不断的降价中，价格就会等于边际成本，至此没法再降了。再降便会造成利润损失甚至亏损。

寡头厂商在面临相同的需求曲线和边际成本条件下，伯特兰德模型中的价格比古诺模型中的价格要低($12<48$)，但产销量却要高($108>72$)。可见，价格竞争与产量竞争带来的结果是有差异的。

四、斯威齐模型

寡头垄断厂商由于控制了行业大部分产品的供销，使得某一厂商对于变动价格可能会产生的结果带有相当大的不确定性。这样，厂商便会尽可能减少价格的变动。一些寡头行业(如钢铁、民航客机)的产品价格一般比较稳定，厂商之间的竞争主要是非价格竞争。

为了解释上述的寡头垄断厂商的价格特性，美国经济学家斯威齐(P.M.Sweezy)运用拐折的需求曲线来分析寡头垄断市场。这一模型也属于价格竞争模型。

如图 9-4，假设 A 厂商的现行产量为 Q_0，价格为 P_0，如果现在 A 厂商变动价格，该行业的其他厂商会有什么反应呢？

(1) 如果他提高价格，根据实际观察与常识判断，其他厂商不会仿效，因为这时不提价会得到 A 失去的一部分市场；如果提价，会失去一部分市场(失去一部分市场给其他行业)。

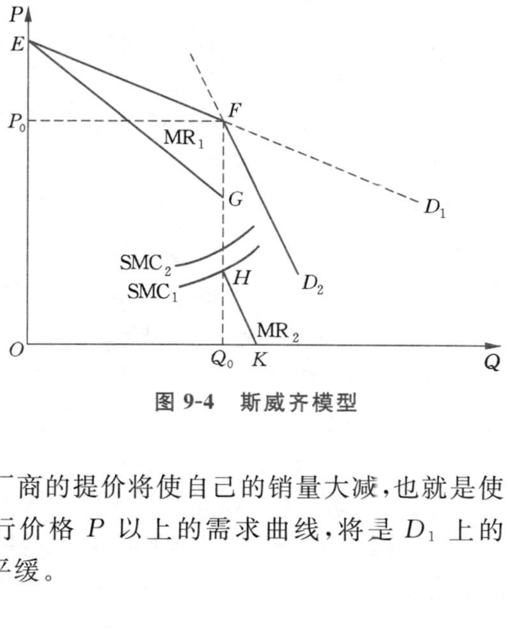

图 9-4 斯威齐模型

由于该行业的其他寡头厂商不提价，A 厂商的提价将使自己的销量大减，也就是使市场对他的产品的需求大减。A 厂商在现行价格 P 以上的需求曲线，将是 D_1 上的 EF 段，EF 段的斜率的绝对值较小，曲线较平缓。

(2) 如果他降低价格,其他厂商也会随之降价,以避免失去自己的市场。由于其他厂商也相应降价,A 厂商的降价所能增加的销量很少(从其他行业夺得很少的一部分市场,之所以"很少",是因为不同行业的产品的替代性小)。这样,A 厂商在现行价格 P_0 以下的需求曲线,将是 D_2 上的 FD_2 段,这段曲线较陡直,斜率的绝对值较大。

所以,厂商 A 的需求曲线便成为拐折的需求曲线,即为 EFD_2 曲线。与此相应,厂商 A 的边际收益曲线是间断的,即与 EF 相应的 $EG(MR_1)$和与 FD_2 相应的 $HK(MR_2)$。

从图 9-4 中可看出,只要 MC 曲线与 MR 曲线相交于 MR 曲线的不连续部分,利润极大化的产销量便仍是 Q_0,价格仍是 P_0。例如,设边际成本曲线为图中的 SMC_1 曲线,产量大于 Q 意味着 $SMC_1 > MR_2$,表示利润总量反而减少。若产量小于 Q_0,则 $SMC_1 < MR_1$,表示增加产量可使利润总量增加。所以,只有产销量为 Q_0 时,即 MR = MC 时,利润总量达到极大。同理,当 SMC_1 上移到 SMC_2 时,厂商仍将使其产量和价格保持不变。这说明,在一定的范围内,边际成本的变动不会影响产量和价格。即价格在短期内是比较稳定的,价格表现为黏性(sticky)。

斯威齐模型对于寡头市场上的价格稳定性提供了一种有说服力的解释而成为一种比较著名的理论。但它没有说明开始时的市场价格是如何决定的。

第三节 相互合作

寡头厂商为了避免两败俱伤的激烈的相互竞争,会采取不同形式的相互合作,协调行动。以下介绍两种常见的相互合作的形式。

一、公开合作——卡特尔

卡特尔(cartel)是一个行业中的各个独立的寡头厂商,就价格、产量和其他诸如瓜分销售地区等事项达成协议并据此结成的经济同盟。卡特尔因其垄断之嫌往往受到政府和公众的反对,所以,寡头厂商可能会采取不太正式的君子协议。

(一) 卡特尔的统一价格

为简单起见,假设生产相同产品但成本状况各不相同的寡头厂商只有两家,它们各自的边际成本曲线如图 9-5(a)与(b)所示,从而全行业即卡特尔的边际成本曲线可以由两家寡头厂商的边际成本曲线按水平方向加总得到,如图 9-5(c)所示。譬如,两家厂商的产量分别为 10 和 7 单位时,MC_1 和 MC_2 分别都为 30 元,这样在 30 元的水平方向将产量加总,MC 对应的卡特尔的总产量就为 17 单位。其余类同。卡特尔的产品需求曲线和 MR 曲线也是这样得来的。

图 9-5(c)中,MR 和 MC 分别为卡特尔的边际收益曲线和边际成本曲线,卡特尔利润最大化的均衡产量为 Q^*,相应的均衡价格为 P^*。卡特尔便将这一价格作为两家厂商的产品的统一价格。

(二) 卡特尔的市场分配

为了维持统一价格,就需要维持相应的产量。既然卡特尔利润最大化的均衡产量已经确定,那么,这一总产量怎样分配给所属各个厂商呢?如图 9-5,设全行业的 MR 与

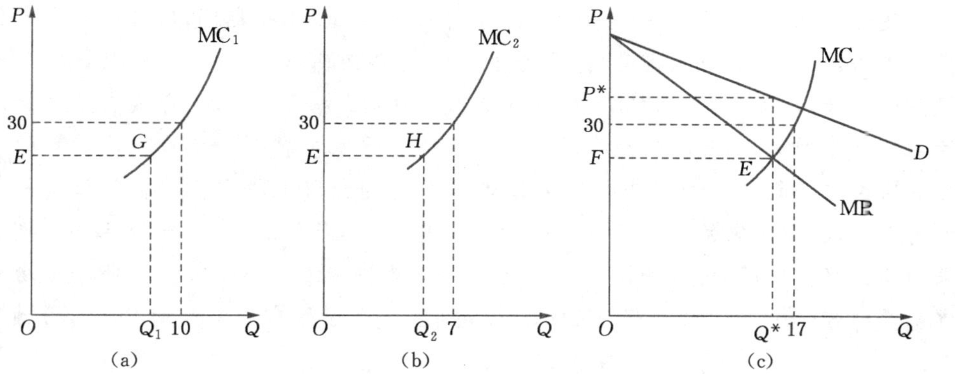

图 9-5 卡特尔的统一价格与市场分配

MC 相交之时为 E，则每个厂商以 E 水平的 MR 与各自的 MC（MC_1 或 MC_2）相交时的产量为自己的产销量，即分别为 Q_1 和 Q_2，且有 $Q^*=Q_1+Q_2$。因为 MR 和 MC 本身就分别是各厂商的边际收益之和及边际成本之和，即 $EF=EG+EH$，所以 $Q^*=Q_1+Q_2$。实际上，G 点也是 MC_1 与 MR_1（图中未画出）的相交点，H 点则是 MC_2 与 MR_2（图中未画出）的相交点。

由于各厂商的成本状况各不相同，而价格却是统一的，这样，有的厂商利润大，有的厂商利润小，有的厂商甚至会发生亏损。因为利润状况取决于价格与各厂商不同位置的 AC 曲线（图中未画出）的关系。在能够获得利润的条件下，（譬如）$MC_1=MR_1$ 时的产量（Q_1）在这里并不一定能为该厂商带来最大化利润，因为根据该厂商的需求曲线，与 Q_1 对应的价格不一定是卡特尔的统一价格 P^*。

上述只是理论上的产量分配或市场分配方式，现实中的市场分配需得到各厂商的同意，此外往往取决于寡头厂商的地位、讨价还价的能力、厂商的传统销售规模和地理区域影响等。

但无论是什么办法，由于卡特尔各厂商的自我利益的存在，他们常常通过暗中削价或暗中增产等手段破坏协议，所以卡特尔在经历一定时间以后往往便告解体。

专栏 9-1

OPEC：石油生产者的国际卡特尔

石油输出国组织（OPEC）是一个由主要石油生产国组成的国际卡特尔。成员国包括沙特阿拉伯、科威特、阿拉伯联合酋长国、伊拉克、伊朗、卡塔尔、阿尔及利亚、加蓬、利比亚、尼日利亚、委内瑞拉和厄瓜多尔等 12 个国家。OPEC（欧佩克）最初于 1960 年由五大石油生产国创建。根据 OPEC 1968 年文件制定的长期目标，成员国政府应该：①决定石油价格；②拥有和控制本国的石油资源。

第二个目标在大多数 OPEC 国家中都已经实现，其办法是通过接管石油公司的经营权和使其国有化。关于第一个目标,1973 年年底到 1974 年期间,OPEC 将石油价格提高了 4 倍,从每桶 3 美元提高到 12 美元。1979 年伊朗革命发生时,OPEC 将石油价格提高到每桶 30 美元以上。过高的油价大致从 1982 年开始下跌,原因在于石油消费国的石油储备增加,以及北海这样的石油产地产量增加等等。

石油价格一般在 OPEC 成员国石油部长的定期会议上决定。沙特阿拉伯是最有影响的成员国,因为它的生产规模大,几乎占 OPEC 总产量的一半,它经常通过调整产量来影响价格。1975 年 OPEC 生产了全世界石油供应量的 55%,占有世界市场中石油贸易量的 80%以上。但到了 20 世纪 80 年代,它在世界市场总产量中所占份额下降为不到 1/3,所以公开和隐蔽的降价都发生了。

OPEC 在控制石油价格和产量方面都取得过很大成功。但后来成员国破坏定价和产量配额的现象也经常发生。

讨论:

你认为 OPEC 这一国际卡特尔能够长期存在的原因是什么?

二、暗中默契——价格领导

由于卡特尔往往受到社会反对,且有违反《反托拉斯法》或《反垄断法》之嫌,因而寡头厂商也常采用暗中默契的勾结办法。暗中默契的主要方式是**价格领导**(price leadership),**即由行业中某个实力强大的领导型厂商制定和变动价格,其他厂商相应地定价和变价。**

价格领导厂商如果具有优势很明显的市场地位,它会将自己的均衡价格作为定价依据。否则,它会寻求一个行业内大多数厂商都大体能够接受的价格。

其他厂商为什么会跟着定价和变价呢?首先,领导厂商是在长期的市场竞争中产生和形成的,它或者在行业内的影响力大,或者对市场和价格动态变化的把握能力强。其他厂商接受价格领导既可以获得合理利润,又可以节省自行定价过程中的大量成本开支,还可以避免独自定价和变价的市场风险。其次,如果不跟着降价,就会至少失去一部分市场;如果不跟着涨价,往往会使消费者误以为自己产品的质量方面有问题,反而影响产品销售。再者不跟着涨价就等于变相地降价,可能引起价格战和实力强大的领导厂商的报复。况且,这种市场环境中,跟着涨价可以增加自己的收益和利润。

同步训练 9-2

第四节　各种市场类型的比较

前面分别考察了完全竞争、垄断竞争、寡头垄断、完全垄断这四种市场类型及其价格和产量的决定。本节对它们作一个比较、总结。

一、垄断力的测定

完全竞争、垄断竞争、寡头垄断、完全垄断这四种市场类型中的厂商的垄断力体现为一个不断提高的过程，而且中间两种市场类型是最为常见的。如何从量化的角度来更准确地判断厂商所处的市场类型呢？这方面的一个著名指标就是勒纳指数。勒纳(Abba Lerner)提出以厂商所定的价格超过边际成本部分所占价格的比率来测定厂商的垄断力。以 L_I 代表勒纳所定义的垄断力，也就是**勒纳指数**(Lerner index) 公式为：

$$L_I = \frac{P - \mathrm{MC}}{P} \tag{9.7}$$

根据厂商均衡条件下的 MR = MC 和第 7 章的式(7.1)，即 $\mathrm{MR} = P\left(1 + \frac{1}{E_\mathrm{d}}\right)$，式(9.7)可写成：

$$L_I = 1 - \frac{\mathrm{MR}}{P} = 1 - \left(1 + \frac{1}{E_\mathrm{d}}\right) = -\frac{1}{E_\mathrm{d}} \tag{9.8}$$

由第 1 章可知 E_d 为负数，所以式(9.8)中的 $L_I > 0$。式(9.8)显示，E_d 的绝对值越大，垄断力就越小。反之亦然。完全竞争市场中，厂商的产品的需求弹性趋于无穷大，因而 L_I 趋近于零。由于垄断竞争厂商的产品的需求弹性大于完全垄断厂商，因而前者的垄断力小于后者的垄断力。由于一般存在 $P > \mathrm{MC}$，$\mathrm{MC} \geqslant 0$，据式(9.7)，一般地会存在：$0 < L_I \leqslant 1$。另外，根据前面第 7 章的式(7.1)，如果 $|E_\mathrm{d}| < 1$，则 $\mathrm{MR} < 0$，所以一般地，厂商会选择 $|E_\mathrm{d}| \geqslant 1$ 的产品来生产，于是，再从式(9.8)来看，一般地也存在 $0 < L_I \leqslant 1$。

既然几种市场类型中的厂商的垄断力体现为一个不断提高的过程，现实经济社会中，市场类型(尤其是垄断竞争与寡头垄断市场)之间的界限有时并不太清晰，而且可能还会相互转化。例如，过去我国的电视观众只能收看中央电视台和所在省市的一两个电视频道，这时的电视频道属于寡头垄断市场，但随着开设的电视频道的增多和各地电视频道的相互开放，电视频道现在已属于垄断竞争市场。

二、市场的比较性总结

通过前述可知，长期均衡时，完全竞争厂商的水平需求曲线与 LAC 曲线相切于 LAC 的最低点。相对于其 LAC 最低时的最优产量和价格而言，完全竞争厂商的均衡产量最大，均衡价格最低，也就是资源利用最优。

垄断竞争厂商的需求曲线略有倾斜，长期均衡时，需求曲线相切于 LAC 曲线最低点偏左一点，相对于其 LAC 最低时的最优产量和价格而言，均衡产量较大，均衡价格较低。但存在过剩生产能力，资源利用次优。

寡头垄断厂商的需求曲线不太确定，但一般较陡峭(因为产品的替代性和需求弹性一般比垄断竞争条件下小，比完全垄断条件下大)。通常认为，相对于其 LAC 最低时的最优产量和价格而言，寡头垄断厂商的均衡产量更小，均衡价格更高，资源利用更差。

完全垄断厂商的需求曲线最陡峭，长期均衡时，陡峭的需求曲线与 LAC 曲线相交。由第 7 章第二节可知，完全垄断厂商的均衡产量一般大大小于 LAC 最低时的最优产量，均衡价格则大大高于 LAC 最低时的最优价格。也就是说，相对于其 LAC 最低时的最优产量和价格而言，完全垄断厂商的均衡产量最小，均衡价格最高，资源利用最差。

各种市场类型的基本特征和经济效率的比较可以大致地概括为表 9-1。

表 9-1　各种类型市场的基本特征及其经济效率的比较

基本特征和经济效率	市场类型			
	完全竞争	垄断竞争	寡头垄断	完全垄断
现实存在	几乎没有	常见	较常见	较少
行业举例	农业(接近)	家电、餐饮	钢铁	供电、供水
厂商数量	很多	较多	较少	一个
产品特性	同质	异质	同质或异质	同质
进出行业	容易	较易	不易	不能
市场价格	接受者	影响者	寻求者	制定者
需求曲线	水平	略斜	较斜或很斜	最斜(最陡峭)
均衡价格	最低	较低	更高	最高
均衡产量	最大	较大	更小	最小
超额利润	无	无	通常有	通常有
规模经济	缺乏	缺乏或弱存在	存在	存在
技术进步	较快	最快	较快或较慢	较慢
经济效率	最高	较高	较低或很低	最低

同步训练 9-3

本章小结

1. 寡头垄断市场条件下，厂商均衡产量和均衡价格的决定比较复杂，市场情况、厂商行为和行为结果等都带有很大的不确定性。不同的理论模型具有不同的理论假设和不同的解。

2. 寡头厂商独立行动以进行相互竞争时，可能采取产量竞争，也可能采取价格竞争。古诺模型和张伯伦模型是关于产量竞争的模型，伯特兰德模型和斯威齐模型是关于价格竞争的模型。

3. 寡头厂商为了避免可能两败俱伤的相互竞争，往往相互勾结、协调行动 公开的协调行动是以卡特尔的形式来实现，暗中的协调行为是以价格领导的形式来实现。

4. 不同的市场类型具有不同的基本特征，不同类型市场中的厂商的经济效率也是不同的，且在某些方面各有短长。

基本概念

寡头垄断市场	纯粹寡头	差别寡头
卡特尔	价格领导	勒纳指数

复习思考题

1. 举例说明现实经济社会中的哪些产品市场大体上分属于四种不同类型的市场。

2. 生产同一产品的少数几家大厂商为了制止价格的连续下滑而联合限制产量，你如何看待这一行为的经济利弊和社会利弊？

3. 分析四种市场类型的经济效率的差异。

4. 提高或降低企业垄断力的依赖主体分别应该是谁？为什么？

5. 现实社会中，有的企业面对社会舆论的压力，经常为自己辩解说，我们这个企业不是垄断企业，因为生产这种产品或提供这种服务的企业不只我们这一家，因而这个领域不存在垄断问题。对垄断这个概念不能滥用。有人则批评说，这是偷换概念，将垄断直接等同于完全垄断。非完全垄断的条件下，也存在垄断问题，也有遏制和治理的必要。请结合现实社会经济现象评论这种争议。

6. 生产同一产品的A、B两个寡头垄断厂商组成了一个卡特尔，假定它们在本题所涉及的局部产量范围内的边际成本函数分别呈线性函数：$MC_A = 5 + 2q_A$，$MC_B = 7 + 2q_B$，并设由它们组成的卡特尔的边际成本函数也呈线性函数，且卡特尔面临的市场需求曲线为 $P = 20 - 2Q$。

(1) 卡特尔为了使其利润极大化，制定的统一价格为多少？

(2) 根据经济学原则，两个厂商从卡特尔分配到的产量（单位：万吨）各为多少？

7. 设某厂商的短期边际成本函数为 $SMC = 3Q^2 - 10Q + 100$，产品需求曲线 $P = 450 - 7.5Q$，求厂商均衡时的勒纳指数和产品的需求弹性系数，并判断该厂商处于哪一种市场类型中。

8. 试举办一场辩驳赛：

正方：价格联盟有益于企业发展。

反方：价格联盟无益于企业发展。

（注：价格联盟意谓统一产品价格的企业间同盟。）

第 10 章
博弈论与竞争策略

引导案例

上一章已经涉及，在寡头垄断市场条件下，厂商在作出有关的经济决策时，会考虑竞争者可能的反应。实际上，现实经济社会中，厂商都面临着与己竞争（尽管竞争形式可能不同）的厂商或其他经济主体，在作出诸如价格、产量等决策时，都必须将竞争者或其他行为主体的可能反应考虑在内，从而采取不同的竞争策略或行为策略。博弈论(game theory)便是用来扩展和深化对厂商决策行为的分析的。博弈论的应用是微观经济学的重要发展。

美国经济学家纳什(John Nash)、德国经济学家泽尔滕(R.Selten)和美国的海萨尼(J.C.Harsanyi)因在博弈论研究上的杰出贡献而共同获得 1994 年度的诺贝尔经济学奖。后来还有多位博弈论研究专家荣获此奖。

第一节　博弈的基本要素与分类

假如你是一个企业的领导人，你在决定是否将自己的产品降价以及降价多少时，必须首先要考虑至少以下几个方面的问题：消费者将会增加购买吗？购买量大概会增加多少呢？其他生产同种产品的厂家也会降价吗？如果它们也降价的话，市场态势会怎样呢？等等。你只要是理性的话，一定会在对这些问题考虑的基础上来作出决策。这种决策或策略的选择就是博弈。所以说，**博弈论主要是研究在各相关行为主体的决策行为相互影响、相互作用的假定条件下，理性的行为主体如何决策，以及这种决策的均衡等问题。**决策均衡意味着最佳决策或最佳决策的组合。因为只要决策是最佳的，相关的行为主体就不会去改变它，从而它处于稳定、均衡的状态。

本节首先介绍博弈的一些基本要素和从不同角度对博弈的分类。

一、囚徒困境及博弈的基本要素

囚徒困境(prisoners' dilemma)是博弈论中的一个著名案例，它简明地、富于典型意义地勾勒和刻画了博弈论的基本特征和博弈的基本要素。我们借助于这一案例来展开分析。

假设警察局抓住了两个合伙犯罪的嫌疑犯，但获得的证据并不十分确切，对于两者的量刑取决于两者对于犯罪事实的供认。警察局将这两名嫌疑犯分别关押以防止他们串供或订立攻守同盟。两名囚徒明白，如果都交代犯罪事实，将各被判刑 5 年；如果都不交代，则只会被以较轻的妨碍公务罪各判 1 年徒刑；如果一人交代，另一人不交代，交代的一方会被立即释放，不交代者将被判 8 年的重刑。这一案例可由图 10-1 所列**得益矩阵**(payoff matrix)来直观地表示。

		囚徒 B	
		交 代	不交代
囚徒 A	交 代	－5，－5	0，－8
	不交代	－8，0	－1，－1

图 10-1 囚徒困境的得益矩阵

图 10-1 列示的得益矩阵归纳了各种可能的结果(此案例中的得益为负，如－8 表示被判刑 8 年)。得益是博弈中的任一方在给定其竞争者的决策时所得到的收益。

在本案例中，每一个囚徒都陷入交代还是不交代的困境之中。对于两个囚徒总体而言，最好的策略是都不交代。但任何一个囚徒在选择不交代的策略时都要冒很大的风险，一旦自己不交代而另一囚徒交代了，将使自己处于非常不利的境地。那么他们会选择怎样的策略呢？

囚徒 A 有交代与不交代两种选择，假设囚徒 A 选择的是不交代，则对囚徒 B 来说，不交代的得益为－1，交代的得益为 0，他应该交代；假设囚徒 A 选择的是交代，则囚徒 B 不交代的得益为－8，交代的得益为－5，他也应该选择交代。因此，无论 A 采取何种策略，B 的最佳策略只有交代。同样的道理，囚徒 A 的最佳策略也是交代。所以，该博弈的最终结果是双方都选择交代策略，各自得益均为－5，即都被判 5 年徒刑。

由上可见，虽然对两个囚徒总体而言，最好的结果是都不交代，但最终的结果是都交代了。两囚徒决策时都以自己的最大利益为目标，结果却是无法实现最大利益甚至较大利益。**囚徒困境反映了个体理性与集体理性的矛盾。**此类情况在现实经济社会中大量存在。囚徒困境作为一个专有名词，现在也常被用来形容上述矛盾情况下行动上的两难处境。

囚徒困境现象在现实生活中比比皆是。记得姜昆和唐杰忠过去说过一个关于公共楼道占用问题的相声。住户在公共楼道里堆满了杂物，结果大家都极不方便。但你如果不占用公共楼道，别人也会占用。每一居住面积狭小的住户从自我利益最大化出发，都选择占用，但占用的结果却最终损害了大家的利益。

前些年，我国彩电市场上，生产厂家基于自身利益选择大幅降价，但由此引发的价格战使所有生产厂家都遭受重创，这也是一种囚徒困境。

从囚徒困境的博弈中，可以看出博弈包含如下的基本要素：

(1) 参与者，或称博弈方。本案例的参与者是两个囚徒，实际上，博弈的参与者可以是一个、两个或多个；可以是个人、厂商、团体，也可以是国家(如在外交博弈、军事博弈中)。上一章论述的古诺模型就是两家寡头垄断厂商的博弈。

(2) 策略。指博弈中的任一参与者针对其他参与者的可能的行为所采取的行为原则和应对办法。如囚徒困境中，对于 A 来说，如果 B 不交代，我是交代还是不交代？如果 B 交代，我是交代还是不交代？相应的策略组合有四种。

(3) 得益。指博弈参与者所获得的收益或效用，在囚徒困境中，我们已对此作了说明。参与者的得益不仅取决于自己的策略选择，还取决于其他参与者的策略选择。

(4) 均衡。指博弈的所有参与者从自我利益最大化出发选择的策略所组成的策略组合。这时没有参与者愿意去改变自己所采取的策略。囚徒困境中的策略均衡就是两名囚徒都交代犯罪事实。

二、博弈的基本分类

从不同角度可以对博弈进行分类,主要可分为以下几类:

(一) 合作博弈和非合作博弈

如果各博弈方能达成某种有约束力的契约或默契,以选择共同的策略,此种博弈就是合作博弈。反之,就属于非合作博弈。企业之间的联合定价就属于合作博弈,而经常挑起价格战的企业的行为便主要属于非合作博弈。在合作博弈中往往包含着非合作博弈,如石油输出国组织是合作博弈的产物,但其中为了各自利益的超产和争吵又属于非合作博弈。

(二) 单人博弈、双人博弈和多人博弈

当然,这里的"人"不一定是指自然人,而是指博弈方,指博弈的参与者。单人博弈实际上就是个体最优化的策略选择问题。举个例子来说,一个人克服困难,战胜自我,努力复习迎考的过程就可以被看作为单人博弈。双人博弈是博弈中最普遍、最常见,也是理论研究得最多的博弈类型。

☞**小贴士**

田忌赛马

齐威王与大将田忌各出三匹马,一对一比赛三场。马的出场次序定下后就不能更改。由于齐威王的最优、次优和较差的三匹马分别跑得比田忌的三匹马快,所以田忌总是以0:3告负。后来田忌的谋士孙膑给田忌出主意,让最差的马去与齐威王最快的马比,而让最优的马去赢齐威王次优的马,让次优的马去赢齐威王最差的马,这样反而以2:1取胜了。

(三) 有限策略博弈和无限策略博弈

在有限策略博弈中,可供博弈方选择的策略数量不多,一般可假设为三四种以内。大量的、众多的可选择策略虽然从理论上也属于有限,但这里往往将它们归于无限策略。有限策略博弈的结果只有有限种,无限策略博弈的结果则有无限种,一般只能以数集或函数式来表示。需注意的是,在一个博弈中,并非每个参与者都有相同的可供选择的策略种类和数量。

(四) 零和博弈、常和博弈与变和博弈

零和博弈是指在博弈中,一方(或多方)的得益就是另一方(或其余方)的损失,所有博弈方的得益总和为零。例如各种赌博就属于零和博弈。常和博弈则是指所有博弈方的得益总和等于非零的常数。例如若干人分配一份总额既定的财产乃典型的常和博弈。变和博弈也称非常和博弈(nonconstant sum game),它意味着不同的策略组合(结果)下各博弈方的得益之和一般是不相同的,如囚徒困境就是变和博弈。零和博弈和常

和博弈以外的所有博弈都可看作为变和博弈。变和博弈是最一般的博弈类型，而其他两种博弈则可看作是它的特例。

（五）静态博弈和动态博弈

所有博弈方同时（或可看作同时）选择策略、采取行动的博弈是静态博弈。譬如在投标活动中，投标人投出标书一般总是有先有后的，但因为所有投标人在开标之前都无法知道其他投标人的标价，因此可看作同时选择策略、采取行动。动态博弈则是指博弈方的选择、行动有先有后，而且后行者可以根据先行者的策略选择来决定自己的策略。

（六）完全信息博弈和不完全信息博弈

在完全信息博弈中，每一参与者都拥有所有其他参与者的特征、策略集及得益函数等方面的准确信息。在不完全信息博弈中，参与者只了解上述信息中的一部分。

将博弈的信息特征和行为时间特征结合起来，可以进一步把博弈细分为四种类型的非合作博弈：完全信息的静态博弈；完全信息的动态博弈；不完全信息的静态博弈；不完全信息的动态博弈。与这四种博弈相对应，存在四种类型的博弈均衡：上策均衡或纳什均衡；子博弈精炼纳什均衡；贝叶斯均衡；精炼贝叶斯均衡。如图 10-2 所示。

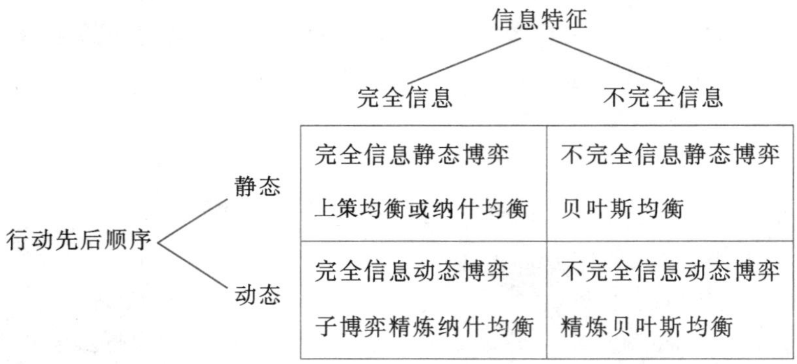

图 10-2　四种博弈及其相应的均衡

我们在以下的论述也依据图 10-2 勾勒的博弈论的基本知识框架来展开。

同步训练 10-1

第二节　完全信息静态博弈

所谓完全信息静态博弈也就是各博弈方同时决策，且所有博弈方对博弈中的各种情况下的策略及其得益都完全了解的博弈。囚徒困境虽属于完全信息静态博弈（假设两名囚徒都知道各种交代与不交代的组合的后果），但前面对它的讨论只是初步的、简单的，对其中涉及的许多问题还没有很好地解决。怎样才能确定博弈中的最佳策略？博弈中的均衡解如何导出？我们开始来讨论这些问题。

一、上策均衡与纳什均衡

（一）上策与上策均衡

上策(dominant strategy)是指对某博弈方来说,不管其他博弈方采取什么策略,他所采取的能给他带来最大得益的策略[①]。图 10-3 表示了 A、B 两厂商的上策。

如图 10-3,如果两个厂商都做广告,厂商 A、B 各有利润 10 和 5。如果 A 做广告而 B 不做,则 A 得 15,B 只得到 0。因此对于厂商 A 来讲,无论厂商 B 作出何种决策,做广告都是厂商 A 的上策。同样,对于厂商 B 来说,无论厂商 A 作出何种决策,做广告也是它的上策。两家厂商都选择做广告的策略便是上策均衡。换言之,博弈各方采取的策略都为上策时,这样的策略组合便构成上策均衡。

我们可以重新回到图 10-1 所显示的囚徒困境的得益矩阵,该矩阵表明,交代对各囚徒来说都是上策,囚徒困境中的策略均衡属于上策均衡。

		厂商 B	
		做广告	不做广告
厂商 A	做广告	10, 5	15, 0
	不做广告	6, 8	10, 2

图 10-3　广告博弈的得益矩阵

		厂商 B	
		做广告	不做广告
厂商 A	做广告	10, 5	15, 0
	不做广告	6, 8	20, 2

图 10-4　修改过的广告博弈矩阵

（二）纳什均衡

在一个博弈中,如果所有博弈方都有上策存在,则这一博弈存在着均衡解。但是并非每一博弈中每一参与者都存在上策,毕竟上策的条件要求非常严格,很多博弈中的不同策略之间也不存在明显的优劣之分。譬如,我们把图 10-3 中的数字做些修改,就得到图 10-4 所列矩阵。

如图 10-4,如果双方都不做广告,厂商 A 的利润高达 20,这很可能是因为做广告的支出过于庞大,不做广告反而能削减大量支出,使利润上升。如果厂商 B 做广告,厂商 A 最好也做广告;如果厂商 B 不做广告,厂商 A 最好也不做广告。也就是说,现在厂商 A 没有上策,它的最优决策取决于厂商 B 的选择。而厂商 B 却有一个上策,即无论 A 采取何种行动,B 都会选择做广告。现在假设 A、B 两厂商必须同时作出决策,厂商 A 应该做何决策呢?

因为厂商 B 的上策是做广告,厂商 A 预期厂商 B 会选择做广告,所以在这一行为给定条件下,厂商 A 也选择做广告。这一博弈的均衡解也是都做广告。但这次的均衡与图 10-3 引申出的上策均衡是有所不同的,这次的均衡被称为纳什均衡(Nash equilibrium)。它因经济学家和数学家纳什的研究而得名。纳什均衡指的是在给定竞争对手的选择行为后,博弈方选择了它所能选择的最好的策略(或采取了它所能采取的最好的行动)。

---

① 也有人将上策译为占优策略,但上策似乎更符合中国人的表述习惯,而且占优策略似乎只是占有优势的策略,不如上策对这种优势地位的强调明确、充分。

从上面的分析中可以推论出，**每一个上策均衡一定是纳什均衡，但并非每一个纳什均衡都是上策均衡。** 因为上策均衡所要求的条件更为苛刻，它意味着无论其他参与者采取何种策略的条件下都是最优的。而纳什均衡是在给定竞争对手的策略的条件下才是最优的。也可以说，**上策均衡是纳什均衡的特例。** 这就如同在层层评选优秀生的做法中，每一个校优秀生一定首先是系优秀生，但并非每一个系优秀生都是校优秀生。校优秀生是系优秀生中的特例。

这里再运用**智猪博弈**(boxed pig game)来说明纳什均衡，智猪博弈也是博弈论中一个被经常提及的典型性案例。假设猪圈里有一大一小两头猪，猪圈的一头有一个猪食槽，另一头有一个控制着猪食供应的按钮。揿一下按钮就会有10个单位的猪食进槽，供猪食用，但谁揿按钮谁就得付出2个单位的效用成本。

如图10-5，如果大猪与小猪同时去揿按钮，大猪吃到7个单位的猪食(扣去2个单位的效用成本，剩下的效用单位为5，显然这里假设1个单位的猪食提供1个单位的效用)，小猪吃到3个单位的猪食(扣去2个单位的效用成本，剩下的效用单位为1)；如果小猪去揿按钮，揿完奔过来后只能吃到1个单位的猪食(扣去成本，得到的效用为−1)，原地等待并先吃的大猪则可吃到9个单位猪食，即得到9个单位的效用；当然，如果都不去揿按钮，原地等待，则无猪食进槽，得到的效用均为0。

		小猪	
		揿	等待
大猪	揿	5，1	4，4
	等待	9，−1	0，0

图10-5 智猪博弈

在这个案例中，不论大猪选择"揿"还是"等待"，小猪的最优选择都是"等待"，在预期小猪"等待"的前提下，大猪的最优策略便是"揿"。也就是说，这个案例的纳什均衡便是图10-5中右上角表示的策略组合及其效用组合：大猪"揿"、小猪"等待"。从而多劳者不多得。

智猪博弈现象在日常生活中也是司空见惯的。如大股东行使监督上市公司的职责，而小股东则坐享这种监督带来的利益，即所谓"搭便车"；公共办公室中爱清洁的人经常打扫和整理办公室，其他人"搭便车"；等等。

(三) 纳什均衡的非唯一性

有些博弈的纳什均衡可能不止一个，下面举例来说明。

设想有一个垄断企业已在市场上，另一个企业则想进入。在位企业有两种可供选择的策略：一是允许潜在企业进入；二是不允许进入，即表示如果潜在企业进入，就会以降价等手段报复。潜在企业也有两种策略可供选择：进入或不进入。这一博弈的得益矩阵如图10-6所示。

		在位企业	
		允许	不允许
潜在企业	进入	40，50	−10，5
	不进入	0，200	0，200

图10-6 市场进入博弈

这个博弈有两个纳什均衡，即图10-6中左上角表示的(进入，允许)和右下角表示的(不进入，不允许)。因为给定潜在企业进入，在位企业的最佳策略是允许；给定在位企业选择允许，潜在企业的最佳策略是进入；给定潜在企业不进入，虽然在位企业选择允许与不允许的策略是无差异的，但给定在位企业选择不允许，潜在企业的最佳策略是不进入。

二、极大化极小策略

纳什均衡是建立在博弈参加者的理性行为基础上的，各博弈方的策略选择不仅依赖于自己的理性，而且也依赖于其他博弈方的理性。但有些博弈中博弈方的理性是有局限性的，这会使得某些博弈达不到纳什均衡。图 10-7 显示了这种情形。

由图 10-7 可以看出，博弈方 2 存在着上策，其上策为“右”策略。因此，博弈方 1 会预期博弈方 2 将采取“右”策略，这种情况下，他将采取“下”策略。显然，矩阵右下角的(2，1)是这个博弈中的一个纳什均衡，且可以证明这是该博弈中唯一的纳什均衡。但是博弈方 1 必须有绝对把握相信博弈方 2 是理解这个博弈并且是理性的。否则，一旦博弈方 2 不那么理性，出现了一点错误，采用“左”策略，那博弈方 1 将承受巨大损失(−1 000)。

		博弈方 2	
		左	右
博弈方 1	上	1，0	1，1
	下	−1 000，0	2，1

图 10-7　极大化极小策略

为了避免可能遭受的巨大损失，博弈方 1 可能采取比较保守的策略，即采取“上”策略。这也是“两害相权取其轻”。该策略强调在所能选择的各种最小得益中求取得益的“最大化”，被称为**极大化极小策略**(maxmin strategy)。以图 10-7 的得益矩阵为例，博弈方 1 采取“上”所能获得的最小得益是 1，采取“下”所能获得的最小得益是−1 000，因此应该采取“上”。而博弈方 2 一般会采取“右”策略，这样，均衡结果就是图 10-7 右上角的(1，1)。这样求得的极大化极小均衡解，虽未实现一般意义上的利益最大，却确保利益不是最小，规避了可能遭受巨大损失的风险。

在某些情况下，极大化极小策略所达到的均衡也是一种纳什均衡。如囚徒困境中囚徒的交代也是极大化极小策略。两囚徒都交代是上策均衡，当然也是纳什均衡。所以，从最深层次意义上讲，囚徒的最理性行为就是交代。

同步训练 10-2

第三节　完全信息动态博弈

在完全信息静态博弈的条件下，博弈方的策略决定都是一次性同时作出。而在完全信息动态博弈中，博弈方的策略选择有先有后，而且一般都会持续一个较长时期。该条件下的策略及策略选择会有些什么新的特征呢？完全信息动态博弈中的均衡是怎样的呢？

一、子博弈精炼纳什均衡

我们再回到前述的图 10-6 表示的市场进入博弈。该博弈中存在两个纳什均衡，这就给最终结局的判断带来了困难。而之所以会出现这种局面，是由于参与者在选择自己的策略时，把其他参与人的策略当作给定的，不考虑自己的策略选择会影响对方的策略选择。这种情况在静态博弈中是成立的，但对于动态博弈而言，这个假设就难以成立了。当一方行动在前，另一方行动在后时，后者自然会根据前者的策略选择而调整自己的选择，前者自然也会估计和考虑到这一点并在此基础上进行策略选择。比如在位企业声称潜在企业进入时，它必将进行报复，但潜在企业真的进入的话，在位企业的最佳策略显然是允许而不是不允许（报复），因为允许会带来 50 单位的利润，而报复则只有 5 单位的利润。

所以，在位企业的报复策略是一种不可置信的威胁。潜在企业应该不会被这种威胁所吓倒，即这时就只有一个纳什均衡，那便是：潜在企业进入、在位企业允许。将不可置信的威胁剔除出去是泽尔腾的贡献。泽尔腾将纳什的分析动态化，在纳什均衡的基础上定义了“**子博弈精炼纳什均衡**”（sub-game perfect Nash equilibrium）。这个概念的中心意义是将纳什均衡中包含的不可置信的威胁策略剔除出去。

当潜在企业选择进入策略之后，在位企业面临着策略选择来与之进行博弈。这一博弈是在潜在企业选择进入策略的母博弈基础上展开的，因而被称为“子博弈”。子博弈纳什均衡是在剔除了不可置信的威胁之后，在子博弈中所获得的唯一的纳什均衡。市场进入博弈中，潜在企业进入、在位企业允许就是子博弈精炼纳什均衡。一个子博弈精炼纳什均衡首先必须是一个纳什均衡，但纳什均衡不一定是子博弈精炼纳什均衡。子博弈精炼纳什均衡不允许不可置信的威胁的存在。

再举一个生活中的例子。父母不同意女儿所交的男友，威胁女儿说：“如果你再和他交往，我们就同你断绝关系。”但父母真的会因此与女儿断绝关系吗？一般来说是肯定不会的，也就是说，这样的威胁往往是不可信的。对爱情执着的聪明女儿会置父母的不可置信的威胁于不顾，继续与男友交往甚至最终与之结婚，父母最后也会承认那个当初他们并不喜欢的女婿。这就是这个博弈中的子博弈精炼纳什均衡。

二、重复博弈

静态博弈描述的参与者同时只作出一次决策的假设对于现实中的厂商而言是不准确的，至少是不具有普遍性的。囚徒们也许一生中只有一次选择交代或不交代的机会，而大多数厂商的定价或定产等竞争行为却是不断重复进行的。厂商进行的常常是一种重复博弈。**重复博弈**（repeated games）**是指同一种结构的博弈反复进行所构成的博弈过程**。如在价格战中，企业 A 降价，企业 B 接着降价；下次也是 A 降价，B 接着降价。重复博弈属于动态博弈的范畴。

厂商能否在重复博弈中达成默契的配合，主要取决于重复博弈的次数和博弈的时间。如果博弈的次数是无限的，厂商就可以相互合作。如果博弈的次数是有限的，厂商之间的合作就不可能[①]。我们以下面例子来说明。

设处于同一市场中的两家厂商为厂商 1 和厂商 2，面临着两种共同的选择：是定高

① 日常生活中这方面的一些有趣事例，可参见叶德磊，《西方经济学简明原理》（第二版），高等教育出版社，2011 年，第 93 页。

价还是定低价？其得益矩阵如图 10-8 所示。

如果两家厂商都选择定高价，则双方都会获得比都定低价要高的利润，但在静态博弈里，任何一家厂商都不敢定高价。因为双方都担心自己定高价，而对方定低价，自己就要遭受利益损失，对方则可以获得高得多的利润。

		厂商 2	
		低价	高价
厂商 1	低价	24，24	40，8
	高价	8，40	32，32

图 10-8 定价博弈

我们先来研究博弈重复无限次的情况。在无限次重复博弈中，两家厂商就不会像在单独一次博弈中那样采取行动。因为博弈次数是无限的，厂商都会考虑到自己在某次博弈中选择定低价的不合作行动，有可能招致对方在以后博弈中也定低价的报复行动。

博弈论学者通过电脑模拟的价格竞争实验已经证明：在无限次重复博弈中，双方都采取一种“以牙还牙”(tit-for-tat)的策略是最佳策略，它能够导致合作行为。所谓“以牙还牙”策略，在本例中就是指：一家厂商定高价，只要对方继续合作也定高价，那么这家厂商就会一直保持高价；一旦对方定低价，那么该厂商也会定低价。为什么这一策略是最佳的呢？假设某厂商在某次博弈中投机定低价，尽管它可以暂时获得高利润，但他知道对方会采取“以牙还牙”的策略，在以后博弈中定低价，这种低价竞争所导致的累计损失会超过上次投机所获得的利润，因此，最好的选择就是保持合作，从而实现都定高价的均衡。

我们再来讨论有限次重复博弈的情况。如果重复博弈的次数比较少，而且两家厂商都具有完全理性，则合作是不可能实现的。因为完全理性的厂商（譬如说厂商 1）知道对方（厂商 2）会采用以牙还牙策略，自己在最后一次博弈前不能定低价，否则对方会采取报复行为且有时间条件进行报复。但可以在最后一次博弈中定低价以赚取较大利润，对方却没有时间条件进行报复。

从另一方面讲，厂商 2 也会这样盘算，也会打算在最后一次博弈中定低价。当然，厂商 1 也会估计到这一点，从而决定在最后第二次博弈中就定低价以先下手为强。既然在最后一次博弈中双方不会有合作行为，那又何必在最后第二次博弈中合作呢？以此类推，双方在第一次博弈中也不会有合作行为。这样，整个重复博弈的均衡都是双方定低价。

由于在现实经济社会中，很少有厂商能明确地预期在什么时候终止其生产经营，换言之，多数的此类博弈都是在一个很长但长度并不确定的时间中重复，所以竞争的格局就近似于无限次重复的博弈，即可以有相互合作的结局。特别是在那些厂商数目很少、需求和成本长期稳定的行业，合作会出现，即使没有正式的契约安排。

美国水表行业中的寡头合作就是一例。在几十年间，美国水表生产几乎由洛克韦尔国际、班琪表业、尼普顿水表公司和赫森产品这四家公司垄断。四家公司拥有水表市场份额为 80%～90%。因为水表的买方大多是供水公用事业机构，水表的用途主要是安装在住宅和商业设施中计量用户的用水量，买方更加看重的是水表的准确和可靠性，水表的价格并不是主要问题，所以水表需求的价格弹性较小。而且水表的需求较稳定，它仅随着用户量（也就是人口）的增长而缓慢增长。这种状况决定：如果四家公司合作定价，就可赚到相当可观的利润；如果进行激烈的价格战来争夺市场，效果不会好，利润反而会大幅下降。事实证明,四家公司在 30 多年中一直保持了良好的合作。因为四家厂商对于该行业状况都有清楚的了解,“以牙还牙”的策略打消了其中任何一家厂商进行低价竞争的念头,保持合作对大家都有利。

如果行业内厂商的生产成本差异较大,或者产品的需求不够稳定,则难以出现博弈中的合作。因为成本较低的企业可以制定较低的价格,其他竞争对手则会认为它故意削价争夺市场,从而用以牙还牙的策略作出反应,引发价格战。如果某厂商因种种原因决定很快退出某行业中的生产经营,即这时的重复博弈变为有限次的,则不合作局面也会出现。

三、序列博弈

序列博弈(sequential games)指的是参与者选择策略有时间先后的博弈形式。它是一种较为典型的动态博弈,而重复博弈则可视为一种特殊的动态博弈形式。序列博弈与重复博弈的区别在于:①前者的策略选择有先后之分;后者的策略选择可以有先后之分,也可以同时进行。如前述的图 10-8 表示的定价博弈中,慑于对方的“以牙还牙”策略,两家厂商可以同时定高价。②前者的策略结构是彼此不同的,如企业 A 降价,企业 B 则以改进售后服务来抢夺市场,A 接下来以提高产品质量作为竞争手段等等;后者的策略结构则是彼此相同的,只是重复而已。如夫妻吵架,过了一会儿男方主动示好。一个月后,这种情景(夫妻吵架,过了一会儿男方主动示好)再重复。

(一) 序列博弈的一般性特征

设想两家厂商面临一个能够成功推出两种新型可乐的市场,但由于市场容量有限,两家厂商如果都推出同一类型的可乐,则都会亏损。如果分别推出,则都各有利可图。其得益矩阵如图 10-9 所示。

		厂商 2	
		多糖型	少糖型
厂商 1	多糖型	−5, −5	10, 20
	少糖型	20, 10	−5, −5

图 10-9 产品选择博弈

现在假设厂商 1 首先进行选择,这个博弈的结果应该是厂商 1 推出少糖型可乐,而接下来进行选择的厂商 2 会推出多糖型可乐。厂商 1 的这一选择也是建立在如下考虑基础上的:一旦自己推出少糖型可乐,厂商 2 就会推出多糖型可乐而不会不理智地推出少糖型可乐。

人们对于序列博弈的分析常采用博弈的扩展形式来进行。这种形式的优点在于,它能够展示多种策略进行博弈的情形,清晰地显示出参与者选择策略的顺序,从而使分析更容易进行。上例的博弈扩展形式如图 10-10 所示。

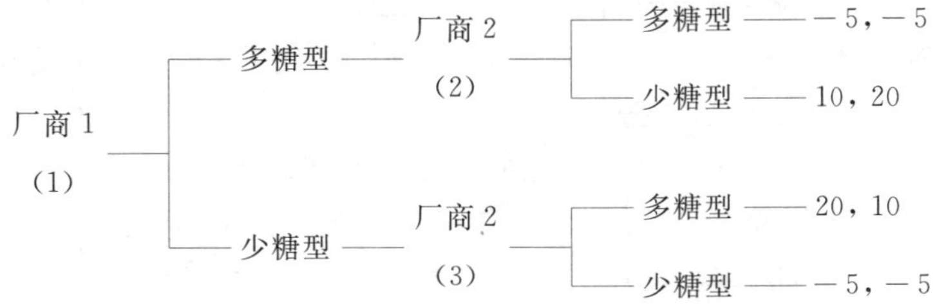

图 10-10 产品选择博弈的扩展形式

博弈扩展形式的求解从图10-10的右端开始，即从博弈的最后阶段向前推导，这也就是逆推法。厂商1可以判断，在节点(2)，厂商2会在比较两种结局之后选择少糖型；在节点(3)，厂商2会选择多糖型。然后厂商1再比较这两种结局，即(多糖型，少糖型)和(少糖型，多糖型)，显然后者对厂商1最有利，此时其利润为20单位。因此，厂商1的最佳策略是选择生产少糖型可乐，厂商2则只好生产多糖型可乐，这个产品选择的博弈便结束了。

这个例子反映了序列博弈的一般性特征，即一方在决策时，会考虑到另一方的反应行为，并在这种考虑基础上进行自己的当前决策。

“上有政策、下有对策”是对管理部门与被管理部门之间的序列博弈的一种描述。从博弈的基本原理和行为特征出发，可以说，事先没有考虑到“下有对策”的“上有政策”不是科学、明智的政策。

专栏10-1

房贷政策的博弈空间

2007年9月27日，央行与银监会共同发布了《关于加强商业性房地产信贷管理的通知》，对已利用贷款购买住房、又申请购买第二套(含)以上住房者，提高贷款首付款比例和贷款利率，这一政策在市场上引起强烈反响。

不同银行从各自利益出发对第二套房贷新政进行了不同解读。在第二套房贷认定是以个人为单位还是以户为单位这一问题上，一些中小银行选择以个人为单位，而建行等大银行选择以户为单位。如当时许多银行对第二套住房的界定标准为：①个人名义下贷款的第二套住房，已结清贷款的不计算在内；②夫妻双方只要有一方仍有房贷未结清的，再贷款购房需算作第二套住房；③夫妻双方已结清房贷的，再贷款购房仍算作第二套住房。

12月11日，央行与银监会又发布了《关于加强商业性房地产信贷管理的补充通知》。该政策规定，房贷次数“以借款人家庭为单位认定”。第二套房贷款首付比例不得低于40%，贷款利率要在基准利率的基础上上浮10%。据此计算，以后贷款买第二套房，贷30万元、30年、以等额本息法还款的话，和年初相比，整个30年还款期里要多支付高达20.443 5万元的利息。

上述政策规定还催生了一些地方的假离婚现象，因为离婚后两个人可以以第一套住房的贷款标准分别购买一套住房。据《半岛晨报》记者从大连市的一家婚姻登记处了解，从12月中旬开始的一段时间内，每天到该处办理离婚登记手续的达10多对，远远超过了平时的三四对，而且来办理离婚手续的大多心态平和。实际上，他们大多是为买第二套住房来进行的假离婚。

讨论：

(1) 从博弈论的角度，你对上述的房贷政策有什么评论？

(2) 从该案例中可以引申出关于政策制定的什么思考？

(二) 首先行动优势

在序列博弈中，首先作出策略选择和采取行动的博弈方可以占据有利地位，获得较多利益。这也就是所谓的先下手为强。以刚已述及的产品选择博弈来说，厂商 1 首先进行选择，推出少糖型可乐，厂商 2 只好随后推出多糖型可乐，厂商 1 获得的利润为 20，厂商 2 获得的利润仅为 10。但如果厂商 2 首先行动，推出少糖型可乐的话，则厂商 1 为避免亏损，只好推出多糖型可乐了，利润分配也正好相反。

为了进一步了解首先行动优势，我们来分析著名的斯塔克博格(Stackelberg)模型[①]。该模型是关于产量竞争的模型。

设两厂商的边际成本都为零，两厂商面临的共同的市场需求曲线与上一章第二节论述的古诺模型中两厂商面临的共同需求曲线相同，即：$P=120-(q_A+q_B)$。假设厂商 A 首先行动，决定它的产量，然后厂商 B 根据厂商 A 的既定产量作出自己的产量决策。因而厂商 A 在决定自己的产量时，必须将厂商 B 会有的反应考虑在内。

在古诺模型中，已经求得厂商 B 的反应函数为：

$$q_B=60-\frac{1}{2}q_A \tag{10.1}$$

首先行动的厂商 A 的总收益为：

$$TR_A=P\cdot q_A=[120-(q_A+q_B)]\cdot q_A=120q_A-q_A^2-q_Aq_B$$

因为 TR_A 还取决于 q_B，所以厂商 A 必须要预期厂商 B 会生产多少。不过，厂商 A 知道厂商 B 会根据式(10.1)表示的反应函数选择产量 q_B。因而，以式(10.1)代入式(10.2)，得：

$$TR_A=120q_A-q_A^2-q_A\cdot\left(60-\frac{1}{2}q_A\right)=60q_A-\frac{1}{2}q_A^2$$

所以
$$MR_A=60-q_A$$

令 $MR_A=MC=0$，可得 $q_A=60$。将 $q_A=60$ 代入式(10.1)，得 $q_B=30$。这就是说，厂商 A 的产量为厂商 B 的两倍，当然利润也为厂商 B 的两倍(其他条件相同时)。这就是首先行动的优势所在。

首先行动优势的原因在于它造成了一种既成事实，为使利润最大化，在斯塔克博格模型中，竞争者必须将首先行动方的较高产量水平作为给定的，并为自己定一个较低产量水平。理性的竞争者知道，如果自己也定一个较高产量，势必压低价格，造成两败俱伤。

该模型还表明，信息较多的博弈方(如厂商 B 在选择之前知道厂商 A 的选择，因此拥有较多的信息)不一定能获得较多的得益。原因正如上述，先行动者或信息较少者预期后行动者或信息较多者不会为了赌气而鲁莽行事。

如果与上一章谈到的古诺模型相比较，斯塔克博格模型中的产量($q_A+q_B=60+$

① 如果在课堂教学中，跳过了第 9 章第二节的内容，那么在这里也可跳过这一模型的教学内容。

30)大于古诺模型中的产量(80),价格(30)低于古诺模型中的价格(40),厂商A的收入(60×30)和利润高于古诺模型中的厂商的收入(40×40)和利润。

上一章谈到的古诺模型和这里的斯塔克博格模型是寡头垄断厂商行为的不同代表。对于实力大致相似的寡头厂商构成的博弈,古诺模型可能更具表现型。对于在推出定产或定价等方面有主导性厂商存在的行业,斯塔克博格模型则可能更符合实际。

专栏10-2　沃尔玛连锁店的市场扩张

沃尔玛是山姆·华尔顿于1969年创立的一家很庞大的也是很成功的折扣零售连锁店公司。20世纪七八十年代,其他类似的公司纷纷倒闭时,沃尔玛却保持快速增长,从1976年的153家分店发展到1986年的1 009家,且盈利性更强。到1985年年末,山姆·华尔顿已是美国最富有的人之一。

沃尔玛成功的关键在于其市场进入与市场扩张策略。在20世纪60年代,人们通常都认为折扣店只能在10万或以上人口的城市中才能成功经营,但山姆·华尔顿不同意这种看法并决定在美国西南部的小镇上开店。到1970年,已经有30家沃尔玛折扣店开设在阿肯色、密苏里和俄克拉荷马的小镇上。一个10万人口以下的小镇所具有的市场容量并不太大,但却足够容纳下一个大型折扣店,并能让它获得一定的利润。

到70年代中期,当其他连锁店的经营者意识到这一点时,沃尔玛已经大量占领了这样的市场。对于小镇来说,开出一家折扣连锁店可以盈利。如果开出两家来,有限的市场容量会使两家都亏损。沃尔玛的策略就是先发制人,抢先在其他小镇开设分店,并使得竞争者不敢在该小镇开设第二家。到1986年,它每年赚取4.5亿美元利润。到1993年,它已有1 800多家分店并赚取15亿美元的年利润。

资料来源:[美]平狄克、鲁宾费尔德,《微观经济学》,中国人民大学出版社1997年版,第389—390页。

讨论:

沃尔玛采取了怎样的竞争策略?这种竞争策略的成功依赖于怎样的市场条件?

(三)威胁与承诺

博弈中,参与者常常会发出“威胁”信号以迫使对方就范,但正如我们已在前面分析过的,有些威胁属于不可置信的威胁。在不可置信的威胁无效的情况下,参与者是否就无计可施呢?由此引出博弈论中的一个重要概念:承诺(commitment)。在博弈论中,**承诺指的是博弈参与者使自己的威胁变得可置信或令人可信的行为**。一种威胁在什么条件下会变得可置信呢？一般是参与者若不实施这种威胁会遭受更大损失的时候。

例如，两家生产冰箱的厂商现均打算转产空调，其得益矩阵如图 10-11 所示。设厂商 2 转产空调的准备早，技术条件更为具备。但厂商 1 摆出破釜沉舟的架势，关闭冰箱生产线，并将冰箱生产设备出售，这一承诺行动极可能吓住厂商 2。厂商 2 尽管转产空调的条件优于厂商 1，但也只好继续生产冰箱。厂商 1 则得到 80 万美元的高利润。

		厂商 2 空调	厂商 2 冰箱
厂商 1	空调	20，25	80，28
厂商 1	冰箱	28，80	10，10

图 10-11　选择空调与冰箱的得益矩阵

博弈方在博弈中形成和塑造某种形象也能给自己带来一定的策略优势。假如某厂商的市场形象一向是不够理性的、固执的，这种形象本身就会对其他竞争者发出威胁，再辅以某些行动，往往会使其竞争者在博弈中退让。譬如，它可以“威胁”竞争者：不管你们是否生产某产品，我都要生产该产品。

成语故事“破釜沉舟”“背水一战”等就反映了博弈中承诺行为的重要性。俗语“不要欺人太甚”“得饶人处且饶人”说的也是这方面的道理，因为将对手逼入绝境，最终可能会反而伤了自己。

博弈中的策略及其运用是不胜枚举的。许多成语故事和中国的传统文化中都包含大量精妙的博弈策略和博弈过程。例如诸葛亮的空城计和田忌赛马等都是经典的博弈案例。

☞小贴士

斗鸡博弈(Chicken Game)

这也是博弈论中的一个经典案例。说的是两只公鸡面对面争斗，继续斗下去，两败俱伤，一方退却便意味着认输。在这样的博弈中，要想取胜，就要在气势上压倒对方，至少要显示出破釜沉舟、背水一战的决心来，以迫使对方退却。这里讲究的是保持对对方的“威慑”策略。但到最后的关键时刻，必有一方要退下来，除非真正抱定鱼死网破的决心。

这类博弈也不胜枚举。如两人反向过同一独木桥，一般来说，必有一人选择后退。在该种博弈中，非理性、非理智的形象塑造往往是一种可选择的策略运用。如那种看上去不把自己的生命当回事的人，或者看上去有点醉醺醺、傻乎乎的人，往往能逼退独木桥上的另一人。

同步训练 10-3

第四节　不完全信息静态与动态博弈

前面讲的博弈都是完全信息博弈，如所举的市场进入博弈的例子中，假设潜在企业与在位企业相互都知道对方的生产函数、可选策略及各种策略组合下的利润或成本水平等。这些假设在许多情况下是不成立的。

一、不完全信息静态博弈：贝叶斯均衡

先举个通俗的例子说，银行对申请贷款企业的信息了解是不完全的，它只能凭借有限的信息来推断某企业的诚信度和资产质量、经营状况等，然后决定是否给予贷款。一旦与企业签订了贷款协议，双方都须遵守，不能更改。换言之，贷款协议的签订属于“一锤子买卖”。因而，这属于不完全信息静态博弈。

仍以市场进入博弈来阐述。设想在位企业的平均生产成本可能很高，也可能很低。如果在位企业的成本高，那么潜在企业一旦进入以后也可以把价格定得高一些，从而获得较可观的利润；如果在位企业的成本低，那么潜在企业一旦进入以后就不能把价格定高。对应于在位企业两种成本状况的得益矩阵如图 10-12 所示(其中的数据代表利润)。

		在位企业	
		允　许	不允许
潜在企业	进　入	40，50	−9，0
	不进入	0，300	0，300

(a) 高成本情况

		在位企业	
		允　许	不允许
潜在企业	进　入	30，100	−10，140
	不进入	0，400	0，400

(b) 低成本情况

图 10-12　市场进入博弈

很显然，在给定潜在企业进入的条件下，高成本在位企业的最优策略是允许，而低成本在位企业的最优策略是不允许，即斗争。现在的问题是，潜在企业根本不知道在位企业的成本状况，或者说不清楚在位企业属于高成本类型还是低成本类型。在这种信息不完全的条件下，潜在企业对于进入还是不进入的策略选择是艰难的。

解决这个问题的是经济学家海萨尼。海萨尼认为，在博弈一方对另一方的关键信息不清楚，从而不知道另一方会选择怎样的策略的情况下，可以估算另一方的所属类型的概率分布情况。在市场进入这个例子中，潜在企业可以根据相关信息对在位企业的成本状况进行估计。假定估计在位企业高成本的概率为 x，低成本的概率为 $(1-x)$，则潜在企业选择进入的期望利润①为 $40x+(-10)(1-x)$。选择不进入的期望利润显然为 0。欲使选择进入的期望利润大于选择不进入的期望利润，即 $40x+(-10)(1-x)>0$，那么应有 $x>0.2$。也就是说，假定在位企业属于高成本类型的企业的概率大于 0.2，

① 期望利润指的是不确定条件下某一决策行为的各种可能结果所产生的利润的加权平均，其权数为各种可能结果发生的概率。

潜在企业选择进入才是最优的。

在这个概率估算的基础上，潜在企业对在位企业的策略选择就会有一个基本的把握和判断，这时它就可以按照最大化自己的利益来选择进入还是不进入。在这种条件下作出的最优选择及其达到的最后结果，是**贝叶斯均衡**（Bayesian equilibrium）。上例中，假定 $x > 0.2$，那么贝叶斯均衡就是：潜在企业进入，高成本在位企业允许，低成本在位企业不允许。

贝叶斯（T.Bayes，1702—1761 年）是一位杰出的英国统计学家，利用他的名字来定义不完全信息静态博弈中的均衡，是因为在信息不完全条件下对纳什均衡作扩展分析时，利用了贝叶斯独创性的概率论思想。贝叶斯均衡通常被描述为：在给定自己的类型和对手类型的概率分布的情况下，每个参与者的期望效用达到了最大化从而没有参与者愿意改变自己的行为或策略。

二、不完全信息动态博弈：精炼贝叶斯均衡

在现实经济社会中，更普遍的情况是，虽然参与者在博弈过程中不能完全掌握对方的信息，但是可以通过很多信息渠道和信息识别活动来揭示或打探对方的实情。后行动者在第二轮可以根据所打探或新掌握的信息来修正自己以前的决策或行为。当然，先行动者也可以在第三轮博弈中再根据变化的态势来修正自己选择的策略，或者采取各种隐瞒自己真实信息的措施。对应于不完全信息动态博弈的均衡概念是**精炼贝叶斯均衡**（perfect Bayesian equilibrium）。

不完全信息动态博弈广泛存在于企业与企业之间、企业与消费者之间、上级与下级之间、国家与国家之间，等等。例如，第二次世界大战期间，交战双方虚虚实实，互相摸底，你生一计、我还一策，如此循环。这便是不完全信息动态博弈。

成语故事“黔驴技穷”实际上就包含了一个不完全信息动态博弈。毛驴刚到贵州时，老虎不清楚这个大动物究竟有多大本领，因而躲在树林里偷偷观察，这在老虎当时拥有的信息条件下是一种最优选择。过了一阵子，老虎走出树林，试探着接近毛驴，就是想获得有关毛驴的进一步信息。一天，毛驴大叫一声，老虎吓了一跳，急忙逃走，这也是最优选择。又过了一些天，老虎壮着胆子再来观察，并对毛驴挨得很近，往毛驴身上挤碰，故意挑衅它。毛驴在忍无可忍的情况下，就用蹄子踢老虎，除此之外，别无他法。老虎最终了解到毛驴的真实本领后，就扑过去将它吃了。在这个故事里，老虎通过观察毛驴的行为逐渐修正对毛驴的认识，在最终了解了毛驴的真实本领后，选择了最优策略：吃掉毛驴。这就是精炼贝叶斯均衡。

再举个例子来说，员工在试用期甚至在正式工作期间，与企业之间便构成了一个不完全信息动态博弈。员工会在这一过程中不断地表现自己的才干和积极工作态度，也会观察企业的管理水平、薪酬水平和工作环境，以确定今后自己是否还应在这里工作下去。企业也会观察员工的才干与工作态度，甚至会有意识地一再要求员工干一些难度较大的工作，以考察他的能力。同时在这一过程中，员工会努力掩饰自己的不足，企业也会如此。当双方对于对方的信息都较充分了解后（不太可能完全了解）或合同到期时，企业会解雇一部分员工，一些员工也可能会主动炒企业的鱿鱼。譬如，企业通过对某员工的一段时期的动态观察和了解，不断地修正对他的评价，最

后认为他不能胜任工作，于是选择了最优策略：解雇他。对于企业而言，这便是精炼贝叶斯均衡。

从博弈论的角度看，所有的市场竞争都属于市场博弈，各种关系的处理也都属于博弈，或者说，都可以由博弈来概括和刻画。可以说，竞争格局中行为主体的求生存、求发展的行为是博弈，行为主体在一定环境约束下对最优化的追求也是博弈。总之，在各相关行为主体的决策行为相互影响、相互作用的前提下，或者自己的决策行为与行为环境相互影响、相互作用的前提下，行为主体的决策及行为都属于博弈。

同步训练 10-4

本章小结

1. 博弈论的应用是微观经济学的重要发展，它使得我们对厂商的竞争策略的分析更为深入。

2. 可从不同角度对博弈进行分类。从博弈论的角度看，现实经济社会中的许多现象都具有博弈的特征。

3. 上策均衡与纳什均衡是有区别的。通俗地讲，上策均衡所指的策略(行动)组合是：不管你采取怎样的行动，我都采取了最佳(能给我带来最大利益)行动；同时不管我采取怎样的行动，你也都采取了最佳行动。纳什均衡则指的是：给定你采取的行动条件下，我所能采取的最佳行动；给定我采取的行动条件下，你所能采取的最佳行动。上策均衡是纳什均衡的特例。

4. 在重复博弈中，厂商能否达成合作取决于博弈的次数和博弈的时间。无限次重复博弈中，“以牙还牙”策略能够导致合作行为。

5. 序列博弈中，首先行动方有优势，发出威胁信号和实施承诺行动也是可供选择的策略。

6. 与完全信息静态博弈、完全信息动态博弈、不完全信息静态博弈、不完全信息动态博弈分别对应的均衡被称为上策均衡或纳什均衡、子博弈精炼纳什均衡、贝叶斯均衡、精炼贝叶斯均衡。

基本概念

博弈论	合作博弈	非合作博弈	有限策略博弈
无限策略博弈	零和博弈	常和博弈	变和博弈
静态博弈	动态博弈	完全信息博弈	不完全信息博弈
上策均衡	纳什均衡	极大化极小策略	重复博弈
序列博弈	子博弈精炼纳什均衡	贝叶斯均衡	精炼贝叶斯均衡

复习思考题

1. 分别运用囚徒困境和智猪博弈分析一些现实社会经济现象。

2. 分别给出一个上策均衡与纳什均衡的案例分析，并说明这两种均衡的区别。

3. 教师与学生之间是否存在博弈？请举例说明和分析。

4. 从博弈论的角度分析，企业竞争、国家角力甚至人与人之间的相处，为什么有时要强调以诚相待，有时要强调以牙还牙，有时要强调不要把对方逼入绝境？

5. 试分析围魏救赵、笨鸟先飞、狗急跳墙、虚张声势等成语或俗语中所包含的博弈过程或博弈中的策略。

6. 为什么说企业之间的竞争主要属于不完全信息动态博弈？

7. 设啤酒市场上有两家厂商，各自选择是生产高价啤酒还是低价啤酒，相应的利润（单位：万元）如图 10-13 的得益矩阵。

		厂商 B 低价	厂商 B 高价
厂商 A	低价	−20，−30	900，600
厂商 A	高价	100，800	50，50

图 10-13　啤酒厂商的定价博弈

求：(1) 有哪些结果是纳什均衡？

(2) 如果两厂商都采用极大化极小策略，结果是什么？

(3) 两厂商合作的结果是什么？

第 11 章
要素价格与收入分配

引导案例

在第 4 章曾谈到，生产是厂商对各种生产要素进行组合以制造产品或提供服务的行为，生产要素一般包括劳动、资本、土地与企业家才能。前面在技术水平和生产要素（一般简称为要素）价格既定条件下，对产品市场进行了分析。但产品市场与要素市场是密切相联、相互依存的。因此，在研究了产品市场以后，研究要素市场便成为当然之举。研究要素市场，主要是研究要素价格的决定，而且不难理解，要素的价格问题实际上也就是收入的分配问题。

第一节　要素市场的供求

要素的价格决定于要素市场的供求，要素市场的供求与一般产品市场的供求毕竟有所区别。要素市场也分为完全竞争的要素市场与非完全竞争的要素市场。产品市场的利润最大化的基本原则虽然在要素市场也适用，但其表现形式却有所变化。本节将在一般意义上对诸如此类的问题予以分析，以利后面进一步的细化研究。

一、要素市场的特征

要素市场与产品市场非常相似，都是由供求双方的行为共同决定价格，并据此协调资源的配置。但要素市场具有如下特征：

（1）在产品市场，需求来自消费者，供给来自厂商；要素市场的情形正好相反，需求来自厂商，供给来自消费者。厂商要进行生产，才产生了对生产要素的需求。消费者需要依靠供给要素来得到要素收入，然后才能进行消费。

（2）在产品市场，产品需求直接源于消费者欲望的满足，属于直接需求；在要素市场，要素需求是从产品需求中派生出来的一种间接需求。

（3）产品市场的价格，指的是购买产品所有权或服务享受权的价格；要素市场的价格，则一般指的是购买一定期限内的要素使用权的价格。当然，某些条件下，有些要素价格的实现也意味着要素所有权的转让。

（4）在产品市场，产品的价格决定了厂商的收益；在要素市场，要素的价格决定了要素所有者的收入。一般认为，产品是由劳动、资本、土地和企业家才能这四种要素共同生产出来的，这些要素理应从生产成果中获得各自的报酬、收入。与这四种要素的供求相对应的要素市场可分别称为劳动市场、资本市场及货币市场、土地市场，以及企业家市场或经理市场。

（5）要素市场与产品市场是相互依存的。要素的价格取决于要素的供求，而要素的供求又取决于产品市场。如果产品市场销售困难，生产收缩，势必减少对要素的需求，并进而影响到要素市场上要素的价格。反之，要素价格也会影响到产品价格，如果要素价格上涨，会提高产品的生产成本，从而推动产品价格上涨。

二、要素市场的利润极大化原则

前面述及，要素市场的需求是一种派生需求，厂商之所以对要素有需求，是因为要素能用于生产产品，而产品的生产要满足 MR＝MC 原则。所以，要素的需求也必须满足利润最大化原则。怎样满足呢？为了进行这一分析，有必要引进如下两个新的概念。

（1）**边际生产收益**（marginal revenue product①，MRP），**它是指每变动一单位或微量投入要素给厂商带来的收益变动值。**数学上表现为厂商总收益对厂商投入的要素量求导。一般地，投入的要素增加会带来产量的增加，从而带来厂商收益的增加。

（2）**边际要素成本**（marginal factor cost，MFC），**它是指每变动一单位或微量投入要素而导致的厂商总成本的变化值。**数学上表现为厂商总成本对厂商投入的要素量求导。

在要素市场上，为使利润极大化，厂商将按照 MRP＝MFC 的原则来使用投入要素。为什么呢？如果 MRP＞MFC，这表示继续增加要素投入所带来的产值（收益）的增加会超过为此所支付的成本，因而这时增加要素投入会使利润总额增大，厂商必会增加要素的需求和投入。如果 MRP＜MFC，这表明最后增加的要素投入反而造成利润总额的减少，厂商必会减少要素的需求和投入。所以，只有在 MRP＝MFC 的条件下，厂商的利润达到极大。因而可以说，在要素市场上，利润极大化的条件是 MRP＝MFC。换言之，在市场供求行为和市场竞争行为的完全作用下，每一要素所有者（如工人）得到的报酬（工资）总是等于其在产品生产过程中作出的贡献或提供的产值。

需稍加说明的是，这里的边际生产收益（MRP）是针对每一单位要素的变动而言。而前述的边际收益（MR）则是针对每一单位产量的变动而言，数学上表现为厂商总收益对产量求导。

三、完全竞争市场中的要素供求

这里的完全竞争指的是产品市场和要素市场都处于完全竞争的状态。为了与后面相区别，我们将完全竞争市场中的边际生产收益记作 MRP_1，$MRP_1=MP\cdot P$（边际产量×产品价格）。受边际收益递减规律的支配，边际生产收益（MRP_1）曲线自左向右下方倾斜，如图 11-1 所示。图 11-1 中的横轴代表要素量（L），纵轴代表要素价格 W 和 MRP_1。

① marginal revenue product 直译为边际收益产品，但译为边际生产收益或边际产值似乎更妥。因为它表示的是货币值，而不是产品本身。

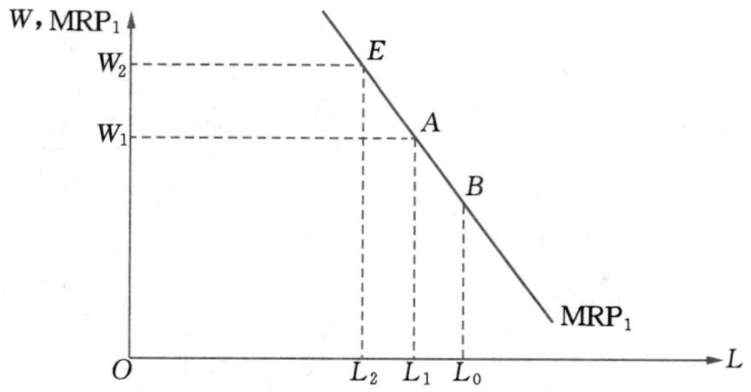

图 11-1　边际生产收益曲线与要素需求曲线

在图 11-1 中，当要素的价格为 W_1 时，也即这时厂商的边际要素成本（MFC）为 W_1（由图中的 OW_1 的长度代表），遵循 MRP＝MFC 的利润极大化原则，厂商的要素需求量为 L_1，因为 L_1 时的 MRP 为 AL_1（$=OW_1$）。如果要素价格为 W_1 时，厂商的要素使用量为 L_0，而 L_0 时的 MRP 为 BL_0，则这时存在 $OW_1 > BL_0$，即 MFC＞MRP，理性的厂商会减少要素需求量直至 L_1 为止；如果要素价格为 W_1 时，厂商的要素使用量为 L_2，L_2 时的 MRP 为 EL_2，则这时存在 MRP＞MFC，理性的厂商会增加要素需求量直至 L_1 为止。同理，当要素的价格为 W_2 时，厂商的要素需求量为 L_2。所以说，要素的 MRP_1 曲线也就是厂商对该要素的需求曲线（D）。

图 11-1 及上述的相关分析是一种简单分析，并假定 MRP_1 曲线为直线。更严格的一般化分析如图 11-2 所示。根据第 4 章的图 4-2 的基本原理，可得到图 11-2。图 11-2 显示了生产要素提供的边际生产收益（MRP_1）与平均生产收益（ARP）之间的关系。A 点虽然满足 MRP＝MFC 条件，但厂商付出的 W_0 的要素价格高于 L_0 的要素使用量提供给厂商的平均生产收益，厂商会亏损。因而在 W_0 时，厂商的要素需求量不可能是 L_0。所以说，只有与 ARP 曲线交点（E）以下的下降部分的 MRP_1 曲线才构成生产要素的需求曲线。

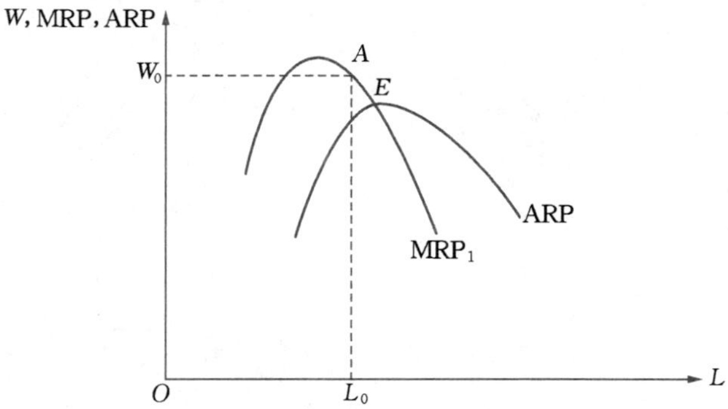

图 11-2　要素需求曲线的一般化说明

图 11-3(a) 表示，全行业的要素供求曲线的交点决定要素的均衡价格和全行业的要素的均衡使用量。全行业的供给曲线之所以向右上方倾斜，是因为要素供给的机会成本问题。当某一行业的要素价格较低时，要素所有者在该行业供给要素的机会成本较高，他便会转移要素的用途，即在该行业的要素供给减少。反之亦然。在完全竞争条

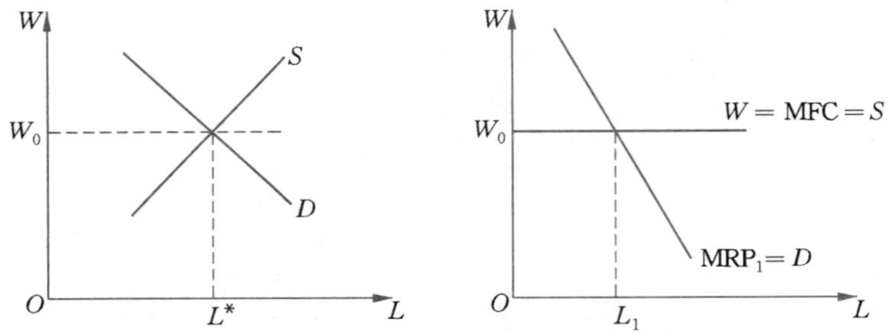

(a) 行业市场　　(b) 厂商

图 11-3　完全竞争市场下的要素供求图

件下，要素所有者在整个行业的要素供求决定的既定要素价格水平提供要素给厂商，即要素的供给曲线为一水平线，这一曲线也是 MFC 曲线，因为这时的 $MFC = W_0$（特定的要素价格）。图 11-3(b) 显示，要素的供求曲线的交点决定代表性厂商的要素均衡使用量。

四、非完全竞争市场中的要素供求

这里的非完全竞争包括产品市场和要素市场都处于非完全竞争的状态。

(一) 非完全竞争市场的要素需求

在产品市场非完全竞争市场中，产品价格并非既定不变。将非完全竞争市场中的边际生产收益记作 MRP_2，则有 $MRP_2 = MP \cdot MR$（边际产量 × 边际收益）①。

由于在非完全竞争的产品市场，MR 与 P 的分离，也就决定了 MRP_2 曲线与 MRP_1 曲线的分离。这种分离可从表 11-1 中清楚地看出。

表 11-1　完全竞争和非完全竞争市场中的 MRP_1 和 MRP_2

要素量 L	总产销量 Q	边际产量 MP	产品价格 P②	总收益 $TR = P \cdot Q$	边际收益 $MR = \frac{\Delta TR}{\Delta Q}$	边际生产收益 $MRP_1 = MP \cdot P$	边际生产收益 $MRP_2 = MP \cdot MR$
1	20	—	10	200	—	—	—
2	38	18	9.05	344	8③	162.90	144
3	54	16	8.44	456	7	135.04	112
4	68	14	7.94	540	6	111.16	84
5	80	12	7.50	600	5	90.00	60
⋮	⋮	⋮	⋮	⋮	⋮	⋮	⋮

① 这一表述可从数学上推导如下：假定收益函数和生产函数分别为：$TR = TR(Q)$ 和 $Q = Q(L)$，则收益可以看作是要素投入量(L)的复合函数。根据复合函数的求导法则，有：$dTR/dL = dTR/dQ \cdot dQ/dL$，即：$MRP_2 = MR \cdot MP$。而在前述的完全竞争条件下，由于 dTR/dQ 等于固定不变的价格(P)，从而：$MRP_1 = P \cdot MP$。

② 根据市场规律，表中的总产销量与产品价格是反向运行的。

③ 求取方法为：$8 = (344 - 200) \div (38 - 20)$。显然，这是关于 MR 值的一种平均化、近似化计算。其余的 MR 值类似地求得。

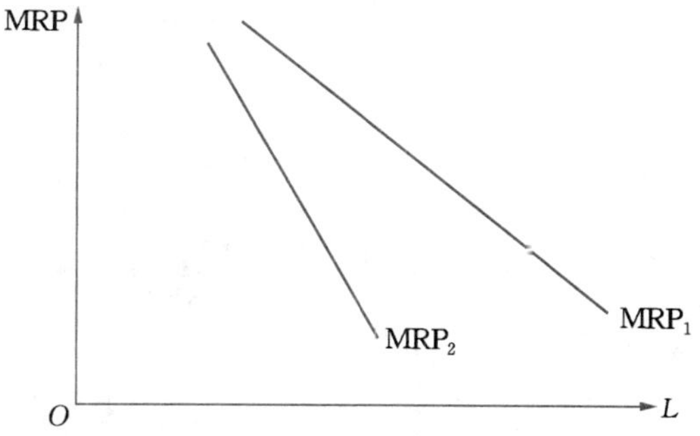

图 11-4　MRP_1 与 MRP_2 曲线

根据表中数据，可画出图 11-4。MRP_2 曲线位于 MRP_1 曲线的下方，这是因为前者中的 MP 和 MR 都分别递减，而后者中的 P 不变，仅 MP 递减，所以前者的递减速度更快。

与前述的 MRP_1 曲线为完全竞争条件下厂商的要素需求曲线的论证相类似，同样可得，MRP_2 曲线为非完全竞争市场条件下厂商的要素需求曲线。

前述表明，厂商对要素的需求取决于生产要素的 MRP，而 MRP 是要素边际生产力的表现，所以一般认为，要素需求取决于要素的边际生产力。显而易见，要素的边际生产力高，就会存在对要素的需求或这种需求较大。

（二）非完全竞争市场的要素供给

在非完全竞争市场中，要素供给曲线自左向右上方倾斜。并且，要素供给曲线（S）与厂商的边际要素成本曲线（MFC）发生了分离，如表 11-2 和图 11-5（后者根据前者画出）所示。

表 11-2　非完全竞争市场中的要素供给与要素成本

要素价格 W	要素供给量 L	要素总成本 WL	边际要素成本 MFC
1	3	3	
2	4	8	5
3	5	15	7
4	6	24	9
5	7	35	11

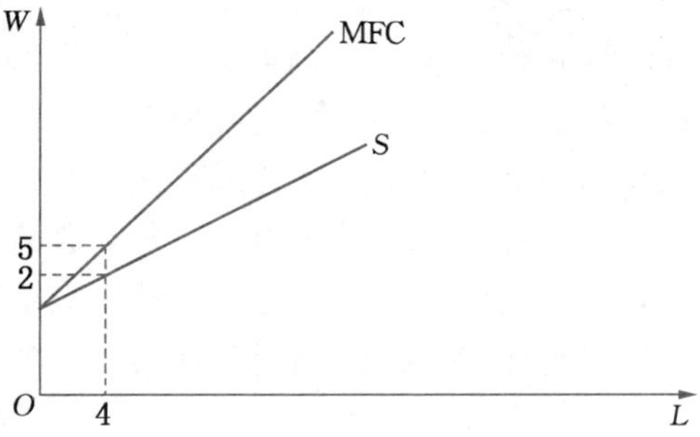

图 11-5　非完全竞争市场中的 MFC 与供给曲线

表 11-2 中第 1 列数据和第 2 列数据的对应关系构成了图 11-5 中要素供给曲线（S 曲线）的轨迹，第 2 列数据和第 4 列数据的对应关系构成了图 11-5 中 MFC 曲线的轨迹。表 11-2 是为了对图 11-5 的直观理解而列示的。还可从数学上作更为一般性的证明：设要素供给曲线的函数表达式为 $W = a + bL$（W 为要素价格，L 为要素供给量），则厂商的要素总成本为：$WL = (a + bL)L = aL + bL^2$。因而厂商的边际要素成本 $MFC = d(WL)/dL = a + 2bL$。可见，厂商的边际要素成本曲线的斜率是要素供给曲线斜率的两倍，但两者的截距相等。

至于非完全竞争要素市场的垄断情形，将在第二节结合劳动市场问题进行分析，因为劳动市场的垄断情形比较典型。

同步训练 11-1

第二节　工　　资

上一节讨论了要素供求的一般原理，本节至第四节将结合各种要素在供给方面的不同特点进一步讨论要素价格的决定问题。

一、劳动的供给

影响劳动供给的因素很多，例如总人口中能够参加工作的劳动者人数、劳动者的年龄和性别构成、工作条件、传统风俗等。但我们一般假定其他因素既定不变，只将劳动供给（L）看作为劳动价格——工资率（W）的函数。工资率指的是单位时间的工资①。

为什么要将劳动供给看作取决于工资率而不是工资呢？譬如，张三的工资是每月 4 000 元，但每天工作 10 小时，李四的工资是每月 3 500 元，但每天工作 6 小时。虽然张三的工资绝对额比李四高，但李四的工资率却比张三要高。在此条件下，张三可能会减少劳动供给。所以准确地说，劳动供给是工资率的函数而不是工资的函数。但在一般的理论表述中，工资率常被简称为工资。

从理论上分析，工资（率）的变化对劳动供给会产生替代效应与收入效应。譬如，工资提高后，意味着休闲的成本（代价）即价格提高，人们会增加劳动时间以替代部分休闲时间，即原先的休闲时间会减少，这是替代效应。同时，工资提高使人们的收入增加，这样，人们会增加对休闲或“闲暇”②（leisure）这种特殊、高级商品的消费，也就是享受更多的非劳动时间，从而表现为劳动供给的减少，这是收入效应。工资提高产生的替代效应大于收入效应时，劳动供给会增加，反之，劳动供给会减少。

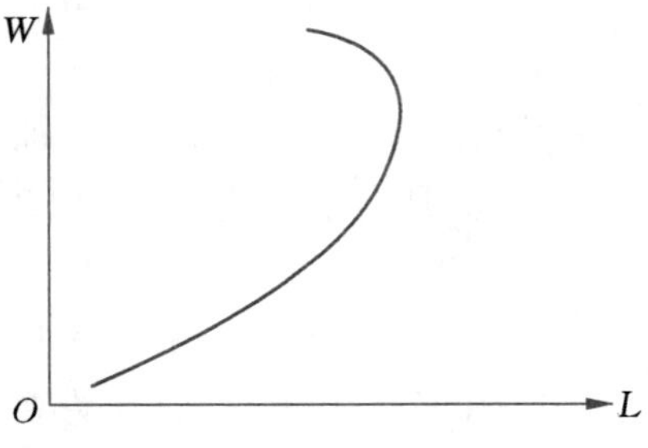

图 11-6　向后弯曲的劳动供给曲线

如图 11-6，起初当工资提高时，劳动供给增加，但工资提高到一定的水平后，工资再提高反而会导致劳动供给减少。这是因为高工资使人们的物质生活和收入水平达到一定程度后，人们会追求“闲暇”的增加。这时工资提高的收入效应大于替代效应。这是许多发达国家感到劳动力不足的原因之一。

这样的劳动供给曲线也叫作向后弯曲的劳动供给曲线。

---

① 经济学上的工资，指的是员工在特定时期从企业得到的全部劳动收入，包括了所谓的“奖金”等。

② 劳动以外的时间统称为闲暇，包括家务劳动、旅游、娱乐、自主学习、睡眠等。

☞**小贴士**

现在越来越多的企业对于工作上表现优秀的员工，不是简单地以发放奖金的方式进行奖励，而是以奖励休假时间或增加带薪休假时间部分替代发放奖金的方式。还有的企业将资助员工旅游作为发放福利的一种方式。这样做的理论依据是什么？

当然，一般情况下，劳动供给曲线具有正的斜率，即向右上方倾斜的那一段。

二、均衡工资与工资差异

一般的市场条件下，劳动供给曲线与劳动需求曲线的交点决定均衡工资。均衡工资意味着同一行业的劳动力的工资水平是相同的。但现实社会中，不同劳动者的工资水平是有差异的，这种差异甚至非常大。这主要取决于以下一系列因素：

(1) 劳动质量的差异。这方面的差异又主要取决于教育、培训的时间和费用的不同、生产经营经验的不同等。例如，不同技术水平的劳动者，其边际生产力是不同的，因而工资也有差异。这里要特别强调的是，工资不仅是普通劳动者的报酬，也是企业家(企业管理群体的统称)从事生产经营管理这样一种特殊“劳动”的报酬。企业家获得的报酬往往很高，这是因为管理才能被看作为一种非常稀缺的要素，并非人人都具备这种才能。它的高边际生产力及社会对其强大的需求决定了它的高报酬。

(2) 非货币利益的差异。有些职业和工种在安全、辛苦、环境、名誉等方面差异很大，这些差异导致了工资差异。例如，工种危险程度高的工人的工资就要高些；否则，劳动供求的变动便会自行调节。

(3) 市场的不完全性。例如，有些工种只有少数人能干，其工资水平自然会较高；有些人的地域流动受到制度、信息、观念等方面的限制。

三、垄断市场中的工资

劳动市场的垄断主要有三种情形。

(一) 买方垄断市场中的工资

即全行业劳动市场的购买者只有一家厂商。如图 11-7，在买方垄断市场中，厂商根据 MRP = MFC 的原则，使用的劳动量为 L_1，显然这一使用量小于竞争性市场条件下的均衡使用量 L_2。对于 L_1 的使用量，厂商可利用其买方垄断地位将工资率水平压低到 W_1，因为根据劳动供给曲线，在 W_1 的工资率水平，厂商可雇用到 L_1 的劳动量。

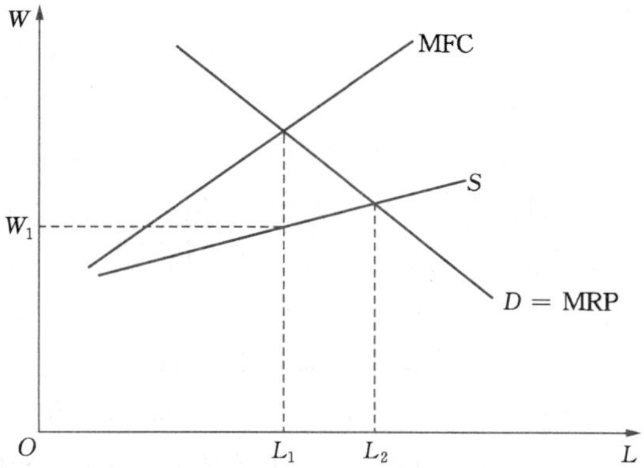

图 11-7　买方垄断条件下的工资

(二) 卖方垄断市场中的工资

即劳动者在极为强大的行业工会的领导、组织下，在工资要求和劳动供给方面统一行动。这时的行业工会成为一个垄断

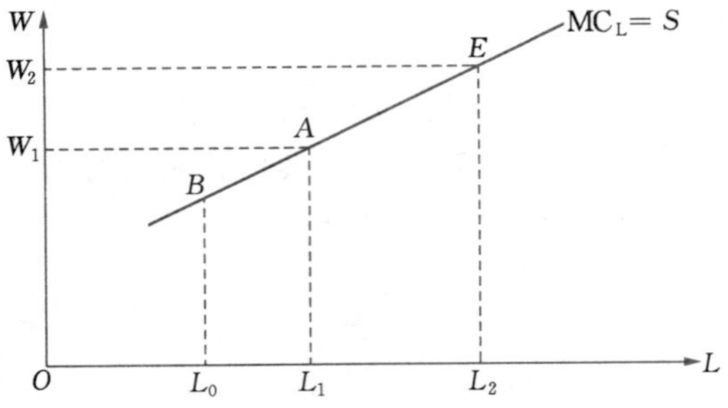

图 11-8　劳动供给的边际成本曲线

组织。为了方便后面的分析，先假定劳动供给的边际成本曲线（MC_L）是向右上方倾斜的，如图 11-8 所示。因为劳动供给越多，牺牲的闲暇也越多，即单位劳动供给的成本越高。或者直观地来理解，一般而言，劳动供给越多，劳动者的不舒适感就越强，承受的心理压力和体力方面的压力就越大，即劳动供给的边际成本越大。对于作为众多单个劳动者集合体的工会来说也是如此。当劳动价格（工资率）为 W_1（等于图中 OW_1 的长度，这也是劳动者提供劳动的边际收益）时，劳动供给量为 L_1（这时劳动供给的边际收益 OW_1 等于劳动供给的边际成本 AL_1）。如果劳动价格为 W_1 时，劳动供给量为 L_0 的话，则这时劳动供给的边际收益（OW_1）大于 L_0 时劳动供给的边际成本（BL_0），劳动供给者为了更大的收益会将劳动供给增加至 L_1。同理，劳动价格为 W_2 时，劳动供给量为 L_2。所以说，劳动供给的边际成本曲线也是劳动供给曲线。

图 11-9 中的 MR_L 曲线指的是作为劳动要素出卖方的工会这一垄断组织的边际收益曲线。同第 7 章的图 7-1 中的垄断厂商的 MR 曲线与 D 曲线的关系的论证相似①，卖方垄断者的边际收益（MR_L）曲线位于要素需求曲线（D）的下方。

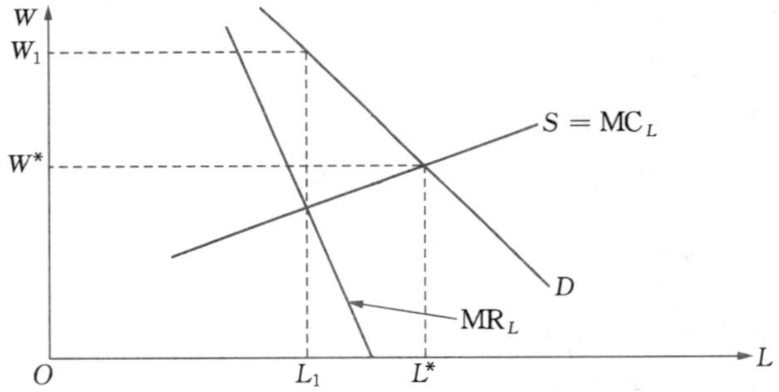

图 11-9　卖方垄断条件下的工资

如图 11-9，垄断性的工会如果为了实现“利润”最大化，将按照 $MR_L = MC_L$ 的原则，把劳动供给量控制在 L_1 的水平，这时的工资率达到高水平的 W_1。这里的“利润”实际上指的是经济租金（经济租金是就要素所有者而言，并非就产品生产者而言。关于经济租金，将会在后面的第四节论述）。工会的主要目标如果是工人的就业量最大化，则会选择 W^* 与 L^* 的组合。

（三）双边垄断市场中的工资

即同一行业同时存在买方垄断和卖方垄断。这时的工资率水平取决于买卖双方的力量对比。根据对前述图 11-7 和图 11-9 的分析综合，可以知道，双边垄断条件下的工资率

① 所不同的只是，在图 7-1 表示的经济情境中，垄断厂商提供的是一般产品，而在图 11-9 表示的经济情境中，垄断性的工会提供的是劳动力这种生产要素（特殊商品）。

水平会高于图 11-10 中的 W_1，但低于 W_2。

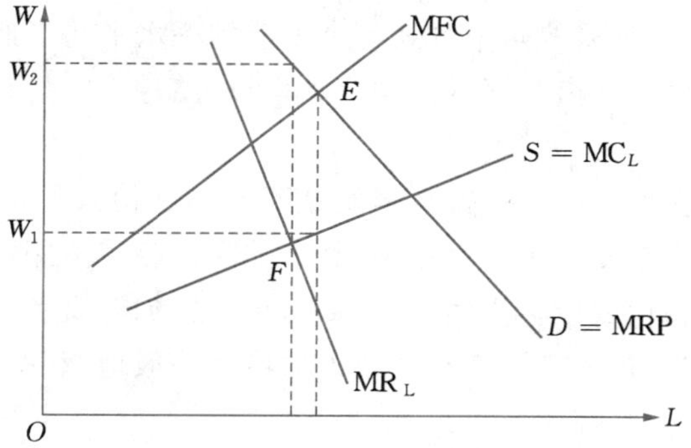

图 11-10 双边垄断条件下的工资

同步训练 11-2

第三节 利息与利润

一、利息

利息(r)是资本(K)要素的价格。资本的含义是很广泛的，生产过程中的资本物，如厂房、机器、原材料等都是资本的表现形态。但这里所说的资本，主要是货币形式的借贷资本。利息也就是借贷资本的价格。

(一) 利息与利率的决定

利息的多少在理论分析上一般以利率来表示。利率的高低决定于资本的供求状况。

资本的供给有以下几个基本来源：家庭储蓄、厂商的未分配利润、中央银行新增加的货币发行量、股票与债券等的发行所筹集的资本等等。资本的供给曲线一般可表示为自左向右上方倾斜，如图 11-11，表示利率越高，储蓄者愿意提供的储蓄越多，资本的供给越多。

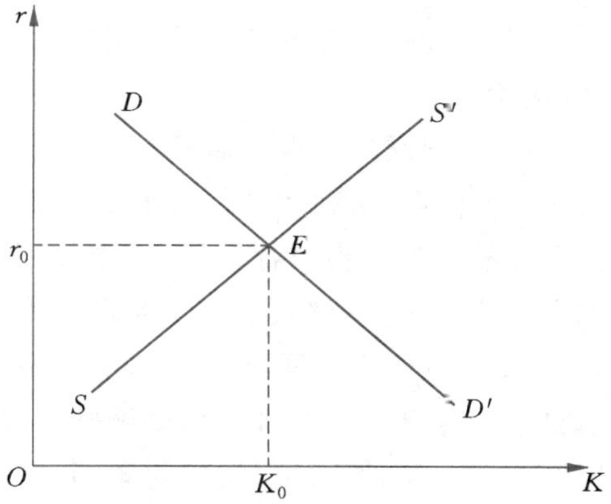

图 11-11 均衡利率的决定

资本的需求主要来自以下几方面：厂商进行投资、技术引进、设备更新；政府的公共支出；个人或家庭超过已有收入的购买从而申请贷款；等等。资本的需求曲线自左向右下方倾斜。

当 SS' 与 DD' 交于 E 点，这时的 r_0 便为均衡利率。但实际上，这时的借贷双方被假定为没有任何风险，因而这种利率被称为纯粹利率，纯粹利率不等于实际利率。实际利率的决定还要考虑另外一些因素，例如借贷的风险程度、借贷的期限和长短等等。但纯粹利率是实际利率的基础。

现实社会中，政府总是采取货币政策等来影响利率水平。当然，利率不能过分偏离均衡利率，否则，便会出现黑市利率以同均衡利率拉近。

（二）利率的功能

（1）调节储蓄和消费。利率提高会诱使储蓄增加并使人们的当前消费适当减少，因为这时消费的机会成本变大了。反过来，利率的降低会减少储蓄，并适度刺激消费增长。这是利率变动的替代效应。当然，利率提高也会增加储蓄者的储蓄收入，从而某种程度上带动消费的增长，这是利率变动的收入效应。一般地，利率提高总体上会诱使储蓄增加和消费减少。

（2）调节投资。利率的高低往往在很大程度上影响资本的需求，影响投资水平。利率的提高，无疑会增加投资者的贷款成本，也即增加生产成本，其他条件不变时，投资会减少。反过来，利率的降低，会刺激投资扩大。

二、利润

（一）利润的性质和来源

利润作为企业总收益扣减总成本后的余额归企业所有者或投资者所有，从而一般地在企业所有者或股东之间分配。利润分为正常利润和经济利润。前者已在第 4 章第五节作过分析。后者的来源或决定因素主要有：

（1）创新。企业在生产经营活动中进行创新，如引进新的技术和生产方法，开发、生产新产品等等。这些创新活动都会降低成本、增加收益，从而带来经济利润。

（2）风险。有的生产经营活动在生产经营过程中面临高风险，而这种高风险一般与高收益（高利润）是相匹配、相伴随的。经济利润或高利润的取得往往是因为前期承担了高风险，可以看作是对高风险的一种报偿。

（3）垄断。垄断厂商凭借垄断地位，通过压低进货成本或提高产品销售价格等办法，从中获取超额利润。

（二）利润的特点与功能

（1）特点：①利润是收益扣减成本后的余额，不像工资、利息等其他收入形式那样是事先议定的。当事者充其量只能在事先预测和估算利润量。②利润不仅可大可小，而且可正可负，不像其他收入形式一般均为正值。利润为负时也就是亏损。

（2）功能：①利润不仅是厂商从事生产经营活动的动机，也是评价厂商生产经营活动优劣的标准。②利润不仅影响整个社会的收入分配，也影响整个社会的资源配置。某个行业或某种产品的超额利润，会引导社会资源的流入；反之，过低的利润率或负利润会引导社会资源的转移。③利润也是厂商进一步扩大生产经营活动的基础。

第四节　地租与寻租

地租（R）也称为土地租金，是使用土地的价格，它构成土地所有者的收入。它又与工资、利息等一起构成租用土地、借入资本的企业的生产成本。在由土地租金衍生而来的经济租金的基础上,20 世纪 70 年代初期又开始发展出寻租理论。本节将依据该理论的内在逻辑对它们加以阐述。

一、土地与地租

土地总是表现为一定的自然形态(如山、河、平原),经济学上的土地包括山脉、河流、海洋等。一定范围的土地也总是与某些地表资源和地下资源相联系的,地表资源包括地表的自然资源、既存的建筑物和依附的人文资源(如名人故居、历史遗址)等。土地的自然供给总量是固定的,其供给弹性等于零,无论地租①怎样变化,它的自然供给量保持不变。所以,图 11-12 中的土地供给曲线为一垂直线,ON_0 代表土地的自然数量。

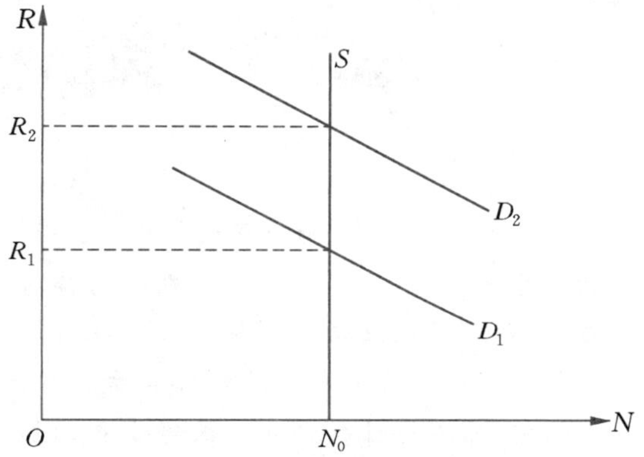

图 11-12 地租的决定

土地的地理位置是固定的,不能移动的。这样就形成了土地在位置优劣、肥沃程度和特殊用途等方面的差别,从而形成了土地质量和等级的差异性。

土地的供给来自大自然,但对土地的需求来自人类的生产和生活需要。对某块土地的直接需求取决于它的边际生产力,土地的边际生产力也是递减的。这可从以下方面来理解:①在其他投入不变的情况下,增加使用的同一处土地所提供的收益是递减的。②人们往往是先使用好的土地,然后使用差的土地。边际生产力的递减又决定了土地需求曲线向右下方的倾斜。一般来说,经济发展水平的提高会带来对土地需求的提高,如由图 11-12 中的 D_1 提高到 D_2。相应地,地租也由 R_1 提高到 R_2。由于土地供给量的不变性,一般地,地租的大小取决于对土地的需求。

虽然土地的自然总量是固定的,但不同用途的土地的供给量却是可以变动的。例如,原来的旧厂区可用于建商场,原来的荒地可用于建厂生产。当某一块土地移作他用时,土地所有者必会进行收益和机会成本的比较,以获取最大收益。

某种用途的土地的供给曲线是一条向右上方倾斜的曲线,它表示用于某种用途的土地的地租越高,该种用途的土地供给量就会越多。某种用途的土地供给曲线与需求曲线的交点决定该用途土地的均衡地租和均衡土地使用量。

由于土地常常是与地面上的特定建筑物联系在一起的,所以地租水平就常常表现

① 指的是单位面积土地的地租,也称地租率,但常简称为地租。

为房产的租金水平或者房产的价格水平。

从一般的理论意义上说，任一具体用途土地的供求状况与地租的相互调节会推进土地资源实现合理配置。例如，街道旁的某房产原用于生产服装，但服装厂愿意支付的地租不会高，因为在一个较偏僻的地方以较低地租同样可以租用地方生产服装。由于这处房产用来开餐馆会带来更大的收益，必定会有人以更高的租金租来开餐馆，该房产的所有者最终也肯定会将它出租给愿出高租金的餐馆老板。于是这处房产可以被用于最佳用途。

专栏 11-1　商厦与少年宫的用地之争

上海的南京路被称为中华第一商业街，南京路西藏路口更是商业街的繁华地段，可谓寸土寸金。在 20 世纪 80 年代末，路口有一幢式样别致的楼房，它为黄浦区少年宫。精明的商家欲让少年宫搬迁，利用原址改造为商厦。此举在当时引起了激烈争论。许多家长和一些社会人士以各种方式向有关部门及传媒表示反对意见，认为不能光为了追求经济效益而侵害少年的利益，不能让拜金主义毒害小孩的幼小心灵。而商家和其他社会人士则认为，在极具商业开发价值的寸土寸金之地，放着一个偌大的少年宫，是一种资源的浪费。少年宫搬迁到别处，丝毫不影响少年宫的正常运转，而且新的少年宫可以更大、更好。

在激烈的争论中，少年宫还是搬迁了，离开了喧嚣嘈杂的商业中心。利用少年宫原址开张的"上海精品商厦"生意十分红火，其广告语"叩开名流之门，共度锦绣人生"一度成为当时上海滩最流行的广告语之一。该房地产的所有者也因此获得了丰厚的租金收入。当然，精品商厦后来因种种原因产生亏损，但这已是另外一个问题了。

讨论：

假如你处于那场争论中，你赞成哪一方的观点并怎样去有力地说服对方？

当然，并不是所用土地的用途都是可以转移和相互替代的。例如，大城市的商业中心、名山名川、生产优质葡萄的地块等等，就是不能被替代的，因而其特定用途的供给量也是相对固定的。

二、级差地租

土地有肥瘠之别，矿藏有贫富之分，位置有优劣之异，这使得利用不同质量和等级的土地进行生产经营所获得的收益是有差异的。如城市中心的地块比之郊区的地块，在商业开发上能产生更大的经济效益。租用土地的市场竞争必然使得租用较高质量和较好等级的土地要付出较高的地租。同一用途的不同级别的土地交付的地租与该用途最劣等土地交付的地租的差额便是级差地租。

当然，要说明的是，地租只是租用土地的价格。土地这种生产要素还会发生所有权的转让和买卖，这时的要素价格便表现为土地价格，或简称地价。

三、经济租金与寻租

上述的地租是一种租金，将对它的分析进一步推广，可以引申出经济租金这一概念。就长期来看，收入往往成为要素供给量增减（即要素转移）的诱因。为了防止要素转移到别的用途而必须支付的报酬，最低应该等于要素转移后所能得到的最高报酬（即要素的机会成本）。否则，要素肯定会转移其用途。**要素所有者得到的报酬中超过该要素的机会成本的部分，称为经济租金**（economic rent），**或简称经济租。**

例如，一位财务经理的年收入50万美元，如果他去从事自己的次高收入职业——金融分析师，年收入将为30万美元，这位财务经理的经济租金便是20万美元。换言之，该经理提供财务管理这种劳务所要求的最低收入是每年30万美元（否则，他还不如去从事金融分析师的工作），但他实际得到的年收入是50万美元。

经济租金的存在是以特定要素供给量的稀缺和对它的高需求为前提的。如上述的财务经理之所以能得到经济租金是因为社会上大量需要财务管理人才，而这种人才又稀缺。一位足球明星（或影视明星）的年薪为60万美元，但实际上只要年薪达到10万美元，他便会继续从事该职业，其经济租金就为50万美元。如果一位电工的年薪为1万美元，除此之外，他找不到别的工作和收入来源，那么1万美元就是他的经济租金。

在经济租金的基础上，后来又发展出寻租（rent seeking）理论。由于政府对经济领域的行政干预和行政管制（如生产经营许可证的发放等）抑制了充分的市场竞争，造成和扩大了供求缺口，从而使得一些领域或企业的产品的市场价格可以远远高于成本，该领域或企业的相关生产要素因此能够获得高于其他领域或企业的要素收入，即存在经济租金。**寻租指的就是个人或利益集团利用各种合法或非法的手段，如游说、疏通、哄骗、贿赂等，以得到占有这种由于行政管制或垄断而产生的经济租金的特权。**显然，寻租也是一种收入的分配或再分配。

作为寻租对象的经济租金与垄断利润虽有时不易区分，但一般认为，垄断利润是通过在市场竞争过程中形成的垄断而带来的，是在生产经营领域中产生的。而经济租金则是在非生产领域中产生的，是通过游说政府管理部门或向政府官员行贿等手段获得一种特权而实现的。

经济社会中的寻租现象很多，如为了寻求和维持垄断特权获取垄断利润；寻求优惠的关税、税收等政策获取额外收入；寻求直接的财政补贴。

与寻租相对应的是创租（rent creating）或设租，即政府有关部门或官员为了引诱寻租行为或取得寻租者出让的利益，而故意设置阻碍市场自由竞争的制度性障碍。但这里要注意将创租行为与政府的正常、合理的经济政策和制度安排区别开来，有些政策和制度安排并非是创租行为，但却可能会为寻租提供条件。例如，政府的关税政策主要是为了保护国内市场和民族工业，但是进口商可能通过贿赂海关人员以免征或少征关税，即发生寻租行为。

寻租所带来的收益并非来自公平市场竞争环境下正常的生产经营过程，一般而言，它不会导致社会真实财富的增加，只是改变了社会财富的分布结构。相反，寻租使本来可以用于生产性行为的许多资源浪费在对社会无益的活动上，造成了资源配置的扭曲。寻租阻碍了充分的市场竞争，从而阻碍了更有效的生产方式的实施。寻租的实现还会使消费者的利益受损，降低社会福利水平。

因此，限制和遏制寻租是十分必要的。显然，减少和取消各级政府不必要、不合理的行政干预，健全和完善社会监督机制，是其中的重要举措。值得一提的是，公开拍卖、公开招标被看作是这方面较为有效的办法。如对某些必要的许可证、授予权的公开拍卖，对公共工程建设项目和政府购买项目的公开招标。

同步训练 11-3

本章小结

1. 要素市场与产品市场是相互联系、相互依存的。但要素市场有其与产品市场不同的特征。

2. MRP＝MFC 是要素市场上利润极大化的条件。

3. 劳动供给曲线是向后弯曲的，这与其他要素和产品的供给曲线是有区别的。

4. 理论上的均衡利率是实际利率的基础，实际利率总是趋向于均衡利率。

5. 经济利润来源于创新、风险、垄断等因素。利润（包括负利润）归企业所有者所有或承担。

6. 地租是一种租金，将对它的分析进一步推广，可以引申出经济租金等概念。建立在经济租金基础上的寻租理论为分析一些现实的经济现象提供了一种较新颖的技术工具和视角。

基本概念

边际生产收益	边际要素成本	地租	级差地租
经济租金	寻租	创租	

复习思考题

1. 发展生产要素市场对于社会经济发展有何意义？

2. 向后弯曲的劳动供给曲线对于企业的劳动工资管理和激励机制构建有何启迪意义？

3. 你认为应该从哪些方面去考虑、评判企业家或经营管理者收入的合理性？

4. 举例分析现实社会中的寻租现象，并提出遏制的对策设想。

5. 判断下述命题的正确与否：(1) MRP＝ MFC 原则与 MR＝ MC 原则的基本原理实际上是相通的；(2) MRP 值与 MR 值、MFC 值与 MC 值是分别相等的；(3) MRP 可视作要素市场上单位要素变动所带来的 MR，MFC 则可视作要素市场上单位要素变动所带来的 MC。

6. 假定某企业短期生产函数为：$Q=48L+4L^{2}-\frac{1}{3}L^{3}$（$L$ 为劳动人数） 若该企业的产品售价为 2 元，当单位劳动价格为 78 元时，求企业雇用的劳动量。

7. 某市中、小学教育主管部门为了保证中、小学生午餐的质量和卫生，指定几家信誉较好的餐饮公司有偿提供全市中、小学的午餐，规定学校不得接受其他公司的餐饮服务。对此做法，有人赞成，有人反对。

请运用经济学理论就此展开一场小型辩驳赛。

第 12 章
信息不对称

引导案例

前面各章所论述的市场，无论是商品市场还是生产要素市场，基本上都是假定市场参与者掌握的信息是完全的、对称的（只是在讨论市场博弈中，曾将不完全信息作为讨论的背景）。然而，在现实社会中，市场参与者掌握的信息常常是不完全、不对称的。在这种情况下，市场的运行将会出现新的特点，并要求有相应的新的解决办法。

本章的理论内容也常被称为信息经济学。美国经济学家阿克洛夫（Akerlof）、斯彭斯（Spence）和斯蒂格利茨（Stiglitz）因在这一研究领域的重大贡献而获得 2001 年度的诺贝尔经济学奖。

第一节　信息不对称与信息不完全

信息不对称是信息不完全的一种表现形式，或者说，信息不对称是以信息不完全为基础的。因此，在讨论信息不对称之前，有必要对信息不完全作一简要阐述。

一、信息不完全

信息是一种十分重要的经济资源，是顺利地、高效率地进行市场交易的必需的经济元素。但信息常处于不完全状态，或者说，现实中的市场常常是信息不完全的市场。信息不完全的市场（market of incomplete information）指的是在这样一个市场中，每个市场参与者不能获得所需要的全部信息。例如，在生产要素市场上，企业不完全了解应聘人员的能力和工作责任心等，应聘人员也不完全知晓企业的工作环境和经营绩效等。

信息不完全产生的原因在于，任何一种商品（或生产要素）、任何一个市场交易所包含的信息是大量的、复杂的、多方面的，而信息需求者的需求也是不一样的，需求的表达方式和表达内容也是有局限的，这都决定了信息不可能以完全集中的形式自动地充分显现和传播。而且，信息的搜集、整理和传播还是要花费成本的，如果这种成本太高，便会制约、阻碍信息的搜集和整理。如一只手机的信息包括：价格、通话清晰度、返修率、返修时的零部件价格、维修点的分布、手机真实产地、手机功能设置、该型号手机的销售情况；……如果要决定是否购买这种手机，需要了解的信息甚至还包括其他品牌或型号的手机的价格、功能、通话质量、款式等等。当然，有的消费者仅对价格和通话质量等信息感兴趣，有的消费者则对返修率等信息也感兴趣。可以说，消费者在购买手机时或使用手机后，对手机的信息的掌握都是不完全的。

信息的不完全会影响到市场交易的顺畅和经济运行效率（这将在后面几节详细分析），但这并不意味着，在信息不完全条件下，市场交易就不能进行。毕竟有的信息并不太重要，尽管这种不太重要的信息在某些条件下有时又会显得很重要。更何况，人们还会去主动地搜寻其所需要的信息，以便掌握的信息更充分、更可靠。

二、信息不对称

信息不对称（asymmetric information）**是指在相互对应的经济个体之间的信息呈不均匀、不对称的分布状态。**也就是说，有些经济个体对关于某一经济事物的信息比另外的经济个体掌握得更多一些。如消费者购买手机时，对该种手机所掌握的信息一般比接待他的商场营业员要少得多，如对该种手机的真实产地、返修率、销售情况等，营业员了解的信息往往更多。在招工市场上，应聘人员对自己的能力和其他情况都“心中有数”，而招工单位充其量只能根据应聘人员的材料和谈吐、举止来大概判断该人的能力和性格等。

各个市场参与者所掌握的信息形成不均匀分布的市场可称为信息不对称的市场。信息不对称既可以指交易双方对某一市场交易品所掌握的总体信息有差异，也可以指交易双方对某一市场交易品某方面的信息了解有差异，如买卖双方对于商品质量信息的不对称；对于商品价格信息的不对称；对于商品售后服务信息的不对称；等等。

信息不对称市场的基本形式有三种：一是交易（买卖）双方之间的信息不对称；二是买方与买方之间信息不对称，如购买布匹这种生产材料的两家或多家服装厂之间在布匹市场的信息不对称；三是卖方与卖方之间的信息不对称。分析价值最大、理论上讨论得最多的是交易（买卖）双方之间的信息不对称。

信息不对称产生和形成的原因是多种多样，也是显而易见的。如社会经济现象及社会生活的复杂性、庞大性与人的观察能力和认识能力的差异性、有限性之间的矛盾；社会分工及社会角色的不同所导致的人们对同一事物的了解程度的差异；等等。信息不对称现象具有普遍性。

信息不对称意味着至少有一方拥有的信息是不完全的，交易各方构成的市场也就必然为信息不完全市场。反过来说，虽然理论上在信息不完全条件下，信息在相互对应的经济个体之间的分布有可能是相同的、对称的，但现实社会中，由于信息不对称的普遍性特征，信息不完全条件下的信息对称现象是极少存在的。因而信息不完全市场一般表现为信息不对称市场，而信息不对称市场总是属于信息不完全市场。

根据信息不对称发生在双方的交易契约签订之前还是之后，信息不对称又可分为信息事前不对称和信息事后不对称。对于经济学上所讲的交易契约，不应狭义地理解为交易双方正式签订的合同（契约）。根据约定俗成的商业惯例和社会惯例达成的默契及口头协议等都属于交易契约。如消费者在商场看了某件样品后，提出要购买，虽然双方没有正式签订契约，但实际上可被视为签订了交易契约。契约的内容包括：消费者按标示的价格付款；商场提供与样品一样的商品；商品的质量完好；对某些特殊商品甚至负责送货和安装；等等。这里的交易也不应狭义地理解为单纯的商品买卖关系。如男女双方结婚也可被认为是签订了契约,契约的内容包括:双方都要在感情上忠于对方;为家庭共同承担责任;对双方父母尽孝心;等等。当然,契约签订后(事后)会发生违约或不能很好地履约,但这并不能改变当初签约的事实。

如果消费者在与商场“签订”交易契约之前(即还未购买某商品),对商品的相关信息的掌握比商场少,这便是信息事前不对称。假如用人单位与应聘人员签订用工合同后,对于该人员的工作努力程度并不很清楚(当然员工自己很清楚),这便是信息事后不对称。

三、信息搜寻

出于对自我利益的保护和追求,市场参与者为了克服信息不完全或不对称,常会进行信息搜寻(search for information)。**信息搜寻指的是人们通过各种可能的方式、渠道去获取所需要的信息。**由于商品的价格是一种十分典型的市场信息,因而下面主要以对价格信息搜寻的分析来体现一般意义上的信息搜寻。

在信息完全的市场,消费者能够清楚地知道在不同市场或商场上某种商品的不同的卖价,消费者会去购买低价的商品。而生产者或商家也清楚地了解别的生产者或商家的该商品卖价,会依据市场情况将自己商品的卖价调整到一个合适的水平。这种市场竞争会促使市场上的某商品形成一个统一的均衡价格。当然,经济学上的统一价格并不意味着某商品在各地市场上的价格完全一致,因为起码不同地方至商品产地或批发地的运输成本等是有差异的。

然而在信息不完全的市场,信息的不完全决定了市场竞争的不完全、不充分,从而同一种商品可能会有众多的不同价格。例如,A 商场的某品牌冰箱售价2 500 元,相距10 分钟车程的 B 商场的售价却只有 2 200 元,由于在 A 商场的消费者不知道 B 商场的售价更便宜,便会以 2 500 元的价格购买冰箱。

假设某种商品在信息不完全的市场上有若干不同的价格:P_1, P_2, …, P_n,其中有一个最低价 P_m,而这一组价格的平均价格为 P^*。消费者在这种市场上可以通过“随机购买”方式来购买商品,即不加选择地随便到某一商场购买,购买的价格为上述价格系列中的某一具体价格 P_s。如果消费者越多次数地去不同商场购买,那么根据随机概率,他所购商品的平均价格越是接近于或等于 P^*。当然消费者也可通过价格信息搜寻方式,最终找到出售这种商品的价格最低的商场并进行购买。但问题在于,要进行信息搜寻,就要花费一定的时间、精力和交通费用,有时还要加上其他有关的费用(如向专业咨询公司的咨询费用),这些费用一起构成了**搜寻成本**(search cost)。

那么,消费者会根据什么来决定究竟采用何种方式购物呢?一般来说,他们会通过比较两种方式下的成本来决定。消费者在一次性随机购买方式下的成本为支付的商品价格 P_S,而在信息搜寻方式下的购物成本为最低价格 P_m 加上搜寻成本 C。如果 $P_m+C>P_s$,消费者会采用随机购买方式;如果 $P_m+C<P_s$,消费者会采用信息搜寻后的购买方式;如果 $P_m+C=P_s$,消费者采用两种方式是无差异的。当然,严格说来,这里的 P_m、C 都只是预期的商品最低价格或预期的搜寻成本,因为在进行两种购物方式的成本比较时,所谓商品的最低价格还只是事先的估计,信息搜寻也没有真实展开。

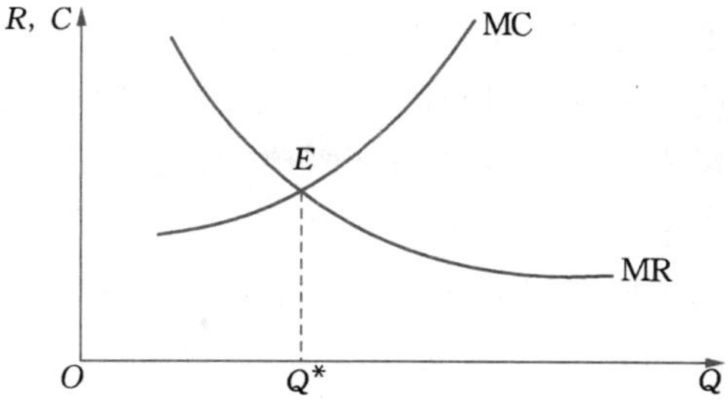

图 12-1　信息搜寻

由于信息搜寻是有成本的，有时搜寻成本 C 还相当高，因此搜寻过程不会无休止地进行下去，会在过程的某一点中止。如图 12-1，横轴代表搜寻量（表现为搜寻范围），纵轴表示搜寻的预期收益或成本。MR 曲线为搜寻的预期边际收益曲线，它向右下方倾斜表示随着搜寻范围的不断扩大，搜寻的预期边际收益逐渐下降。因为一般来说，人们的搜寻总是从最有希望的地方开始，逐渐转向希望越来越小的地方（在价格信息搜寻中，就是逐渐转向越来越不可能存在最低价格的商场）。MC 曲线为搜寻的边际成本曲线，它向右上方倾斜表示随着搜寻范围的不断扩大，搜寻的成本会逐渐上升。因为到希望越来越小的地方搜寻，所需要花费的时间、精力、交通费用等将越来越多，所承受的痛苦、失望、烦躁等负效用将越来越大。

MR 曲线与 MC 曲线的交点 E，表示搜寻的预期边际收益正好等于搜寻的边际成本，从而信息搜寻会在 Q^* 代表的搜寻范围时中止。这可以解释为什么有的消费者在跑了几家商场后，便掏钱购物，而不愿再继续跑商场以作价格比较或寻找“最低价格”。

当然，上述分析的基本原理也同样适用于消费者搜寻质量最好的商品、企业搜寻价格最低廉的原材料供应商、求职者搜寻收入最高或工作环境最佳的单位等等。

但是，信息搜寻只能缓解信息不完全或不对称，而难以消除信息的不完全或不对称。

同步训练 12-1

第二节　逆向选择与市场信号

信息的事前不对称容易导致逆向选择。那么什么是逆向选择呢？其市场危害又怎样呢？如何加以控制和应对呢？本节将从柠檬市场着手展开分析。

一、柠檬市场

柠檬市场（market for lemons）实际上就是次品市场，因为“柠檬”这个词在美国俚语中表示次品、二手货。于是，在信息不对称理论中，常常把处于信息不对称环境中的次品市场称为柠檬市场。柠檬市场典型的代表是旧车市场，美国经济学家阿克洛夫以旧车市场为依托对逆向选择问题进行了卓有成效的著名分析。

可以设想，如果某人以 20 万元买了一辆汽车，在使用了一个月后，汽车依然像新的一样，没有任何质量问题。但车主由于某种原因，想将这辆车卖掉，这时他可能会发现，汽车最多也许只能卖 10 万元。应该说，汽车的折旧不至于如此快，但售价为何下降如此快呢？原因在于，虽然车主认为汽车质量没有问题，但潜在买主却会心生狐疑，毕竟该车是二手车。潜在买主会心想，可能是因为车子质量有问题，所以车主想转让出去。而车子的质量缺陷是不熟悉的人难以短时内发现的，即使试着开一会儿，也不一定能发现汽车的质量问题。因此，为防自己吃亏，潜在买主的出价不会高，会尽量压低交易价格。

假如在某个旧车市场有100辆旧车待售，旧车的质量参差不齐，潜在买主愿出的最高价格为10万元。这样一来，那些对自己的车估值高于10万元的车主大多不愿出售，离开市场，只有低质量车还留在市场上。如果买主知道这一新的情况后，感到旧车市场的平均质量下降了，所愿出的最高价格也会下降，导致又一些较高质量的旧车离开市场。

也就是说，由于信息不对称，高质量旧车难以完成交易，需要高质量旧车的消费者和想要出售高质量旧车的车主的效用都受到了损害，降低了市场效率和经济效率。虽然从总体上讲，市场竞争的作用是优存劣汰，但在某些信息不对称的情形下，市场上却存在“劣质品驱逐优质品”的现象。这种现象在柠檬市场上表现得异常突出，但不只存在于柠檬市场，也存在于其他几乎所有市场，如商品销售市场、保险市场等等。

二、逆向选择

逆向选择(adverse selection)指的是这样一种情况，市场交易的一方如果能够利用多于另一方的信息使自己受益而使对方受损时，信息劣势的一方便难以顺利地作出买卖决策，于是价格便随之扭曲，并失去了平衡供求、促成交易的作用，进而导致市场效率的降低。在上述的旧车市场分析框架中，信息不对称导致了不合理的价格，不合理的价格又“赶跑”了高质量车的卖主和买主，市场交易规模越来越小，市场交易越来越难以完成，市场选择和市场运行呈现逆向特征。这就是此类问题为什么称为逆向选择的原因。逆向选择原是保险业中承保人的常用语，意指投保人的选择与承保人的期望相反。

例如，在保险市场上，保险的购买者对自己将要面临的风险比保险公司知道得更清楚，即是说，保险的买卖双方掌握的信息是有差别的、不对称的。即使保险公司要求对想要购买医疗保险的投保人先做健康检查，投保人对自身的健康状况还是比保险公司了解得更多，因为全面的身体健康状况是难以通过一两次检查充分了解清楚的。

健康的人往往不太愿在这方面投保，而健康状况较差的人会较为积极地投保。保险公司为了减少损失，可能会提高保险费。但这样往往会使更多的健康的顾客离开保险市场，保险市场上投保人的平均健康状况比先前更差。保险公司又进一步提高保费，如此循环下去，直至最后购买保险的人都是健康状况非常差的。这种逆向选择使保险本身具有的将风险在不同风险程度的投保人之间分散的作用消失了。因为购买保险的都是些风险程度大的、健康状况不佳的人，保险在高风险程度的投保人之间是难以分散风险的。同时，市场价格机制的平衡供求、促成交易的作用大受抑制，社会资源配置表现为低效率。因为按照市场供求规则，健康状况不佳的人对保险的需求大于供给，保险费的提高本应促进供给、减少需求，从而达到平衡市场的供求目的。

保险市场与柠檬市场(如旧车市场)的信息不对称现象是有一定差别的。保险市场上，买方掌握的信息比卖方要多，而柠檬市场上，卖方掌握的信息比买方多。

再来看一般的商品市场。消费者如果知道市场上销售的某种商品有优劣之分，但不知道某件具体商品是属于优质品还是劣质品，因而不愿以较高的价格去购买鱼龙混杂的某种商品，而只愿出较低的价格。这就可能会使优质品退出市场。消费者了解到劣质商品的比率提高的情况后，出价会更低，如此循环下去，市场上将充斥劣质品。不仅生产和销售优质品的厂商的利益受损，消费者的效用水平也会因难以买到或买不到优质商品而降低，甚至生产和销售优质品的厂商也会走上邪路，开始生产、销售低成本的劣质商品。劣胜优汰的现象使市场运行处于混乱状态。假冒伪劣品比率越高的商品市场上，逆向选择现象就会越严重。

但人们也是有控制和缓解逆向选择的办法的。例如，从政府的角度来说，可以依法严厉打击和铲除假冒品，恢复和建立消费者对市场的信心，进而让市场机制淘汰低质量商品。从厂商和消费者个人的角度来说，可以通过信号显示和信号甄别方式来缓解信息的事前不对称，进而缓解逆向选择。

三、信号显示与信号甄别

仍以前述的旧车市场为例。高质量车的车主如果能用某种办法使潜在的购买者确信或比较相信他的车属于高质量的，则市场交易就很可能以一个双方都觉得合适的价格进行并完成。也就是，高质量车的车主通过这种办法将他的车与低质量车区别开来，从而使不同质量的车以不同的均衡价格完成交易，落实“按质论价”的市场规则，缓解或消除逆向选择。这里的“办法”就是对市场信号的利用。

市场信号本质上也是一种市场信息。如高质量车的车主依靠产品质量保证书或其他承诺等办法都可以传递他的车是高质量车这样一种信息。市场信号极为广泛，从产品质量保证书、保修承诺、商业信誉，到教育水平、品牌等，都属于它的内容或形式。市场信号往往是在市场外形成并在市场上使用，起到传递信息的作用。对市场信号的利用方式又可分为市场信号显示和市场信号甄别。

（一）信号显示

信号显示（signal signaling）是指为了解决逆向选择问题，信息优势方通过某种方式向信息劣势方发出市场信号，以表明自己的物品或自身属于优良（或较好）等级的行为。市场信号显示这种行为在我们的日常生活中到处可见，例如，产品的保修卡就可看作是企业对自己产品高质量的一种信号显示。因为生产低质量产品的企业是不太敢承诺保修甚至终身保修的，否则，企业将付出极高昂的维修成本。

在前述的旧车市场中，如果高质量车的车主以书面方式承诺或通过公证机构承诺，假如买主在旧车使用的一定时期内发生重大质量问题，可以退回旧车或从旧车卖主处得到一定数额的经济补偿，则潜在购买者可能会相信这部旧车确实是质量较好的。而在法制环境和市场秩序较为健康的条件下，低质量车的车主一般是不敢提供这样的承诺的。

显然，名牌也是企业传递和显示的一种市场信号。消费者往往根据名牌与非名牌来区别产品的质量，从而宁愿以高价去购买名牌产品。虽然名牌产品中也可能会有低质量产品，但与非名牌产品比较起来，这种概率要小得多。

经济学家斯彭斯将受教育程度看作是劳动市场上的一种信号，它显示或传递劳动生产率的高低、工作能力的大小。雇主不知道众多求职者的劳动生产率状况，但可根据求职者受教育程度来予以判断。学历高的人,一般劳动生产率也高,反之亦然。因为修完高深课程并成绩良好的学生,一般更加聪明、勤奋,从而劳动生产率较高。一个较笨、较懒的人要遭受更大的痛苦才能完成学业(这样的人很可能因此而不愿、不敢接受高等教育),或者根本完不成学业。所以,在信息经济学中,教育即使不能改进人们的劳动生产率,但也可以传递、显示劳动生产率较高的信号。人们为了显示自己的能力,就应该选择接受高学历教育。当然,实际上,高学历并不绝对等于能力强,学历不是一个精确的信号,但却是一个很有效的信号。

市场信号显示有助于解决逆向选择问题,有助于改善信息不对称情况下的价格机制失灵、社会资源配置低效率的状况。但也应该看到,市场信号显示有时会造成资源的浪费。如企业花费过度的巨额广告费用宣传自己的名牌产品;企业为了某种信用评级耗费大量资源;等等。这些费用可能对经济个体是有益的,但从社会角度看,却往往是一种资源的浪费。

☞小贴士

有的蛋糕销售商在临街的玻璃房中当着消费者的面现场制作奶油蛋糕,表明蛋糕及奶油是新鲜的;有的饭馆的榨汁机放置在食客云集的大堂当场用优质、新鲜的水果榨汁出售给顾客;有的羽绒被生产商在临街的玻璃房中现场用优质鸭绒充填羽绒被。

(二)信号甄别

信号显示只是信息优势方向信息劣势方发出有关的市场信号,但如果信息劣势方希望主动去获得自己所需要的信息,他们该如何去做呢?他们虽然可以通过信息搜寻来达到自己的目的,但搜寻成本通常相当高。他们还可以通过另一种方式——信号甄别,也能够获得自己所需要的信息。

信号甄别(signal screening)是指在进行市场交易之前,信息劣势方首先以某种方式使得信息优势方不得不发出表明自身特征、品质、类型等的信号,以供信息劣势方辨别、解读,从而改变自己在市场交易中所处信息劣势地位的行为。信号甄别较信息搜寻有两大优势:一是利用这种方式付出的成本会低得多;二是这种方式常常能够得到某些被隐藏起来、利用信息搜寻方式无法获得的信息。

例如,保险公司招聘保险业务员,众多应聘者都声称自己工作努力,保险业务能力强。保险公司对此无法事先辨别。但保险公司可设计和提供两种薪酬制度:一种为基本(固定)工资较高,但个人的保险业务量收入提成比率较低;另一种为基本工资较低,但个人保险业务量的收入提成比率较高。真正有保险业务能力或自信有这方面能力的人一般会选择后一种薪酬制度,而保险业务能力较低的人会倾向于前一种薪酬制度。这样,保险公司通过应聘人员对不同薪酬制度的选择便可大致区分他们保险业务能力的高低。在这里,处于信息劣势的保险公司要求应聘人员事先选择薪酬制度从而达到辨别其业务能力的行为便是一种信号甄别。

显然,从博弈论的角度看,信号显示和信号甄别等都属于博弈行为。

☞小贴士

在一部反映抗美援朝战争的故事片《奇袭》中，志愿军侦察小分队趁夜潜入敌人的前沿阵地，扔出一块石头发出声响，“迫使”敌军在周围的各个火力点全部对着发出声响的地方开火（因为敌军会以为遭到偷袭）。志愿军侦察兵则将敌军暴露出来的火力点一一标记下来。在这里，扔石块便是志愿军侦察兵的一种信号甄别。

四、信号的有效性

既然利用信号可以给信号显示者和信号甄别者带来利益，那么信号本身也就可能成为冒用或伪造的对象。如有的企业冒用名牌销售其产品，利用名牌来显示其产品的“优质”；有的人想方设法地去混个文凭证书或干脆买个文凭证书，以显示自己的“高素质”；有的人则采用“反侦察”手段，模仿优质品或其他类型、级别的个体发出的信号，从而干扰信号甄别；等等。这些都会使信号的有效性或可信度降低，并产生新的逆向选择问题：虚假信号排挤真实信号。这是因为假信号的制作成本或获取成本很低。设想一下，如果花几十元便可获得一张足以乱真的研究生硕士学位证书的话，支付不小的机会成本和学费去辛辛苦苦地攻读硕士学位的人便会大大地减少，也即真实的硕士学位证书会大大减少。

因此，在控制和缓解逆向选择的对策体系中，还应包括对虚假信号的铲除和治理。从宏观层面说，应该通过立法和执法手段维护信号的真实性、权威性，如有效地保护知识产权，打击不正当竞争，在一定范围和一定程度内建立信息共享系统（如金融领域中关于个人和企业是否按时还贷的资信记录，该记录有助于银行辨别贷款申请者的资信状况），等等。从微观层面说，经济个体也可通过某些手段使自己的信号难以被模仿、假冒。如名酒“五粮液”的专用防伪瓶盖就大大提高了被假冒的难度。企业还可收集仿冒者的仿冒证据，通过法律途径惩治仿冒行为；等等。

还有，政府对公共信息的及时、定期发布则有助于这些信息在社会公众间趋于对称性和公正性分布。如政府定期发布的经济运行数据就可以使人们在信息相对对称的条件下进行股票买卖交易和其他市场交易。

专栏 12-1

什么样的人丢什么样的垃圾

美国雪佛隆公司为使产品开发更贴近消费者，20 世纪八十年代初聘请了亚利桑那大学人类学系的威廉·雷兹教授对垃圾进行研究。教授与其助手每次都要在垃圾收集日的垃圾堆中挑选数袋垃圾，并对其内容进行分析，依照垃圾的内容按名称、重量、数量、包装形式等进行分类。如此反复进行了一年的研究。雷兹教授说：“垃圾袋决不会说谎和弄虚作假，什么样的人就丢什么样的垃圾，查看人们丢的垃圾是一种更有效的行销研究方法。”他通过对垃圾研究获得了有关当地食品消费情况的信息，并得出如下结论：

(1) 消费者饮用各种啤酒品牌的比例不同，其中劳动者阶层所喝进口啤酒比收入高的阶层多。

(2) 中等阶层人士比其他阶层人士消费的食物更多，这可能是因为他们主要是双职工，都要上班，没有时间处理剩余食物，因而丢弃的较多。在浪费的食物中，有 15% 是还可以吃的好食品。

(3) 减肥的清凉饮料和鲜榨的桔子汁是高收入阶层人士喜欢的食物。

雪佛隆公司根据雷兹教授研究分析所提供的第一手资料进行生产调整，并组织营销，获得了很大的成功。

资料来源：王伟娅，“企业营销与市场调查”，《企业家》，2000 年 3 月。

讨论：

1. 雪佛隆公司和雷兹教授对信息采用的是何种运用方式？譬如是信号显示，信号甄别，还是信息搜寻？为什么说垃圾袋一般不会传递虚假信息？

2. 从人的衣着或者直接从人的收入水平、职业等能否获取上述信息？

同步训练 12-2

第三节　道德风险与委托-代理问题

上一节讨论了交易双方在签订交易契约之前由于信息不对称而导致的逆向选择问题，那么，交易双方在签订交易契约之后是否就太平无事了呢？答案是否定的。本节就来讨论由于信息事后不对称所引发的道德风险与委托-代理问题。

一、道德风险

道德风险（moral hazard）指的是交易双方在签订交易契约后，信息优势方在使自身利益最大化的同时损害了信息劣势方的利益，而自己并不承担由此造成的全部后果的行为。

道德风险产生的原因在于交易契约为交易双方建立起了一种关系，在这种关系中，信息劣势方无法观察到信息优势方的全部行为，最多只能观察到行为产生的不利后果，而且又无法确定这种不利后果的产生是否与信息优势方的行为不当有关，因此只能成为受害者。

道德风险原也是保险业中承保人的常用语，意指投保人发生不利于承保人的行为变化。这里以汽车防盗保险为例来作说明。在汽车车主未购买汽车防盗保险以前，他会警惕性颇高地防止汽车被盗。但在购买了汽车防盗保险之后（即与保险公司签订交易契约后），他的防盗警惕性可能会大大下降。如将汽车经常停放在不安全地域、停放时常忘记锁上车门等。一旦汽车被盗，车主会要求保险公司理赔。保险公司只能事后确定汽车被盗的事实，由于信息不对称，无法了解汽车被盗的真实原因。也许汽车被盗是因为车主未锁车门（根据保险条款，这种情况不应要求保险公司理赔），但车主谎称汽车是在正常情况下被盗的，处于信息劣势的保险公司只得认栽。

在这里，投保人的道德风险造成了不良后果：首先，保险公司的利益受损。其次，道德风险现象的普遍化可能会逼迫保险公司提高保险费率，甚至干脆取消该项业务，这对投保人是不利的，也有害于保险业务的发展。最后，车主防盗警惕性的降低会使汽车这种资源频繁地转移到偷盗者那里去了。而所有这些，都意味着社会经济资源配置效率的降低。

道德风险现象广泛存在于社会生活的各个领域。如：上市公司公开募集资金后，便违背募股时对投资者的承诺，将资金暗中挪用，或以种种借口投于别的用途。装潢公司违背合同或口头协议，在装潢过程中偷工减料，损害客户利益。医院的医生在治疗过程中不认真负责，造成医疗事故，但处于信息劣势的病人及其家属难以提供医院应该负责的证据，使得医院及医生可以逃避责任。有的政府官员就职时花言巧语，任职后便暗中以权谋私。

针对不同社会领域的道德风险现象，现实社会中存在不同的应对对策。以上述的保险市场为例，风险分担（risk sharing）便是对策之一。保险公司改变让自己承担全部风险的做法，让投保人也承担部分风险，即实行风险分担。具体方式有两种：一是保险公司对投保人的损失只按一定比率赔偿；二是投保人首先承担某一规定金额内的损失，超过这一规定金额的损失则由保险公司理赔。当然，这些都得事先在保险合同中载明。风险分担无疑会约束投保人的道德风险。

至于上述的其他领域的道德风险，应对的对策有：完善上市公司的治理结构和外部监督机制，增加公司的信息透明度；建立独立的医疗事故鉴定专业委员会；等等。

二、委托-代理问题

委托-代理本来是法律用语。当甲方授权乙方代表甲方从事某种活动时，就产生了委托-代理问题。甲方被称为委托人，乙方被称为代理人。引申到经济学上，譬如，企业所有者为委托人，企业经营管理者为代理人，这只是第一层次的企业委托-代理关系。第二层次的委托-代理关系为企业经营管理者与企业一般的生产劳动者，企业经营管理者为委托人，一般的生产劳动者为代理人。当然，也可以将企业所有者视为委托人，将企业的所有雇员视为代理人。

委托-代理问题（principal-agent problem）**是指在交易契约确定的关系框架中，处于信息优势的代理人为了追求自己的最大化利益而损害处于信息劣势的委托人的利益，委托人却难以追究或难以充分追究代理人的责任。**把这个定义与道德风险的定义相比较，可以发现委托-代理问题实际上是一种道德风险现象，由于它所具有的典型性和重要性，我们把它单独列出来进行分析。

产生委托-代理问题的条件有三个：

(1) 委托人与代理人追求的目标不一致。譬如，对于作为企业所有者的委托人而言，追求利润最大化是其最主要甚至唯一的目标，委托人的目标需要通过代理人的经营努力才能实现，但是委托人的目标与代理人的目标常常不一致。对于代理人中的经营管理人员来说，其目标是多元的，除了获取个人经济收入最大化的目标外，还有诸如追求企业规模的扩张以便扩大自己对企业的控制力、提高自己的社会地位和名望等。因此，有损于利润最大化的企业规模非理性扩张却可能是代理人所热衷追求的。对于普通的工人来说，他们的目标主要是得到更多的工资收入，或者在工资收入既定的条件下追求休闲的最大化。委托人与代理人追求的目标虽然有一致的地方，但不一致的地方通常表现得更多，这些不一致性常常可能导致代理人作出对自己有利但有损于委托人利益的事情来。

(2) 委托人与代理人之间的信息不对称，导致委托人难以监督代理人的行为。如果代理人的行为是可以被观察与监督的，委托人就可以采取一些相应的措施来处罚代理人对委托人利益的损害行为。然而，由于信息不对称，代理人对自身行为的了解要比委托人清楚得多，委托人无法知道代理人是否在全身心地努力工作，对代理人有些违背自己利益的行为也难以监督并加以处罚。这样，代理人就可利用信息优势来努力追求自己的个人目标，在这个过程中，经常会有意或无意地以牺牲委托人的利益为代价。例如，某上市公司的总经理以商务考察为名去欧洲多国，花费了公司大量资金，但实际上这是一次个人旅游观光为主的旅行。作为公司所有者的股东由于信息不对称，只能相信他是去辛辛苦苦地进行“商务考察”，甚至根本不知道他去过欧洲。

(3) 代理人的业绩不仅取决于其活动和努力程度，还取决于一些其他的不可预测、不可抗拒的因素。因此，代理人可以借口这些因素以掩盖自己的行为信息。如企业重大亏损明明主要是由自己的工作不努力、管理不到位造成的，代理人却可以归咎于市场的变幻无常。

企业内部出现的委托-代理问题，造成的后果不只是使委托人的利益遭受损失，同时也会影响社会资源的配置效率。因为在假设委托-代理问题不存在或不严重的条件下，企业规模的扩张会更合理，技术进步会更快，产出量会更大，缴纳的税收会更多等等，也就是整个社会经济资源的配置效率会更高。

经济学家还常用委托-代理链的长短来说明和刻画委托-代理问题的严重程度。委托人与代理人之间的目标偏差越大，信息越不对称，意味着委托-代理链越长，委托-代理问题越严重。一般来说，小型私人企业的委托-代理链很短，中型家族企业的委托-代理链较短，上市公司的委托-代理链相对较长。

委托-代理问题有时也用代理成本(agency cost)来刻画。**代理成本指的就是因为委托-代理关系而使委托人产生的利益损失和相关的费用支出**(如对代理人的监督费用等)。

企业生产经营中的委托-代理问题有时也被概括为内部人控制(insider control)问题。内部人是相对于企业股东和企业债权人等外部人而言，主要是指企业内部的经营管理者和生产劳动者。**内部人控制问题就是指企业内部人员合谋，利用信息不对称和其特有的管理、专业和操作等优势，在事实上控制着企业的生产经营运行，并不惜损害外部人利益而为自身牟利的现象。**工资侵蚀利润、吞占所有者资产等都是其表现。当然，内部人也有层次之分，相对于一般生产劳动者，企业经营管理者又是另一个层次的内部人。

专栏 12-2　股市中的"老鼠仓"

股市中的"老鼠仓"指的是，证券投资基金或证券公司等机构具体负责买卖股票的人员在用公家资金大量买入和拉高某一股票或某些股票之前，先用自己个人或亲属的资金在低价位建仓，即在低价位买入那一股票或那些股票。待用机构资金将股价拉升到高位后，个人仓位率先卖出获利。这种情况下，个人股票投资的收益率大大高于本机构的投资收益率，甚至在个人投资获利的同时，机构可能还会出现亏损。因为机构资金和机构名下的股票常常要为掩护个人资金撤退作出牺牲。

还有一种情况是，基金经理或证券公司的操盘员（具体负责买卖股票的人员）将本机构的巨额资金去大量购买他自己并不看好的某只股票。之所以如此，或者因为他自己在该股票上被套，他想利用本机构的大资金为自己解套；或者因为别的庄家在该股票上被套，庄家答应他，他将股票价格推高后就会给他好处，因而这些基金经理或证券公司的操盘员不惜牺牲自己机构的利益。这些基金经理或证券公司的操盘员事后可以找出一大堆理由为在这只股票上的投资亏损和投资失误辩护，如这只股票的技术走势形态当时不错；这只股票所属的上市公司有新的盈利增长点；人不是神，股票投资亏损是难免的；等等。

从经济学上讲，基金经理是代理人，基金持有人或基金投资人是委托人；证券公司的操盘员是代理人，证券公司的管理层和公司股东是委托人。基金经理和证券公司的操盘员等利用信息不对称损公利己，实际上是一种委托-代理问题。机构内部管理的改进和证券市场监管水平的不断提高已使这样的行为大大收敛，但恐怕还是难以完全杜绝，所以证券市场的监管任重道远。

讨论：

你认为应该采取什么样的举措以减少股市中的老鼠仓？

三、委托-代理问题的应对

由于不可能彻底铲除委托-代理问题产生的上述三个条件，因而委托-代理问题也不可能被彻底消除。委托人控制和缓解委托-代理问题的对策应是就围绕这一问题产生的原因和条件来展开。总的对策思路是应该使代理人的目标与委托人的目标趋向一致或偏差不致太大，这样的话，代理人才会将委托人的目标当作自己的目标或近似地当作自己的目标去努力奋斗，不会做出违背或过分违背委托人利益的事情来。还有就是要想办法改善委托人与代理人之间的信息不对称状况，使委托人能更好地观察和监督代理人的行为。

（一）利益激励机制

1. 激励机制的设计原则

使委托人与代理人的目标和利益尽可能地一致的关键，是合理地设计激励机制。

激励机制的设计原则必须满足两个条件，这便是“参与约束”条件和“激励相容约束”条件。下面来作分析。

可以构造这样一个模型：令代理人付出的工作努力程度为 X，企业的收益为 R，R 虽然不是唯一地取决于 X，但两者之间高度正相关，因而可建立如下函数关系：

$$R = R(X) \tag{12.1}$$

不难理解，代理人工作努力程度增进所带来的边际收益是递减的。又设委托人支付给代理人的报酬为 S，为了促使代理人工作努力，S 与 R 也须具有正相关性，从而有：

$$S = S(R) = S[R(X)] \tag{12.2}$$

对于代理人来说，付出的工作努力是有成本(C)的，需要花费时间、体力和脑力等，并且工作努力程度与这种成本支出呈正相关，因而有函数关系：

$$C = C(X) \tag{12.3}$$

代理人工作努力程度增进所付出的边际成本是递增的，因为工作越努力，所需付出的体力和脑力等就会越大、越艰辛。代理人从工作中获得的净收益为 $S(R) - C(X) = S[R(X)] - C(X)$。如果代理人不参与该工作而从事其他工作所能获得的净收益为 F，则激励机制首先需要满足的约束条件是：代理人参与该工作所得到的净收益不能小于 F，即：

$$S[R(X)] - C(X) \geqslant F \tag{12.4}$$

这被称为**“参与约束”**(participation constraint)条件。委托人如果要吸引代理人愿意为其工作，就必须满足该式表示的条件约束。否则，代理人不会为其工作。当然，最苛刻的委托人设计的激励机制会使代理人刚好愿意为委托人工作，也就是让式(12.4)中的等号成立：

$$S[R(X)] - C(X) = F \tag{12.5}$$

据此式又可得：

$$S[R(X)] = C(X) + F \tag{12.6}$$

委托人的目标是利润最大化。不考虑其他生产成本(如原材料费用、资本利息等)或假定其他生产成本不变时，$R - S(R)$ 的最大化也就意味着利润最大化。令 $g = R - S(R)$，并将式(12.1)和(12.2)代入，有：

$$g = R - S(R) = R(X) - S[R(X)] \tag{12.7}$$

将式(12.6)代入式(12.7)，得：

$$g = R(X) - C(X) - F \tag{12.8}$$

由于刚已述及，假定其他条件不变时，g 的最大化意味着利润(π)的最大化，因而在这个意义上可将 g 看作等同于 π。对式(12.8)求偏导并令其为零以满足 π 的最大化条件：

$$\frac{\partial \pi}{\partial X} = \frac{\partial R(X)}{\partial X} - \frac{\partial C(X)}{\partial X} = 0$$

也就是代理人提供的边际收益(MR)等于其工作努力的边际成本(MC)时，委托人获得的利润最大。要说明的是，这里的 MR 和 MC 是相对于代理人的工作努力程度，因而与前面诸章所讲的 MR 和 MC(相对于产量)是有所区别的。委托人利润最大化的条件还可由图 12-2 来简略地表示。

图 12-2 中，横轴表示代理人的工作努力程度，纵轴表示代理人的成本(C)或提供的收益(R)。$R(X)$曲线与$C(X)$曲线在工作努力程度为 X^* 时的斜率相等，即这时的 MR＝MC，表现为 A 点和 B 点的切线正好平行。这时 $R(X)$曲线与 $C(X)$曲线在 $R>C$ 条件下的垂直距离(AB)即利润最大。换言之，X^* 是委托人最希望代理人提供的工作努力程度。而要使代理人付出的工作努力程度为 X^*，必须使代理人从 X^* 所获得的净收益大于他选择其他任何工作努力程度所获得的净收益，也就是：

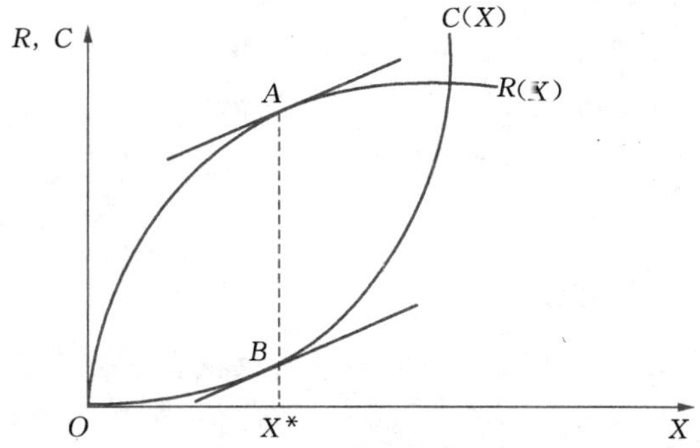

图 12-2　委托人的利润最大化

$$S[R(X^*)]-C(X^*)>S[R(X)]-C(X) \tag{12.9}$$

式中，X 可以是除 X^* 以外的代理人的任何其他工作努力程度。根据该式，代理人选择工作努力程度 X^* 时所得到的净收益最大。而据前分析，代理人的工作努力程度为 X^* 时，委托人得到的利润最大。因此在 X^* 时，委托人与代理人的最大利益是共存、相容的。所以，式(12.9)被称为**"激励相容约束"**(incentive compatibility constraint)条件，它使得代理人在付出 X^* 的努力程度时得到的净收益最大，从而受到的激励最强。

总之，最为有效的激励机制的设计都必须遵循两个原则或满足两个约束条件：代理人所获得的净收益不低于参与其他工作所获得的净收益；代理人在给委托人带来最大利润的同时也可给自己带来最大收益。

2. 激励机制的具体形式

激励机制的形式多种多样，以下简单地择要介绍：

(1) 分成制。分成制(share-cropping)是指委托人与代理人按照一定的比率从总收益或总利润中获得各自的收入。假定代理人的收入为：

$$S(R)=aR+Z$$

式中，R 为企业净利润；a 为代理人的分成比率且 $0<a<1$，显然，$(1-a)$ 便为委托人的分成比率；Z 为代理人的固定工资，这相当于委托人给代理人的最低收入保障。对企业收益的分成很可能会对代理人产生激励作用，当然困难在于分成比率的确定。

企业管理层或企业内部人员持股、承包制、业绩提成、业绩奖励等均可看作是分成制的更具体形式或在其基础上的变异形式。它们的共同点都是实现委托人与代理人的一定程度的利益捆绑。例如，公司管理层持有公司不少的股份后，自己努力经营，公司的业绩好，自己也能从公司取得满意的分红、自己持有的股票价格也会上涨甚至大幅上涨，从而使自己的资产增值。

☞小贴士

一些公司或上市公司的管理层不持有公司的股份，这常常被认为可能不会为公司的经营尽心尽力。在公司治理结构优化过程中，部分公司实施了管理层收购或持股，即公司管理层主动购买公司的一部分股份甚至成为控股股东，或者公司股东要求管理层必须购买公司的一部分股份。在股票交易市场，管理层收购或持股的公告常常会带来公司股价的一定幅度的上涨。管理层收购或持股被认为可以使得管理层更好地为股东利益服务。

☞小贴士

甲和乙是一家私募股权投资基金的项目人员，他们通过对某实业公司的调研，认为该公司值得投资，于是将这一投资项目推荐给自己所在的私募股权投资基金。投资基金经讨论，决定向该实业公司投资 5 000 万，但要求甲和乙也分别以自己个人的资金跟投 80 万。这就是许多类似的投资基金的“跟投”机制。其目的是将具体负责的项目人员与投资基金的利益捆绑，防止项目人员同作为投资对象的实业公司串谋，欺骗投资基金。例如，明明这家实业公司是不值得投资或大规模投资的，但实业公司答应只要项目人员说服投资基金投资金，就会私下给项目人员一定的报酬。实行跟投后，项目人员与实业公司串谋的可能性就会大大降低。因为如果那家实业公司是不值得投资的较差的公司，则投资基金项目人员跟投的资金也会面临亏损的风险。而一旦投资基金所投的项目今后获利，跟投的项目人员也会跟着获利。

你认为“跟投”机制的效果会如何？

(2) 效率工资。由于信息不对称，代理人在委托人的可监督范围之外，就可能存在偷懒(shirking)行为。如果企业主或委托人支付的工资是市场均衡工资或通行工资，则工人或代理人的偷懒行为即使被发现并被解雇，他们却可以在别的地方找到工作并得到相同水平的工资。因此解雇不会给偷懒的工人带来损失，也无法刺激他们的工作积极性。为了改变这种状况，企业可向工人提供高于市场工资率水平的工资。这样一来，如果偷懒一旦被察觉并被解雇，工人去别的企业工作时就无法得到较高的工资，而只能得到市场通行工资。由于这种工资落差提高了偷懒的机会成本，从而会激励工人在提供较高工资的企业里努力工作。显然，工资落差越大，激励功能就越强。**这种高于市场工资率水平从而可减少或消除代理人偷懒行为的工资便是效率工资**(efficiency wage)。

实行效率工资的一个案例是，美国福特汽车公司在 1914 年推出了每天 5 美元的工资政策，而当时流行的工资水平为每天 2～3 美元。效率工资实行后，福特公司的生产率提高了 51%，旷工减少了一半，被解雇人数也大大下降。尽管公司的工资支出增加了，但利润却从 1914 年的 3 000 万美元增加到 1916 年的 6 000 万美元。

当然，如果所有企业都采用效率工资，就会导致市场工资高于原来的市场均衡工资，劳动需求萎缩，进而形成失业。失业的威胁将迫使工人更努力工作，否则，一旦遭解雇，很难找到新的工作。

(二) 信息疏通机制

如果说利益激励机制旨在解决委托人与代理人之间的目标偏差，增强代理人工作努力动能的话，信息疏通机制则旨在缓解委托人与代理人之间的信息不对称，提高委托人对代理人的监督效率及对代理人工作努力程度的辨别能力。

这方面最著名的机制之一便是上市公司的信息披露机制。上市公司生产经营方面的重大决策和重大事项被强制性要求及时、准确、充分地披露；上市公司的财务报表被要求定期公布，甚至可供股东查阅；等等。这样无疑可以强化股东甚至社会各界对上市公司管理层的有效监督。不难理解，企业审计等制度也有助于掀开企业内的信息面纱，约束代理人的行为。

同步训练 12-3

本章小结

1. 信息不完全一般表现为信息不对称，信息的事前不对称会引发逆向选择，信息的事后不对称会导致道德风险，委托-代理问题实际上就是一种道德风险现象。

2. 信息搜寻会使拥有的信息增加，进而为搜寻者带来收益，但信息搜寻也是有成本的。理性的信息搜寻会在搜寻的预期边际收益等于边际成本时停止。

3. 逆向选择和道德风险都会降低社会资源的配置效率。逆向选择和道德风险不只存在于经济领域，还存在于社会生活的其他诸多领域。

4. 控制和缓解逆向选择的对策是进行信号显示和信号甄别，鉴于社会经济的现实，有必要提高信号的真实性、可信度和有效性。应对道德风险的对策可根据具体情况设计。

5. 应对委托-代理问题的机制设计，须着眼于促使委托人与代理人的利益趋同及改善他们之间的信息不对称。

基本概念

信息不完全	信息不对称	信息搜寻	搜寻成本
逆向选择	信号显示	信号甄别	道德风险
委托-代理问题	代理成本	内部人控制问题	效率工资

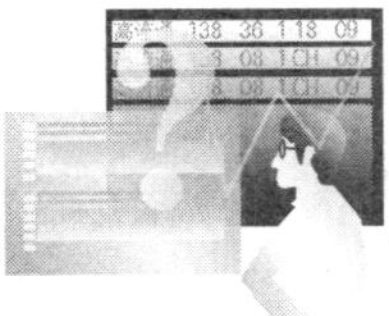

复习思考题

1. 下面三个事例分别属于何种行为：是逆向选择，道德风险还是犯罪行为？并说明原因。

(1) 某人为自己的房屋保了火灾险后就不注意防火，最终导致房屋失火。

(2) 保险公司被迫提高保险费率后，某人仍积极为自己的房屋投保，因为他知道自己的房屋处于火灾易发地区。而不少其他地区的家庭则选择了不投保。

(3) 某人为自己的房屋保了火灾险后就纵火把房屋给烧掉了。

2. 假如高档商品在地摊上出售，会遇到什么问题？该如何解决？

3. 说明依靠道德教育解决道德风险的局限性。

4. 分析委托-代理关系框架中，代理人的行为属于理性还是非理性？

5. 列举并分析日常生活中的委托-代理现象。

6. 委托-代理问题能否被彻底解决和永久性解决？为什么？

7. 运用委托-代理理论分析我国国有企业的改革问题。

8. 下述案例包含了哪些微观经济学原理？请运用这些理论原理对案例中的相关行为或现象加以分析。

湘妹子卖熟食

小芳经人介绍，从湘西农村来到广州打工。起先是在一个菜市场旁的简陋熟食店帮老板卖熟食，刚来广州的小芳对周围的一切都很有新鲜感，工作非常卖力。一天，小芳在熟食店前与似乎想买熟食的几个人有如下一段对话：

小芳："各位大伯，买一点熟鸡吧，这是我们老板用专门从乡下买来的草鸡做的，很好吃。"戴眼镜的先生不太相信："这不是草鸡做的吧？"小芳："我不骗你的呀！"另一瘦子说："你们这些熟食干净不干净呀？"小芳："非常干净！喏，这是我们的食品卫生经营许可证。"瘦子看了看简陋的店面，一脸狐疑地摇摇头离开了。其他人也未买，边议论边去菜市场买菜了。

一心想在老板面前表现自己聪明的小芳，斗胆向老板建议，将熟食店开到一个"高档"地段，门面装修得气派一些。老板想想也有道理，便采纳了她的建议，后来果然生意明显地好多了。

但随着在熟食店工作时间的拉长和对广州新奇感的逐渐消失，小芳对于自己的工作越来越不感兴趣，心里盘算着换一个地方干干。一次她对广州的一个亲戚袒露心迹："我如果将熟食卖得再多，老板也只是每个月给我固定的800元，而且如果把熟食卖掉后，我还得去很远的地方再进货，所以有时有人来买，我都想法使他们不敢买。但老板在场时，我会表现得很积极。一次一位顾客怀疑凤爪是否好吃，我就对他说肯定好吃，我们不是第一次在这里卖熟食，而且今后还要在这里卖下去，叫他放心好了。那个顾客果然将凤爪买去了。在场的老板直夸我工作卖力。他哪里知道我实际上并不卖力。老板也问过我，为什么最近熟食卖得不多，我随便找个借口就把他糊弄过去。”

一个月后，小芳再次来到亲戚家，她说我已经炒了老板的鱿鱼，找了一份新的工作。走的时候跟老板大吵了一场，反正游戏快结束了，我用不着怕他。我骂他小气鬼，他威胁我，如果我不在他那里干，就送我去派出所。他还以为我一直是乡巴佬呢，我又没有违法，他凭什么敢送我去派出所，真是笑话！

*第 13 章 一般均衡与社会福利

引导案例

在前面的各个章节中，我们采用的是局部均衡(partial equilibrium)分析方法，即孤立地研究某一种产品(或要素)的价格如何决定于供求。这一章我们将采用一般均衡(general equilibrium)分析方法，来考察一个经济社会所有的产品和要素的均衡价格怎样在相互作用下共同决定。

在对市场进行了局部均衡和一般均衡分析的基础上，还有必要回答：社会经济的一般均衡状态和市场体系是不是最优的？社会资源的配置效率如何？怎样使社会福利最大？也就是说还要研究社会福利问题。尽管一般均衡和社会福利是研究全局性的问题，但由于主要采用个量分析法，通常列入微观经济学范畴而不是宏观经济学范畴。

第一节　一般均衡

一般均衡是与局部均衡相对应的。下面在对这两种均衡进行比较的基础上展开对一般均衡问题的讨论。

一、局部均衡与一般均衡

局部均衡方法指的是讨论某种商品或生产要素的供求状况对于该商品或该要素的价格的影响、决定作用时，假定其他情况不变。也就是使分析的对象孤立于经济整体之外。这种分析在理论上是必要的，但却是不够的。

现实社会中，所有的产品市场和要素市场都是联系在一起的，各种商品和要素的供求状况和价格都是相互影响的。

一般均衡方法指的是从一个社会的所有商品和要素的供求与价格都是相互影响、相互依存这一前提出发，考察所有商品和要素的供求如何同时达到均衡。

一般均衡分析的核心问题是找到一个价格体系，在这个价格体系中，消费者能够选购自己认为效用最佳的商品组合，达到满足最大化；生产者买到所需要的全部生产要素，卖出生产的全部产品，达到利润最大化；生产要素所有者卖出全部要素，达到报酬最大化；经济社会的每一产品市场和要素市场上，需求都分别等于供给。这种状态便是一般均衡状态。

局部均衡分析以马歇尔为代表，一般均衡分析则由法国的瓦尔拉（A.Walars）首先提出。后来，美国经济学家阿罗（K.Arrow）等人证明了在一定的条件下，一般均衡状态是可以达到的。

二、瓦尔拉的一般均衡模型

法国经济学家瓦尔拉认为，整个经济体系的所有市场（包括产品市场和要素市场）都是相互联系的，其中任何一个市场都不能脱离其他市场而独自达到均衡，反过来，任何一个市场的不均衡都会影响到其他市场。瓦尔拉通过建立联立方程组并求解，以此来研究所有市场上的价格和数量如何通过相互影响而同时确定，所有市场怎样在相互作用中最终同时达到均衡。

瓦尔拉假设经济社会有 n 种商品和 m 种生产资源（要素）。

$X_1, X_2, \cdots, X_n$ 分别代表各种商品的数量；

$P_1, P_2, \cdots, P_n$ 分别代表各种商品的价格；

$Q_1, Q_2, \cdots, Q_m$ 分别代表各种要素的数量；

$W_1, W_2, \cdots, W_m$ 分别代表各种要素的价格。

瓦尔拉的一般均衡模型由下列四组方程构成：

（一）对每种商品的需求方程（共有 n 个方程）

$$X_1 = f_1(P_1, P_2, \cdots, P_n, W_1, W_2, \cdots, W_m)$$

$$X_2 = f_2(P_1, P_2, \cdots, P_n, W_1, W_2, \cdots, W_m)$$

……

$$X_n = f_n(P_1, P_2, \cdots, P_n, W_1, W_2, \cdots, W_m)$$

每一个方程说明的是人们对某一种商品的需求总量，这组方程的所有 n 个方程说明的是对所有商品的市场需求总量。这一方程组在人们对每种商品的偏好既定的前提下，假定人们对每一种商品的需求量不仅取决于该商品的价格，还取决于所有各商品的价格和各要素的价格。在这里，要素的价格（$W_1, W_2, \cdots, W_m$）也就是要素所有者的收入，因而，上述方程组实际上也表示了对某一商品的需求还取决于所有要素所有者的收入。这与我们前面进行的局部均衡分析是不同的，那里只是把对（譬如）商品 1 的需求记作 $X_1 = f(P_1)$，即把 P_1 以外的其他所有因素都假定不变或不影响对 X_1 的需求。

（二）对每种生产要素的需求方程（共有 m 个方程）

$$Q_1 = a_{11}X_1 + a_{12}X_2 + \cdots + a_{1n}X_n$$

$$Q_2 = a_{21}X_1 + a_{22}X_2 + \cdots + a_{2n}X_n$$

……

$$Q_m = a_{m1}X_1 + a_{m2}X_2 + \cdots + a_{mn}X_n$$

方程组中的 a_{ij} 称为生产系数或技术系数，它表示生产一个单位的商品 j 所需花费的要素 i 的数量。假如某种产品的生产没有使用某种要素则其生产系数为零。

a_{11}表示生产一个单位的商品 1 所需花费的要素 1 的数量，因而 $a_{11}X_1$ 表示生产一定数量的 X_1 所需花费的要素 1 的数量。

a_{12}表示生产一个单位的商品 2 所需花费的要素 1 的数量，因而 $a_{12}X_2$ 表示生产一定数量的 X_2 所花费的要素 1 的数量。

其余依此类推。所以：

第一个方程表示生产出 X_1，X_2，…，X_n 这样各一定数量的 n 种商品所花费的要素 1 的总量。

……

最后一个方程表示生产出 X_1，X_2，…，X_n 这样各一定数量的 n 种商品所花费的要素 m 的总量。

如果把方程式等号的右边看作为厂商对要素的需求，等号左边的 Q_1，Q_2，…，Q_m 看作代表每种要素的供给，则每个方程式表示该要素的供求平衡。这里实际上假定每种要素都被使用，不存在资源的闲置。综观上述方程组，还可发现它有两个假定的前提条件：①生产技术既定不变，即生产系数 a_{ij} 之值不变；②规模报酬不变，从而投入要素增加（譬如）一倍，产量也增加一倍。

（三）成本（包含正常利润）方程，即厂商的产品供给方程（共有 n 个方程）

$$P_1 = a_{11}W_1 + a_{21}W_2 + \cdots + a_{m1}W_m$$

$$P_2 = a_{12}W_1 + a_{22}W_2 + \cdots + a_{m2}W_m$$

……

$$P_n = a_{1n}W_1 + a_{2n}W_2 + \cdots + a_{mn}W_m$$

第一个方程等号的右边表示生产一个单位的商品 1 所花费的（要素）成本。因为：W_1，W_2，…分别表示要素 1、要素 2、…的价格，a_{11}表示生产一个单位的商品 1 所花费的要素 1 的数量，从而 $a_{11}W_1$ 表示生产一个单位的商品 1 在要素 1 方面所花费的成本。同理，$a_{21}W_2$ 表示生产一个单位的商品 1 在要素 2 方面所花费的成本……依此类推，最后一个方程等号的右边表示生产一个单位的商品 n 所花费的成本。

由于假定市场是完全竞争的，因而产品价格（P_1，P_2，…，P_n）分别等于各种产品的所费成本。实际上也是每种产品的均衡价格。

（四）生产要素的供给方程（共有 m 个方程）

$$Q_1 = g_1(P_1, P_2, \cdots, P_n, W_1, W_2, \cdots, W_m)$$

$$Q_2 = g_2(P_1, P_2, \cdots, P_n, W_1, W_2, \cdots, W_m)$$

……

$$Q_m = g_m(P_1, P_2, \cdots, P_n, W_1, W_2, \cdots, W_m)$$

这一方程组假定，任何一种要素的供给不仅取决于该要素的价格，还取决于其他要素的价格和各种商品的价格。

以上四组方程中总计有 $2(n+m)$ 个方程，方程式中的未知数也是 $2(n+m)$ 个（n

种商品的数量：X_1，X_2，…，X_n；n 种商品的价格：P_1，P_2，…，P_n；m 种要素的数量：Q_1，Q_2，…，Q_m；m 种要素的价格：W_1，W_2，…，W_m）。由于方程式的数目和未知数的数目相等，满足了方程组有解的必要条件。瓦尔拉断言，只要有足够必要的统计资料，就能凭这个模型求解出整个经济社会中的 n 种商品和 m 种要素同时决定的均衡价格和均衡数量。瓦尔拉模型中所展现的一般均衡在理论分析中也常被称为瓦尔拉均衡。

第二节 社会福利

前面诸章节从微观角度讨论了市场经济体系是如何运行的，为什么会这样运行。也就是说，前面的所有分析基本上都属于实证分析。我们已经知道，在某些假定之下，可以求得一般均衡。但这种均衡是不是最好的呢？社会资源的配置效率如何呢？……对诸如这些问题进行回答或研究的理论也被称为福利经济学。

一、福利经济学的概念

福利经济学属于规范分析，或者说，属于微观经济学中的规范部分。它从微观经济主体的角度出发，考察社会成员的经济福利（简称社会福利，也可理解为社会满足）的最大化问题。更具体地说，它要研究资源配置与个人及社会福利的关系，要研究实现最大的社会福利所需具备的条件和有关的政策措施等问题。或者更简单地说，福利经济学依据一定的价值判断标准，确定微观经济的运行是否符合既定的社会目标。

二、福利经济的社会目标

从经济福利最大化的角度出发，一般认为至少有以下三大社会目标：

（1）最大的选择自由。在经济领域内，选择自由主要是指：个人有权自由选择职业，自由提供要素，自由经营企业，自由买卖产品，等等；企业有权自由选择生产什么产品，生产多少，以何种方式生产经营，等等。当然，对选择自由不能作绝对的理解。任何人的选择自由应以不危害社会福利、损害别人的选择自由为前提。因此对选择自由加以适当限定是必要的，只有这样，才能保证全社会范围的最大的选择自由。

（2）最高的经济效率。在既定的资源、技术条件下，通过资源的最优配置和利用，达到最高的经济效率。这时，所有要素都分别用于最好的用途，生产成本最低，个人收入最大，社会福利也最高。

（3）公平的收入分配。收入分配过于不平均不好，收入分配的悬殊化会降低社会整体的福利水平，破坏社会的稳定。但是，收入分配过于平均或完全平均也不好，它不利于提高经济效率。而且，效率高的人得不到高的收入，本身就是一种不公平。

三、庇古的福利命题

英国经济学家庇古（A.Pigou）把国民收入作为衡量社会经济福利的尺度，具体说来，包括两个基本的命题：第一是国民收入的总量，总量越大，则表示福利越大；第二是国民收入的分配，分配越平等，则福利也越大。他从这样两个基本命题出发，进一步提出了以下的理论、主张：

(一) 资源的最优配置

要使国民收入总量增大，必须将一个社会的既定生产资源合理地和最适当地配置于各个部门。庇古在分析中提出了两个概念：①边际私人纯产值：指厂商或生产者个人追加一个单位的投资所获得的纯产值。②边际社会纯产值：从全社会来看，追加一个单位的投资所取得的纯产值。庇古认为，在完全竞争的条件下，通过资源的自由转移，可以使得边际私人纯产值等于边际社会纯产值，并导致各个行业、各种资源所提供的边际社会纯产值相等。这便是资源最优配置的标准，也是国民收入极大化的标准。

但边际私人纯产值与边际社会纯产值并不总是相等。如果某一经济活动，除了带来边际私人纯产值外，社会上其他人也从中得到利益(如设置公共灯塔)，边际社会纯产值就大于边际私人纯产值；如果某一经济活动，对私人或个体有利但对社会有害(如工厂生产活动造成的环境污染)，边际社会纯产值就小于边际私人纯产值。所以为了增进社会福利，政府有必要采取适当的措施，对边际私人纯产值大于边际社会纯产值的生产经营活动，通过课税等办法加以抑制，如对烟、酒课税，使其售价提高，从而减少它们的消费量与生产量，使资源转向更有益于社会的用途。对边际社会纯产值大于边际私人纯产值的生产经营活动，政府应通过补贴等办法加以鼓励和促进。

(二) 收入的最优分配

由于货币收入的边际效用递减，所以增加同量的货币收入，穷人从中得到的边际效用要大于富人从中得到的边际效用。庇古主张采取诸如累进所得税、遗产税、扩大失业补助、养老金等收入均等化政策，这样能增加货币的总效用，从而在同等收入总量的条件下，增加社会福利。当富人与穷人的边际效用相等时，也就是全体社会成员的货币收入的边际效用相等时，社会福利总量便达到最大。

庇古的理论以基数效用论为基础，属于旧福利经济学，后来的新福利经济学则是以序数效用论为基础。帕累托被认为是新福利经济学的先驱者，新福利经济学的代表人物有卡尔多、希克斯、柏格森、萨缪尔逊、阿罗等人。

四、帕累托最优状态

(一) 帕累托最优状态的概念

意大利经济学家帕累托指出，假如改变现有的资源配置可以使一个人或一部分人的福利增加，同时又不会使得其他任何人的福利减少，那么，这一改变增加了社会福利，就是值得的和应该采取的。这种改变后来被称为**帕累托改进**(Pareto improvement)。这还说明，现有的资源配置没有达到最优状态。

所谓**帕累托最优状态**或**帕累托最优**(Pareto optimum)**指的是：任何改变资源配置的办法都不可能在无损于其他人的前提下使任何一个人的处境变好。**或者反过来说，如果不减少别人的福利，便无法增加任何一个人的福利。通俗地说，帕累托最优指的是在利己的情况下无法不损人。

帕累托最优意味着资源的配置达到了最大效率，任何重新配置的行为都只能使这一效率降低，而无法使这一效率更高。

（二）帕累托最优的三个条件

帕累托最优的实现需具备如下三个条件：

1. 交换方面的条件

假设一个社会只有两个消费者 A 和 B，两种产品 X 和 Y，X 产品为 A 所拥有，Y 产品为 B 所拥有（也可假定 A、B 两人各拥有一定量的 X 与 Y，这不影响结论）。现在要研究的问题是：A 与 B 作为消费者，将怎样通过相互交换各自拥有的产品，以便在交换后各人所持有的产品所提供的效用总和达到极大？

现在运用埃奇沃斯盒状图（Edgeworth Box Diagram）来进行分析。埃奇沃斯盒状图由英国的埃奇沃斯于 1881 年最先提出。

图 13-1 为 A 的无差异曲线图，图 13-2 为 B 的无差异曲线图，图中的 X、Y 为两种商品。

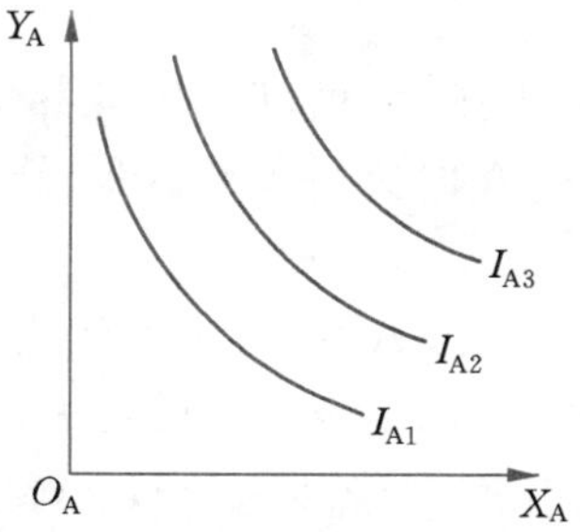

图 13-1　A 的无差异曲线

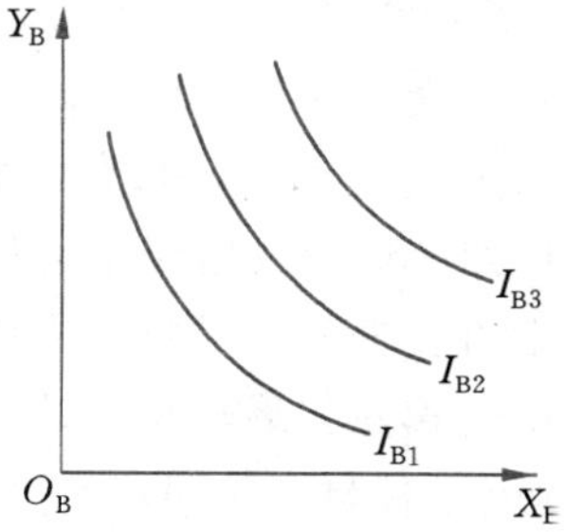

图 13-2　B 的无差异曲线

图 13-3 便是埃奇沃斯盒状图。它是这样作出的，先把图 13-1 固定下来，再把图 13-2 旋转 180°，使图 13-1 与图 13-2 原点相对，这样便构成了一个矩形的盒状图，如图 13-3 所示。

盒状图的横轴的长度等于该社会所有的 X 产品的数量，纵轴的长度等于所有 Y 产品的数量。据前假设，交换开始前的状态可由 F 点来表示，即 A 拥有全部的 X 产品，B 拥有全部的 Y 产品，A 的效用水平为 I_{A1}，B 的效用水平为 I_{B1}。

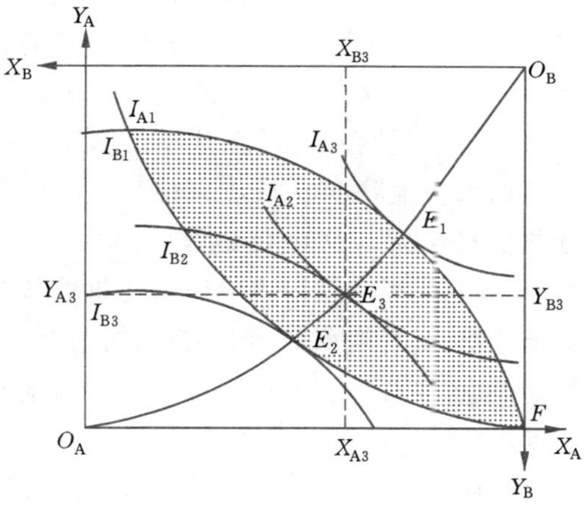

图 13-3　埃奇沃斯盒状图

假设现在开始交换，A、B 双方交换的结果可能由 E_1 点来表示，E_1 点这时代表交换的均衡点，说明在 B 的效用水平不变（仍为 I_{B1}）的情况下，A 得到了最大满足（$I_{A3} > I_{A1}$）。再改变 E_1 点所代表的交换结果，必使其中一人遭受效用水平的损失，也就是说，交换行为在 E_1 点停止下来，不再继续进行。E_1 点是 I_{A3} 与 I_{B1} 的相切之点，从第 2 章的内容可知，无差异曲线上任一点的切线斜率表示该点的边际替代率，所以，E_1 点表示交换停止时，A、B 两人的 X 和 Y 产品的边际替代率（MRS）相等，即有：

$$\text{A 的 MRS}_{XY} = \text{B 的 MRS}_{XY} = \frac{\Delta Y}{\Delta X} = \frac{MU_X}{MU_Y}$$

如果在盒状图上的某一点所表明的 A、B 两人的 X 产品与 Y 产品的边际替代率(MRS)不相等，即这一点不是 A、B 两人各自的无差异曲线的相切之点。那么，继续进行交换对 A、B 两人都有益处，所以，交换不会停止，这一点也就不是 A、B 两人交换的均衡点。为什么呢？假设在这一点，A 的 $MRS_{XY} = \frac{\Delta Y}{\Delta X} = \frac{2}{1}$（即对于 A 来讲，2 个单位的 Y 产品与 1 个单位的 X 产品的边际效用是相等的，A 愿用 1 单位的 X 换进 2 单位的 Y)，B 的 $MRS_{XY} = \frac{\Delta Y}{\Delta X} = \frac{4}{1}$（即 B 愿用 4 单位的 Y 换进 1 单位的 X)，这样，按照(譬如说) 1X = 3Y 的交换比例进行交换，对 A、B 两人都是有利的，所以交换会继续进行下去，直到 A、B 两人的边际替代率(MRS)相等为止。

A、B 双方交换的结果也可能由 E_2 点来表示，因为在 E_2 点，I_{A1} 和 I_{B3} 相切，即这时的 A、B 两人的边际替代率(MRS)相等。该点说明在 A 的效用水平不变（仍为 I_{A1}）的情况下，B 达到了最大效用（$I_{B3} > I_{B1}$）。

A、B 双方交换的结果更有可能由 E_3 点来表示，因为 A、B 两人都不会满足于已有的效用水平，都希望通过交换达到更高的效用水平。E_3 点表示的正是 A、B 双方通过交换均提高了各自的效用水平这样一种理想状态（$I_{A2} > I_{A1}$，$I_{B2} > I_{B1}$）。虽然图中阴影部分中的任何一点所代表的 A、B 双方拥有的 X 与 Y 产品的组合，都优于 F 点所代表的 X 与 Y 产品的组合，但只有 A、B 两人各自的无差异曲线的相切之点（譬如 E_3）才是交换的均衡点。这时，A 持有 X 产品的数量为 X_{A3}、Y 产品的数量为 Y_{A3}；B 持有的 X 的数量为 X_{B3}，Y 的数量为 Y_{B3}。

把 A 的无差异曲线与 B 的无差异曲线的相切之点连接起来的曲线 O_AO_B，叫做契约曲线或交换契约曲线。这一曲线也就是 A、B 两人的边际替代率相等的轨迹。它表示 A、B 两人交换产品的契约，都应该位于这条轨迹之上。至于 A、B 两人的交换最终停留在这条轨迹上的哪一点，这取决于：①A、B 两人各自拥有的 X 与 Y 的数量，即取决于社会财富（在这里是 X 与 Y 的数量之和）在 A、B 两人之间的分配状况。因为如果分配状况不同，图中的 F 点的空间位置也就不同，这自然会影响交换均衡点的空间位置。从经济意义上来说，会影响到交换双方在交换中的心态和行为。②A、B 两人即交换双方的讨价还价的谈判能力。如果 A 这方面的力量较强，而 B 则乐于现状、容易协商的话，交换的均衡点很可能在 E_1 点，或离 E_1 点不远的契约曲线上的其他点。反之，交换的均衡点则很可能在 E_2 点，或离 E_2 点不远的契约曲线上的其他点。

上述 E_1、E_2、E_3 三种可能的情况，都属于帕累托最优状态。因为在这三种情况下，若要使一个人的情况变得更好，就势必要让别人的境况变坏。

上述的 A、B 两个消费者和 X、Y 两种产品达到帕累托最优状态的条件也适用于 n 个消费者和 m 种产品的情况。

总之，帕累托最优的第一个条件是：任何两种商品之间的边际替代率对所有的消费者都相等。当这个条件满足时，就意味着商品在消费者之间的配置达到了最优状态。

2. 生产方面的条件

假定一个经济社会只有两种供给量为既定的要素 L 和 K，只生产两种产品 X 和 Y。根据既定的技术状况，可以画出 X 产品与 Y 产品的等产量图，如图 13-4 和图 13-5 所示。

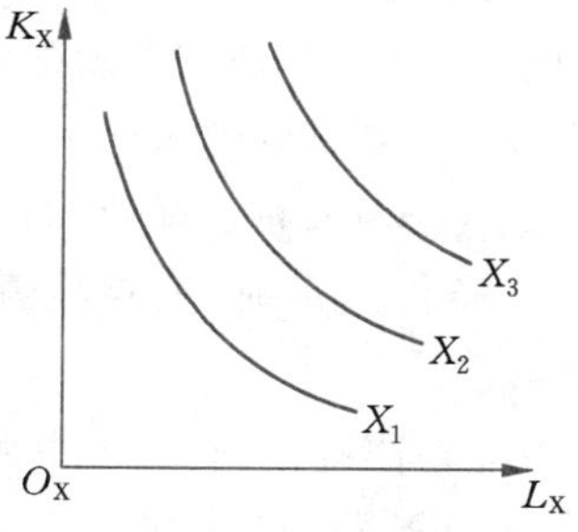

图 13-4　X 产品的等产量线

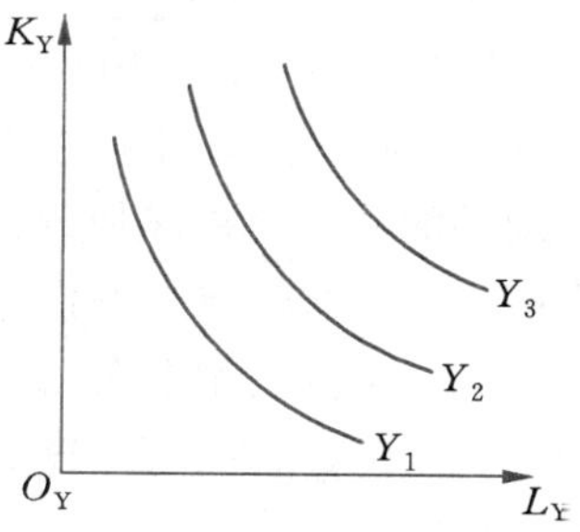

图 13-5　Y 产品的等产量线

现在要研究的问题是，该社会拥有的全部 L 和 K 这两种资源应怎样配置在 X、Y 这两种产品的生产上，以便使提供的总产出量最大？或者说生产最有效率？

与交换均衡点的求证类似，生产的均衡点也必为图 13-6 中的 H_1、H_2、H_3 点。这三点都是 X 与 Y 两种产品的等产量曲线的相切之点。在这三点，对于 X 与 Y 两种产品的生产来说，L 与 K 这两种要素的边际技术替代率($MRTS_{Lk}$)是相等的。换言之，只有这些边际技术替代率相等的点，才是生产的均衡点。

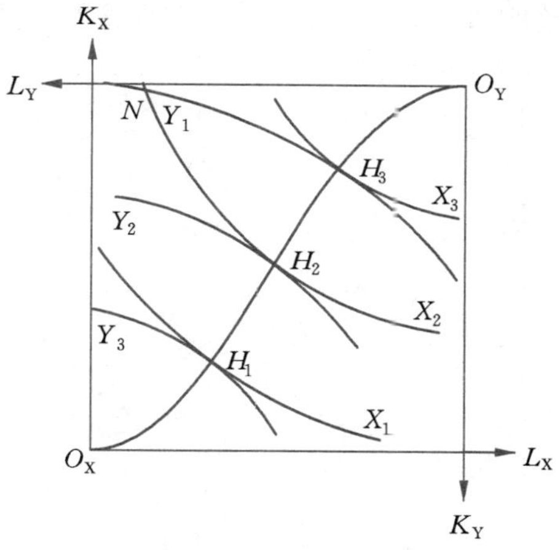

图 13-6　埃奇沃斯盒状图

假设盒状图上的某一点(例如 N 点)表明的 L 与 K 的边际技术替代率不相等，那么，从盒形图上看，可以增加 X 或 Y 的产出，而不会牺牲另一产品的产出。如维持 Y 的产出不变，可提高 X 的产出水平，即从 N 点移到 H_3 点，这时 $X_3 > X_2$。从经济意义上来理解，在 N 点生产 X 的边际技术替代率 $\frac{\Delta K}{\Delta L}$ 不等于生产 Y 的边际技术替代率 $\frac{\Delta K}{\Delta L}$，譬如生产 X 的边际技术替代率为：$MRTS_{LK} = \left|\frac{\Delta K}{\Delta L}\right| = \left|-\frac{4}{1}\right| = \frac{4}{1}$，生产 Y 的边际技术替代率为：$MRTS_{LK} = \left|\frac{\Delta K}{\Delta L}\right| = \left|-\frac{1}{2}\right| = \frac{1}{2}$，这意味着增加 1 个单位的 L 可以代替 4 个单位的 K 而 X 的产量不变，增加 1 个单位的 K 可以代替 2 个单位的 L 而 Y 的产量不变。这时的资源配置是不合理的，因为如果生产 X 时多使用 L，少使用 K，而生产 Y 时多使用 K，少使用 L，则至少可以使其中一种产品的产出增加，而又不使另一种产品的产出减少。

所以，边际技术替代率不相等的 N 点不会是生产的均衡点。

将所有的生产均衡点(例如图中的 H_1、H_2、H_3 点)连接起来的曲线称为生产的契约曲线。这条曲线上的任何一点都表明在一定的资源条件下,生产的两种产品为最大产量组合,因而资源的配置是最有效率的。这时若增加一种产品的产出就必须减少另一种产品的产出。

至于众多生产均衡点中,哪一点是该社会的实际的生产均衡点,这取决于生产的技术状况和两种产品"讨价还价"的力量(即消费市场对于这两种产品的需求的强弱程度)。

达到帕累托最优的上述原则也适用于多种产品和多种要素的情况。

帕累托最优的第二个条件是:在全部产品的生产中,任何一种产品所使用的任何两种相同的生产要素的边际技术替代率都相等。当这个条件满足时,就意味着要素在产品的生产上达到了最佳的配置。

根据图 13-6 的盒状图,可以导出全社会的生产可能性曲线。图 13-7 中的 VV' 线即为生产可能性曲线,它表示的是一定社会资源条件下,X 与 Y 两种产品的最大产量组合轨迹。正如我们在第 4 章第四节讲过的那样,生产可能性曲线的斜率是边际转换率。

3. 生产与交换方面的条件

前面分别讨论了不考虑生产时的交换和不考虑交换时的生产,现在的讨论是要既考虑生产又考虑交换,只有当生产者生产出来的 X 与 Y 两种产品的组合恰好等于消费者所要求的最佳的 X 与 Y 的数量组合时,整个经济才达到全面均衡,才达到全面的最佳资源配置。

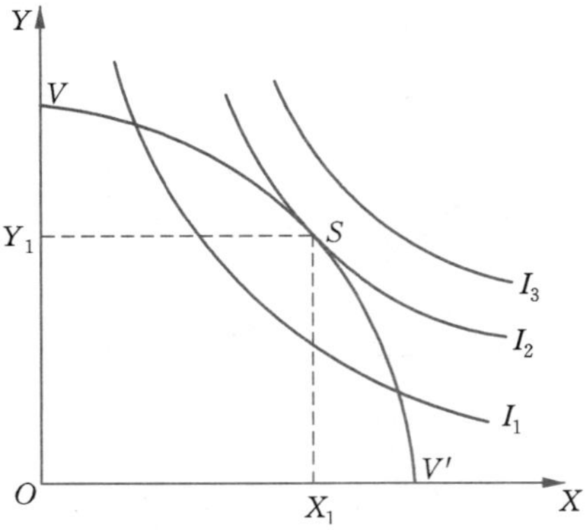

图 13-7　生产与交换的一般均衡

现在借助于生产可能性曲线与无差异曲线来说明。图 13-7 中的横轴表示 X 产品的数量,纵轴表示 Y 产品的数量,VV' 线为生产可能性曲线。为分析的简单起见,假设这个经济社会只有一个消费者,他的不同效用水平的无差异曲线分别用 I_1、I_2、I_3 表示,I_2 曲线与生产可能性曲线在 S 点相切。显然,S 点所代表的效用水平是在现有资源条件下的生产所能提供的最高效用水平,S 点所代表的产品组合是为了尽可能地达到最高效用水平的最优产品组合,因此,S 点所表明的是生产与交换的一般均衡。

在 S 点,边际转换率(MRT_{XY})与边际替代率(MRS_{XY})相等。这一情况也同样适用于众多的产品和众多的消费者。图中的 X 与 Y 两种产品生产的可能线,可以是任意其他两种产品生产的可能线,而图中的某一个消费者的无差异曲线,也可以是包括全社会所有消费者的社会无差异曲线,进而从社会无差异曲线与生产可能线的相切之点求得生产与交换的一般均衡点。至于社会无差异曲线,在后面即将讲述的社会福利函数理论中会谈到。

总之,帕累托最优的第三个条件可表述为:消费者对任意两种商品的边际替代率(MRS)等于生产这两种商品的边际转换率(MRT)。

(三) 完全竞争与帕累托最优状态

帕累托最优可以在完全竞争的市场中达到,因为帕累托最优的三个条件能够在完全竞争的经济社会中得到满足。

就第一个条件来说，在完全竞争经济中，每种商品的价格对于所有消费者来讲，都是相同的。而且，消费者为了追求满足的最大化，会使得消费的任何一组产品的边际替代率等于其价格的比率。这在第 2 章讲述的消费者均衡中已经论证过了。即有：$\mathrm{MRS}_{XY}=\frac{\mathrm{d}Y}{\mathrm{d}X}=\frac{P_X}{P_Y}$，既然 P_X、P_Y 在完全竞争条件下分别对所有消费者都是相同的，那么，对所有的消费者来说，任何两种产品的边际替代率必定相等。也就是说，帕累托最优的第一个条件得以满足。

就第二个条件来说，第 4 章已经证明，由于生产者追求利润的最大化，必会使得其所运用的任何一组生产要素的边际技术替代率等于要素的价格的比率。即有：$\mathrm{MRTS}_{LK}=\frac{\mathrm{d}K}{\mathrm{d}L}=\frac{P_L}{P_K}$，而在完全竞争条件下，$P_L$、$P_K$ 等任何一种要素的价格对于所有生产者来说都是分别相同的，所以，对于所有生产者来说，任何一组要素的边际技术替代率必定相等。帕累托最优的第二个条件得以满足。或者说，生产的最优状态是完全竞争的必然结果。

就第三个条件来说，第 4 章第四节已经证明了：$\mathrm{MRT}_{XY}=\frac{\mathrm{d}Y}{\mathrm{d}X}=\frac{\mathrm{MC}_X}{\mathrm{MC}_Y}$，而在完全竞争条件下，为求利润最大，存在 $\mathrm{MR}=\mathrm{MC}=P$，所以，$\mathrm{MRT}_{XY}=\frac{\mathrm{MC}_X}{\mathrm{MC}_Y}=\frac{P_X}{P_Y}$，而前已证明在完全竞争条件下，$\mathrm{MRS}_{XY}=\frac{P_X}{P_Y}$，所以：$\mathrm{MRT}_{XY}=\mathrm{MRS}_{XY}$，也就是说，帕累托最优的第三个条件得以满足。

由此可见，完全竞争的均衡便是帕累托最优状态，帕累托最优也就是完全竞争的均衡。这也是为什么经济学家钟情于完全竞争市场的根本原因之一。

从上面的分析中还可以知道帕累托最优也就是一般均衡状态。

（四）非完全竞争与次优理论

无疑，帕累托最优得以实现的前提条件——完全竞争在现实社会中是无法完全满足的。现实社会中，经济并非处于完全竞争状态，所以帕累托最优的达到是很困难的。于是，20 世纪 50 年代以来，一些西方福利经济学者提出了次优理论（theory of the second best）。这一理论认为，如果不能满足最优状态所要求的全部条件，也就不必作出努力去满足其中的某一个或某些条件。因为在全部条件得不到满足从而最优状态不能达到时，去满足部分条件的努力并不一定能增进福利。在这里并不是达到最优状态的问题，而是达到次优状态的问题。

但是，帕累托最优并非因此而毫无意义，它对于经济现象的本质性探讨而使它富有重要的理论意义。它作为一种经济社会的奋斗模式和目标导向，在实际经济生活中仍富有指导意义和行为导向作用。

五、增加社会福利的判断标准

在现实经济生活中，常常需要对如下一类的问题作出判别：社会福利是否增加了？一项政策是否比另一项政策更能促进社会福利的增加？某项政策的实施是好还是不好？……这里的关键就在于社会福利增加与否的判别标准。而这个“判别标准”是福利经济学者长期争论不休的问题，并构成福利经济学的重要内容之一。下面介绍经济学家提出的几种不同的判别标准：

（一）帕累托标准

这一标准已在前面作了详细阐述。它是说，如果一项变革或一个变化可使一些人的福利增加又不会使其他任何人受损，那么，这项变革或变化就增加了社会福利。这一标准已成为前述的帕累托最优状态三个条件的基础。然而，还有许多政策无法根据这个标准进行评估。例如，对富者课税以帮助穷者的政策就无法根据这个标准进行评估。因为凡是使一部分人获益而使另一部分人受损的政策或变革，都被排除在“帕累托标准”之外，或者说，“帕累托标准”不讨论这类情况。它所表达的是在收入分配既定前提下，怎样实现资源的最优配置和社会福利的最大化。对收入分配问题的回避，既是帕累托标准的巧妙之处，同时又是它的缺陷所在。

（二）卡尔多标准

由英国经济学家卡尔多提出，意在克服上述帕累托标准的缺陷。按照卡尔多标准，如果一项变革使受益者从中得到的利益，比受损者从中遭受的损失，用货币价值来衡量要大的话，则该变革就增加了社会福利，就是有利的。

（三）斯托夫斯基标准

由美籍匈牙利人斯托夫斯基提出，意在弥补卡尔多标准的另一缺陷。在某些情况下，根据卡尔多标准，可以判别某项变化能够增加社会福利，但当这个变化发生后，根据卡尔多标准还能判定回到变化以前的原状也能增加社会福利。例如，卡尔多标准可能表明增加卷烟的产量能够增加社会福利，但卷烟的产量增加后，卡尔多标准可能又会表明把卷烟的产量减少到原来的水平也能增加社会福利。为了避免这种矛盾的发生，斯托夫斯基指出，只有当由旧状态向新状态的变化能够增加社会福利，而由新状态向旧状态的变化不能增加社会福利时，这种由旧状态向新状态的变化，才真正地增加了社会福利。

这个标准和卡尔多标准的相同之处在于，它们都是以货币为单位作为度量效用的标准，这是一大缺陷。因为现实中人们的实际效用与货币并不完全等同，例如，某人是个吝啬鬼，他仅损失了几元货币，但这对于他是非常痛苦的，即他的效用损失了相当多。而另一人的货币很多，因此，增减一点货币对他来说，增减的效用都不大。所以，卡尔多标准和斯托夫斯基标准判定社会福利没有增加时，但实际上可能增加了，而判断增加了时但实际上又可能没有增加。

（四）柏格森标准

由美国学者柏格森提出，萨缪尔逊、阿罗等人又对它进一步作了阐述。柏格森认为，只有建立明晰的社会福利函数，才能解决社会福利的判别标准问题。社会福利是经济社会所有个人的福利（效用）总和，个人效用水平又是他们消费产品、提供要素等变量的函数。因此，社会福利函数表达的是社会福利决定于所有个人的福利总和，而这又是社会所有个人消费产品、提供要素等变量的函数。

如果一项变革能把社会福利推进到更高的社会无差异曲线（据社会福利函数绘制）上，则说明这项变革能够增加社会福利。

但是，社会福利函数是难以编制和建立的，这已成为福利经济学中的一个难题。美国的阿罗(Arrow，1972 年诺贝尔经济学奖得主)就认为，从各个人对于社会福利的偏好次序推导出全社会所有人一致的偏好次序是不可能的。这一观点被称为**“阿罗不可能定理”**(Arrow's impossibility theorem)。通俗地说，就是整个社会的福利不可能由社会所有成员的效用加总而得到。

六、公平与效率的关系

公平和效率问题是福利经济学的重要理论内容。所谓效率，指的是资源的有效配置。所谓公平，一种意思是指社会成员的收入均等，另一种意思是指社会成员的机会均等。在公平的第二种定义下，公平与效率可以是一致的，不存在矛盾，这里主要分析的是第一种含义的公平。

早期的福利经济学家庇古认为资源的最优配置和收入的最优分配都是社会福利的主要构成部分，也就是把效率和公平问题都置于重要地位。后来的帕累托、卡尔多等人则把收入的分配问题排除在外，主要讨论的是效率问题。而柏格森、萨缪尔逊等人又认为只有同时解决了公平与效率问题，才谈得上社会福利的最大化问题，因为公平与效率都会影响社会福利。

长期以来，不少经济学家致力于研究公平与效率的替代关系，因为在他们看来，要实现公平，就只有在一定程度上牺牲效率，而要实现效率，就必然破坏公平，即鱼与熊掌不可兼得。社会太不公平时，效率一定很低。但过分强调公平也会导致效率低下。公平与效率在某一点可能达到较为理想的组合状态。但这一理想的组合点在现实社会是很难确定的。公平与效率的兼顾问题是经济学中的重大难题。

同步训练 13-1

本 章 小 结

1. 一般均衡分析是对局部均衡分析的总结和升华，它从一个社会的所有商品和要素的供求与价格都是相互影响、相互依存这一前提出发，考察所有商品和要素的供求如何同时达到均衡。

2. 福利经济学属于规范分析，它考察社会成员的福利最大化问题。

3. 瓦尔拉均衡虽然与现实有距离，但作为一种分析方法在理论上具有不容忽视的重要意义。

4. 帕累托最优的分析再次说明了完全竞争市场的经济效率。帕累托最优是经济社会的一种理想目标。

5. 公平与效率问题无论在理论上还是在实践中都是一个难题，如何处理好两者的关系是至关重要的。

基本概念

局部均衡　一般均衡　福利经济学　帕累托改进
帕累托最优　埃奇沃斯盒状图　契约曲线　社会福利函数
阿罗不可能定理

复习思考题

1. 为什么说帕累托最优的三个条件只有在完全竞争市场中才能达到？
2. 你认为应该如何判断社会福利是否增加了？
3. 讨论如何兼顾公平与效率。

第14章 微观经济政策

引导案例

市场机制在协调供求关系、配置资源等方面具有十分重要的作用，这在前面各章已经从多方面给予了阐述。但是它也表现出许多自身无法克服的缺陷，降低了民众的福利享受水平。这就要求政府采取必要的政策措施来予以弥补和矫治。

第一节　微观经济政策的市场需求

由于市场调节机制存在一定的缺陷，因而市场体系需要政府适当运用微观经济政策来进行弥补和矫治。

一、市场失灵

经济理论上，一般以“市场失灵”(market failure)来概括市场在调节经济、配置资源等方面的缺陷。市场失灵主要表现在：

(1) 市场经济活动会产生外在不经济问题(稍后就会解释何为外在不经济)，如环境污染、城市拥堵。

(2) 市场本身缺乏完整性。如不存在公共产品(稍后也将对此解释)市场，不能提供国防、公共卫生、大型基础设施等公共产品。市场本身孕育的各种形式的垄断更是使市场变得不完全，从而导致资源配置的失当。

(3) 通过市场进行的收入分配难免很不平均，容易导致贫富的两极分化。

(4) 市场经济不能保证满足众多的社会目标(如良好的社会治安、国家经济安全、国防安全等)。

(5) 市场常受到经济波动、经济周期的影响而发生资源的浪费和社会福利水平的下降。

(6) 市场不能保证信息的完全、充分和传递中的顺畅(这在第12章已论述)。

市场失灵表明市场并不是万能的，需要政府的适度干预。政府的干预主要通过微观经济政策和宏观经济政策来进行。这里阐述的主要是微观经济政策。

二、微观经济政策的含义

微观经济政策指的是政府为了解决微观经济问题或主要由微观经济主体带来的经

济问题，以及调节微观经济行为而采取的政策措施。它的着眼点和主要目的在于优化市场局部环境、改善某些群体的境况等，而不是调节宏观经济总量。微观经济政策的内容和具体手段十分丰富，但大体上可分为以下几类：

(1) 加强市场势力、促进市场竞争的政策，如反垄断政策。

(2) 针对市场的外在不经济问题而采取的修正与控制市场势力的政策，如治理污染政策。

(3) 对市场势力无法发挥作用的领域采取的政策，如提供公共产品、发布公共信息等。

(4) 矫正收入分配不公，促进社会福利的福利政策，如失业救济政策。

当然，某些政策带有宏观的形式，或者说，某些微观政策有时在宏观的背景下被运用。

第二节　微观经济政策的实施

微观经济政策的具体实施主要体现在如下方面。

一、反垄断

如果任凭市场的完全自由竞争，往往会在某些行业产生和形成垄断。垄断反过来会妨碍市场的充分竞争，带来经济低效率。

(一) 依法反垄断

政府的反垄断政策，最主要的是通过制定和实施反托拉斯法或反垄断法，防止垄断的产生(如阻止会形成垄断的企业合并)，或肢解已经形成的垄断。如美国政府有关部门和欧盟等曾经多次以涉嫌垄断对美国的微软公司提起诉讼；我国政府曾通过多种方式打破电信领域独家垄断的局面；等等。

(二) 价格管制

政府对暂时还无法肢解的垄断及有一定存在理由的自然垄断行业的厂商销售的产品实行价格管制，以保证价格相对公正和保护消费者利益。理论上，价格管制的办法主要有两种，一是边际成本定价法，二是平均成本定价法。

1. 边际成本定价法

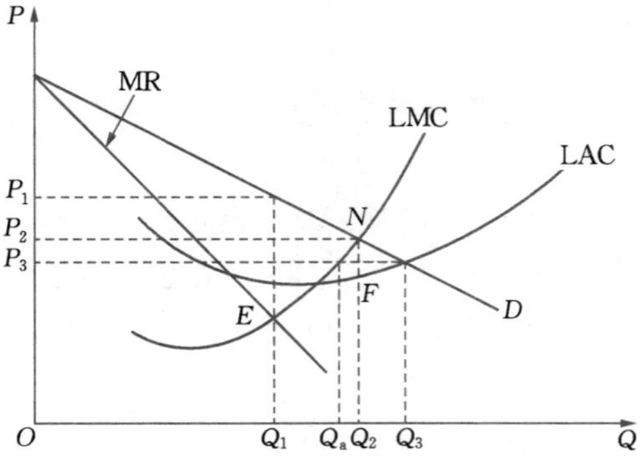

图 14-1　边际成本定价

如图 14-1，如果不实行价格管制，垄断厂商的产量和定价分别为 Q_1 和 P_1。

采用边际成本定价法，政府规定价格最高只能为 P_2，P_2 为厂商的 LMC 曲线与需求曲线的交点所代表的价格。垄断厂商当然不会选择低于 P_2 的价格。由于 P_2 这时固定不变，P_2N 是一条水平线，因而它在这种情况下，实际上就成了垄断厂商的 MR 曲线。也就是说，边际成本定价法在这里体现了 MR＝MC 的原则。这时的

产量为 Q_2，厂商既不会增加也不会减少产量，否则不符合 MR＝MC 原则，厂商的利润会减少。由于 $NQ_2 > FQ_2$，厂商仍可获得超额利润。政府可通过增加对垄断厂商征税等办法，来消除它的这部分超额利润。

2. 平均成本定价法

图 14-1 是针对那些在 LAC 曲线上升阶段进行生产经营的非自然垄断厂商而言。图 14-2 表示的则是自然垄断厂商的情形。根据第 7 章第一节对于自然垄断厂商的分析，它的 LAC 曲线一直在下降，LMC 曲线处于 LAC 曲线的下方。这时，如果按边际成本定价法，价格为 P_1，低于 Q_1 产量水平的平均成本，厂商会亏损，因此需要政府给予一定的补贴。这种情况下，也可考虑采用平均成本定价法，把价格定为 P_2，即 LAC 曲线与需求曲线相交之点代表的价格。这样，垄断厂商可获取正常利润。

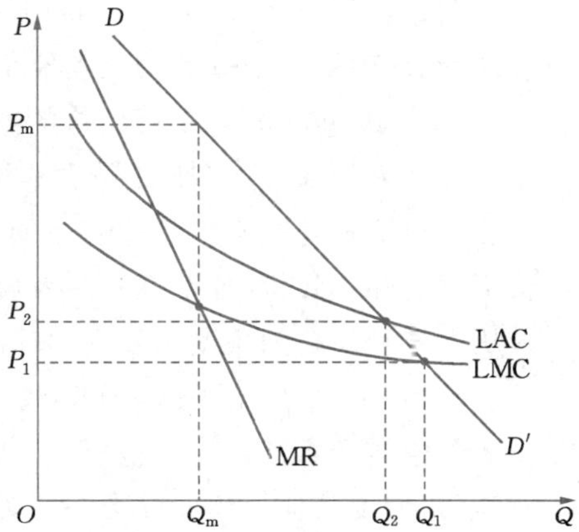

图 14-2　平均成本定价

了解了平均成本定价法后，读者也许会有疑问：在图 14-1 显示的情况下，政府为什么不采用使垄断厂商只能得到正常利润的平均成本定价法呢？回到图 14-1，如果采用平均成本定价法，价格为 P_3，这时厂商宁愿将产量控制在低于 Q_3 的某一水平（譬如 Q_a），因为 Q_a 时的 P_3 高于该产量的 LAC，厂商不仅能获得超额利润，还可以因消费者在 P_3 的价格水平无法获得该商品充分的市场供给（Q_3）而给政府施加压力。所以，在图 14-1 显示的情况下，应该先考虑边际成本定价法。

需注意的是，如果政府对厂商的成本信息的掌握是不完全、不准确的，这会给价格管制带来一定困难。价格管制可能还会在一定程度上减弱垄断厂商降低生产成本的努力，因为生产成本降低后，政府的定价也会随之降低。

除了价格管制外，政府还可以采用管制垄断企业的资产收益率等办法，但这同样受到企业信息因素的制约。

二、治理外在不经济

为了解释什么是外在不经济，我们可以先引入两个概念：社会成本与个体成本。

（一）社会成本与个体成本

在第 4 章对成本概念进行讨论时，我们实际上一直假定个体成本（私人成本）与社会成本是一致的，其间没有差别，所以对它们未作区分。但现实经济社会中，不满足这一假设前提的现象是较多的。

所谓**个体成本**（private cost）**是指个体进行某项活动所实际支付的成本**[①]。这里，个体可以指个人、企业、事业单位与社会团体等。某项活动的**社会成本**（social cost）**是指全社会为该活动所付出的成本**，它通常包括个体成本与社会其他个体为此项活动所

① 个体成本也译作私人成本，但那样常容易引起歧义。

支付的成本。例如，某企业的生产活动造成了污染，使周围居民的利益和周边环境受到了损害。但该企业往往只支付了原材料的购买费用、劳动工资、贷款利息等通常的生产成本(个体成本)，这种生产活动所产生的社会成本却明显不止于此，周围居民的利益和周边环境受损也显然是社会成本的组成因素。在这里，企业的生产成本(个体成本)小于社会成本。

(二) 外在经济与外在不经济

所谓外在不经济(external diseconomy)**是指某项活动使得社会成本高于个体成本的情形，也可理解为个体活动使其他个体或其他社会成员蒙受损失的现象。**所谓外在经济(external economy)**是指个体的某项活动使得其他社会成员从中受益的现象。**外在经济也称为外部经济，外在不经济也称为外部不经济。

外在经济和外在不经济也被统称为**外部效应**、**外溢性**或**外部性**(externality)。前者属于正的外部效应(外部性)，后者属于负的外部效应(外部性)。

从生产和消费的角度出发，可将外在经济与外在不经济划分为以下四种类型：

(1) 生产的外在经济。当个体的某项生产活动使其他个体或社会受益，生产的外在经济现象便产生了。这种情形下，从事该活动的个体难以从其他受益的个体那里获得报偿，或者说其他个体或社会并未为此支出相应的报酬。如：企业为了自身运输原材料和产品的方便，投资拓宽了一段公路，其他社会成员今后也可以享受这段公路拓宽带来的便利。这便产生了生产的外在经济。再如，企业为了生产而对职工进行技术培训，这些职工本身的素质提高了，对员工及其家庭和全社会都是有益的。

(2) 消费的外在经济。个体的消费活动对其他个体或社会产生有利的影响，如衣着的漂亮得体、住宅周围的美化、自家庭院中花草的培植等对于街道行人或居住的小区等当然也是有益的。但他们不能据此向其他社会成员索取报酬，或者说其他个体或社会并未为此支出相应的报酬。再如，家庭成员的教育消费同时也是为社会培养较高素养的公民。

(3) 生产的外在不经济。举例说，生产活动造成的污染；生产扩大造成的交通拥挤及对自然风景的破坏；等等。

(4) 消费的外在不经济。举例说，公园野餐带来的对草坪的破坏；抽烟对周围人的健康和环境造成损害。

(三) 治理措施

以治理污染为例，政府可采取的主要政策措施有：

(1) 向企业征收污染费。

(2) 向减少污染的企业予以一定财政补贴。

(3) 征收产量税，约束造成污染的企业的产量和规模。

(4) 强制性管理。政府运用立法手段对企业进行制约。

(5) 政府直接投资，以治理污染。

(6) 产权的确定和交易。一般意义上来说，产权是指通过法律程序确定的，个体占有某种财富或资源的权力。美国芝加哥大学教授科斯认为，**如果当事者之间谈判协商的费用即交易成本为零，就可以通过确定产权，由当事人双方就产生的外在不经济问题**

进行协商谈判，最终结果会达到资源的有效率的配置。而且这与产权的初始界定状态无关。科斯的这一观点被称为科斯定理(Coase's theorem)。

举例说，假设一条河流的产权一开始被界定为属于渔民，如果河畔的某企业污染了河流，渔民便可以通过谈判、协商要求企业补偿河流污染造成的损失。只有补偿额大于或等于污染造成的捕鱼损失时，渔民才会同意。如果补偿额大于企业因污染而产生的生产收益时，企业肯定会减少或治理污染甚至停产、转产。另一方面，也只有在补偿额小于或等于企业因排放污水、污物而产生的生产收益时，企业的补偿才是值得的，至少不会利益受损。这种条件下，自愿的交易会使双方的得益总和最大，资源达到有效率的配置。

反过来，如果河流的产权归属于企业，这时河流的污染成本就已经属于个体成本范畴了。企业污染自己的河流的机会成本，便是这条河流清洁时，它能为企业带来的最大收益。譬如，河流清洁时，来此捕鱼的渔民多，对渔民的收费可以高；可以利用风光旖旎的清洁河流开发旅游项目；企业的形象好，来与之进行生产、技术、销售合作的厂商多；等等。所以，企业为了追求最大收益，会尽可能地利用这条河流，减少对河流的污染和治理污染。

科斯定理的核心是产权的界定、交易及其对于经济个体的行为约束和对社会效率的促进，因而这一定理被广泛地重视和运用。

专栏 14-1　污染权交易与碳金融市场

通过污染权交易的方式来部分代替直接的行政管理，已在不少国家获得认可和实施。例如，美国立法机构于 1990 年通过了清洁空气法案，授权美国环境保护署为每个发电厂确定二氧化硫排放量许可权，排污企业可以相互进行排污权买卖交易。譬如说，如果某个发电厂二氧化硫排放量已经处于规定许可的限制水平以内，它可以把多余的排污权卖给其他企业。根据排污权价格的高低，尚未达到排污限制标准的企业可以依据节省成本原则，选择是买进排污权还是安装污染控制设备。1992 年 5 月，田纳西谷地管理局宣布购买了一宗很大数量的排污权，卖家是威斯康星动力照明公司，该公司排污量未达到被许可的最高水平从而拥有多余的排污权。美国芝加哥交易所还建立了排污权交易市场，以利于这一交易的方便进行和降低交易成本。

排污权交易在我国也得到了较快的发展。2001 年 11 月，江苏省南通市的两个企业进行了一次污染权交易，卖方为南通天生港发电有限公司，买方是一家年产值数 10 亿元的大型化工合资企业。卖方以 50 万元的价格有偿转让1 800吨二氧化硫的排污权，供买方在今后 6 年内使用。2003 年 1 月中旬，位于江苏省太仓市的太仓港环保发电公司以 340 万元的价格，向南京市下关发电厂购买了为期两年的二氧化硫排污权，单价为每千克 1 元，购买的排污权为 3 400 吨二氧化硫。

污染权交易运用了市场的调节功能，提高了经济效率，避免或大大减轻了政府直接干预的成本。

污染权交易现在更经常地被归之于碳金融市场。碳金融市场是指服务于旨在减少温室气体排放的各种金融交易的制度安排及在此基础上的交易活动。为了应对全球气候变暖和生态环境的持续性恶化，需要减少温室气体排放，其中二氧化碳是最广为熟知的一种温室气体。目前对于其他温室气体的计量也都统一换算成二氧化碳当量。《京都议定书》对于促成碳金融市场起了决定性作用，因为它规定了碳减排单位和配额单位可以在国家之间实行有偿交易和转让，从而使得碳交易规则得以确立。当然，国家之间的碳交易的基本规则也适用于一国内部的企业之间的碳交易。

碳交易主要是在碳交易所的市场形式中进行。随着碳交易市场的壮大，碳排放权已经进一步发展为具有投资价值和流动性的金融资产。交易对象从碳排放权扩及碳减排期货、碳减排期权、碳排放信用等环保衍生品。所以，碳交易具有金融交易的完整特征，已经成为金融市场的一个新的组成部分。

目前，全球有影响的碳交易所有：欧盟的欧盟排放权交易机制（EUETS）、英国的英国排放权交易机制（ETG）、美国的芝加哥气候交易所（CCX）、澳大利亚新南威尔士州碳交易体系（NSW）等。2008 年全球碳交易市场交易金额就已高达 910 亿欧元左右。权威机构预测 2020 年将达到 3.5 万亿美元。参与碳金融市场交易的除了企业外，各种碳交易基金、商业银行、保险公司、风险投资公司等也涉足其中。

讨论：

如何理解碳金融市场是比政府直接干预更为有效、成本更为低廉的实行碳减排的一种市场机制？

三、提供公共产品

（一）公共产品的含义和特征

公共产品（pubilc goods）是与私人产品（private goods）相对应的。公共产品的两个基本特征是非竞用性和非排他性。非竞用性[①]是指，对产品消费的增加不会引起产品成本的任何增加，即消费数量的增加所引起的产品边际成本等于零。例如，对于航标灯来说，增加过往船只的数量并不会额外增加航标灯的运作成本；晚上的路灯下增加一个行人并不会增加路灯的照明运行成本；一个新生婴儿也不会增加作为公共产品的该国国防体系的运行成本。而就私人产品而言，正如在前面许多地方所分析过的那样，增加一个人的消费，就得增加消费品的供给数量，从而企业的总成本会有所增加，即产品的边际成本不会为零。

非排他性是指产品具有消费上的共享性，难以或不可能排除、限制任一消费者对它的消费。例如，航标灯可以由许多过往船只共享其服务功能，人们难以或无法排除过往

① 过去许多教材将非竞用性（nonrivalness）翻译成非竞争性，但那样容易使读者将它作为一般意义上的市场竞争（competition）的反义词来理解。

的船只享用航标灯的服务功能;张三不能阻止或限制李四等人在街道上正常行走并享受路灯的照明;某人无法排除或限制其他人收听无线电台播出的节目;一国的国防体系一旦建立,就不能排斥该国的任何一位公民从中享受安全保障。而就私人产品而言,一个消费者消费某一件商品,其他消费者就不能同时消费这一商品。譬如,某人买了一件衣服穿,其他人就没法穿这件衣服。

由于公共产品的正的外部效应和非排他性特点,就出现了所谓**"免费搭车者"**(**free rider**),这是**指没有承担或支付相应成本但却享用和消费公共产品的人**。相应的行为简称为免费搭车。一方面,没有人愿意为消费公共产品而付费,另一方面,生产者难以收费或收费成本太高,从而使得生产成本无法收回,无法通过市场来充分供给。所以,公共产品一般由政府来供给。或者说,为了克服市场机制的缺陷,政府必须承担提供或部分提供公共产品的责任。

可见,**公共产品就是指那些具有非竞用性和非排他性,不能完全依靠市场交易实现资源有效配置的产品**。而私人产品则是指那些具有竞用性和排他性,能够通过市场交易达到资源优化配置的产品。

公共产品不仅包括某些物质产品,还体现为一些公共服务和制度安排。

(二) 公共产品的分类

公共产品还可以细分为纯公共产品和准公共产品。严格具备非竞用性和非排他性两种特征的产品属于**纯公共产品**(**pure public goods**),如经济制度、气象预报、路灯等。

只具备有限的非竞用性和有限的非排他性的产品被称为**准公共产品**(**quasi public goods**)。譬如,教育属于准公共产品。一定范围内增加学生数量不会增加教育体系和教育设施的运行成本,但学生数量超过一定程度后,教育的运行成本也需要增加。在一定条件下,可以通过收费只允许交费的学生享受某些级别的学校教育,也就是将不交费的学生排除在某些级别的学校教育之外。再例如,公共博物馆等也属于准公共产品。类似教育、博物馆、公园等这些服务或设施,由于其社会公益性,对消费活动的收费或其他排他性措施实际上是受到一定制约的,譬如,不能滥收费(或收费不能完全补偿成本),某些级别的学校教育对所有适龄学生是免费开放的;一些博物馆、公园等是免费的(但有时会通过入场券等方式限制参观人数);博物馆、公园等也不能动辄不开放。所以说,这些产品的非排他性是有限的。对准公共产品的消费者适当收费可以全部或部分收回投资成本,有利于继续供给。部分准公共产品可以由民间或市场提供,或者由政府与民间共同提供。一般意义上所说的公共产品,包括纯公共产品和准公共产品。

根据非竞用性与非排他性,还可以定义**公共资源**(**public resource**)。它的特征是具备一定的非竞用性且同时具备非排他性。如天然森林、草原牧场、海洋渔场等便是。譬如,一般情况下无法排斥捕鱼者到海洋的公共渔场捕鱼,一定程度内的捕鱼也不会对其他人的捕鱼成本产生影响,但捕鱼者太多会减少可供捕捞的鱼的数量,增加捕捞的难度,从而增加捕鱼者的成本。如果任由经济个体出于利润最大化目的对公共资源过度捕捞、过度砍伐、过度放牧、过度使用,就会严重破坏甚至枯竭公共资源,造成所谓"公共地的悲剧"(tragedy of commons)。因此,政府应该对公共资源采取相应保护措施,如特定期限内限制甚至禁止放牧或捕捞;征收捕捞费等。

☞**小贴士**

2012 年国庆中秋双节长假期间，全国高速公路免费，高速公路经常被车流堵塞，全国各大旅游景点爆满。有的经济学家发微博认为车流堵塞的原因在于高速公路免费，主张应该在节日长假期间涨价 50%，运用价格杠杆实行调节，并且将增加的收费用于扶贫办学等。有人则认为高速公路属于公共产品，不能简单地动辄采用收费或涨价的办法。可以采用更为灵活的弹性休假制等办法以缓解节日期间高速公路的拥堵。对此你怎么看？

四、矫治收入分配不公

这一政策（也可被称为福利政策）的主要目的是消除或缓和收入分配的过于不平均。收入分配的过于不平均也就是不公正。洛伦茨曲线和基尼系数被认为可以用来检验社会收入分配的平均程度或不平均程度。

（一）洛伦茨曲线

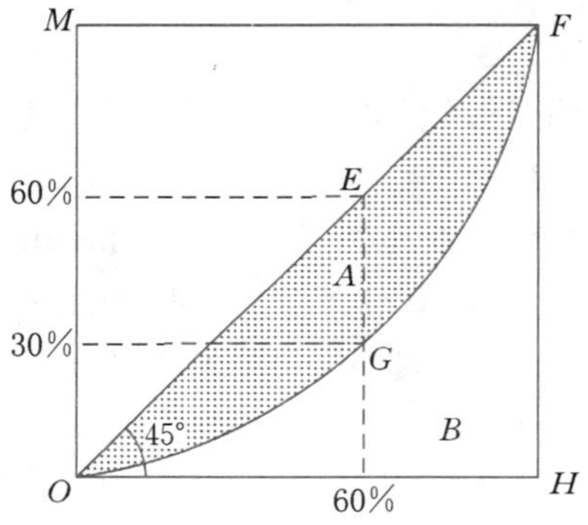

图 14-3　洛伦茨曲线

洛伦茨曲线（Lorenz Curve）就是用来反映社会收入平均或不平均程度的曲线。图 14-3 中，OH 表示人口比率，H 点表示 100% 的人口即全部人口。OM 表示收入比率，M 点表示 100% 的收入。对角线 OF 为绝对平均曲线，线上的任何一点表示，总人口中每一定比率的人口所拥有的收入，在总收入中也占相同的比率。如 E 点表示 60% 的人口占有 60% 的收入。

折线 OHF 为绝对不平均曲线，这条曲线表示，社会成员中，一个人占有 100% 的收入，其余人的收入均为零。因为根据这条曲线，人口比率沿着横轴不断地提高时，占有的收入一直为零。人口比率提高到包括总人口中最后一个人时，所占有的收入陡然从 0 升至 100%。

实际上，一个国家的收入分配，既不是完全平均，也不是绝对不平均，而是介于两者之间。所以，洛伦茨曲线虽说理论上可能表现为绝对平均曲线或绝对不平均曲线，但现实中一般总是表现为类似图中的弧形曲线 OF。洛伦茨曲线上的任何一点表示占总人口的一定比率的人口拥有的收入在总收入中所占的比率。如点 G 表示 60% 的人口占有 30% 的收入。

洛伦茨曲线的弧度越大，表现为图 14-3 中与绝对平均曲线围成的阴影部分的面积越大，说明社会收入分配越不平均。因为这种情形下，曲线走势会表现得一直较为平坦，最后阶段走势陡峭。说明随着人口比率的提高，占有的收入提高不明显，但到后来，人口比率的小幅提高，占有的收入却大幅度增长。即少数人占有大多数收入，大多数人只占有小部分收入。

（二）基尼系数

意大利经济学家基尼根据洛伦茨曲线提出了判断社会收入分配平均或不平均程度

的数量指标，这个指标就是基尼系数(Gini Coefficient)。

在图 14-3 中，阴影部分的面积为 A，这是不平等面积。弧形线 OF 与 OHF 围成的面积为 B，如以 g 代表基尼系数，则：$g=\dfrac{A}{A+B}$。换言之，基尼系数等于实际洛伦茨曲线同绝对平均曲线围成的半月形面积，与绝对平均曲线同绝对不平均曲线围成的三角形面积之比。如果 $A=0$，则 $g=0$，收入绝对平均；如果 $B=0$，$g=1$，收入绝对不平均。一般地，$0<g<1$，基尼系数越小，越接近于收入平均；基尼系数越大，收入越不平均。据经济学家钱纳里(Chenery)等人在 20 世纪 70 年代初的计算，收入分配高度不均的国家，其基尼系数在 0.5～0.7 之间；收入分配相对平均的国家，其基尼系数在 0.2～0.35 之间。

据世界银行测算，在改革开放以前的 1967 年，中国城镇居民个人收入的基尼系数为 0.15，这在全世界范围内都是低水平，说明中国当时的平均主义非常严重。在改革之初的 1980 年，基尼系数为 0.33。到了 2001 年，已达 0.458，超过了一般认为的 0.4 的国际警戒线，说明收入不均现象较为严重。

根据基尼系数可以检验一个社会的收入分配的平均程度，可以检验一项政策是促进了国民收入分配的平均还是加剧了这种分配的不平均。

(三) 政策内容

消除、缓和收入分配过于不平均或收入分配不公的政策的主要内容有：征收累进所得税、遗产税等；健全社会保障体系，支付失业救济金、养老金、抚恤金等各种津贴和困难补助；制定"最低工资"法案，确定工资的最低界限；减免来自贫困家庭学生的学费；对贫困群体给予免费技术培训；面向低于一定收入水平的低收入家庭建造和出售低价格住房或提供经济廉租房；资助贫困地区，在贫困地区加大投资；对贫困群体的创业活动给予税收优惠和其他各种支持；等等。

至于矫治市场失灵的宏观经济政策将会在宏观经济学中阐述。

同步训练 14-1

第三节　公共选择

政府对于公共产品的供给和公共服务的提供是否一定合理呢？政府经济干预的效率是否高呢？政府的各种干预政策是否一定代表和反映民众的利益呢……这些便是公共选择理论所要回答的。所谓公共选择(public choice)，实际上指的是政府、政府部门或群体，依据一定的规则通过协商、投票等办法来确定集体行动方案的过程。如选择是否建设某大型公共绿地，是否给低收入群体增加困难补助，等等。

一、公共选择的规则

(一) 一致同意规则

这意味着一项集体行动方案只有在所有参加者都同意或认可的情况下才能够实施。在该规则下,每一个参加者都有权否决行动方案。如果一项集体行动方案在该规则下被通过,则说明行动方案将给所有人都带来利益,至少不会给其中的任何一个人造成损害。因此,这种规则的优点是能够保证和照顾到每一个人的利益,行动方案是最优的。但它的缺点是,达成协议的成本通常太大,在很多情况下甚至无法达成协议,从而无法进行相关的集体行动。

(二) 多数同意规则

这意味着一项集体行动方案必须得到全体参加者中的多数同意或认可的情况下才能够实施。这里的多数可以是简单多数,也可以是比例多数(如达到总数的 2/3 以上)。与一致同意规则相比,多数同意规则的协商成本较低,也相对容易达成协议。但多数同意规则的缺点也是显而易见的,至少有:①它忽视了少数人的利益,这些少数人要被迫服从多数人通过的集体行动方案。②可能出现收买选票的现象。因为在该规则下,有的人认为自己一个人的意见或选票对总的投票结果影响不大,甚至可以被忽略不计,从而不重视自己的意见表达或投票,甚至不打算行使自己的投票权。于是,有的利益集团就可能通过给一点好处来收买那些不重视自己的投票权或不打算行使投票权的选民,让他们按利益集团的意愿投票。

当然,还有其他一些投票规则。但无论什么样的投票规则和公共选择规则,在大多数情况下,都有各自的缺陷。由此可见,公共选择并不是完美的。

二、政府干预的缺陷

政府的经济干预属于公共选择,它是一种资源的非市场配置,目的是弥补市场缺陷,但政府干预也是有缺陷的。

(1) 公共选择理论认为,政府是由人组成的,凡是人都不可避免地带有经济人的特征,即政府官员和政府行政部门的工作人员也有自己的个人利益追求,因而没有理由将政府看作是超凡至圣的机构。政府行政部门也会犯错误,也可能会不顾公益而追求自身的集团利益,或者受利益集团的影响,从而政府部门提供的公共产品和公共服务并不都是合理的(寻租和创租现象就说明了这一点)。政府部门实行的某些经济干预政策也可能只是为了暂时取悦于选民,但在经济上未必合理。

(2) 政府的各个部门常常是某些特殊服务的供给垄断者,没有其他机构可以替代它们,与它们竞争,因而政府系统常产生低效率的官僚主义。

(3) 政府部门没有盈利指标,也就没有尽量压缩成本的足够动力,常常有严重的资源浪费现象。政府机构的膨胀就是一种资源浪费。

所以,不应该一旦发现市场调节有缺陷就要求政府来干预,只有当事实证明市场解决办法确实要付出比政府干预更高的代价时,才可以考虑政府干预。另外,为了解决政府部门的低效率,还应该适当引入私人部门的竞争和政府部门相互之间的竞争,如引入私人办教育与政府提供的教育相竞争。

本章小结

1. 市场并不是万能的，市场失灵表明政府在一定规则下的适度干预是必要的。但政府干预也有缺陷。

2. 政府除了依法反垄断外，还可对垄断企业实行价格管制。

3. 治理外在不经济的措施有很多，尤其值得一提的是产权的确定和交易。

4. 由于公共产品的特征，政府必须承担提供或部分提供公共产品的责任。

5. 基尼系数是检验收入分配平均程度的一个重要技术指标。

基本概念

市场失灵	个体成本	社会成本	外部不经济
外部经济	外部效应	洛伦茨曲线	科斯定理
基尼系数	公共产品	免费搭车	纯公共产品
准公共产品	公共资源	公共选择	

复习思考题

1. “既然污染属于外部不经济，应采取措施将污染降至零。”请判别这种主张的正确与否。

2. 举例说明现实社会中的某些产品分别属于纯公共产品和准公共产品。

3. 试分析免费搭车的社会利弊。

4. 你认为科斯定理对于我国国有企业的产权改革有无理论上的借鉴意义？

5. 收入分配的过于平均或过于不平均分别会产生怎样的社会消极效应？

6. 为什么说政府应该介入甚至主导开发区的规划和旧城区改造的规划，而对于普通街道两边的店铺是用于开餐馆还是咖啡馆，还是水果店，或者美容厅等则一般不宜介入？

7. 设某垄断厂商的总成本函数为 $TC=6Q+0.05Q^2$，产品的需求函数为 $Q=360-20P$。①求垄断厂商利润极大时的产品价格、产量和利润；②若政府限定垄断厂商以边际成本定价，求厂商的产品价格、产量和利润；③若政府希望限价使垄断厂商仅得到正常利润，则这一价格和产量各为多少？

附录：相关高等数学基本知识[①]

一、导数

（一）导数的意义

设函数 $y=f(x)$，导数就是表示自变量 x 发生微量变动（变动量趋于 0 或者说趋于无穷小）时所导致的因变量 y 的变动程度的，用公式表示为：$\lim\limits_{\Delta x\to 0}\dfrac{\Delta y}{\Delta x}=\dfrac{\mathrm{d}y}{\mathrm{d}x}$。也可表示为 y' 或 $f'(x)$。这也常称作 y 对 x 求导。

为了理解导数的几何意义，我们先看图 1。图 1 中的 $y=f(x)$ 函数曲线为直线，其斜率 $\mathrm{tg}\,a=\dfrac{\Delta y}{\Delta x}$。但如果设点 A 处的 Δx 发生趋于无穷小的微量变动，则点 A 处的斜率为$\dfrac{\mathrm{d}y}{\mathrm{d}x}$。

因此，不难理解，$\dfrac{\mathrm{d}y}{\mathrm{d}x}$表现为图 2 所示的 $y=f(x)$ 函数曲线上的点的切线的斜率。显然，点 E、F、G 的切线的斜率是各不相同的，且表现为不断递减的特征。

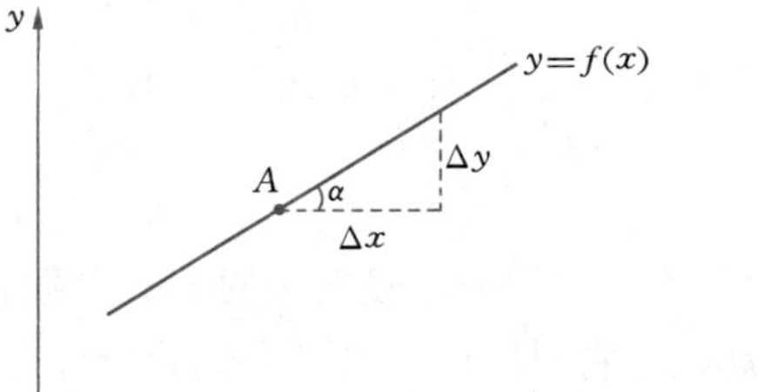

图 1　直线型曲线的斜率

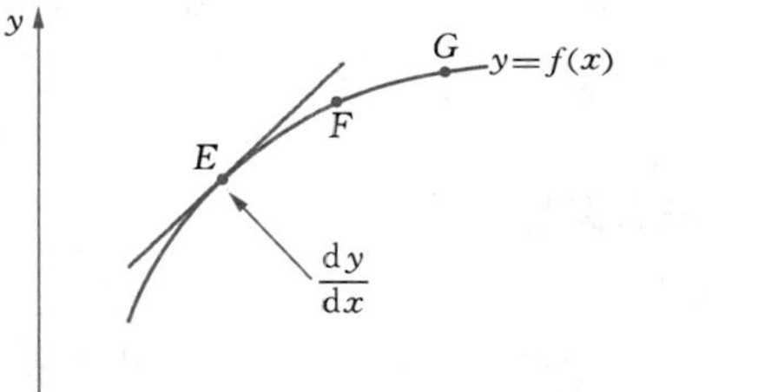

图 2　曲线上的点的切线的斜率

（二）导数的基本公式（部分）

1. $c'=0$（c 为常数）

即常数的导数等于零。因为无论其他变量如何变化，常数总是不会因此而发生任何变化的，也就是常数的变动量为 0。

---

① 考虑到学生在学习微观经济学时，可能还没有学习到微积分的有关内容和知识要点，本附录对微积分的相关基本知识作了简单的介绍。教师在正式讲授微观经济学内容前，可视具体情况，花费一节课左右的时间对本附录的内容作简明扼要的讲解。学生在学习过程中，也可经常查阅、参考。要说明的是，为了方便读者理解，也限于篇幅，本附录中的表述尽可能地采用通俗易懂的简洁方式，不如数学教材上的表述严谨、全面。对导数的基本公式和运算法则，这里只作例示和基本例解，不作推导。

例如:设 $y=5$,则 $\frac{dy}{dx}=y'=(5)'=0$

2. $(x^n)'=nx^{n-1}$

例如:设 $y=x^3$,则 $\frac{dy}{dx}=y'=(x^3)'=3x^2$

$$(x)'=x^{1-1}=1$$

$$\left(\frac{5}{x^2}\right)'=(5\cdot x^{-2})'=-10x^{-2-1}=-10x^{-3}$$

3. $(u+v)'=u'+v'$;$(u-v)'=u'-v'$

例如: $(x^3+x^2)'=(x^3)'+(x^2)'=3x^2+2x$

4. $(uv)'=u'v+v'u$

特别地,当 $u=c$(c 为常数)时,则 $(cv)'=cv'$,例如: $(28x)'=28x^{1-1}=28$

$$(15-3x^{0.3})'=0-0.9x^{-0.7}=-0.9x^{-0.7}$$

5. $\left(\frac{u}{v}\right)'=\frac{u'v-v'u}{v^2}$

例如: $\left(\frac{5}{x^2}\right)'=\frac{5'x^2-(x^2)'5}{(x^2)^2}=\frac{0-10x}{x^4}=-10x\cdot x^{-4}=-10x^{-3}$

6. 复合函数的导数

设函数 $y=f(u)$,$u=g(x)$,则称 $y=f[g(x)]$ 为复合函数。譬如设产品销售量(y)取决于产品价格(u),价格又取决于生产成本(x),则该情形下:

$$\frac{dy}{dx}=\frac{dy}{du}\cdot\frac{du}{dx}$$

(三) 高阶导数

如果物体运动的方程为 $s=f(t)$,则物体在时刻 t 的瞬时速度为 s 对 t 的导数,即 ds/dt,这是一阶导数。速度 ds/dt 也是时间 t 的函数,它对时间 t 的导数称为物体在时刻 t 的瞬时加速度,因此加速度是 s 对 t 的二阶导数。二阶导数是一阶导数的导数。

一般地,函数 $y=f(x)$ 的二阶导数记作:$\frac{d^2y}{dx^2}$。二阶和二阶以上的导数称为高阶导数。

例如,求 $y=x^5$ 的一阶和二阶导数。解得: $\frac{dy}{dx}=5x^4$;$\frac{d^2y}{dx^2}=20x^3$

(四) 偏导数

设函数 $z=f(x, y)$,则 z 对 x 的偏导数表示假定 y 既定不变时,x 发生微量变动时所导致的 z 的变动程度,记作:$\frac{\partial z}{\partial x}$;$z$ 对 y 的偏导数则表示假定 x 既定不变时,y 发生微量变动时所导致的 z 的变动程度,记作:$\frac{\partial z}{\partial y}$。

例如,设函数 $z=f(x, y)=5x^3+y^3-3xy^2$,则

$$\frac{\partial z}{\partial x}=15x^2-3y^2;\ \frac{\partial z}{\partial y}=3y^2-6xy$$

二、全微分

设函数 $z=f(x,y)$，全微分可通俗地理解为 x 和 y 都发生微量变动时所导致的 z 的变动程度，记作：$\mathrm{d}z=\frac{\partial z}{\partial x}\mathrm{d}x+\frac{\partial z}{\partial y}\mathrm{d}y$。

三、极值

如图3，点 A 和点 D 的函数值分别是其附近区域中的最大函数值(称为极大值)。显然，过点 A 和点 D 的函数曲线的切线分别平行于横轴，即这两点的切线的斜率均为0，也就是 $\frac{\mathrm{d}y}{\mathrm{d}x}=0$。点 B 和点 E 则分别是其附近区域中的最小函数值(称为极小值)。点 B 和点 E 的切线的斜率也分别为0。但是，点 C 的斜率也为0，而点 C 在其附近区域中既非极大值也非极小值。可见，一阶导数为0只是函数极大值或极小值的必要条件(或称一阶条件)，仅凭 $\frac{\mathrm{d}y}{\mathrm{d}x}=0$ 无法判断该点所在的函数值是否为极大值，也无法判断其是否为极小值。

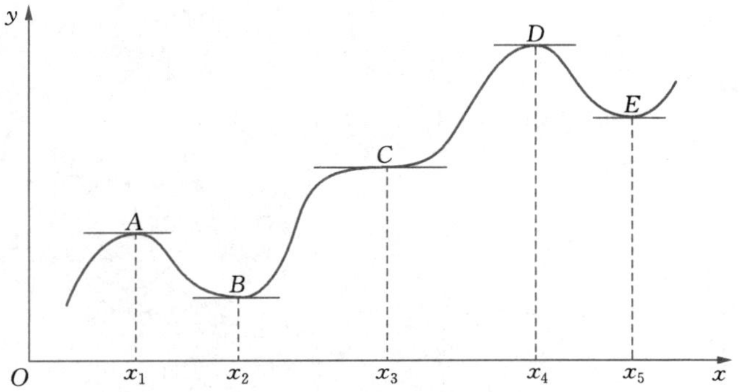

图3　函数的极值

在点 A 附近，曲线先上升，后下降，即随着 x 的增加，点 A 附近的曲线斜率越来越小(从正到零，从零变负)，斜率变小表示一阶导数是递减的。而二阶导数正是描述这种曲线斜率的变化情况的。曲线斜率与 x 的变动方向相反，说明二阶导数是负的，或者说，二阶导数 $\frac{\mathrm{d}^2y}{\mathrm{d}x^2}<0$。所以，极大值存在的二阶条件是 $\frac{\mathrm{d}^2y}{\mathrm{d}x^2}<0$。类似地，极小值存在的二阶条件是 $\frac{\mathrm{d}^2y}{\mathrm{d}x^2}>0$。

虽然在经济学上，极大化常称为最大化，但在数学意义上，极大值与最大值、极小值与最小值是有区别的。极大值与极小值(极值)是就局部而言，最大值与最小值是就所考察的区间内全部函数值而言。如图3中点 A 的函数值虽是极大值，但还小于点 E 等。

四、无穷等比级数的和

$$S_n = a + aq + aq^2 + \cdots + aq^{n-1} \quad (n \to \infty, \ |q| < 1)$$

aq^{n-1}最终会趋近于 0,从而 S_n 收敛于一个常数。所以

$$\lim_{n \to \infty} S_n = \frac{a}{1-q}$$

例如:$S_n = 100 + 100 \times 80\% + 100 \times (80\%)^2 + 100 \times (80\%)^3 + \cdots$

$$= \frac{100}{1-80\%} = 500$$

计算题参考答案[①]

第 1 章

8. $E_d = -n$。 9. $Q_Y = 44 - P_Y$。

第 2 章

6. (1) $Y = 50 - 5X$； (2) $Y = 50 - 2.5X$； (3) $Y = 100 - 5X$。

7. $X = 3$，$Y = 25$。

第 3 章

4. $E = 90$，$\sigma^2 = 12\,900$，$P = 90$。

5. (3) $U = 8\,000\,000$，$E(U) = 13\,024\,000$。

第 4 章

7. (1) $AP_L = 120$，$MP_L = 150$； (2) $25 \leqslant L \leqslant 40$。

第 6 章

8. $Q = 50$，$P = 50$，$\pi = 0$； 9. (1) $P = 6$， (2) 100 家。

第 7 章

7. $TR = 100Q - Q^2$。

8. (1) $P_1 = 60$，$P_2 = 110$，$Q_1 = 8$，$Q_2 = 7$； (2) $\pi = 875$； (3) $P = 70$，$Q = 15$，$\pi = 675$； (4) $\pi' = 200$。

第 8 章

6. (1) $q = 200$，$P = 40$； (2) $E_d = -8$。

第 9 章

6. (1) $P = 14.6$； (2) $q_A = 1.6$，$q_B = 1.1$。

7. $L_I = 0.2$，$E_d = -5$。

---

① 具体计算过程可参阅叶德磊编著:《微观经济学(第五版)习题与案例》,高等教育出版社。该习题解答还包括许多判断题、选择题和论述题及其答案。

第11章

6. $L=9$。

第14章

7. (1) $P=15$，$Q=60$，$\pi=360$；（2）$P=14$，$Q=80$，$\pi=320$；(3) $P=12$，$Q=120$。

参考文献

[1] PINDYCK R, RUBINFELD D. Microeconomics [M]. 7th ed. Prentice Hall, 2008.

[2] HUBBARD R G, O'BRIEN A P. Microeconomics [M]. 2th ed. Prentice Hall, 2007.

[3] NICHOLSON W, SNYDER C M. Microeconomic Theory: Basic Principles and Extensions[M]. 10th ed. South-Western College Pub, 2007.

[4] 平狄克,鲁宾费尔德.微观经济学[M].王世磊,等,译.6 版.北京:中国人民大学出版社,2006.

[5] 斯蒂格利茨.经济学(上册)[M].黄险峰,张帆,译.3 版.北京:中国人民大学出版社,2005.

[6] 萨缪尔森,诺德豪斯.经济学[M].萧琛,等,译.18 版.北京:人民邮电出版社,2007.

[7] 曼昆.经济学原理[M].梁小民,译.4 版.北京:北京大学出版社,2006.

[8] 黄亚钧.微观经济学[M].2 版.北京:高等教育出版社,2005.

[9] 黎诣远,李明志.微观经济分析[M].2 版.北京:清华大学出版社,2003.

[10] 高鸿业.西方经济学(微观部分)[M].4 版.北京:中国人民大学出版社,2007.

[11] 宋承先,许强.现代西方经济学(微观经济学)[M].3 版.上海:复旦大学出版社,2004.

[12] 尹伯成.西方经济学简明教程[M].5 版.上海:上海人民出版社,2006.

[13] 张维迎.博弈论与信息经济学[M].上海:上海三联书店,上海人民出版社,2004.

[14] 尹伯成.现代西方经济学习题指南(微观经济学)[M].5 版.上海:复旦大学出版社,2006.

[15] 叶德磊.西方经济学简明原理[M].3 版.北京:高等教育出版社,2015.

[16] 叶德磊.中级微观经济学[M].上海:上海财经大学出版社,2005.

专业术语中英文索引

Y

Z

后 记

本书经多次修订，已经形成了较为系统而又稳定的特色。这就是理论阐释和语言表述简洁、通俗、准确，并且内容较为饱满、新颖。在不少问题的论述上，比其他很多同类教材更为清晰和合理，如对于长期成本函数、垄断竞争厂商的长期均衡等的论述。这次的修订对不少地方的理论阐述和文字表达进行了优化，增加了引导案例、同步训练、小贴士等内容。

由于各种原因，现在的不少教材越写越厚，内容越来越多，本科生使用的一些微观经济学教材中常包含研究生阶段才学习的部分中级微观经济学的内容。这既会干扰本科教学内容的合理选择、增加购书成本，也妨碍今后研究生阶段的学习。而且，由于课时限制，能够进入本科课堂教学的内容实际上也是有限的。有鉴于此，本版没有将显示性偏好理论、斯勒茨基方程、跨期消费选择理论、混合策略纳什均衡等内容列入其中。

教师在授课过程中，可根据学生的具体情况和不同的专业要求、课时安排，对本书目录中带 * 的章或节的内容少讲、不讲或简要地概括，因为这些内容较难或属于本书非核心内容。亦可着重讲授内容较难的章节，而让学生自修内容较易理解的章节。

另外，在与一些教师的交流中，感到不少人对教学中如何运用教材等颇为关注。我认为，教学的主要工具应该是教材和教学课件，而不应主要依赖传统形式的讲稿（刚上讲台的新教师也许除外）。过去有一种错误观念，即认为没有讲稿或讲稿简单是对教学不负责任的表现，拿着教材讲课是教师没有水平的表现（只会照本宣科）。实际上，按照教材讲课并不必然是照本宣科（可以在教材基础上适当发挥，何况还有经常改进的教学课件）。脱离或很大程度上脱离指定教材而另讲一套才是不恰当的，增加了教与学的困难。当然，这些看法仅供参考。如有不妥之处，请批评指正。

授课教师还可向高等教育出版社索取与该书配套的教学课件。课件中包含相关的教学素材、各章后的计算题演算及答案，及相关的判断题、选择题及其答案。

叶德磊

2019 年 1 月

内容提要

本书是高等学校经济与管理类核心课程系列教材之一，是上海市普通高校优秀教材、上海市精品课程教材。

本书在第四版的基础上，修订了部分内容表述，替换了最新数据和案例，内容和结构更趋严谨完善。全书具体内容包括：导论，需求、供给与均衡价格，消费者行为，不确定条件下的消费行为，生产与成本，企业，完全竞争市场的价格与产量决定，完全垄断市场的价格与产量决定，垄断竞争市场的价格与产量决定，寡头垄断市场的价格与产量决定，博弈论与竞争策略，要素价格与收入分配，信息不对称，一般均衡与社会福利，微观经济政策。

本书体系完整，联系实际，内容新颖，语言简炼。为便于学习，本书配有《微观经济学（第五版）习题与案例》，附有“引导案例”“同步训练”内容，并以二维码形式提供在相关内容旁，供读者扫描获取。

本书既可作为高等学校经管类专业相关核心课程教材，也可供从业人员阅读参考。

图书在版编目(CIP)数据

微观经济学/叶德磊编著.—5 版.—北京：高等教育出版社，2019.1 （2022.12重印）

ISBN 978-7-04-048213-3

Ⅰ.①微… Ⅱ.①叶… Ⅲ.①微观经济学-高等学校-教材 Ⅳ.①F016

中国版本图书馆 CIP 数据核字(2017)第 176554 号

策划编辑 刘自挥 责任编辑 熊柏根 刘自挥 封面设计 张文豪 责任印制 高忠富

出版发行	高等教育出版社	网 址	http://www.hep.edu.cn
社 址	北京市西城区德外大街4号		http://www.hep.com.cn
邮政编码	100120	网上订购	http://www.hepmall.com.cn
印 刷	杭州广育多莉印刷有限公司		http://www.hepmall.com
开 本	787 mm×1092 mm 1/16		http://www.hepmall.cn
印 张	16.5	版 次	2000年3月第1版
字 数	373 千字		2019年1月第5版
购书热线	010-58581118	印 次	2022年12月第3次印刷
咨询电话	400-810-0598	定 价	35.00元

本书如有缺页、倒页、脱页等质量问题，请到所购图书销售部门联系调换

物 料 号 48213-00

高等教育出版社

教学资源索取单

尊敬的老师：

您好！

感谢您使用叶德磊编著的《微观经济学》(第五版)。为便于教学，本书配有《微观经济学(第五版)习题与案例》教材及课程相关教学资源，如贵校已选用了本书，您只要添加服务 QQ 号 800078148，或者把下表中的相关信息以电子邮件或邮寄方式发至我社即可免费获取样书和教学资源。

另外，叶德磊教授编著的《西方经济学简明原理》(第三版)、《宏观经济学》(第四版)和《管理经济学》教材也备受欢迎，任课教师也可通过相同方式获取样书和丰富的教学资源。

我们的联系方式：

联系电话：(021)56718921/56718739　　电子邮箱：800078148@b.qq.com

服务 QQ：800078148(教学资源)　　经济类教师论坛 QQ 群：247459712

地址：上海市虹口区宝山路 848 号　　邮编：200081

姓　名		性别		出生年月		专　业	
学　校				学院、系		教研室	
学校地址						邮　编	
职　务				职　称		办公电话	
E-mail						手　机	
通信地址						邮　编	
本书使用情况	用于________学时教学，每学年使用________册。						

您对本书有什么意见和建议？

您还希望从我社获得哪些服务？

☐ 教师培训　　☐ 教学研讨活动

☐ 寄送样书　　☐ 相关图书出版信息

☐ 其他____